GOTTFRIED WAGNER
Weill und Brecht

Gottfried Wagner

Weill und Brecht

Das musikalische Zeittheater

Mit einem Vorwort von Lotte Lenya

verlegt bei Kindler

Der Buchausgabe liegt die überarbeitete Fassung einer Dissertation mit dem Titel *Die musikalische Verfremdung in den Bühnenwerken von Kurt Weill und Bertolt Brecht* zugrunde, mit der der Autor im Februar 1977 an der Philosophischen Fakultät der Universität Wien promovierte.

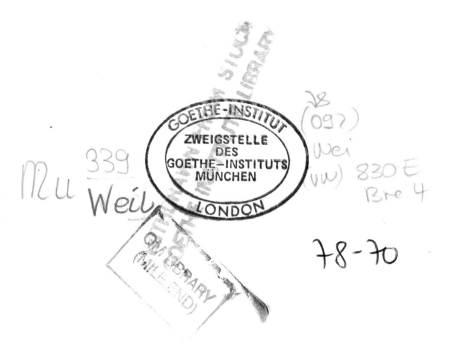
Redaktion: Hans-Horst Henschen
Korrekturen: Carl Siemens
Umschlaggestaltung: Roland Aeschliman
Gesamtherstellung: Welsermühl, Wels
Printed in Austria
ISBN 3-463-00706-1

Inhalt

KAPITEL IV : Die sprachliche und musikalische Großstruktur
der sechs Bühnenwerke

KAPITEL V : Sprachlicher Gestus und musikalische Verfremdungstechnik in den sechs Einzelwerken

Für Beatrice

Vorwort von Lotte Lenya

Unter den großen Musikererscheinungen des 20. Jahrhunderts nahm und nimmt KURT WEILL wohl eine hervorragende, aber zugleich noch immer heftig umstrittene Stellung ein. Der Widerspruch richtet sich nicht etwa gegen die Art und Zielsetzung seiner Kunst, sondern er betrifft die Allgemeingültigkeit der ihm dargebrachten Anerkennung überhaupt. Waren die außerordentlichen Erfolge seiner frühen Jahre in Deutschland zu seinen Lebzeiten durch die tragischen politischen Ereignisse dieser Tage beeinträchtigt, so fielen über den frühen Ruhm nach seinem Tode dort die Schatten von Ungewißheit und Unverständnis, vielleicht verschärft durch den Mangel an allgemein zugänglichen und zuverlässigen Informationsquellen. Letzterer Umstand machte es Gottfried Wagner, wie er selbst bestätigt, nicht leicht, die vorliegende Arbeit zu unternehmen. Hierzu möchte ich noch einmal etwas aussprechen, woraus ich in den vielen Jahren meiner öffentlichen Tätigkeit niemals ein Hehl gemacht habe: das Notenlesen ist eine Kunst, die ich nie gelernt habe. Weill hat sich stets geweigert, mich in die Geheimnisse des Kontrapunkts und der Harmonielehre einzuweihen. Er war davon überzeugt, daß auf mein gutes Ohr mehr Verlaß sei als auf eine noch zu bildende eventuelle musikalisch-theoretische Begabung. Es ist mir deshalb kaum möglich gewesen, Musikbiographen und -wissenschaftlern tatkräftig beizustehen. Meine Aufgabe war es, Weills Musik so zu singen, wie sie mich instinktiv ansprach, seine über alle Welt verstreuten Manuskripte Jahr für Jahr in emsiger Suche zusammenzutragen und in bestmöglicher Weise zu Gehör zu bringen oder bringen zu lassen – immer in der Überzeugung, daß Weills Musik letzten Endes die einzig gültige Quelle alles Wissens sein müsse. Es war für mich eine ganz besondere Freude und Genugtuung, daß Gottfried Wagner, ohne sich jemals auch nur mit der geringsten Bitte an mich gewandt zu haben, zu derselben Überzeugung gekommen ist; nämlich in der Musik und in der Musik allein den Menschen und Musiker Weill zu suchen, zu analysieren und sich kritisch mit ihm auseinanderzusetzen. Ich muß gestehen, daß ihm das meines Erachtens nach so vortrefflich gelungen ist, daß es mir möglich war, auch als reiner Laie die Arbeit mit größtem Interesse zu lesen und zu verarbeiten. Ich begrüße die Gelegenheit, Gottfried Wagner in diesen Zeilen meinen allerherzlichsten Dank und meine Bewunderung für das Geleistete aussprechen zu können.

März 1977 LOTTE LENYA

11

Vorwort des Autors

Zur Quellenforschung und zur Sekundärliteratur über Weill

Der Begriff »Verfremdung« steht im Mittelpunkt der vorliegenden Arbeit und wird zum entscheidenden Kriterium der Quellen- und Werkanalyse.

Die Quellenforschung wurde aufgrund der Vernichtung wichtiger autobiographischer Dokumente von Weill durch die nationalsozialistische Diktatur[1] und durch den Mangel an konstruktiver Zusammenarbeit mit dem Weill-Archiv seitens des Nachlaßverwalters David Drew[2] aufs äußerste erschwert, oft sogar unmöglich gemacht.

Die wenigen zugänglichen autobiographischen Unterlagen wurden primär den Fachzeitschriften *Die Musik, Melos, The Score, Die Szene, Der Scheinwerfer* und *Musikblätter des Anbruch* entnommen, die dann zum Teil (leider erst kurz vor Abschluß der vorliegenden Arbeit) in den *Ausgewählten Schriften von Kurt Weill* von David Drew im Frühjahr 1975 herausgegeben wurden.

Neben den authentischen Aufsätzen von Weill stellen die Klavierauszüge und die Partituren die eigentliche Grundlage dieser Arbeit dar. Daher seien die Partituren bzw. Klavierauszüge einleitend genannt (s. S. 14).

Im Rahmen einer Flut von Publikationen, Artikeln und Aufsätzen über Weills gemeinsame Schaffensperiode mit Brecht, die vor allem Brecht gelten und bei der Einzelbesprechung der Stücke, soweit es für das Thema von Bedeutung ist, berücksichtigt werden sollen[3], sind nur wenige von wissenschaftlichem Interesse[4] für das spezifische Verständnis der Musik Weills[5].

Eine weitere Hilfe war die Aufsatzsammlung *Über Kurt Weill*[6], die vor allem im II., IV. und V. Kapitel berücksichtigt wird. Daher verbleiben nur zwei wesentliche musikwissenschaftliche Arbeiten zur Besprechung, die ebenfalls in den späteren Kapiteln Erwähnung finden:

John C. G. Waterhouse. »Weill's Debt to Busoni«; in *The Musical Times*, 105, 1964, S. 897–899;

Susan Harden. *The music for the stage collaborations of Weill and Brecht*. Chapel Hill 1972.

Der Beitrag von John C. G. Waterhouse befaßt sich mit den Einflüssen Busonis auf Weill. Waterhouse weist vor allem die Übernahme der Halbtonlabilität Busonis durch Weill anhand einprägsamer Beispiele nach[7]. Hardens Arbeit ist trotz ihres großen Umfangs (257 Seiten) inhaltlich fragwürdig, da sie in keiner Weise der musikalischen und textlichen In-

Titel des Werkes	KA-Nr.	P-Nr.	Ersch.- Ort	Erscheinungsjahr
Songspiel Mahagonny	UE 12889	UE 13163	Wien	KA 1959, P 1964*
Die				
Dreigroschenoper	UE 8851	UE 1490	Wien	KA 1928, P 1964**
Aufstieg und Fall				
der Stadt Mahagonny	UE 9851	UE 9854	Wien	KA 1929, P 1930***
Der Jasager	UE 8206	UE 8225	Wien	KA 1930, P 1930
Happy End	UE 11685		Wien	KA 1958****
Die 7 Todsünden				
der Kleinbürger	ES 6005	ohne Nr.	Mainz	KA*****

     * UE = Universal Edition; ES = Edition Schott; KA = Klavierauszug; P = Partitur.

       Diese angeführten Abkürzungen, die von nun an verbindlich sind, werden durch eine weitere, T. = Takt, die später häufig in Erscheinung treten wird, ergänzt.

   ** Es bestehen zwei Varianten des Klavierauszuges zur *Dreigroschenoper,* die ab Nr. 11 (S. 40) voneinander in der Reihenfolge der Nummern abweichen.

  *** Diese Bezeichnung wird von nun an auf Oper *Mahagonny* gekürzt.

 **** Für die Analyse des *Happy End* lag keine Partitur vor, was die Arbeit sehr erschwerte.

***** Diese Bezeichnung wird von nun an auf *7 Todsünden* gekürzt.

     Die Partitur zu den *7 Todsünden* ist nicht käuflich erwerbbar und hat daher keine Nummer.

     Weder in der Partitur noch in dem Klavierauszug zu den *7 Todsünden* ist eine Eintragung des Erscheinungsjahres vermerkt.

haltlichkeit der Zusammenarbeit Brechts und Weills gerecht wird. Die eigentliche Problematik, nämlich die Infragestellung der traditionellen Oper und ihres Publikums, also der soziologische Aspekt, der Weills kompositorisches Schaffen mitbestimmt, wird übergangen. Harden setzt sich nur sehr oberflächlich mit den historisch-politisch-künstlerischen Zusammenhängen auseinander, die für Brecht und Weill wesentlich waren, und mißversteht damit die inhaltlichen Intentionen des episch-musikalischen Theaters. Harden glaubt, Weills Musik primär aus sich selbst erklären zu können. Der soziologische Aspekt, der entscheidende Grund, der die epische Oper (bei Harden Kapitel II, S. 33 ff.), die Form (Kapitel III, S. 52 ff.), die Instrumentation (Kapitel IV, S. 86 ff.), den Rhythmus (Kapitel V, S. 193 ff.) sowie Tonalität und Harmonie (Kapitel VI, S. 196 ff.) entscheidend beeinflussen, fällt weg. Damit geht Harden völlig an der werkspezifischen Problematik Weills vorbei. Die vorliegende Arbeit unternimmt den Versuch, die gemeinsamen Werke von Brecht und Weill aus dem historischen Zusammenhang der Entstehungszeit (1927–1933) zu interpretieren. Die politische Entwicklung der letzten Jahre der Weimarer Republik schlägt sich in der künstlerischen Aussage der Autoren nieder. Ihre Kritik an den bestehenden Verhältnissen des musikalischen Theaters ist als Kritik der gesellschaftlichen Verhältnisse *dieser* Zeit zu verstehen. Aus diesem Bewußtsein der Untrennbarkeit von Kunst und Politik begannen Brecht und Weill ihr musikalisch-episches Zeittheater zu entwickeln, das in seiner Aussage zu starkem, gesellschaftlichem Nihilismus tendiert. Doch dieser aggressive Nihilismus wurde produktiv künstlerisch umgesetzt und damit auslösendes Moment einer dichterischen (Brecht) wie musikalischen Sprache (Weill), die aufgrund einer Analyse des bestehenden Opernpublikums und damit der Oper selbst die Konfrontation und Provokation suchte. Die textlich-inhaltliche wie musikalisch-inhaltliche Struktur spiegelt, trotz bestehender Widersprüche, diese Konfrontation bis ins Detail wider. Die radikale Infragestellung des Begriffes der Oper und ihres Publikums hat die Verfremdung traditioneller Gestaltungsmittel zur Folge. Dies geschieht auf textlich-inhaltlicher wie auf musikalisch-inhaltlicher Ebene. Der verfremdete Text- und der verfremdete Musikinhalt beeinflussen sich wechselseitig und sind nicht voneinander zu trennen. Die Vermittlung dieses Inhalts bestimmt die Auswahl und Transformation der textlichen wie musikalischen Gestaltungsmittel. Die Musik Weills ist daher als musikalisch-dialektische Sprache zu verstehen, die im Verein mit der dichterisch-dialektischen Brechts auf gesellschaftliche Widersprüche hinweist. Die Aussage der Werke von Brecht und Weill ist keinesfalls historisch abgeschlossen und damit für das musikalisch-epische Theater und sein Publikum auch nicht als irrelevant zu betrachten. Sie ist nach wie vor ein wesentlicher Ansatzpunkt für die kritische Auseinandersetzung mit dem musikalischen Theater und dessen Publikum, solange die gesellschaftlichen Probleme, die mit ihm verbunden sind, weiterhin ungelöst bleiben.

Danksagung

Mein besonderer Dank gilt Professor Dr. Othmar Wessely, der die vorliegende Arbeit an mich vergab und betreute.

Einen herzlichen Dank auch an Professor Dr. Gernot Gruber, der sie durch seine Hilfsbereitschaft wesentlich unterstützte.

Für Hinweise, die die literarischen Aspekte dieser Arbeit betreffen, danke ich herzlich Dr. Eberhard Wagner und Professor Dr. Hans Mayer.

Für Hinweise, die den musikalischen Teil im engeren Sinne betreffen, danke ich dem jüngst verstorbenen Professor Dr. Ernst Bloch, Roland Aeschliman und Paul Vambery.

Entscheidend war auch das große Interesse und die stete Unterstützung durch meine Frau und meine Mutter.

Wertvolle Hinweise bei der Erstellung der Buchfassung meiner Arbeit gab mir Hans-Horst Henschen.

München, im August 1977   GOTTFRIED WAGNER

Kapitel I

Politik und Kunst in der Weimarer Republik

Von den »golden twenties« zu »Blut und Boden«

Der Mythos der »golden twenties« beruhte auf geschichtlicher Verdrängung und Kompensation. Verdrängt werden sollte nach 1945 eines der dunkelsten Kapitel deutscher Geschichte: der Nationalsozialismus. Man versuchte, mit dem Rückgriff auf die Weimarer Ära zwölf Jahre braunen Terrors zu überspringen. Kritische Analysen, die sich mit den Ursachen und Zusammenhängen dieser Epoche befaßten, fanden kein breites Publikum.

Der kommerziellen Ausschöpfung der Weimarer Republik, die erwünscht war und gefördert wurde, folgt nun, dreißig Jahre danach, die des Faschismus (man vergleiche etwa den ungeheuren Erfolg der Memoiren Speers). Dabei lenkt meist Profitsucht – man hat die Verdrängung erkannt und sieht, daß hier eine Marktlücke zu schließen ist – statt geschichtlicher Verantwortung und ideologiekritischer Aufklärung das Interesse. Nostalgischer Kitsch weckt die Sehnsucht nach scheinbar verlorener geschichtlicher Identität, deren Befriedigung schnell wieder zum Chaos führen kann.

Die Weimarer Republik begann mit dem Ende des Ersten Weltkrieges und endete mit der Machtergreifung Hitlers am 30. Januar 1933. Eine Zeitspanne, die zunächst von Krise und Umbruch, dann aber mehr und mehr von Verfall bestimmt war. Das anfängliche Chaos des Kriegsendes mündete in den Zusammenbruch des christlich-abendländischen Globalanspruches und leitete die Entstehung des Weltdualismus von Faschismus und Bolschewismus ein.

Von etwa 1922 an ließ sich langsam ermessen, welchen Weg die europäischen Staaten im Rahmen dieser Polarisierung einschlagen würden. In diesem Jahre beginnt in Italien die Eroberung des Staates durch den Faschismus. Mussolini eignet sich auf legalem Wege diktatorische Gewalt an. In der Sowjetunion kommt nach dem Tode Lenins 1924 Stalin an die Macht. Unter seiner Herrschaft werden die Prinzipien der 1919 gegründeten Kommunistischen Internationalen bürokratisiert und aufgrund ihrer gewaltsamen Durchsetzung »von oben« enthumanisiert. Vor diesem Entwicklungshorizont ist auch die Entstehung der ersten deutschen Republik zu sehen, der Weimarer, die mit Friedrich Ebert als Präsident 1919 die Nachfolge des Wilhelminischen Kaiserreichs antritt.

Das kaiserliche Regime hatte die politische Einheit durch die Macht der monolithischen herrschenden Klasse erzwungen und die politische Opposition als undeutsch und vaterlandslos diffamiert und ausgeschaltet. Ein streng organisierter Beamten-Staat und die Idealisierung militärischer Gehorsamsrituale hatten dafür gesorgt, daß das Obrigkeitsdenken vom deutschen Bürgertum fraglos verinnerlicht worden war; auf die jetzt plötzlich geltende Liberalität und Meinungsfreiheit war man durchaus nicht vorbereitet.

Der Nachholbedarf an freier Meinungsäußerung wurde formal dadurch abgegolten, daß jede politische und weltanschauliche Strömung ihre eigene Partei gründete, die, da keine prozentuale Mindestklausel den Weg ins Parlament versperrte, alle am politischen Willensbildungsprozeß teilnehmen konnten. Dies war angesichts der Aufgaben und Schwierigkeiten, vor die sich die Regierung in Deutschland nach dem Ersten Weltkrieg gestellt sah, verhängnisvoll.

Da war zunächst die starke Verunsicherung des Selbstwertgefühls nach dem verlorenen Krieg, durch den das Kaiserreich seine Kolonien, ein Zehntel seiner Bevölkerung und ein Achtel seines Gebietes verloren hatte. »Wirtschaftlich«, schreibt W. Laqueur, »waren die Einbußen sogar noch beträchtlicher: 26 Prozent der Kohleproduktion und 75 Prozent des Eisenerzes. Die deutsche Schwerindustrie, während der vorhergehenden Jahrzehnte das Rückgrat der stürmischen wirtschaftlichen Entwicklung des Landes, war dadurch im Vergleich mit ihren Konkurrenten auf den Weltmärkten ernstlich geschwächt. Das Reich hatte auch alle großen Handelsschiffe, die Hälfte der kleineren, ein Viertel der Fischereiflotte, ein Fünftel der Binnenschiffe, 5000 Lokomotiven und 150 000 Eisenbahnwaggons eingebüßt[1].« Hinzu kamen die erdrückenden Reparationszahlungen in Höhe von 132 Milliarden Mark (die Summe wurde erst später, 1930, auf 37 Milliarden ermäßigt), die Deutschland von den Siegermächten im Bewußtsein ihrer moralischen Überlegenheit als Strafe und Sühne auferlegt worden waren, mit der Folge, daß wirtschaftliches Chaos und Inflation eintraten. Die Genese dieses nationalen Bankrotts ist häufig dargestellt worden: »Als 1914 der Krieg ausbrach, war der offizielle Kurswert des Dollar gleich 4,20 Mark. Während des Krieges verdoppelte sich der Wert des Dollar und stand um den November 1921 bei 270 Mark. Danach setzte sich die Entwertung der Mark mit kurzen Unterbrechungen fort; 1923 wurde das Fieber zum Delirium, und Mitte November stand der offizielle Kurs des Dollar bei 4 200 000 000 000 Mark. Dann wurde die Währung stabilisiert – buchstäblich über Nacht und restlos erfolgreich. Es war eher ein psychologisches als ein ökonomisches Problem, denn war die Öffentlichkeit erst einmal zu der Erkenntnis gekommen, daß ein weiteres Abgleiten der Mark einfach nicht mehr möglich sei, mußte eine neue Währung Erfolg haben, gleichgültig, ob sie irgendwelche Deckung hatte oder nicht[2].«

In derartigen Zeiten bedarf es einer entscheidungsfähigen Regierungsmehrheit. Die verschiedenen politischen Strömungen ließen sich jedoch nicht auf eine Linie vereinigen, weil nicht nur die Distanz zwischen den Positionen von Rechts und Links im klassischen politischen Sinne erheblich größer waren als heute, sondern auch der Zwiespalt innerhalb traditionell linker Gruppierungen (etwa SPD und USDP, später KPD). Wie weit man vom ursprünglichen Ideal einer *demokratischen* geistigen Auseinandersetzung jedoch noch entfernt war, zeigte die sich jetzt immer deutlicher bemerkbar machende Tendenz zu politischen Morden, Putschen und Umsturzversuchen.»1920 und 1921 waren die Jahre des Kapp-Putsches der Rechten und lokaler kommunistischer Aufstände an der Ruhr und in Mitteldeutschland. 1922 setzte die galoppierende Inflation ein und erreichte ihren Höhepunkt im Jahre 1923, das auch das des Hitler-Putsches war. Karl Liebknecht und Rosa Luxemburg waren im Januar 1919 von rechtsgerichteten Terroristen ermordet worden, Erzberger im August 1921, Walter Rathenau, Außenminister der Republik, im Juni 1922[3].«

Dennoch schien sich ab 1923 eine leichte Besserung der Verhältnisse anzubahnen. Die Inflation konnte durch die Währungsreform eingedämmt werden, Gustav Stresemann wurde Reichskanzler. Um die Währung stabilisieren, die Wirtschaft ankurbeln und damit auch den Reparationsverpflichtungen nachkommen zu können, nahm Deutschland riesige Auslandskredite auf. Wie sehr es dadurch in Abhängigkeit von der Weltwirtschaftslage geriet, zeigen die Auswirkungen der Wirtschaftskrise von 1929, die sich auf Grund der internationalen Markt- und Kapital-Verflechtungen zur Weltwirtschaftskrise ausweiten konnte.

Erstes warnendes Anzeichen dafür, daß der überhitzte wirtschaftliche Aufschwung – die daraus resultierende Euphorie trug viel zur Fehlbezeichnung dieser Jahre als »golden twenties« bei – nicht von langer Dauer sein würde, war der Börsenkrach vom »Schwarzen Freitag« am 13. Mai 1927. Zwei Jahre später löste ein katastrophaler Kurssturz an der New Yorker Börse die Weltwirtschaftskrise aus –»einen Zusammenbruch der Börsenwerte« (Golo Mann),»wie er seit dem achtzehnten Jahrhundert nicht erhört worden war. Es war das schlimme Ende der weltwirtschaftlichen Konjunktur, der Beginn einer Krise, die nun nacheinander alle nicht in völliger Isolierung lebenden Staaten in ihren Strudel riß. Von ihnen war Deutschland das krisenanfälligste. Indem nun die Märkte schrumpften, die kurzfristigen Kredite zurückgezogen und neue nicht mehr gefunden wurden, schwand der deutschen Prosperität die Grundlage; seine überkonzentrierte, überrationalisierte Industrie wußte nicht mehr, wohin sich wenden. Einschränkungen oder Stillegungen von Betrieben, Anschwellen der Arbeitslosen und der von der Reichsversicherungsanstalt aufzubringenden Kosten, Rückgang der Steuern, Defizit der Regierung, das war alles ein und derselbe Prozeß, der sich von selber weitertrieb, nachdem er einmal angefangen ...[4]«

Als Folge der wirtschaftlichen Schwierigkeiten im eigenen Land zog Amerika die Deutschland gewährten Kredite zurück. Damit fiel Deutschland zum zweiten Male innerhalb kürzester Zeit ins wirtschaftliche Chaos zurück.

Die Arbeitslosigkeit und das wirtschaftliche Elend lösten einen starken Zulauf zu den extremen politischen Parteien der Linken und Rechten aus. Die Entwicklung spiegelt sich deutlich in der Wahlstatistik jener Zeit wider[5].

Die Parteien im deutschen Reichstag der Weimarer Republik

Wahlen am	19. 1. 1919	20. 2. 1921	4. 5. 1924	7. 12. 1924	20. 5. 1928	14. 9. 1930	31. 7. 1932	6. 11. 1932	5. 3. 1933
Nationalsozialisten	–	–	32	14	12	107	230	**196**	288
Deutschnationale Volkspartei	44	71	95	103	73	41	37	**51**	52
Deutsche Volkspartei	19	65	45	51	45	30	7	**11**	2
Wirtschaftspartei	4	4	10	17	31	23	2	**1**	–
Nationale Splitterparteien	3	5	19	12	20	55	9	**12**	7
Bayerische Volkspartei	18	21	16	19	16	19	22	**20**	18
Zentrum	73	64	65	69	62	68	75	**70**	74
Demokratische Partei	75	39	28	32	25	20	4	**2**	5
Sozialdemokraten	163	102	100	131	153	143	133	**121**	120
Unabhängige Sozialdemokraten	22	84	–	–	–	–	–	–	–
Kommunisten	–	4	62	45	54	77	89	**100**	81
Zahl der Abgeordneten	421	459	472	493	491	583	608	**584**	647

Die gemäßigten Parteien, wie die Deutsche Volkspartei, hatten ihre Glaubhaftigkeit verloren. Hilfe bei der Überwindung des Tiefstandes des nationalen Selbstbewußtseins angesichts dieses erneuten Fehlschlags schien nur von den Nationalisten zu erhoffen, die das Deutschtum nun erst recht annektierten und idealisierten und die Verflechtungen Deutschlands in die Weltwirtschaft für die Depression verantwortlich machten.

Diese Schizophrenie war symptomatisch für die Politik der Weimarer Republik, die jetzt in ihre Endphase eintrat. Die breite Masse hatte das Vertrauen in die Demokratie, deren Liberalität sie für das Scheitern ihrer

Hoffnungen verantwortlich machte, endgültig verloren. Heil erwartete sie nun vom »starken Mann«. Der nützte die Krise des Kapitalismus und gab dem erwachenden Nationalismus die Nahrung, die man sich wünschte. Doch führte der neue Rattenfänger die eingelullte Masse nicht nur zum *Brunnen vor dem Tore* – das Lied, zu dessen Klängen noch Stresemann beerdigt worden war.

Revolution, Reaktion und Resignation

Die Wilhelminische Ära war kein guter Nährboden für die allgemeine künstlerische und kulturelle Entfaltung. Die vielen Tabus eines prosperierenden Bürgertums, für das Kunst noch immer etwas Anrüchiges hatte, das ungebrochene Geschmacksdiktat der Aristokraten, die sich als Mäzenaten ohne Kunstsinn bestätigten und nur gute Untertanen förderten, die Unterdrückung von geistiger Opposition und nicht zuletzt die Engstirnigkeit nationaler Gesinnungstreue ließen den künstlerischen und intellektuellen Kräften wenig Spielraum.

Mit dem Ende des Krieges und mit der Gründung der Weimarer Republik verloren diese Begrenzungen an Geltung, und ein geistiger Freiraum tat sich auf, der nach Ausfüllung verlangte. Die Möglichkeit des Neubeginns inspirierte die schöpferischen Energien einer ganzen Generation und ließ in dieser Zeit ein pulsierendes geistiges Leben entstehen. Die Auseinandersetzung mit verschiedenen Strömungen und Stilen befruchtete die eigenen Vorstellungen. Viele Stilelemente in der Kunst, die schon vor dem Krieg greifbar gewesen waren, wurden jetzt weiterentwickelt und perfektioniert. Die Vorahnung eines möglichen Niederganges, eines jähen Endes spornte erst recht zur Ausschöpfung des Heute und aller seiner Möglichkeiten an.

Die aufregend rasche technische Entwicklung in dieser Zeit eröffnete neue Wege; gleichzeitig wurde mit ihr *das* Problem dieses Jahrhunderts immer deutlicher: die Konfrontation des Künstlers mit der Masse im Rahmen der Industriegesellschaft. Die Entwicklung der Massenmedien im heutigen Sinne (Film, Rundfunk) zwang dazu, sich mit diesem Phänomen auseinanderzusetzen. Politische Verantwortung und ideologische Auseinandersetzung müssen von nun an wesentlich auch an ihrem Verhältnis zur Masse bzw. zu den neuen Rezeptionsformen gemessen werden, zu denen das nicht mehr »auratische«, sondern massenhaft, und zwar technisch »reproduzierbare« Kunstwerk (W. Benjamin) mit neuen Funktionsformen in Beziehung tritt.

»Diejenigen Künstler, die das kommende Chaos, den Fascismus, sahen,

25

hatten das strategische Ziel der sozialen Revolution (nachdem die Errungenschaften der bürgerlichen Revolution immer mehr rückgängig gemacht wurden), zunächst wieder die bürgerlichen Freiheiten herzustellen und in dieser Bewegung erst die Sache der materiellen, der klassenlosen Freiheit zu betreiben.

Sofern die Revolution also zunächst gegen ihren Hauptfeind, den Fascismus, ist, stützt sie sich außerhalb des Proletariats nicht nur auf Dorfarmut und die unteren Schichten des Kleinbürgertums, begnügt sie sich nicht nur damit, die Mittelschichten zu neutralisieren, sondern sie versucht sie zu mobilisieren, sie betreibt im Namen der Freiheit und Menschlichkeit den gemeinsamen Kampf gegen Fascismus. Sofern Fascismus seinem Klasseninhalt nach nichts anderes ist als das formidabel gewordene Monopol an industriellen und agrarischen Produktionsmitteln (Monopol zum Gesinnungsterror der Ausbeuterklasse gesteigert), treibt der Kampf gegen den Fascismus zum Kampf gegen das Monopolkapital weiter (und behält damit die durch Schaden klug gewordene, die nun wirklich antikapitalistisch gewordene Mehrheit der Nation)[6].«

Weite Kreise der bürgerlichen, aber auch der linken Intellektuellen und Künstler verschlossen die Augen vor den auf sie zukommenden Problemen auf eine Weise, die den heraufziehenden Faschismus geradezu grotesk unterschätzte. Sie wappneten sich mit einer allgemeinen Skepsis, die sie handlungsunfähig machte, und relativierten die alarmierenden Zeichen – wie z. B. den allgemeinen Verfall der politischen Sensibilität – so weitgehend, daß schließlich kein Anlaß mehr zum Eingreifen, zur Wachsamkeit gegeben schien. Verfolgt man nur, wie sich der Faschismus verbal bereits einbürgerte, als es mit der Gesinnung im eigentlichen Sinne noch gar nicht so weit war, muß man wieder mit Bloch sagen: »Wo Sprache verludert oder verloren geht, wo sie zum Klischee wird oder zum Dietrich des Betrugs, aber auch wo sie aus dem alten Leben herausgerissen wird, aus dem großen ihrer bisherigen Welt und ein eingekapseltes oder verfremdetes Dasein führen muß: überall dort besteht die Möglichkeit, im Falle der Verluderung die Gewißheit, daß ein Mensch, ein Volk sich verfälschen und ihre Welt verlieren[7].«

Gerade die engagierten, progressiven Künstler der Weimarer Republik – und eigentlich nur sie – erkannten, wie unabdingbar notwendig eine zeitbezogene Kunst war, die aus dem Gefühl politischer Mitverantwortlichkeit entstand.

Trotz des Mangels an revolutionärer Tradition in Deutschland, der sicher einer der Gründe für das Scheitern der revolutionären Ansätze von 1918/19 gewesen ist, blieb in diesen Kreisen das Verlangen nach radikaler gesellschaftlicher Veränderung bestehen. Das damalige Versagen hatte die Revolutionäre nur um so wachsamer gemacht. Die Revolution vom 8. November 1919 war, Golo Mann zufolge, eine »unechte Revolution, das ist eine solche, welche nur die politische Struktur umwirft, die gesellschaftliche aber unangetastet läßt [8]«.

So waren etwa die vom Obrigkeitsdenken geprägten Kräfte, die namentlich in den Beamtenschichten und in der Justiz ihre Hauptstützen hatten, noch ungebrochen lebendig, und die glaubten nach wie vor an die »Selbstgerechtigkeit der Ordnung [9]«.

Sie wurden mit der Tatsache des verlorenen Krieges nicht fertig und klammerten sich an die Dolchstoßlegende [10], die sie ehemals vor dem Eingeständnis dieser Schmach bewahrt hatte und ihnen einen Buhmann lieferte, den sie nun mit scheinbar berechtigtem Mißtrauen und Haß verfolgen konnten. Damit waren alle positiven Ansätze von 1918 zum Scheitern verurteilt.

Die Angst, die rote Gefahr und das »Chaos im Osten« könnten auch auf Deutschland übergreifen, bewog die Regierenden, unter dem Druck der Menge ihre »Macht zu gebrauchen, um die Ordnung wiederherzustellen«. Sie versäumte es, sich republikanische Instrumente zu schaffen; sie bediente sich der alten Gewalten, »des Generalstabes, der Offiziere und dann des Freikorps [11]«.

Der weiße Terror, der jetzt einsetzte, war um so effektiver, als er scheinbar legal von gut organisierten Trupps ausgeübt wurde. In diesem Geist sorgte man ab Januar 1933 [12] perfekt für Ordnung. Die Theaterautoren, die sich 1918 für die Revolution eingesetzt hatten, sahen ihre Hoffnungen zusammenbrechen. Die idealistischen Ideen des Expressionismus hatten sich als realitätsfern erwiesen, und man mußte nach einem neuen Stil suchen. Die meisten Intellektuellen vermochten aus dem Scheitern ihrer politischen Ambitionen keinen neuen Antrieb zu gewinnen und zogen sich resigniert aus der Politik zurück.

Ein Gedicht Kurt Tucholskys aus dem Jahre 1920, geschrieben anläßlich der Inszenierung Max Reinhardts von Romain Rollands *Dantons Tod,* spiegelt diese Resignation wider:

> »Es tost ein Volk: Die Revolution!
> Wir wollen die Freiheit gewinnen!
> Wir wollten es seit Jahrhunderten schon!
> Laßt Herzblut strömen und rinnen!
> Es dröhnt die Szene. Es dröhnt das Haus.
> Um Neune ist alles aus.

Und ernüchtert seh' ich den grauen Tag.
Wo ist der November geblieben?
Wo ist das Volk, das einst unten lag,
Von Sehnsucht nach oben getrieben?
Stille. Vorbei. Es war nicht viel.
Ein Spiel. Ein Spiel[13].«

Ein großer Teil der Autoren der damals schon mittleren Generation suchte nun nach Sujets, die ihnen keine Stellungnahme zum Zeitgeschehen abforderten.
Walter Hasenclever und Paul Kornfeld verlegten sich aufs Komödienschreiben. Georg Kaiser schrieb eine Revue. Fritz von Unruh verfaßte eine historische Reportage mit dem Titel *Bonaparte* und die Filmkomödie *Phäa*. Carl Sternheim gab einem seiner letzten Stücke – *Die Schule von Uznach* – den schicken Untertitel *Oder die neue Sachlichkeit*. Jeder baute sich seinen eigenen Elfenbeinturm!
Entweder man bediente sich, wie Carl Zuckmayer in *Der fröhliche Weinberg,* volkstümlicher Themen, oder man verhalf sich zur Scheinaktualität durch naturalistische Montagen oder Reportagen (*Der Hauptmann von Köpenick* von Zuckmayer; *Die Wupper* von Else Lasker-Schüler)[14]. Alle diese Autoren mußten für ihre politische Blindheit büßen. Die Augen, die sie so bemüht von der Politik abgewandt und geschlossen hielten, wurden ihnen von eben der Politik, die sich damit fast ungehindert durchsetzen konnte, gewaltsam geöffnet.
Kornfeld wurde ermordet, Hasenclever nahm sich das Leben, von Unruh, Kaiser, Zuckmayer und die Lasker-Schüler emigrierten, Sternheim starb umnachtet, Ernst Barlach verfemt.
Auch der vormarxistische Brecht paßt mit seinen Stücken, in denen er sich mit Vorliebe als Bürgerschreck gibt und verhöhnt, was anderen lieb ist (den Expressionismus im *Baal,* die Revolution in *Trommeln in der Nacht*)[15], aber selbst keine Alternative bietet, in eben diese Umbruchphase.
Das Theater erlebte damals eine große Zeit. Man entwickelte bewährte Ideen weiter und perfektionierte sie, beschritt aber auch neue Wege, gerade auf dem Gebiet der Schauspielkunst und des Bühnenbildes. Regisseure wie Bert Brecht, Erwin Piscator, Jürgen Fehling und Leopold Jessner, Bühnenbildner wie Caspar Neher und Traugott Müller sorgten für höchste Qualität der Aufführungen.
Man wählte große Stücke und löste mit der Inszenierung bekannter Klassiker Skandale aus. Die besten der aufgeführten Stücke beschäftigten sich, im Gegensatz zur eigentlichen zeitgenössischen Produktion, nahezu

28

alle mit Politik – O'Neills *Trauer muß Elektra tragen* mit den Amerikanern während des Bürgerkrieges, Claudels *Seidener Schuh* mit den Grenzen weltlicher Macht, Hofmannsthals *Turm* mit einer Vision des Faschismus; und doch ist in fast allen diesen Stücken der Mensch und sein Seelenleben Hauptthema, die *konkrete* und *politische* Realität wird weder aufgedeckt noch analysiert[16].

Das musikalische Theater

Zu den auffälligsten Erscheinungen des musikalischen Theaters der zwanziger Jahre gehörte einerseits die radikale Erneuerung des traditionellen Opernrepertoires durch Regie, Bühnenbild und, seit Gustav Mahler, auch musikalische Interpretation, andererseits eine Flut zeitgenössischer Opern.

Beide parallel zueinander verlaufenden Strömungen zielten auf eine im Schauspiel bereits selbstverständliche Entwicklung ab: auf die Desillusionierung, auf die Parodie der Wirklichkeitsferne der Oper und ihres Publikums, das man von nun an unmittelbarer mit dem Bühnengeschehen konfrontieren wollte.

Für das Schauspiel hatte man zu diesem Zweck damals auch neue Formen des Bühnenbaus entwickelt. Neben der Rahmenbühne, der Etagenbühne, der Kugelbühne und dem Railway-Theater entstand das Totaltheater von Erwin Piscator und Walter Gropius. Gropius faßte seine Gedanken dazu wie folgt zusammen:

»Das Ziel dieses Theaters besteht also nicht in der materiellen Anhäufung raffinierter technischer Einrichtungen und Tricks, sondern alle sind lediglich Mittel und Zweck, um zu erreichen, daß der Zuschauer mitten in das szenische Geschehen hineingerissen wird, seinem Schauplatz angehört und ihm nicht hinter dem Vorhang entrinnen kann[17].«

Zu diesen dramaturgisch-revolutionären räumlichen Vorstellungen kam die direkte Charakterisierung und Klassifizierung des Auditoriums. Jean Cocteau formulierte eigenwillig-witzig den Zeitgeist des damaligen Publikums:

»Die das Heute verteidigen, indem sie sich des Gestrigen bedienen und das Morgen ahnen (1 Prozent). Die das Heute verteidigen, indem sie das Gestern zerstören, und das Morgen leugnen werden (4 Prozent). Die das Heute leugnen, um das Gestern – ihr Heute – zu verteidigen (10 Prozent). Die sich einbilden, daß das Heute ein Irrtum ist und für übermorgen ein Rendezvous geben (15 Prozent). Die von vorgestern, die das Gestern annehmen, um zu beweisen, daß das Heute die erlaubten Grenzen überschreitet (20 Prozent). Die noch nicht begriffen haben, daß die Kunst fortdauernd ist und der Meinung sind, die Kunst wäre gestern stehengeblieben, um morgen vielleicht weiterzugehen (50 Prozent). Die kein Vorgestern, kein Gestern, kein Heute wahrnehmen[18].« Die Vorarbeit für eine direktere Konfrontation mit dem Publikum wurde für die Oper wie so oft vom Schauspiel geleistet. Sie empfing wesentliche Impulse vom revolutionären Theater Meyerholds und Wachtangows und vom »Entfesselten Theater« Tairows. Man wollte mit der Tradition des »Museumstheaters« brechen und ein gesellschaftskritisches Theater schaffen.

Da sich Änderungen in der Oper viel schwieriger durchsetzen lassen als im Theater, schon wegen ihres schwerfälligen, aufgeblähten Apparates, kam die Revolutionierung des Opernrepertoires nicht, wie bei der Schaubühne, durch den Vordereingang, sondern durch die Hintertür. Es galt zunächst, den Bannkreis der Tradition des 19. Jahrhunderts zu durchbrechen. Das war vorerst jedoch noch nicht von einer wenig schlagkräftigen Moderne zu erwarten, die auf zu großen Widerstand stieß, sondern von der Besinnung auf anerkannte, aber in den Hintergrund getretene Komponisten. Man entdeckte das musikalische Barock wieder. 1920 wurde in Göttingen *Rodelinde* von Händel aufgeführt. Damit begann eine Händel-Renaissance, mit der endlich eine starke Gegenposition zur Wagnerbühne dieser Zeit geschaffen wurde.

Die Werke Händels waren beim Publikum größtenteils unbekannt; man mußte also nicht gegen eingefahrene Vorstellungen ankämpfen. Die Zuschauer waren im Gegenteil aufnahmebereiter für Neues, da sie keine ihnen lieb gewordenen Klischees zu revidieren hatten. Überdies vertraute man auf die Klassizität Händels und konnte den eigenen Bildungsdrang durch das Kennenlernen seiner Stücke befriedigen. Diese Umstände ermöglichten in der Oper endlich die Einführung einer zeitgemäßen Sprache. Der Abonnent war so mit dem ihm unvertrauten Händel beschäftigt, daß er etwas akzeptierte, was er bei den ihm vertrauten Werken des üblichen Repertoires nie geduldet hätte: etwa den neuen, abstrakten Bühnenraum von Hanns Niedecken-Gebhard.

Von dieser Händel-Renaissance hat zweifellos auch Brechts und Weills *Dreigroschenoper* profitiert. Denn war die *Beggar's Opera* von John Gay 1728 eine Parodie auf Händels *opera seria*, so war nun die *Dreigroschenoper* eine Parodie auf die Händel-Renaissance der zwanziger Jahre, obwohl sie die damit verbundenen Neuerungen für sich nutzte.

Mit dem fortschrittlichen Rückgriff auf Händel erreichte man beim Publikum mehr als mit dem Weg, zu dem Jean Cocteau mit seinem Schlagwort aufforderte, Walhall durch die Musik zu zerstören.

Nicht nur die Händel-Renaissance ging von einer Provinzstadt aus, auch das sich daraufhin entwickelnde progressive Musiktheater wurde in Städten wie Münster, Gera, Darmstadt und Würzburg und nicht in Berlin gemacht. In Berlin schufen zwar Erwin Piscator, Leopold Jessner und Karlheinz Martin ihren radikal-neuen politischen Theaterstil nach russischem Vorbild; die Krolloper erwachte aber erst mit der Berufung Otto Klemperers 1927 zu einer experimentierfreudigen Bühne des Musiktheaters.

Unter jenen Theaterleuten, die die Provinzopernbühnen entrümpelten, ist vor allem das Team Arthur Maria Rabenalt (Regisseur) und Wilhelm Reinking (Bühnenbildner) zu nennen. Ein Grundsatz Rabenalts war damals der folgende:»Der Dienst an der Kunst beginnt damit, ihre aktuelle Gültigkeit dem Gegenwartsmenschen nachzuweisen, statt sie unter sorgfältiger Rücksichtnahme auf ihre zeitverwurzelten Bedingungen zu pflegen [19].« Wie Jessner mit seiner *Hamlet*- und Piscator mit seiner *Räuber*-Inszenierung zeitnahes Kostüm, Maske, Bühnenbild und Beleuchtung bedingungslos durchsetzten, so erneuerte auch Rabenalt das klassische Opernrepertoire von Grund auf. Sein Ziel war die Entbürgerlichung der Spieloper – und so wurde bei ihm z. B. Lortzings *Wildschütz* zu einer Zeitoper.
»Meine Inszenierungsabsicht ging dahin, die ursprünglichen Zeitoperntendenzen wiederherzustellen, d. h. die etwas klarer organisierte Spielhandlung innerhalb des Milieus und Gesellschaftsbildes abzuwickeln, das natürlich nicht historisch, sondern aktuell den Zeitmenschen zu fesseln und interessieren vermochte. Die Handhabe dazu bot jene bestimmte, etwas verbürgerlichte Schicht der aristokratischen Nachkriegsgesellschaft, die auf ihren Gütern ein zurückgezogenes, etwas außerhalb der Zeitläufe liegendes Leben lebt [20].«
Ein großer Schock für das konservative Opernpublikum, vor allem das an Bayreuth orientierte, war Renato Mordos *Lohengrin* in Darmstadt, wo die Vorschriften des Meisters scheinbar mit Füßen getreten wurden. Auf mittelalterlichen Kostümpomp wurde dort ebenso verzichtet wie auf realistisches Dekor.
Daß auch Berlin dem Beispiel der Provinz folgen konnte, ist Leo Kestenberg zu verdanken. Er setzte als Referent für musikalische Angelegenheiten im Preußischen Ministerium für Wissenschaft, Kunst und Volksbildung sowohl die Berufung Otto Klemperers an die Krolloper durch, wie er es auch ermöglichte, daß das einstige Hoftheater unter der Intendanz von Carl Hagemann und dem Maler Ewald Dülberg zu einer mutigen Experimentierbühne wurde und das bis zur Schließung durch Tietjen während des Naziregimes auch bleiben konnte. Hier inszenierte Jürgen Fehling jenen schockierenden *Tannhäuser* und seinen nicht minder aufsehen-

31

erregenden *Holländer*, Gustaf Gründgens erarbeitete einen vieldiskutierten *Figaro*, unter J. Turnau kamen *Erwartung* und *Die glückliche Hand* von Schönberg und unter der Regie von Walther Brügmann die Oper *Mahagonny* von Kurt Weill zur Uraufführung. Es ist unmöglich, alle wichtigen Opernereignisse dieser Zeit anzuführen. Die Auswahl sollte nur zeigen, wie sehr man innerhalb des Opernrepertoires um Erneuerung rang. Eine große Erleichterung für diese Bestrebungen bedeutete es, daß bis 1928 die Bühnen von Staat und Gemeinden ausreichend finanziell unterstützt wurden, so daß man ohne große Geldsorgen und frei von kommerziellen Erwägungen experimentieren konnte.

Das hatte mit der Weltwirtschaftskrise ein Ende. Man war wieder auf das noch immer nicht sehr fortschrittlich denkende große Publikum angewiesen und mußte das spielen, was es sehen wollte, nämlich vor allem Operetten. Von 1928 bis 1932 vervierfachte sich die Zahl der Operettenaufführungen an den deutschen Bühnen [21]. Die Selbständigkeit der Intendanten und Regisseure wurde durch die Überwachung von staatlichen Theaterreferenten oder durch die Neueinsetzung von Leuten stark eingeschränkt, die allzu Fortschrittliches verhinderten. Zu diesen Leuten zählte Heinz Tietjen, dessen »große Zeit« als Generalintendant der Berliner Musiktheater und eigentlicher Leiter der Bayreuther Festspiele in den Jahren 1933 bis 1945 kommen sollte.

Neben der Neugestaltung der bewährten Opern sorgte auch eine große Anzahl neuer Opern für eine Auffrischung des Repertoires. Da waren Werke verschiedenster Art, die Stoffe kamen aus allen Bereichen; so baute Arthur Honeggers *Judith* auf einem biblischen Stoff auf, Ernst Křenek beschäftigte sich mit der Antike, so in seiner Oper *Das Leben des Orest,* schuf aber auch die Jazz-Oper *Johnny spielt auf,* eines der erfolgreichsten Stücke dieser Zeit.

1932 wurden die Donaueschinger Musikfestspiele gegründet; mit ihnen entstand in Deutschland ein Forum für zeitgenössische Musik, das einen intensiven Gedankenaustausch zwischen den Komponisten ermöglichte. Igor Strawinsky, der Schöpfer des *Oedipus Rex,* Darius Milhaud, der neben Kurzopern auch eine große Bilderchronik nach Paul Claudel, *Christoph Columbus,* geschrieben hatte, und nicht zuletzt Paul Hindemith, der Komponist der Oper *Cardillac,* trafen in Donaueschingen zusammen. Alle diese Komponisten lernten voneinander und prägten einen typischen Zeitstil in Rhythmik, Melodik, Instrumentation und Gestus. Dennoch blieb die musikalische Zielsetzung jedes einzelnen eine völlig andere.

Musik und Gesellschaft in der Weimarer Republik

Ein noch nicht an und mit den Ergebnissen der Revolution von 1848 gescheiterter Revolutionär des letzten Jahrhunderts bekannte 1847 seinem späteren Intimfeind:»Schlagen Sie die Kraft der Reflektion nicht zu gering an; das bewußtlos produzierte Kunstwerk gehört Perioden an, die unseren fern liegen; das Kunstwerk der höchsten Bildungsperiode kann nicht anders als im Bewußtsein produziert werden.« Der Bekenner war Wagner, sein Adressat Hanslick[22].

Wenig Verständnis mußte dieser Wagner für das Bekenntnis seines italienischen Gegenspielers Giuseppe Verdi haben:»Torniamo all'antico e será un progresso.« In diesem Geist versteht sich auch François-Joseph Fétis Aussage:»L'art ne progresse pas, il se réforme«[23] von 1830. Utopischer Fortschrittsglaube wie bei Wagner oder Traditionalismus wie bei Verdi und Fétis beeinflußten wesentlich die Musik und damit das Musiktheater des 19. und 20. Jahrhunderts.

Im 20. Jahrhundert war man auf der Suche nach neuen musikalischen Mitteln, und die deutlichste Absage an die traditionellen musikalischen Mittel ist die Hinwendung zur Atonalität. Bei der Vielfalt der neu entdeckten musikalischen Ausdrucksmöglichkeiten wurde allerdings die Vermittlung von Inhalten und die Kommunikation zugunsten einer »Spielerei« mit dem Material vernachlässigt. Viele namhafte Musikschaffende und Musiktheoretiker folgen der Meinung,»Musik könne nicht bekennen, sondern nur akzentuieren[24]«. Diese Überzeugung hat bis heute viele Anhänger. Sie findet in Schönbergs Ausspruch ihren überspitzten, aber typischen Ausdruck:

»Wenn es Kunst ist, dann ist es nicht für die Menge! Und wenn es für die Menge ist, dann ist es nicht Kunst[25]!«

Ähnlich argumentiert auch Carl Dahlhaus:»Der Komponist, der mit musikalischen Mitteln versucht, Politik zu machen, steht vor der unglücklichen Alternative: er habe entweder, um der politischen Wirkung willen, musikalische Mittel, die nicht gemeinverständlich sind, beiseite zu lassen. Das führe aber in letzter Konsequenz zum Verzicht auf jeglichen individuellen kompositorischen Ehrgeiz, zum ästhetischen Makel der Banalität. Oder er gebe, in genauer Entgegensetzung hierzu, vom Kunstanspruch nicht das geringste preis, dann aber gelangten die politischen Implikationen gar nicht erst ins musikalische Phänomen, sie blieben große Intention[26].«

Beide Bemerkungen sind von fragwürdiger Überheblichkeit und weichen einer zeitgemäßen Auseinandersetzung mit der Massenkultur bewußt aus, obwohl das Problem bereits vage bewußt wird; sonst wäre es zweifellos nicht zu diesen Äußerungen gekommen.

Zu der Erkenntnis, daß Musik nicht im luftleeren (gesinnungslosen) Raum stattfindet und stattfinden sollte, kommen Tibor Kneif und Theodor W. Adorno. In seinem Aufsatz »Widerspiegelung« geht Tibor Kneif diesem Problem folgendermaßen nach: »Die Funktion der Musik scheint teilweise überhaupt darin zu bestehen, daß sie sich in Gegensatz zur Gesellschaft wie auch zu den anderen Künsten stellt. Ihre Eigenart, gewissermaßen ihre gesellschaftliche Aufgabe selbst, verbindet sich oft mit der Tendenz, nicht konform mit der Umgebung zu sein, sondern sie zu leugnen, sie negativ widerzuspiegeln. Darin hat die Musik mit einem Vexierbild Gemeinsamkeit: daß sie zwar sich an die Umrisse des gesellschaftlichen Vordergrundes anlehnt, aber gerade dort nicht ist, wo jene sofort in die Augen springen[27].«

Adorno formuliert das so:

»Sie [die Musik] erfüllt ihre gesellschaftliche Funktion, … wenn sie in ihrem eigenen Material und nach ihren eigenen Formgesetzen die gesellschaftlichen Probleme zur Darstellung bringt, welche sie bis in die innersten Zellen ihrer Technik in sich enthält. Die Aufgabe der Musik als Kunst tritt damit in gewisse Analogie zu der gesellschaftlichen Theorie[28].«

Wie eng Musik und Politik verbunden sein können, beweist etwa die Arbeitermusikbewegung des 19. Jahrhunderts. Sie entstand in Deutschland ungefähr um 1860/70 und ermöglichte im streng kontrollierten Bismarckstaat, wo Opposition, vor allem die von links, bekämpft wurde (Sozialistengesetze), unter dem Vorwand einer Kulturorganisation eine verdeckte politische Betätigung. Es entstand das Tendenzlied. Damit wurde, wie Hanns Eisler schreibt, zwar keine neue musikalische Richtung begründet, aber es wurde der Musik ein neuer Inhalt, eine neue Funktion zugewiesen, und »die Geschichte lehrt uns, daß jeder neue Musikstil nicht entsteht aus einem ästhetisch neuen Standpunkt, … sondern die Änderung wird bedingt durch eine historisch notwendige Änderung der Funktion der Musik in der Gesellschaft überhaupt[29]«.

Georg Lukács setzt das Ende des Aufstiegs der bürgerlichen Klasse im 19. Jahrhundert mit dem Beginn ihres künstlerischen Niederganges gleich, was fraglich erscheint.

Die ersten Jahrzehnte des 20. Jahrhunderts sind eine Zeit des Übergangs, der Umwandlung. Deshalb sollte man aber die Kunst und die Künstler dieser Zeit nicht geringer schätzen und eine Flucht in die Vergangenheit der kanonisierten Klassiker antreten. Die Kunst in einer Zeit des Übergangs hat eine ganz besondere Funktion und Eigenart, weil sie das Kommende, das Neue bereits beinhaltet.

»Deshalb plädiert«, wie Bloch schreibt,»der Kunstfreund dafür, daß die Gegenwart in allen ihren Übergangsgebilden kritisch zu achten und zu beachten sei ... Entscheidend bleibt die Wechselbeziehung: kritische Beachtung der Gegenwart, dadurch produktiv ermöglichter Erbantritt der Vergangenheit[30]«.

Auf dem Gebiet der Musik beschäftigten sich die entschieden links orientierten Komponisten der Weimarer Republik wie Karl Rankl, Josef Schmidt, Vladimir Vogel, Karl Vollmer, Ernst Maier und vor allem Hanns Eisler mit den Problemen der Gegenwart. Für sie hatte, ähnlich wie für Gleichgesinnte auf dem Gebiet der Literatur und des Theaters, das Scheitern der Revolution von 1919 das Ende ihrer Hoffnungen bedeutet. Doch schweigt sich die musikwissenschaftliche Literatur über diese schwierige Situation aus.

Es ist immer wieder Hanns Eisler, der die Gefahren einer Entpolitisierung erkennt und sich warnend an seine Kollegen wendet.»... der moderne Musiker bejaht ja alle technischen Errungenschaften der Gegenwart. Er benützt sie. Er liebt die Großstadt, ihren Lärm, er ist verliebt in den präzisen Rhythmus der Maschinen. Nur die Menschen, die diese bedienen, interessieren ihn nicht. Und in seiner Kunst strebt er den höchsten Grad der Ausdruckslosigkeit, der Objektivierung an ... der bürgerliche Musiker, auf der Suche nach dem Inhalt der Kunst, propagiert, da er keinen findet, die Inhaltslosigkeit als Zweck und Sinn seiner Kunst. Unfähig, die gesellschaftliche Situation zu verstehen, schreibt er Musik, die über alles Menschliche erhaben ist[31].«

Eisler fordert die Komponisten auf, ihre Isolierung hinter sich zu lassen, herauszutreten und sich für das Publikum, die breite Masse und deren Konflikte zu interessieren. Ihre Probleme und die der Zeit sollten den Stoff für die Kompositionen liefern, und nicht schöngeistiger Elfenbeinturm-Individualismus.

Dieser Appell an das wache politische Bewußtsein war für einen jungen Komponisten nichts Neues. Er hieß Kurt Weill. Es war sicher kein Zufall, daß Weill 1927 mit Brecht Kontakt aufnahm – eine Begegnung, aus der das spätere Songspiel *Mahagonny* entstehen sollte. 1927 war auch das Jahr, in dem Weill mit Georg Kaiser das Stück *Der Zar läßt sich photographieren* herausbrachte, und überdies das Jahr des Börsenkraches, des Schwarzen Freitags.

Kapitel II

Der Werdegang von Brecht und Weill
vor der Zusammenarbeit

1. Der Werdegang Bertolt Brechts bis zur Zusammenarbeit mit Kurt Weill

Als sich Kurt Weill im März 1927 an Bertolt Brecht wandte, um ihn um einen Text für eine Komposition (*Mahagonnygesänge*) zu bitten, lag die Uraufführung von Brechts Stück *Mann ist Mann* in Darmstadt ungefähr ein halbes Jahr zurück, und die *Hauspostille* war vor ca. einem Vierteljahr im Propyläen-Verlag erschienen[1]. Brecht hatte sich also sowohl auf dem Gebiet des Theaters als auch aufgrund seiner lyrischen Produktion einen Namen gemacht, der es der deutschen Öffentlichkeit erlaubte, den Stellenwert seiner damaligen künstlerischen Bestrebungen zu beurteilen. Hinzu kam, daß er gerade zu Beginn des Jahres 1927 an exponierter Stelle Gelegenheit erhalten hatte, bestimmte theoretische Grundsätze zu formulieren, die darauf hinausliefen, die bürgerliche Ästhetik zu liquidieren. Dem »epischen Theater« sollte dabei die entscheidende Rolle zufallen[2]. Für einen Komponisten wie Kurt Weill, der an den Problemen der zeitgemäßen Weiterentwicklung der Oper stark interessiert war und aus diesem Grunde das literarische Leben genauestens beobachtete, konnte also die Kontaktaufnahme zu Brecht kein Sprung in unbekanntes Gewässer sein, zumal beide – Weill seit 1920, Brecht seit 1924 – in Berlin lebten und arbeiteten[3]. Brecht tendierte nach »links«, ohne jedoch schon eine klare Linie eingeschlagen zu haben[4]. Er nahm zu Beginn der Zusammenarbeit mit Weill einen soziologischen Standpunkt ein, der eine analytische Grundhaltung gegenüber den gesellschaftlichen Problemen ermöglichte. »Für ihn fungierte die Soziologie außerdem als eine Wissenschaft, die den Untergang des alten Dramas bestätigen und die Notwendigkeit eines neuen nachweisen sollte[5].«

Welchen Weg hatte Brecht bis dahin zurückgelegt? Am 10. Februar 1898 in Augsburg geboren, war er dort nach Absolvierung des »Notabiturs« als Theaterkritiker für die Tageszeitung der USPD für Schwaben und Neuburg tätig (1919/20)[6]. Seine Rezensionen von Aufführungen des Augsburger Stadttheaters, an dem offensichtlich eine besonders eklatante künstlerische Prinzipienlosigkeit um sich gegriffen hatte, sind erste Zeugnisse seines kritischen Verstandes, die erkennen lassen, daß sich die frühesten Ansätze seiner Theorie aus der Polemik gegen das »alte« Theater heraus entwickelten[7]. Erste Ansätze zu *Baal* erwähnt er in einem Brief an Neher vom März 1918: »Ich will ein Stück schreiben über François Villon, der im 15. Jahrhundert in der Bretagne Mörder, Straßenräuber und Balladendichter war[8].« Am 30. März 1918 war Brecht Zuschauer bei der Erstaufführung von Hans Johsts Grabbe-Drama *Der Einsame* in den

Münchner Kammerspielen[9]. Dieses Stück wurde für Brecht »zum Anlaß, die dramatische Fehde mit dem Expressionismus aufzunehmen, [...] ein Gegenstück zu schreiben, in dem die dramatische Grundauffassung des Expressionismus korrigiert werden sollte [...][10]« So entstand, vor einem mehr erahnten als schon erkannten politischen Hintergrund – die antisemitischen Ausfälle Johsts – die dramatische Biographie *Baal,* die am 8. Dezember 1923 in Leipzig uraufgeführt und mehrfach umgearbeitet wurde[11]. Die Fabel des Stückes hat Willett wie folgt zusammengefaßt: »Baal, Dichter und Sänger, betrunken, faul, selbstsüchtig und erbarmungslos, verführt (unter anderen) die siebzehnjährige Geliebte eines Schülers, die sich dann ertränkt. Er verkehrt mit Landstreichern und Fuhrleuten und singt in einem billigen Nachtlokal. Mit einem Freund, dem Komponisten Ekart, streicht er saufend und fechtend durch das Land. Sophie, die von Baal schwanger ist, folgt ihnen und ertränkt sich dann gleichfalls. Baal verführt die Geliebte Ekarts und ermordet ihn dann. Von der Polizei gejagt, von den Holzfällern verlassen, stirbt Baal allein in einer Bretterhütte im Wald[12].«

Die Begegnung mit Karl Valentin, dessen Bekanntschaft er 1919 macht und in dessen »Oktoberfestbude« er sich mitunter als »Klarinettist« betätigt, regt ihn im selben Jahr zu fünf Einaktern als Huldigung für den großen Komiker an. Im März dieses Jahres legt Brecht Lion Feuchtwanger sein Stück *Spartakus* vor, das er anschließend auf dessen Anraten überarbeitet[13]. Es handelt sich wohl um die Urform des Stückes *Trommeln in der Nacht,* das am 29. September 1922 in den Münchner Kammerspielen uraufgeführt wurde und Brecht den Kleist-Preis einbrachte[14]. Es ist ein »Heimkehrerstück«, wie sie damals – ähnlich wie nach dem Zweiten Weltkrieg – häufig waren. Weniger thematisch als sprachlich überragte es jedoch von Anfang an zeitgenössische und spätere Stücke dieses Genres. Brecht verband die Problematik des heimkehrenden Kriegsgefangenen mit dem Aspekt der zum Scheitern verurteilten Revolution. Daß Kragler (der »Heimkehrer« des Stückes) sich ihr nicht anschließt, sondern sich ins private Glück zurückzieht, ist typisch für dieses Scheitern, das ein bezeichnendes Licht auf die (klein)bürgerlichen Kreise Deutschlands wirft, die in der Revolution von 1918/19 inaktiv blieben, dem Faschismus aber bereitwillig entgegenkamen[15]. Die Verkörperung der revolutionären Kräfte gelang Brecht noch unvollkommen, ausgezeichnet jedoch die Charakterisierung bestimmter (klein)bürgerlicher Verhaltensweisen[16]. Sprachlich setzte sich Brecht bewußt vom Expressionismus ab, indem er bestimmte Wendungen der Volkssprache benutzte und sich stark an Georg Büchners realistischem Stil orientierte, den er freilich noch in die Form des überlieferten klassischen Dramas kleidete[17]. Aber auch die Desillusionierung des Zuschauers wurde betrieben, wenn etwa Kragler am Schluß den Bühnen-Mond, der jeweils vor seinen Auftritten rot aufgeleuchtet hatte, als einen Lampion entlarvte. Dies war der erste Angriff auf das »kulinarische«, auf bloße Einfühlung bedachte Theater, den Brecht später zur Theorie des »epischen Theaters« ausbaute [18].

Ebenfalls in München, aber im Residenztheater, wurde am 9. Mai 1923 das Stück *Im Dickicht der Städte* uraufgeführt. Es zeigt den Kampf zweier Männer in der Riesenstadt Chicago in der Zeit von August 1912 bis November 1915. Dazu Brechts eigene prägnante Kurzfassung der Fabel: »Chicago – Der Holzhändler Shlink, ein Malaie (Typ Wegener), führt einen Vernichtungskampf mit dem jüngeren George Garga (Typ Granach), in dessen Verlauf die beiden ihre äußersten menschlichen Qualitäten entblößen. Durch ein geistiges System scheinbarer Passivität durchhaut der Mann Shlink die Stricke, die den jungen George Garga mit der Umwelt verbinden, und zwingt ihn, einen verzweifelten Freiheitskampf gegen das um ihn dichter und dichter werdende Dickicht Shlinkscher Intrigen zu kämpfen. Shlinks Holzhandel, Gargas Familie fallen der Vernichtung anheim. Mehr und mehr isoliert, enger umstrickt, gehen die beiden hinunter in die Wälder, um ihren Kampf auszukämpfen. In dem letzten, mit äußerster Hingabe geführten Gefecht gewinnt George Garga den realen Boden wieder, er bricht den Kampf ab, der des Mannes Shlinks letzte Sensation war, und übernimmt dessen Holzhandel in der großen Stadt Chicago. Es handelt sich um lauter reale Ereignisse: Kampf um den Holzhandel, die Familie, eine Ehe, Kampf um die persönliche Freiheit [19].«

Wichtig für die spätere Zusammenarbeit Brechts mit Weill ist hier bereits, daß amerikanisches »Milieu« paradigmatisch für bestimmte Erscheinungsformen des Kapitalismus eingesetzt wird und der Autor die Forderung an den Zuschauer erhebt, sich kritisch-wertend wie der Betrachter eines sportlichen Wettbewerbs zu verhalten [20].

Zusammen mit Lion Feuchtwanger inszenierte und bearbeitete Brecht Marlowes *Leben Eduards des Zweiten,* nachdem er im Oktober 1922 Dramaturg an den Kammerspielen geworden war. Am 18. März 1924 fand dort die Uraufführung statt [21]. Diese Arbeit zwang deutlicher noch als *Trommeln in der Nacht* zur Auseinandersetzung mit einem vorgeformten historischen Stoff, der es von sich aus nahelegte, den Menschen als Produkt gesellschaftlicher Verhältnisse aufzufassen »und es sich zur Aufgabe zu machen, diese Verhältnisse darzustellen [22]«. Überdies tritt hier, ähnlich wie bei *Im Dickicht der Städte,* bereits das Thema der sexuellen Hörigkeit auf, das ja auch in den Brecht/Weill-Stücken breiten Raum einnimmt [23].

Anfang September 1924 übersiedelte Brecht endgültig nach Berlin. Neben Zuckmayer arbeitet er ein Jahr lang als Dramaturg am Deutschen Theater[24]. Ende des Jahres benennt er ein Stück, an dem er seit längerem unter dem Titel *Galy Gay* arbeitet, in *Mann ist Mann* um. Er beendet es im Herbst 1925. Elisabeth Hauptmann, die er damals kennengelernt hatte, hilft ihm dabei[25]. Die Uraufführung von *Mann ist Mann* erfolgt am 25. September 1926 in Darmstadt[26]. Der Untertitel des Stückes lautet *Die Verwandlung des Packers Galy Gay in den Militärbaracken von Kilkoa im Jahre neunzehnhundertfünfundzwanzig.* Es wird gezeigt, »wie der Packer Galy Gay zum imperialistischen Soldaten umgewandelt wird [...][27]«. Die parabelhafte Handlung exemplifiziert diese Umwandlung als Verführung zu einem Geschäft, das Galy Gay scheinbar Vorteile bringt. Das Lehrstückhafte des Werkes wird mittels einer anfangs aufgestellten These realisiert, die besagt, daß man mit einem Mann beliebig viel machen kann. Das Stück beweist dann diese These. Das Resümee wird in einem Zwischenspiel den Zuschauern zur Beurteilung anheimgestellt.

»Mit *Mann ist Mann* schließt die erste Gruppe von Brechts Stücken ab. Eine neue Dramaturgie und ein neuer Aufführungsstil sind vorgeformt, das Thema ist angeschlagen[28].«

Dies bleibt so während der ganzen Phase der Zusammenarbeit zwischen Brecht und Weill. Eine entscheidende Verschiebung in Richtung auf das Lehrstück vollzieht sich erst gegen Ende dieser Periode mit *Der Jasager* und führt über *Die Maßnahme* (mit Musik von Hanns Eisler) zur *Mutter* und zur *Heiligen Johanna der Schlachthöfe* – Stücke, in denen die Probleme marxistisch-konkret beschrieben und parabolisch-lehrhaft auf die Bühne gebracht wurden[29].

Von Anfang an waren lyrisches Schaffen und dramatische Produktion bei Brecht eng miteinander verbunden. Gedichttexte wurden zu Bestandteilen von Theaterstücken, bestimmte, etwa balladenhafte Passagen aus den Theaterstücken wurden auch in Gedichtsammlungen aufgenommen. Dieser enge Konnex wird auch für die Zusammenarbeit zwischen Brecht und Weill bedeutsam. Besonders in den Kapiteln über das *Mahagonny*-Songspiel und die Oper *Mahagonny* wird darauf einzugehen sein.

Brechts Lyrik bis 1927 wird der »Neuen Sachlichkeit« zugerechnet. Doch ist bei solchen Klassifizierungen Vorsicht geboten. Sicher setzte er sich bewußt vom Expressionismus ab, ebenso von George, Rilke oder Werfel, und mehr noch vom breiten Strom der Epigonen dieser Richtung, verfiel aber auch nicht in das andere Extrem, eine unreflektierte Verherrlichung der Moderne. Brecht suchte und fand seinen eigenen Weg zwischen beiden Richtungen, von deren Techniken er das jeweils für ihn Brauchbare sich ungeniert aneignete.

Im Gedicht suchte er »Ansichten und Erfahrungen, nicht die Gefühle [30]«.
Ähnlich wie in seiner dramaturgischen Konzeption will er subjektive Ge-
fühlsbeteiligungen des Autors ausschalten. Distanzierende Wendungen
wie »wir hören« oder »dachte ich« oder »fragte ich mich« rücken den
Text gleichsam vom Autor ab. Episch angelegte Gebilde, Berichte, Chroniken und Balladen kommen in den frühen Sammlungen häufig vor. Zu
nicht wenigen dieser Balladen schrieb er selbst Begleitmelodien und trug
sie bei Atelierfesten und ähnlichen Anlässen zur Gitarre vor. Wedekind,
Rimbaud und Villon beeinflussen ihn, die religiöse Sehnsucht der deutschen Barocklyrik verkehrt er ins Diesseitige [31]. Das Deutsch der Lutherbibel und bestimmte liturgische Sprachformeln verfremdet er in ähnlicher
Absicht [32]. Vom Gedicht verlangt er, es müsse einen dokumentarischen,
einen Gebrauchswert haben, und erntet für diesen »Nützlichkeitsstand-
punkt« prompt die Kritik der bürgerlich-literarischen Kreise [33]. »Dennoch bleibt Brechts frühe Lyrik – aller gegenliterarischen Tradition zum
Trotz – den spätbürgerlichen Auffassungen von Literatur noch eng verbunden [34].« Dies gilt im wesentlichen auch für die Phase seiner ersten
Stücke, und dieser analoge Entwicklungsverlauf machte es so einem literarisch interessierten Musiker wie Weill möglich, Anknüpfungspunkte
auf beiden Produktionsebenen, bei Lyrik *und* Theater, zu finden.

Was die politisch-weltanschauliche Entwicklung Brechts bis zur Zusammenarbeit mit Weill betrifft, so wurde schon darauf hingewiesen, daß sie
bis zur Adaption eines soziologisch-behavioristischen Standpunktes gediehen war. Ende 1926 beginnt Brecht, systematisch *Das Kapital* von Karl
Marx zu studieren [35]. Die Jahre zuvor sind durch »linkes Engagement«
allgemeiner Art, durch ironischen Pessimismus, ja fast Nihilismus gekennzeichnet. Auch im politisch-weltanschaulichen Bereich resultieren
die ersten Ansätze zu einem Vorstoß in Neuland aus dem Protest gegen
das Herrschende, Etablierte. Schon in der Schulzeit begann der Widerstand gegen die »Leute seiner Klasse« (also der Bourgeoisie), aus der
Brecht stammte [36]. Neben den tagespolitischen Fragen interessierten ihn
ökonomische Probleme. In seinem geplanten Stück *Joe Fleischhacker*
wollte er Vorgänge an der New Yorker Weizenbörse behandeln. Von einem Wiener Börsenfachmann ließ er sich 1926 den Mechanismus des
Börsengeschäftes erklären, »um Prozesse wie etwa die Verteilung des
Weltweizens auf der Bühne darstellen zu können [37]«. Das Stück wurde
nicht geschrieben, da die Auskünfte unbefriedigend waren.

So hatten sich auf politisch-weltanschaulichem Gebiet für Brecht kurz vor
Beginn der Zusammenarbeit mit Weill Perspektiven ergeben, die sich
während ihrer Zusammenarbeit abklärten, konkretisierten und zur Phase
seiner konkret-marxistischen Auffassungen hinüberleiteten. In den Stük-

ken der nachweillschen Phase stützte er sich fast ausschließlich auf die
»dritte Wurzel« des Marxismus, den dialektischen Materialismus[38]. Darauf wird in einem abschließenden Kapitel noch näher einzugehen sein[39].

2. Kurt Weills Lehrjahre

Die entscheidende musikalische Quelle für den im Jahre 1900 in Dessau
geborenen Schüler und Studenten Weill war die spätromantische Operntradition[1]. Seine Lehrer waren Albert Bing und Rudolf Krasselt (beide
Opernkapellmeister) und Engelbert Humperdinck, dessen Einfluß auf
Weill selbst in der späteren Opposition noch spürbar bleibt und hier in aller Kürze umrissen werden soll.
Verfolgt man das frühe Schaffen Humperdincks, so kreist es im wesentlichen um Wagner. Erst im Alter von siebenunddreißig Jahren versucht er
sich von Wagner zu lösen. Dazu bemerkt sein Sohn und Biograph: »Ein
Wagnis war es in der Tat, sich damals der Komposition eines harmlosen
Kindermärchens [*Hänsel und Gretel,* 1893] so ernsthaft hinzugeben. Der
Wagnerstil und der neue Verismo beherrschten die Opernwelt; ein Verständnis für das sonderbare Vorhaben Humperdincks konnten nur wenige aufbringen, zumal in Bayreuth nicht, wo sich alles traf, was der Fahne
des Wagnertums folgte[2].«
Das, was der Sohn als allgemeines Wagnis beschreibt, ist aber im Grunde
Humperdincks persönliches Problem der Abhängigkeit von Wagner und
seinem Kreis.
Heftigen Protest löste Humperdincks Wiedereinbeziehung des Melodrams in sein Werk *Die Königskinder* aus. Konservative Kreise warfen
dem Komponisten reaktionäre Tendenzen, Bayreuth-Abtrünnigkeit,
volle Prinzipienlosigkeit eines Wagnerianers vor, und das nur, weil Wagner in seiner Schrift »Oper und Drama« das Melodram als ein »Genre von
unerquicklichster Gemischtheit[3]«, nämlich von gesprochener Sprache
und Musik, bezeichnete.
Dieses Melodram benutzte Humperdinck nur im Schauspiel und gelegentlich mit kurzen Sätzen in seinen späteren Opern. »Das Reale aber auf
die Bühne zu stellen«, ist Humperdinck nie gelungen. Er ahnte wohl die
Notwendigkeit, das Musikdrama Wagners zu überwinden, und strebte
wieder »geschlossene Musiksätze« an, eine neue Möglichkeit für das Musiktheater schuf er hingegen mit seiner Verarbeitung des Melodrams
nicht. Lediglich die Wiedereinführung »geschlossener Musiksätze« wird

44

für das spätere kompositorische Schaffen Weills bedeutsam, jedoch in einem gänzlich anderen dramaturgischen Zusammenhang[4].

Trotz seines ernstzunehmenden Ansatzes, ein völlig neues Musiktheater zu kreieren, konnte sich Humperdinck nie ganz von Wagner lösen. Nach allem, was sich der Biographie seines Sohnes entnehmen läßt, ist es ziemlich wahrscheinlich, daß Humperdinck als Kompositionslehrer seine Studenten in der nachwagnerschen Tradition erzog, auch wenn er selbst einmal den Versuch gemacht hatte, einen neuen Weg zu finden[5]. Besonders interessant wäre überdies der Einblick in die Skizzen eines begonnenen Operneinakters Kurt Weills (nach einem Stück von Ernst Hardt[6]), denn er schrieb sie um 1919, also kurz nach seiner Studienzeit bei Humperdinck, und vielleicht hätte man dort dessen Einfluß nachweisen können[7].

Zur Zeit der Niederschrift dieses Einakters war Weill zuerst Korrepetitor bei Hans Knappertsbusch, später Kapellmeister in Lüdenscheid. Nach dem Studium bei Engelbert Humperdinck begann also für Kurt Weill die Auseinandersetzung mit der Opernpraxis, aber auch mit der »Opernschmiere«. Neben seiner ihm immer bewußter werdenden Neigung, sich als produktiver Künstler zu betätigen, mochten ihn auch die Praktiken der meist verschlampten Opernhäuser in der Provinz dazu bewogen haben, sich noch einmal in die Lehre zu begeben. Der tiefere Grund dürfte aber die intellektuelle Unzufriedenheit gewesen sein, die Weill im September 1920 nach Berlin aufbrechen ließ. Alle Stationen vorher hatten ihn nur einseitig mit der Tradition, vor allem der spätromantischen, konfrontiert. Das Jahr 1920 bedeutete in Weills Leben die Emanzipation von der Vorstellungswelt der Kindheit[8].

Busonis Traditionsverhältnis

In einem Aufsatz mit dem Titel »Weill – Busoni« geht Rudolf Kastner der Entwicklung des jungen Weill nach. Auch er bemerkt dessen Unzufriedenheit und Auflehnung gegen die ihn bis dahin bestimmenden Einflüsse. »Er [Weill] fühlt, irgend etwas Entscheidendes muß mit ihm geschehen. Da liest er in der Zeitung, daß Busoni nach Berlin kommt[9].« Jener Busoni also, der Weills vorgelegte Arbeiten besonders schätzen und ihn aus persönlicher Zuneigung und Verständnis für seine Situation in seine exklusive Schülerschar aufnehmen sollte, jener Busoni, gegen den Hans Pfitzner in seinem merkwürdigen Aufsatz »Futuristengefahr«[10] polemisierte, wurde nun zum entscheidenden Lehrer des jungen Weill.

Pfitzner hatte in seinem Buch *Vom musikalischen Drama,* in dem Kapitel

»Der Parsifalstoff und seine Gestaltung« (S. 253ff.), am Ende seiner pathetischen Ausführungen über Wagner die Kunst wie folgt definiert: »Können wir in ihm [dem Gral] nicht auch die Kunst erblicken? Ich meine jetzt nicht die Kunst, die, wie der Wolframsche Gral, Speise warm und Speise kalt spendet, sondern diejenige, welche für profane Blicke unsichtbar und profanen Schritten ewig unnahbar ist. Sie schwebt frei in der Luft herum; sie ist nicht willkürlich auffindbar, sie lebt ihr wahres Leben eigentlich nur in den wenigen Köpfen, wo Verständnis, wo Gefühl für sie ist, die sparsam über die Jahrhunderte verteilt sind ... Es gibt kaum zwei Menschen, die auf die Frage, was ist Kunst wirklich genau, dieselbe Antwort geben und dieselben Empfindungen haben werden. Wenn also ein ›Reiner Tor‹ [auf Wagners *Parsifal* Bezug nehmend] kommt und die Frage stellt: was ist der Gral [Pfitzner meint natürlich damit: was ist die Kunst], so kann ihm auch der weiseste Gralshüter nichts anderes antworten als der alte Gurnemanz, nämlich:

> ›Das sagt sich nicht;
> Doch bist du selbst zu ihm [zu ihr] erkoren,
> bleibt dir die Kunde unverloren.‹«

Als Pfitzner dies schrieb, war er immerhin schon 50 Jahre alt. Die Deutung der Wagnerschen Wege und das Festhalten daran zeigt das anachronistische Denken eines Künstlers, der sich nach dem Ersten Weltkrieg noch immer nicht von den Ideen der Kunstreligion des 19. Jahrhunderts gelöst hatte. Wie Humperdinck trug Pfitzner wesentlich zu einem verzerrten Wagnerbild bei.

Busoni stellte die »heile Welt« Pfitzners, Weill die »heile« Humperdinck-Welt in Frage. Beide waren sich einig, daß dieses Ewig-Gestrige zu bekämpfen sei.

Die Kontroverse Busoni – Pfitzner konnte Weill nicht unbekannt gewesen sein, und das macht die Gründe für seine Wahl Busonis als Lehrer nur noch deutlicher. In seinem Aufsatz »Zur Kontroverse Busoni – Pfitzner« kommt Jürgen Kindermann zu dem nicht überraschenden Ergebnis, »daß der eigentliche Grund für die Diskrepanz in ihrer unterschiedlichen Beurteilung der musikalischen Situation der Zeit liegt. Pfitzners Einstellung zur Zukunft der Musik ist von tiefem Pessimismus geprägt. Resignierend stellt er fest: ›Wenn unser letztes Jahrhundert oder unsere letzten anderthalb Jahrhunderte die Blütezeit der abendländischen Musik bezeichneten, die Höhe, die eigentliche Glanzperiode, die nie wiederkehren wird und der sich ein Verfall, eine Dekadenz anschlösse wie die nach der Blütezeit der griechischen Tragödie?‹ Drei Jahre später heißt es in der Neuen Ästhetik der musikalischen Impotenz: ›Langsam, wie die Sonne der Harmonie im Gange der Jahrhunderte aufgegangen ist, wird sie untergehen‹, und, auf die fortschrittlichen Richtungen in der Musik gemünzt: ›Aber soll und kann man den Sonnenuntergang beschleunigen, indem man Dreck auf den Horizont wirft?‹ [...] Wie ganz anders hebt sich dagegen Busonis Bejahung der künftigen musikalischen Entwicklung ab: ›Nehmen wir es uns doch vor, die Musik ihrem Urwesen zurückzuführen; befreien wir sie von architektonischen, akustischen und ästhetischen Dogmen; lassen wir sie reine Erfindung und Empfindung sein, in Harmonien, in Formen, in Klangfarben [11].‹«

Ausgelöst wurde die Kontroverse 1907 durch den *Entwurf einer neuen Ästhetik der Tonkunst,* in dem Busoni hauptsächlich Gedanken über die Zukunft der Musik im Sinne einer Höherentwicklung der Tonkunst aussprach. Pfitzner wandte sich gegen diesen Entwurf mit seinem Aufsatz »Futuristengefahr. Bei Gelegenheit von Busonis Ästhetik«.

Pfitzner konnte an Busonis Ästhetik mit Recht den formalen Aufbau und das Fehlen jeglicher Systematik beanstanden. Der Reiz dieser Ästhetik und ihr hoher Wert liegen aber gerade darin, daß hier ein schöpferischer Musiker zu einigen wichtigen Fragen *seiner* Zeit Stellung nimmt und zu einer Bewertung der musikalischen Situation im ersten Dezennium des 20. Jahrhunderts vordringt. Sie waren jenes »größte« Problem, das er in seiner Ästhetik mehrmals erwähnte und zu dessen Lösung er auf die Grenzen bzw. auf das Ende des Wagnerischen und des nachromantischen Musikstils hinweisen und neue und künftige Möglichkeiten für die Weiterentwicklung der Tonkunst aufzeigen mußte. Neben einigen bewußt provokant formulierten Äußerungen wie »Das eigentliche Wesen der Musik in der heutigen Tonkunst kommt am besten in den Pausen und Fermaten zum Ausdruck« oder »Bach und Beethoven stellen einen Anfang in der Fortentwicklung der Musik dar, die erste Blüte der Musik steht erst bevor« [12] stand der Versuch Busonis, bei ganz geläufigen musikalischen Sprachgewohnheiten zu ihrem ursprünglichen Sinngehalt zurückzufinden. Er ließ sich von der übermächtigen Tradition nicht einschüchtern, sondern attackierte sie. »Die Beschränktheit des abendländischen Tonsystems, die stereotypen Taktarten und die starre Periodenbildung ist dafür verantwortlich, daß E. T. A. Hoffmann als Komponist nicht das hat werden können, was er als Dichter geworden ist [13].« Oder: »Der Grund für die sichtbare Stagnation der Komposition ist in der Beschaffenheit der Musikinstrumente zu erkennen [13].«
Er stellte die Gültigkeit der Dur-Moll-Tonalität zugunsten von Drittel- und Sechstelskalen und anderen Tonartenkonstruktionen in Frage. All das mußte bei einem Traditionalisten und Wagner-Apologeten wie Pfitzner natürlich auf erbitterten Widerstand stoßen.

Busoni war – und das konnte Pfitzner nicht verstehen – von echtem Fortschrittsglauben erfüllt. Darauf nimmt das von ihm geprägte Schlagwort von der »Jungen Klassizität« Bezug. Busoni versteht darunter weder eine historisierende Rückwendung zu vergangenen Stilen noch einen Musikstil, der auf etwas gänzlich Neuem beruht. Er meint vielmehr die »Meisterung, die Sichtung und Ausbeutung aller Errungenschaften vorausgegangener Experimente: ihre Hineintragung in feste und schöne Formen«. Am besten realisiert werden könne die »Junge Klassizität« in der Oper, die die »höchstrangige« Form in der Musik und damit künftig zugleich auch die universelle und einzige Form musikalischen Ausdrucks und Gehalts überhaupt sein werde. Damit komme es zu einer »Einheit der Musik«, in der es keine Rangunterschiede der Gattungen gebe. Diese Erkenntnis der Wesenseinheit der Musik führe zu einer Opernreform, deren Ziel die Erhebung der Opernaufführung zu einer »unalltäglichen, halb religiösen, dabei anregenden und unterhaltsamen Zeremonie« sei [14].

Die »Meisterung, die Sichtung und Ausbeutung aller Errungenschaften vorausgegangener Experimente« sollten für Weill, wenn auch unter völlig anderem Aspekt, bedeutsam werden. Sie zu erlernen hoffte er, als er sich entschloß, zu Busoni zu gehen.

»Zuerst kommt die Idee, dann entsteht oder man versucht den Einfall, dann folgt die Ausführung [...]. Die musikalische Erfindung kommt mir gewöhnlich auf der Straße, beim Spazierengehen, am liebsten in lebhaften Vierteln, des Abends. Die Ausführung geht zu Hause, an freien Vormittagen vor sich [15].«

Diese Antwort gab Busoni auf eine Rundfrage der Berliner Zeitschrift *Der Konzertsaal* im Mai 1907. Sie spiegelt Busonis Vorliebe für die Stadt, für Geselligkeit und Konfrontation wider.

Über seine künstlerische Entwicklung gibt ein Brief an seine Frau Gerda vom 2.8.1907 Aufschluß:

»Diesen Sommer habe ich einen der größten Fortschritte in meiner Entwicklung festgestellt. Ich habe in meinem musikalischen Geschmack, wie Du weißt, zuerst Schumann und Mendelssohn überwunden, ich habe Liszt mißverstanden, dann angebetet, dann ruhiger bewundert; Wagner angefeindet, dann angestaunt, dann wieder romantisch mich von ihm abgewandt; habe mich von Berlioz überrumpeln lassen, und – was eines vom Schwierigsten war – zwischen gutem und schlechtem Beethoven unterscheiden gelernt; letzthin die neuesten Franzosen für mich entdeckt, und als sie mir zu schnell populär wurden, wieder fallenlassen; endlich mich den älteren Theater-Italienern mit der Seele genähert. Das sind Metamorphosen, die 20 Jahre umfassen. Unveränderlich in meiner Schätzung stand, wie ein Leuchtturm im brandenden Meer, die Partitur des Figaro,

48

die ganzen 20 Jahre durch. Als ich sie aber vor einer Woche wieder ansah, habe ich zum ersten Mal menschliche Schwächen darin erspäht; und meine Seele flog vor Freude zu erfahren, daß ich nicht mehr so tief wie vorher darunterstehe; wenngleich diese Entdeckung andererseits nicht nur einen wirklichen Verlust bedeutet, sondern auf das Unhaltbare alles menschlichen Tuns (und wie viel mehr auf mein eigenes!) hindeutet [...][16].«

Unter dem unmittelbaren Eindruck einer *Falstaff*-Vorstellung in Berlin 1894 schrieb Busoni einen Brief an Verdi, den er aber nie absandte: »Meine Jugend verging unter ersten Studien, [...] die von den deutschen Künsten und Wissenschaften genährt und gestützt wurden. Aber kaum hatte ich das Stadium der Theorien durchschritten [...], als ich den Geist und das Herz der Kunst zu begreifen, zu verstehen und mich selbst ihnen zu nähern begann. So kam ich relativ zu spät dazu [...], Ihre Meisterwerke zu bewundern [...]; schließlich rief der *Falstaff* in mir eine derartige Revolution des Geistes und des Gefühls hervor, daß ich von da an [...] eine neue Epoche meines künstlerischen Lebens datieren kann[17].«

Busoni als Lehrer Weills

Der junge Weill, reaktionärer Lehrinhalte und des Opernalltags überdrüssig, kam zu einem europäisch denkenden Lehrer und Menschen, der seinen Schülerkreis äußerst überlegt zusammenstellte. Busoni baute seinen Unterricht spontan und unsystematisch auf; er wollte Menschen formen und nicht nur Handwerker heranbilden. Offenbar ist er auch im Klavierunterricht mehr seiner Neigung zu literarischen oder optischen Assoziationen gefolgt als der Satzlehre. Seine Schüler wurden mit der Konzessionslosigkeit und Unbedingtheit seiner Kunstanschauung konfrontiert. Busoni ließ seine Studenten an seiner musikalischen Erfahrung teilhaben, opferte ihnen großzügig seine Zeit und vermittelte ihnen Wissen und Einsicht in einem Maße, das weit über seine Professorenpflicht hinausging. Man darf wohl annehmen, daß er sich mit ihnen nicht nur über rein ästhetische Probleme unterhielt. Die Ereignisse dieser Zeit nach dem Ersten Weltkrieg gaben genug Anlaß, sich auch über Politik Gedanken zu machen.

Selbst wenn Busoni die Einstellung seiner Schüler nicht immer teilte[18], so bewies er doch politische Aufgeschlossenheit, als er z. B. den sozialistischen Komponisten Vladimir Vogel, Leo Kestenberg, den späteren Theaterreferenten für Berlin, ebenfalls Sozialist, und schließlich Kurt Weill in seine Kompositionsklasse aufnahm. Lehrer und Studenten verband, trotz verschiedener Weltanschauungen, die Aversion gegen kleinkariertes nationalistisches Denken.

Busonis Einfluß wirkte sich auf Kurt Weill nachhaltig aus, wenn auch Weill durchaus nicht alle seine Einstellungen sklavisch übernahm. Was er mit Busoni teilte, waren der Antiwagnerianismus und die Ablehnung der nachwagnerschen Tradition. Aus ursprünglicher Verehrung für Wagner wurde überzeugte Gegnerschaft [19]. Dieselbe Wandlung erlitt auch sein Verhältnis zu Engelbert Humperdinck.

Das entscheidende Vermächtnis Busonis an Weill ist die Vermittlung des Gebrauchs der Halbtonlabilität, die eines der ausgeprägtesten Merkmale der reifen Musik Busonis darstellt. Sie läßt sich schon in den sehr späten Kompositionen von Franz Liszt dingfest machen (etwa in den Klavierstücken *Nuages Gris* und *Le Lugubre Gondola*); aber es ist Busonis Verdienst, sie zu einem vielseitigen Prinzip entwickelt zu haben. Die Variabilität, mit der Busoni diese Technik benutzte, war außergewöhnlich. Halbtonlabilitäten werden in der mysteriösen *Berceuse Élégiaque* (1910), in der heiteren Lebendigkeit des *Arlecchino* (1914/16) und der *Turandot* (1904–17), in der dunklen, gewaltigen Durchschlagskraft und verhüllten Stille der *Sonatina Seconda* (1912), in den reichen und variierten Landschaften der *Brautwahl* (1906–12) und im *Doktor Faust* (1925) benutzt – in der Tat, zumindest zeitweise, in all seiner »persönlichen« Musik (im Gegensatz zu seinen »Pastiches«), beginnend mit den *Elegien* von 1907.

Für einen genaueren Nachweis des Einflusses von Busoni auf Weill muß man auf Weills ausgearbeitete Werke zurückgreifen: auf *Mahagonny, Die Sieben Todsünden,* die *Bürgschaft* und den *Silbersee.* Hier werden überall Stilelemente Busonis greifbar. Weill benutzt nicht nur Halbtonlabilität; auch andere Facetten von Busonis Schreibweise sind erkennbar: So teilen etwa beide die Neigung, Skalenfigurationen umzuformen, »by introducing unexpected accidentials and by suddenly swivelling from one scale to another and back again [20].«

Neben diesen Übernahmen in der Verarbeitung des musikalischen Materials gibt Weills Aufsatz über »Busonis Faust und die Erneuerung der Opernform« Auskunft darüber, was Weill für sein späteres Medium, das musikalische Theater, von seinem Lehrer übernahm. So liest man dort: »Der Weg zu einer Wiederherstellung der Oper konnte nur von der Erneuerung der formalen Grundlagen dieser Gattung ausgehen [...]. Erst die restlose Verschmelzung aller Ausdrucksmittel der Bühne mit allen Ausdrucksmitteln der Musik ergibt jene Gattung gesteigerten Theaters, die wir Oper nennen [...]. Es ist vor allem der Verzicht auf eine rein musikalische Formgebung, der die Entwicklung der Oper so weit von ihren eigentlichen Zielen abgetrieben hat. [...] Nun ist der formale ... melodische und harmonische Einfall keinen anderen Gesetzen unterworfen, als denen der Grundidee, des geistigen Materials. Dieses Material schafft erst den Antrieb zur formalen Gestaltung [...]. Der greifbare und verborgene Gehalt der Opernszene muß mit ihrer musikalischen Form restlos übereinstimmen [...]. Ebenso kann beim musikalischen Bühnenwerk das opernhafte Element stärker in den Vordergrund treten [...] als ein wesentlicher Bestandteil der musikalischen Form. [...] Es war zum Teil Busonis Verdienst, daß wir diese Erkenntnisse als [...] Grundlage des jungen Opernschaffens erkennen können [21].«

So entdeckte Weill, daß »die Verschmelzung der musikalischen und theatralischen Triebkräfte Ursache der Opernform ist [...] und diese selbst wieder steigerungsfähig ist, und daß die stärkere dramatische Wirkung durch die Intensivierung dieser Einheit von Bühne und Musik entsteht [22]«.

Bezugnehmend auf die romantische Oper meint Weill:
»Diese wechselnde Einschaltung stärkerer und schwächerer Theatralik und die daraus erwachsende Ausbalancierung der musikalischen Form von der Bühne her, ist die stärkste Eigenschaft des romantischen Opernkomponisten [22].«

Was Wagner betrifft, den er zu den romantischen Opernkomponisten zählt und gegen den sich ein Großteil seiner oft unsachlichen Polemik richtet, so kommt Weill in demselben Aufsatz zu folgendem Ergebnis:
»Die Absicht Richard Wagners, jede Idee, jede Gestaltung durch ein Motiv anzukündigen, mußte eine literarische Beeinflussung der musikalischen Formgebung mit sich bringen, die zweifellos für das Musikdrama eine starke Bedeutung erlangt hat. Aber die abgeschlossenen Sätze der Oper formen sich unbewußt aus abstraktem Material, und die Einbeziehung einer motivischen Charakteristisierung in die musikalische Form gehört (wie es übrigens im *Tristan* schon erreicht ist) genauso zum kompositorischen Einfall, wie Melodieerfindung oder Instrumentation. [...] Die Formung der Oper spielt sich unter der Oberfläche des Bewußtseins ab [23].«

Diese grundlegenden Gedanken zur Erneuerung der Opernform lassen sich, wenn auch nicht in dieser – eben theoretisch – so klar formulierten Weise, auch in den Werken Weills nachvollziehen [24].

Der letzte Satz, daß »die Formung der Oper sich unter der Oberfläche des Bewußtseins abspielt«, bleibt Theorie; die Praxis bei Kurt Weill zeigt das Gegenteil, wie man in den kommenden Kapiteln sehen wird.

Zu den Aspekten, die Weill nicht von Busoni übernahm, zählt dessen Mystizismus, wie er im *Doktor Faust* und den theoretischen Schriften zutage tritt. Andererseits finden sich die transzendenten Elemente, die in der

51

Musik Busonis enthalten sind, auch in der Musik Weills. Die meisten seiner Werke vor 1925 und einige nach 1933 enthalten religiöse Bezüge.

Während der Zusammenarbeit mit Bertolt Brecht ist Weill jedoch ein scharfer Gegner von Religion überhaupt – und das schlägt sich in seiner Musik nieder. Die spätere erneute Hinwendung zur Religion hängt möglicherweise mit dem Erlebnis der Emigration zusammen.

Die erste Symphonie von 1921 befaßt sich mit dem Problem von Krieg und Frieden, der menschlichen Gemeinschaft und des religiösen Glaubens, in Anlehnung an Johannes R. Bechers Festspiel *Arbeiter, Bauern, Soldaten – Der Aufbruch eines Volkes zu Gott.* Weill stellte seiner Symphonie ein Motto aus diesem Werk voran, dessen Wortlaut nicht bekannt ist, da das Titelblatt während des Zweiten Weltkrieges verlorenging[25].

Im Gegensatz zu Busoni erstrebt Weill jedoch eine extreme Einfachheit der Struktur, die weit von der Komplexität der Werke seines Lehrers entfernt ist.

In die entscheidende Lehrzeit bei Busoni, vom Dezember 1920 bis Dezember 1923, fallen auch die ersten veröffentlichten und mit Erfolg uraufgeführten Werke des jungen Weill: Im April/Mai 1921 die erste Symphonie; am 18.11.1922 die Uraufführung der Kinderpantomime *Zaubernacht* (später *Quodlibet*); 1922/23 die Uraufführung des *Divertimentos,* der *Sinfonia Sacra (Fantasia, Passacaglia* und *Hymnus*), der Orchestersuite *Zaubernacht,* des *Recordare* und des Streichquartetts op. 8.

Unmittelbar nach dem Abschluß der Studien bei Busoni finden im Januar 1923 die ersten Gespräche mit Georg Kaiser statt, aber bevor der geplante gemeinsame Operneinakter[26] abgeschlossen wird, entsteht im April/Mai das *Konzert für Violine und Blasorchester,* das noch in engem Zusammenhang mit den vorher erwähnten absoluten Musikstücken gesehen werden muß.

Ein profunder Kenner der Werke Weills, Heinrich Strobel, weist in seinem Aufsatz »Kurt Weill, 1920–27« mit Recht auf folgenden Aspekt der rein instrumentalen Werke hin: »Bei Kurt Weill ist es der Wille zum Theater, der das Werden durchzieht«[27] – eine grundlegende Erkenntnis, was das gesamte musikalische Schaffen Weills betrifft, auf die man immer wieder zurückkommen wird.

Wenn es auch den Anschein hat, daß Weill bis zu seinem endgültigen Schritt in Richtung Theater »nur« absolute Musik komponierte, so darf man dabei nicht übersehen, daß diese Zeit für ihn eine entscheidende Entwicklung brachte. Er brauchte die Auseinandersetzung mit der formalen Dimension, um sich jene Knappheit und organische Gliederung des Aufbaus zu erarbeiten, die für sein späteres theatralisches Schaffen wichtig sein wird.

So wird hinter manchen Eigenheiten der Struktur bereits die Handschrift des Dramatikers spürbar. Ein auffallendes Merkmal bekräftigt das: Weill legt der überwiegenden Mehrzahl seiner rein instrumentalen Werke Textvorlagen zugrunde[28].

Die erste Symphonie vermittelt, wie bereits gesagt, die Gedanken des Festspiels *Arbeiter, Bauern, Soldaten* ... von Becher.

Der *Zaubernacht* liegt eine Kinderpantomime von Wladimir Boritsch zugrunde (Weill macht daraus später die Orchestersuite *Quodlibet*).

Das *Divertimento* ist für kleines Orchester und Männerchor komponiert.

Das *Recordare* trägt den Untertitel *Lamentationes Jeremiae Prophetae*.

Die Kantate für Sopran und Orchester *Der neue Orpheus* wurde nach einem Gedicht von Ivan Goll gestaltet[29]. Auch in den verbleibenden Werken, der *Sinfonia Sacra* op. 6, dem Streichquartett op. 8 und dem Violinkonzert op. 12 spürt man schon die Kraft dramatischer Gestaltung.

Die hier vorgenommene Einteilung spiegelt eine deutliche Entwicklung wider: Weill vermittelt erst indirekt (erste Symphonie, *Zaubernacht, Quodlibet*), dann direkt (*Divertimento, Recordare, Der neue Orpheus*) außermusikalische Inhalte.

Er benützt seine Musik als direktes Kommunikationsmittel; er will sich mit seinen Textvorlagen musikalisch festlegen, der Text soll den musikalischen Inhalt mitformen, mitbestimmen.

Wendet man sich den auf den ersten Blick nicht so eindeutigen, sich nicht ausdrücklich auf Textvorlagen stützenden Werken op. 6, 8 und 12 zu, so kommt man mit Strobel zu folgenden Erkenntnissen:

»Daß organische Bindung der Passacagliavariationen aufs erste nicht gelingen würde, das war zu erwarten. Polyphonie, die an Reger erstarkte, kann noch nicht wachsen. Virtuoser Elan, der kleine Figuren herausschleudert, plastische Bildhaftigkeit einzelner Episoden drängt immer wieder von ihr ab. Aber wie übersichtlich ist dies alles disponiert! Das wird dem Dramatiker nützlich sein[30].«

Zu op. 8, dem Streichquartett, bemerkt Strobel:

»Im Quartett ist das Spiel der Kontrapunkte reicher, lockerer, auch flüchtiger, der Choral wirkt weit mehr als Fundament. Konstruktive Beziehungen zwischen ihm und bestimmten melodischen Motiven dieser Kontrapunkte sollen die improvisatorischen Elemente an die polyphonen binden. Aber auch hier schlagen Ausdrucksenergien darüber hinweg. Immer wieder regt sich das Dramatische[31].«

Was das Violinkonzert op. 12 betrifft, kommt Strobel zu folgendem Ergebnis: »Dramatisch gespannte Ecksätze und drei leichte Tanzstücke stehen scharf profiliert nebeneinander [...]. Durch Einheit der Rhythmik, durch die virtuose Führung der Sologeige soll auch da formale Bindung

gegeben werden. Doch flutet die dramatische Bewegung in steilen Wellen. Themenkomplexe von schroffster Gegensätzlichkeit liegen unverbunden nebeneinander. [...] Das Sentimentale, Gefühlvolle der spätromantischen Ausdruckslinie ist abgestreift. Im Finale vereinigen sich die Antriebe der vorausgegangenen Sätze: tanzhaft stilisierte Melodik, virtuose Spielfreudigkeit und dramatische Haltung [...]³²«
Zu den noch nicht für das Theater geschriebenen Werken mit Textvorlage, die aber einen eindeutigen außermusikalischen Inhalt widerspiegeln, bemerkt Strobel folgendes, so hier bezüglich der ersten Symphonie: »Er will die Themen, in denen er das Gedankliche stilisiert, selbständig entwickeln. Noch klingt die *Symphonie* pathetisch aus. Aber dieses Pathos soll etwas Neues mitteilen, nämlich, wie das dem Werk vorangestellte Motto aus Bechers *Arbeiter, Bauern, Soldaten* besagt: sozialistisch-pazifistische Weltanschauung. Es kündet sich erste Berührung mit den Tendenzen der Zeit, die entscheidend werden für das spätere Arbeiten³³.«
Im *Divertimento* kommt einem von einem Männerchor vorgetragenen Choralthema das Hauptgewicht zu.
Auch in dem anderen frühen Vokalwerk, dem *Recordare*, erkennt man den Willen und die Fähigkeit Weills, den Inhalt der Textvorlage mit musikalischen Mitteln zu verdeutlichen.
Sein Werk *Der neue Orpheus* ist »stark durchsetzt mit coupletartigem Vortrag (Zeitparodistik, pseudo-mondänes Rezitativ)³⁴«. Diese Stilmittel werden für die Zusammenarbeit mit Brecht später noch große Bedeutung erhalten.
Richtungweisend sind auch die Aussagen Strobels über die Pantomime *Zaubernacht*: »Dieses gewiß nicht schwerwiegende, abseits vom Dramatischen liegende Werk ist als Entwicklungswert von höchster Bedeutung. Denn hier dokumentiert sich zum ersten Mal die veränderte Einstellung zum Theater. Für den Schüler Busonis konnte die Verbindung von Szene und Musik nur auf der Basis des Spiels geschehen. Die eigene Entwicklung war Befreiung [...] von jenen musikdramatischen Bindungen [...]. Wenn er nun, von seiner Begabung getrieben, zum Theater kommt, so ist die Vorherrschaft der Musik im Tanzspiel, im Opernspiel selbstverständlich. Es bedarf nur der entscheidenden Anregung durch eine Dichtung, und der Strom einer von dramatischen Inhalten mächtig gespannten Musik ergießt sich auf das Theater³⁵«.
Da die hier erwähnten Werke teilweise nicht zugänglich waren, bedurfte es der Zitate in ihrer ganzen Ausführlichkeit, um die am Anfang dieses Kapitels stehende These: »Bei Kurt Weill ist es der Wille zum Theater, der das Werden durchzieht« anschaulich nachzuweisen.
Die Brücke zum Theater schlug endgültig Weills zweites und bedeutende-

res Werk, die Kinderpantomime *Zaubernacht.* Den letzten Anstoß, sich dem Theater zuzuwenden, lieferte die Kontaktaufnahme mit führenden Dichterpersönlichkeiten des Theaters. Sie begann mit der Beziehung zu Georg Kaiser und führte über Ivan Goll schließlich zu Bertolt Brecht.

Weills Bühnenwerke aus der Zeit der Zusammenarbeit mit Georg Kaiser und Ivan Goll

Kurt Weill fand erst mit dem Abschluß seiner Lehrjahre bei Ferruccio Busoni 1923 zu seiner eigentlichen kompositorischen Bestimmung: dem Theater. Weill wählt als seinen ersten »Librettisten« Georg Kaiser, dessen Name in der Öffentlichkeit nach der Gerichtsverhandlung von 1921 in München in aller Munde war. In jener Gerichtsverhandlung hatte Kaiser in pathetischer Weise seinen Konflikt mit dem Gesetz überhöhen wollen, als er ausrief, »daß dem schöpferischen Menschen das Verbrechen erlaubt sei, und daß der Dichter, wenn das Werk es wolle, die eigenen Kinder töten dürfe[36]«. Kaiser wurde am 15. 2. 1921 wegen Unterschlagung zu einem Jahr Gefängnis verurteilt, nachdem der Hauptankläger, Fabrikbesitzer August Ferber, für Baron Eberhard von Welck die vom Verlag Gustav Kiepenheuer angebotene Totalentschädigung als Vergleich für Kaisers damalige Schulden abgelehnt hatte. Die rechtsgerichtete Presse jubelte über die Entscheidung, aber nicht lange: bereits am 16. 4. desselben Jahres wurde Kaiser wieder aus der Haft entlassen. Gemäß der vorliegenden Protokolle war es während der Verhöre immer wieder um Kaisers Freundschaft mit dem Kommunisten Ernst Toller gegangen[37]. Georg Kaiser, den Bernhard Diebold einen Denkspieler nannte und der allgemein als Klassiker des Expressionismus gilt, und Kurt Weill kamen in Kontakt. Diese beiden Bezeichnungen für Kaisers Schaffen sind allerdings blasse Klischees. Expressionismus bedeutet in diesem Falle wenig mehr als einen Sammelbegriff für die literarischen Arbeiten des Autors aus der Zeit von 1915 bis etwa 1930. Kaisers Gesamtwerk ist viel zu komplex, als daß man ihn mit diesem Schlagwort abtun könnte. Er war von 1917 bis zum Ausbruch des Faschismus der erfolgreichste deutsche Dramatiker und hatte u. a. beträchtlichen Einfluß auf Brecht[38]. 1920 hatte er bereits den *Protagonisten* als einaktige Oper deklariert[39].

Im Januar 1924 fanden die ersten Gespräche zwischen Weill und Kaiser statt. Erhalten sind von diesem Gespräch Skizzen für eine dreiaktige Pantomime[40].

1925 wurde der Operneinakter *Der Protagonist* von Kurt Weill und

Georg Kaiser vollendet. Die Handlung, die im England der Shakespeare-Zeit spielt, ist nur schwer mit wenigen Sätzen wiederzugeben. Maurice de Abravanel skizziert sie so:
»Es ist die Trägödie des Komödianten, der sich so in die Figuren hineindenkt, die er zu spielen hat, daß er am Ende nicht mehr zwischen Phantasie und Wirklichkeit unterscheiden kann. Zwei Pantomimen bilden die Mitte des Stückes. Die erste ist burlesk; die zweite ist ihre tragische Umkehrung, nach ihr tötet der Protagonist, besessen von der Verzweiflung, die er nur vorgeben wollte, seine eigene Schwester. Er kommt gerade noch zu sich, um noch in der Ekstase des Spieles die Schönheit der Rolle zu bewundern, die simulierten und echten Wahnsinn sich vermischen läßt[41].«

Die Musik, die Weill zum *Protagonisten* komponiert, vollzieht die Handlung mit den ihr eigenen Mitteln nach und gibt den psychologischen Gehalt der Handlung dort wieder, wo die Sprache versagt. Weill will das Drama verständlicher und klarer machen. Nur wenn die Handlung es erlaubt, läßt er die Stimmen gleichzeitig erklingen, so in der ersten Pantomime als Vokalquartett. Er lockert das musikalische Geschehen auf, indem er Teile des Orchesters auf die Bühne stellt (ein Oktett von Blasinstrumenten), die scheinbar improvisatorisch die Pantomimen begleiten. Diese Art des psychologischen Einsatzes der Musik entfällt später in der Zusammenarbeit mit Brecht. Die Aufteilung des Orchesters – jetzt allerdings nicht mehr in Haupt- und Bühnenorchester, sondern in zwei gleichwertige, selbständige Orchester – tritt erneut in den Werken, die Weill gemeinsam mit Brecht schafft, in Erscheinung.

Ähnliche Schwierigkeiten wie die Beurteilung des Gesamtwerkes von Georg Kaiser macht auch die literaturwissenschaftliche Einordnung Ivan Golls, der, in den zwanziger Jahren in Paris lebend, nach expressionistischen Anfängen als Lyriker dort eine Zeitschrift mit dem Titel *Surréalisme* herausgibt und in engem Kontakt zu den Autoren um Breton und den verstorbenen Apollinaire steht.

Das von Weill vertonte Libretto Golls – *Royal Palace* – stellt, in einer idealen Landschaft an einem italienischen See, eine romantisch-mondäne, mythische Frauengestalt (Dejanira) in den Mittelpunkt, die sich verschiedenen Männern in verschiedenen Gestalten lockend darbietet und in märchenhaften Verwandlungen wieder entzieht. Goll selbst bemerkt in einem Aufsatz mit dem Titel »Flucht in die Oper« zu seinem Stück:
»Die Oper ist die vollendetste Form der Lyrik. Keineswegs gehört sie in die dramatische Gattung, weil sie auf Bühnen gespielt wird. Oper und Drama sind Antipoden. Die Seele des Dramas ist die Handlung, die der Oper ist der Rhythmus. Im Drama wird gedacht, in der Oper gefühlt. Die

Materie des Dramas ist die Logik, die der Oper der Traum. Das Drama ist Leben, die Oper Märchen[42].«
Es ist schwer nachzuvollziehen, was Weill dazu bewogen hat, mit Ivan Goll zusammenzuarbeiten. Keine dieser unhaltbaren Aussagen entsprach Weills Auffassung von der Form der Oper.

Es wäre entscheidend zu wissen, wer die Zusammenarbeit mit Goll vermittelte, denn er ist ein ganz und gar untypischer Einzelfall unter Weills Librettisten. Selbst in Amerika hatte Weill anspruchsvollere Autoren. Ein möglicher Grund für die Zusammenarbeit könnte darin liegen, daß es Weill vor allem darum ging, Sicherheit und Erfahrung für seine Theaterarbeit zu gewinnen, und daß er daher nicht sehr wählerisch war.

Goll geht sogar noch weiter:
»In einer Oper kommt es auf das Singen an, nicht auf das Sagen. Auf den Traum, nicht auf den Beweis. Die Opern sind unsere letzten Märchen. Der Text einer Oper setzt sich nicht aus Versen oder Sätzen zusammen, sondern aus Worten. In den abgenutzten zivilisierten Sprachen dem ›Wort an sich‹ wieder zu seiner Urbedeutung zurückzuverhelfen, das erscheint die Aufgabe des neuen idealen Dichters. [...] Da kommt uns plötzlich die Oper zu Hilfe! Denn das Urelement für den Opernkomponisten ist nicht der Satz, [...] sondern das Wort, die Silbe, der Vokal. Beim Gesang entscheidet nicht der philosophische Gedanke, sondern der reine Vokal. [...] Ich lieferte dem Musiker weniger theatralische Situationen als musikalische Themen. Ballette zu Variationen: Lyrische Ausdeutungen des Daseins. Und aus dem einen Wort: ›Dejanira‹, was hat Kurt Weill nicht geschaffen! Dieses Wort spielt die Hauptrolle dieser Oper. [...] *Royal Palace* ist das Märchen vom Leben, das erst im Tode sich erkennt[43].«

Soweit der vage, nebelhaft-outrierte Kommentar Golls, dessen Libretto den absoluten Gegenpol zu der Position darstellt, die sich Weill kaum zwei Jahre später in der Zusammenarbeit mit Brecht erarbeitete. Der von Goll gewählte Titel »Flucht in die Oper« scheint wenigstens für seine Person Berechtigung zu haben. Golls blasser und verkrampfter Text ist sicherlich das Unwichtigste an *Royal Palace*. Aber Weills Musik hat sich seit dem *Protagonisten* weiterentwickelt. Sie ist jetzt spielerischer, lyrischer, tänzerischer geworden; das dramatische Element tritt zurück. Bezeichnend ist die Nähe zur Pantomimenmusik. Die Partitur enthält vier große Tanzstücke, die in ihrer Leichtigkeit und spielerischen Lockerheit Weills Formsicherheit beweisen. Der Komponist verarbeitet musikalische Einflüsse der Unterhaltungsmusik seiner Zeit. Am Schluß der Komposition steht ein Tango, in der Melodik erscheinen Elemente des Jazz. Insoweit ist *Royal Palace* in Weills Entwicklung ein Werk des Überganges, da schon hier die Zeitströmungen künstlerisch überhöht werden. Die Verwendung von Jazz und Tanzmusik wird in der Zusammenarbeit mit Brecht dann zu einem entscheidenden dramaturgischen Ausdrucksmittel.

Diese langen Ausführungen über Kurt Weills Entwicklung bis zu seinem Zusammentreffen mit Brecht sollten ihren Sinn darin finden, die Stilelemente, die für Weill charakteristisch werden, bis zu ihrem Ursprung zurückzuverfolgen. Weill schrieb, als er mit Brecht zusammenzuarbeiten begann, keine völlig neue Musik, sondern baute auf seinem früheren Schaffen auf; daher war dieses frühere Schaffen bei der Behandlung des eigentlichen Themas – der Zusammenarbeit von Brecht und Weill – wenigstens im Überblick zu berücksichtigen.

Kapitel III

Theoretische Überlegungen zum musikalischen Zeittheater von Brecht und Weill

1. Vom Wagnerschen »Gesamt-Kunstwerk« zum Brechtschen »Kollektiv selbständiger Künste«

Musikgeschichtliche Zusammenhänge

Die Zusammenarbeit zwischen Brecht und Weill beginnt 1927. Zwei Jahre später stirbt Hugo von Hofmannsthal, der über mehr als zwanzig Jahre der kongeniale Librettist von Richard Strauss gewesen war[1]. Am 14. Dezember 1925 wird die Oper *Wozzeck* von Alban Berg an der Berliner Staatsoper unter der musikalischen Leitung von Erich Kleiber uraufgeführt[2]. Während Strauss das Klangmaterial der Spätromantik expressiv weiterentwickelte und nach einer Phase der Wagner-Adaption zu einer eigenen Tonsprache mit größerer klanglicher Durchsichtigkeit fand, arbeitete Berg primär, wenn auch nicht ausschließlich, mit der Zwölftontechnik[3]. Auf einem dritten Weg, den auch Weill/Brecht beschritten, versuchten die Autoren eine Synthese von klassischen Strukturen und zeitgemäßer Unterhaltungsmusik herzustellen. Vor allem die Anleihe bei rhythmischen Formen des Jazz wird zum beliebten Gestaltungsmittel. In diesem Sinne arbeiten etwa Ernst Křenek (*Johnny spielt auf,* 1927) und Strawinsky (*Die Geschichte vom Soldaten,* 1918), aber auch Darius Milhaud (in Zusammenarbeit mit Cocteau) und George Gershwin (*Rhapsody in Blue,* 1926), um nur einige markante Namen und Werke zu nennen[4]. Man »bevorzugte kleine Formen, klare Harmonien, eindringliche Melodien, sparsame Instrumentation[5]«. Die Affinität der Komponisten zu literarisch anspruchsvollen Texten trat immer wieder hervor. Andererseits gab es auf musikalischem Gebiet, wie in der Literatur, auch eine Art »Neuer Sachlichkeit«. So vertonte etwa Milhaud 1919 mehr oder weniger zufällige Texte aus Katalogen für Landwirte und Samenhändler[6]. Hinzu kam, daß der Film als junges künstlerisches Medium neue funktionale Aufgabenbereiche für die Musik anbot. Nicht wenige der jungen Opernkomponisten traten auch mit Filmmusiken hervor. In einem ideologiefreien, wörtlichen Sinne sprach man von »Gebrauchsmusik«, ein Begriff, der sich aus Eric Saties *musique d'ameublement* entwickelt hatte[7]. Selbstverständlich wurde in allen Lagern erbittert diskutiert und theoretisiert – und das nicht erst seit den zwanziger Jahren. Strauss und Hofmannsthal führten ihren berühmten Briefwechsel, ohne jedoch die kulturelle Rolle der Oper nach Wagner prinzipiell neu zu bestimmen[8]. Cocteau beispielsweise forderte 1918 in seinem Aufsatz »Hahn und Harlekin« einen klaren, volkstümlichen musikalischen Stil, und die Baden-Badener Musiktage dienten als Forum für musikalische und musikalisch-szenische

Experimente in dieser Richtung[9]. Für die jungen Komponisten, die auf der Suche nach Neuem waren, galt Strauss als der »typische Vertreter des Vorkriegsbürgertums«, ein »süddeutscher Bourgeois«, wie er sich selbst bezeichnete, »mit der ganzen Kultur eines solchen[10]«. Von ihm mochte und durfte man wohl keine Erneuerung der Oper in dem Sinne erwarten, wie sie den jungen Komponisten vorschwebte. Merkwürdigerweise gelang jedoch nur den wenigsten von ihnen eine definitive Formulierung ihrer theoretischen Denkansätze. Die Gründe dafür sind zeitgeschichtlicher Art; denn vieles, was in den zwanziger Jahren begonnen worden war, wurde im folgenden Jahrzehnt vom Nationalsozialismus erstickt und ist zum Teil bis heute noch nicht wieder auf seine Tragweite hin untersucht worden. Zum anderen führten manche Versuche einer Erneuerung der Oper in traditionelle Sackgassen zurück, weil der »Opernapparat« (großes Orchester, große Bühnen usw.) von den neuerungswilligen Komponisten nicht entschieden genug in Frage gestellt wurde[11]. So diagnostizierte Brecht die Krankheit des Opernbetriebs analog zu der des Sprechtheaters, wobei ihm konventionelle Aufführungspraktiken sicher in reichlichem Maße Ansatzpunkte zur Kritik an die Hand gaben. In Theorie und Praxis des Musiktheaters von Weill und Brecht fließen also ästhetisch-gattungsmäßige und der allgemeinen Kritik am Theater verpflichtete, in beiden Fällen jedoch aus dem Widerspruch zum Bestehenden resultierende Intentionen zusammen.

Die erste Phase der Zusammenarbeit zwischen Brecht und Weill

Die Analyse dessen, was man als das »epische Musiktheater« Weills und Brechts bezeichnet, erfordert eine bestimmte zeitliche Perspektive. Der enge Zusammenhang zwischen den gemeinsam geschaffenen Werken und den theoretischen Überlegungen läßt es geraten erscheinen, als chronologische Leitlinie *nicht* die Publikationsdaten der theoretischen Schriften, sondern die Abfolge der betreffenden Stücke zu verwenden. Theorie und Praxis beeinflussen und verändern sich im Laufe der Zusammenarbeit, und diese Veränderungen tragen nicht zuletzt auch zur Beendigung der Zusammenarbeit zwischen Weill und Brecht bei. Darauf wird noch einzugehen sein.

Mitte der zwanziger Jahre war Kurt Weill, wie man verschiedenen Publikationen aus seiner Feder entnehmen kann, von der Notwendigkeit »einer Erneuerung der formalen Grundlagen dieser Gattung« (der Oper) überzeugt[12]. Dabei betonte er das Primat der Musik und forderte eine

»restlose V̶e̶r̶s̶c̶h̶m̶e̶l̶z̶u̶n̶g̶ ̶a̶l̶l̶e̶r̶ ̶A̶u̶s̶d̶r̶u̶c̶k̶s̶m̶i̶t̶t̶e̶l̶ ̶d̶e̶r̶ ̶B̶ü̶h̶n̶e̶ mit allen Ausdrucksmitteln der Musik [13]«, näherte sich also der Gattung Oper eher in
der typischen Haltung des Musikers als des Theatermannes. Auch wenn
er immer wieder eine Freisetzung theatralischer Triebkräfte aus der Musik zum Zweck der dramatischen Steigerung anstrebt und so scheinbar der
spezifischen Dramaturgie des Musiktheaters Rechnung trägt, verläßt er
doch nie die Perspektive, die er namentlich bei Mozart ideal verwirklicht
findet, nicht aber bei den Vertretern jener Richtung, die Elemente der absoluten Musik in die Oper hineintragen wollen [14].

Erste Spuren der Auseinandersetzung mit den Vorstellungen Brechts läßt
ein kleiner Beitrag »Über die zeitgemäße Weiterentwicklung der Oper«
(Oktober 1927) erkennen [15]. Es tauchen Formulierungen auf, wie »kommende Liquidation der gesellschaftlichen Künste« (gemeint ist wohl die
bürgerliche Kunst), »die innere und äußere Unkompliziertheit« (im Stoff
und in den Ausdrucksmitteln), die »epische Haltung des musikalischen
Bühnenwerkes, die es uns erst ermöglicht, die absolut musikalische, kon-
zertante Gestaltung zu geben, ohne dabei die Gesetze der Bühne vernach-
lässigen zu müssen [16]«. Der Blick Weills richtet sich plötzlich nach vorn.
Nachdem er sich früher bewußt an vor-wagnerschen Opernformen orien-
tiert hatte, wobei er Wagner nicht vordergründig ablehnend gegenüberstand, sondern sein Musikdrama aus dem Geist der Romantik herleitete
und auffaßte, besinnt er sich jetzt auf das breitere Publikum der Gegenwart und noch mehr der Zukunft, für das die Oper fortan dazusein habe,
»wenn sie überhaupt eine Existenzberechtigung haben soll [17]«. Berücksichtigt man den zeitlichen Stellenwert dieser Äußerungen, so wird man
gewahr, daß sie kurz nach dem großen Erfolg der *Dreigroschenoper* (Uraufführung 31. 8. 1927) und ca. ein Vierteljahr nach der Uraufführung
des *Mahagonny*-Songspiels (17. Juli 1927) zu Papier gebracht wurden;
die praktischen Erfahrungen, die bei der Entstehung dieser Werke gemacht worden waren, werden also jetzt auch theoretisch fixiert. Das
Thema »Verschmelzung der musikalischen und theatralischen Triebkräfte«, das im Busoni-Aufsatz von 1926 noch eine entscheidende Rolle gespielt hatte, findet keine Erwähnung mehr. Der Grund dafür dürften die
von Brecht schriftlich fixierten Vorstellungen von einer zeitgemäßen
Form der Oper sein, die quasi auf eine *Ent-* Schmelzung der Komponenten hinauslaufen. Allerdings veröffentlichte Brecht solche Gedanken erst
1930, also nach der Zusammenarbeit für die Oper *Mahagonny,* die bereits
in die zweite Phase der Zusammenarbeit zwischen ihm und Weill gehört.
Sie sind jedoch im Ansatz schon in der ersten Phase faßbar und haben
grundsätzliche Gültigkeit. Es hört sich geradezu wie eine Umkehrung der
ursprünglichen Ansichten Weills an, wenn Brecht in den »Anmerkungen

zur Oper *Aufstieg und Fall der Stadt Mahagonny*« schreibt:»... solange also Künste ›verschmelzt‹ werden sollen, müssen die einzelnen Elemente alle gleichermaßen degradiert werden, indem jedes nur Stichwortbringer für das andere sein kann. Der Schmelzprozeß erfaßt den Zuschauer, der ebenfalls eingeschmolzen wird und einen passiven (leidenden) Teil des Gesamtkunstwerks darstellt. Solche Magie ist natürlich zu bekämpfen. Alles, was Hypnotisierungsversuche darstellen soll, unwürdige Räusche erzeugen muß, benebelt, muß aufgegeben werden[18].« Trotzdem können die Positionen Weills und Brechts vor und zu Beginn ihrer Zusammenarbeit nicht so verschieden gewesen sein, wie es hier den Anschein hat. Die Übereinstimmung bestand zumindest in der Abkehr von der Vorstellung der Oper als eines Gesamtkunstwerks, wie es Wagner propagiert hatte, wobei er allerdings selbst wiederum mißverstanden worden war. Weill hatte sich auf die klassischen Strukturen der Mozartoper zurückbesonnen, wie sein »Bekenntnis zur Oper« (1925) erkennen läßt, und sich damit (im Gegensatz zum »Gesamtkunstwerk«) für eine aufgelockerte Opernform eingesetzt, die zwischen verschiedenen Ebenen (Rezitativ, Arie usw.) wechselt, anstatt in der ständigen Durchdringung von Wort und Musik, wie sie in der durchkomponierten Opernform in Erscheinung tritt, eine fortwährende, nahtlose Verbindung der verschiedenen Elemente zu praktizieren. Gerade um dieses Abwechseln der künstlerischen Ebenen ging es auch Brecht. In den »Anmerkungen zur *Dreigroschenoper*« verlangte er geradezu, es bewußt zu machen.»Nichts ist abscheulicher, als wenn der Schauspieler sich den Anschein gibt, als merke er nicht, daß er eben den Boden der nüchternen Rede verlassen hat und bereits singt. Die drei Ebenen: nüchternes Reden, gehobenes Reden und Singen, müssen stets voneinander getrennt bleiben, und keinesfalls bedeutet das gehobene Reden eine Steigerung des nüchternen Redens und das Singen eine solche des gehobenen Redens[19].« In diese Ratschläge sind allerdings schon Erfahrungen aus der Aufführungspraxis der *Dreigroschenoper* eingeflossen, während Weill seinen Beitrag »Über die zeitgemäße Weiterentwicklung der Oper« schon 1927, aber doch auch immerhin nach der Uraufführung der *Dreigroschenoper* zu Papier brachte. Es muß also zwischen Brecht und Weill eine prinzipielle Übereinstimmung hinsichtlich des Formproblems der zeitgemäßen Oper bestanden oder sich doch so rasch durch Diskussion herausgebildet haben, daß man von einer gemeinsamen theoretischen Grundlage sprechen kann, die ihre Zusammenarbeit begründete. Bei Brecht kam noch hinzu, daß solche strukturellen Detailvorstellungen in den größeren Rahmen von ersten Überlegungen zur Theorie eines »epischen Theaters« paßten, wie er sie spätestens seit der Ausarbeitung des Lustspiels *Mann ist Mann,* zu dem ja Weill eine Bühnenmusik geschrieben hatte, und der Studien zu *Joe Fleischhacker* anstellte. Dabei ging er weniger von einer rein formal motivierten Antipathie gegen das Aristotelische Theater aus, sondern stellte die Fixierung neuer, bisher für das Theater der alten Form nicht darstellbarer Stoffe in den Vordergrund.

Prozesse »wie die Verteilung des Weltweizens oder die Lebensläufe der Menschen unserer Zeit« ließen sich nach Brechts Ansicht mit den Mitteln des herkömmlichen Dramas nicht darstellen, und deshalb sei diese Dramenform in der modernen Welt obsolet geworden[20]. 1929 schreibt Brecht in einem Aufsatz »Über Stoffe und Form«: »Das erste ist also: die Erfassung der neuen Stoffe, das zweite: die Gestaltung der neuen Beziehungen. Grund: Die Kunst folgt der Wirklichkeit[21].« Doch schon 1926 »stellte er seine Theorie des ›epischen Dramas‹ auf«, wie Elisabeth Hauptmann am 26. Juli dieses Jahres in ihrem Tagebuch festhielt, und die Zusammenarbeit zwischen Weill und Brecht stand von Anfang an unter diesem Aspekt. Aber auch hier muß daran erinnert werden, daß das Aufstellen dieser Theorie kein plötzlicher, von heute auf morgen abgeschlossener Vorgang war; im Gegenteil, Brecht nahm zu einzelnen Fragen zu verschiedenen Zeiten und in den verschiedensten Zeitungen und Zeitschriften unsystematisch Stellung. Der Plan der Zusammenfassung der wichtigsten frühen Beiträge wurde, Werner Hecht zufolge, noch nicht konkretisiert[22]. Dennoch sollte man Hechts Bemerkung, die Theorie des epischen Theaters sei in der Zeit von 1926 bis 1930 noch nicht in einer *zusammenhängenden* Form erschienen, nicht so verstehen, als sei in diesem Zeitraum keine Weiterentwicklung erfolgt. Es lassen sich durchaus Entwicklungsphasen herausarbeiten.

Die zweite Phase der Zusammenarbeit zwischen Brecht und Weill

Die am Ende des vorigen Abschnittes aufgestellte Behauptung läßt sich beweisen, wenn man die oben kurz zitierten »Anmerkungen zur *Dreigroschenoper*« mit denen zur Oper *Aufstieg und Fall der Stadt Mahagonny* vergleicht. Obwohl letzterer Beitrag vor dem ersteren veröffentlicht wurde, läßt sich eine Entwicklungslinie in »umgekehrter« Richtung ziehen, da die Stücke, auf die diese theoretischen Betrachtungen Bezug nehmen, in umgekehrter Reihenfolge entstanden sind. Handelte es sich bei den *Dreigroschenoper*-Anmerkungen noch um konkrete, spieltechnische Hinweise für Schauspieler oder um nachträgliche Interpretationsversuche zu den einzelnen Teilen des Ganzen, so erscheint hier, in den Anmerkungen zur Oper *Mahagonny*, alles ins Grundsätzliche gesteigert, verallge-

meinert, auf die Entwicklung einer allgemeinen Theatertheorie zugeschnitten. Das vielfach zitierte Vergleichsschema im dritten Abschnitt der
Mahagonny-Anmerkungen, in dem Elemente der dramatischen, aristotelischen und der epischen Form des Theaters einander gegenübergestellt
werden, um die Akzentverschiebungen von der einen zur anderen aufzuzeigen, ist dafür ebenso Beleg wie die Vorbemerkung: »Die Oper war auf
den technischen Standard des modernen Theaters zu bringen. Das moderne Theater ist das epische Theater[23].« Dieses sollte auf der Bühne einen Vorgang »erzählen«, anstatt ihn zu »verkörpern«, den Zuschauer
zum aktiven, vor Entscheidungen gestellten und Entscheidungen fällen-
den, aber auch sich Kenntnisse aneignenden Betrachter machen, anstatt
seine Aktivität zu verbrauchen und ihm zu erlauben, sich in Gefühle zu
flüchten, anstatt ihm einfach Erlebnisse zu vermitteln. Er, der Zuschauer,
solle nicht in die Handlung hineinversetzt, sondern ihr gegenübergestellt
werden. Anstatt mit Suggestion sei mit Argumenten zu arbeiten, damit
nicht Empfindungen konserviert, sondern Erkenntnisse provoziert würden. Der Mensch, veränderlich und verändernd, sollte nicht als bekannt
vorausgesetzt werden, sondern habe Gegenstand der Untersuchung zu
sein. Da nicht eine Szene für die andere da sei (wie beim Aristotelischen
Theater), sondern jede Szene für sich, herrsche beim Zuschauer nicht die
punktuelle Spannung auf den Ausgang, sondern auf den Gang, den Verlauf des Stückes vor. Dementsprechend vollziehen sich die Geschehnisse
nicht linear, sondern »in Kurven[24]«. Die Welt werde gezeigt, wie sie ent-
stehe, nicht wie sie sei, die Natur mache Sprünge; nicht die Triebe des
Menschen seien bestimmend, sondern seine (gesellschaftlichen) Beweggründe, nicht das Denken bestimme das Sein, sondern das gesellschaftliche Sein das Denken[25]. Bezüglich des Verhältnisses von Musik, Wort und
Bild wird festgestellt, daß jedes Medium mehr Selbständigkeit erhalten
muß. Die Musik der »epischen Oper« soll vermitteln anstatt zu servieren,
den Text auslegen anstatt ihn zu steigern, den Text voraussetzen anstatt
ihn zu behaupten, Stellung nehmen anstatt zu illustrieren, das Verhalten
geben anstatt die psychische Situation zu malen. Auch hier handelt es sich
nur um Gewichtsverschiebungen, nicht um bedingungslose Alternativen[26]. Dies alles ist, wie gesagt, weitaus fundierter und umfassender ausgedrückt als in den *Dreigroschenoper*-Anmerkungen. Man wird aber auch
nicht übersehen dürfen, daß die zuletzt zitierten Bemerkungen zur neuen
Funktion der Musik in der epischen Oper im Verhältnis zu den allgemein
strukturellen, für das epische Theater schlechthin verbindlichen etwas zu
allgemein ausgefallen sind und zudem durchaus nicht immer im Gegensatz zur Struktur des Wagnerschen Musikdramas stehen, äußerstenfalls zu
einer weltanschaulich verrannten oder kulinarischen Interpretation Wag-

ners, wie sie in den zwanziger Jahren allerdings üblich war. Dies trifft in einigen Punkten auch auf Weills theoretische Betrachtungen in der zweiten Phase seiner Zusammenarbeit mit Brecht zu, etwa auf Teile des Aufsatzes »Über den gestischen Charakter der Musik« (1929) [27]. In diesem Text bringt Weill seine aus den Erfahrungen der gemeinsamen Arbeit mit Brecht gewonnenen Einsichten mit seinem eigenen früheren Standpunkt in Verbindung, der auf der Orientierung an den Strukturen der vor-romantischen Oper beruhte [28]. Auch die Ablehnung der Opernform, bei der der Komponist den Text quasi nur zum Anlaß nimmt, um frei und ungehemmt musizieren zu können, hat sich erhalten, da es sich »schließlich nur« um »eine letzte Konsequenz aus dem romantischen Opernideal« handle, »weil sich hier die Musik noch weniger als im Musikdrama an der Durchführung der dramatischen Idee beteiligt [29]«. Gerade eine solche aktive Beteiligung der Musik am ganzen Ablauf des Dramas aber stellte Weill als das neue (alte) Ideal des epischen Musiktheaters heraus, wie es ihm vorschwebte. Ein weiterer Aspekt dieses Ideals (nach Weill) läßt sich isolieren: Die Musik soll mit dem in ruhiger Haltung denkenden Zuschauer rechnen, der den Vorgängen folgt »und der, da er ja denken will, eine Beanspruchung seiner Genußnerven als Störung empfinden muß [30]«. Dieser Haltung des Zuschauers entspricht eine ähnlich antikulinarische auf seiten des Komponisten.

Die Musik kann und soll den (akustischen) Grundgestus für die Haltung eines Darstellers abgeben oder sogar zwingend herbeiführen, wobei sie keineswegs an den Text gebunden ist, sondern Grundhaltungen des Menschen, die sich aus der Situation ergeben, autonom herstellt. Als gestische Mittel der Musik werden die rhythmische Fixierung des Textes und die Melodieführung genannt, die zwar durch eben diese rhythmische Fixierung wohl »vorausbestimmt«, aber dennoch nicht mehr eingeschränkt ist als bei anderen Kompositionstechniken auch.

Abschließend bemerkt Weill, daß das geschilderte Verfahren keineswegs auf alle Texte anwendbar ist, sondern nur auf Libretti, die sich an der neuen (oder: erneuerten) Form des Theaters orientieren, eben am Prinzip des »epischen Theaters [31]«. Wir bemerken also auch bei Weill bei fortschreitender Dauer seiner Zusammenarbeit mit Brecht eine Konkretisierung seiner Vorstellungen. Dabei ist ein Zusammenhang mit der ersten Phase dieser Zusammenarbeit insofern erkennbar, als Weill mehr als Brecht Positionen weiter ausbaut, die im Umriß bereits beim *Maha-gonny*-Songspiel deutlich geworden waren. Das trifft insbesondere für die »Gattung Song« zu, von der Weill 1930 (»Anmerkungen zu meiner Oper *Mahagonny*«) sagt, sie sei im Songspiel begründet und in späteren Arbeiten *(Dreigroschenoper, Berliner Requiem, Happy End)* weitergeführt worden[32]. Wie sicher sich Weill der gefundenen Methode ist, geht aus der Art und Weise hervor, wie er die *Mahagonny*-Oper nun inhaltlich und stilistisch charakterisiert: »Es sind ›Sittenbilder aus unserer Zeit‹, auf eine vergrößerte Ebene projiziert. Diesem Inhalt entsprechend konnte hier die reinste Form des epischen Theaters gewählt werden, die auch die reinste Form des musikalischen Theaters ist. Es ist eine Folge von einundzwanzig abgeschlossenen Formen. Jede dieser Formen ist eine geschlossene Szene, und jede wird durch eine Überschrift in erzählender Form eingeleitet. Die Musik ist hier also nicht mehr handlungstreibendes Element, sie setzt da ein, wo Zustände erreicht sind[33].« Diese Sicherheit in der Formfrage – sie findet sich ähnlich auch im »Vorwort zum Regiebuch der Oper *Mahagonny*[34]« – läßt ahnen, daß Weill überzeugt war, zumindest im *Großen Mahagonny* einen neuen Typus des Musiktheaters präsentiert zu haben, der auch Zukunftschancen hatte. Demgegenüber betont Brecht immer wieder den Versuchscharakter und bringt ziemlich unverblümt zum Ausdruck, daß sich die neue Oper, die zwar immer noch kulinarisch sei wie die alte, aber wenigstens das Kulinarische zur Diskussion stelle, nur im Zusammenhang mit weitgreifenden gesellschaftspolitischen Veränderungen endgültig durchsetzen werde[35].

Die dritte Phase der Zusammenarbeit zwischen Brecht und Weill

Die Notwendigkeit zu solchen Veränderungen hatte Brecht seit etwa 1926 mittels analysierender soziologischer Perspektiven erkennen gelernt (vgl. das Kapitel »Brecht vor der Zusammenarbeit mit Weill«). Aber schon während der Proben zu *Happy End* (August 1929) zeichnet sich ab, daß Brecht von der Notwendigkeit des Erkennens zu der des Veränderns, des Eingreifens, des Handelns fortzuschreiten beginnt. Was sich in *Mann ist Mann* mit seiner parabelhaften epischen Struktur schon angekündigt hatte und auch in der Oper *Aufstieg und Fall der Stadt Mahagonny* nicht fehlte, nämlich der Versuch, für den gesellschaftlich-politischen Bereich nicht nur Erkenntnisse zu vermitteln, sondern auch Möglichkeiten aufzuzeigen, in diesem Bereich verändernd zu wirken, das setzte sich bei Brecht nun immer mehr durch. Seine Absicht, »vom Standpunkt des dialektischen Materialismus objektive Wirklichkeitsabbildungen zu geben[36]«, hatte weitreichende Folgen für seine Theatertheorie. Der Schrei nach einem neuen Theater sei der Schrei nach einer neuen Gesellschaftsordnung[37]. Von der nur analysierenden, dem Behaviorismus verhafteten Klassifizierung der gesellschaftlichen Verhältnisse, die sich in dieser Sicht als totale Abhängigkeit des Individuums von den ökonomischen Grundlagen darstellen, schritt er, seine bisherige Auffassung partiell revidierend, »zu einer dialektischen Einschätzung des Bewußtseins« fort[38]. Er erreichte diese neue Position in den »Anmerkungen zur *Mutter*«. Deren erster programmatischer Abschnitt sei hier seiner Bedeutung wegen ungekürzt wiedergegeben.

»Das Stück *Die Mutter*, im Stil der Lehrstücke geschrieben, aber Schauspieler erfordernd, ist ein Stück antimetaphysischer, materialistischer, nicht-aristotelischer Dramatik. Diese bedient sich der hingebenden Einfühlung des Zuschauers keineswegs so unbedenklich wie die aristotelische und steht auch zu gewissen psychischen Wirkungen, wie etwa der Katharsis, wesentlich anders. So wie sie nicht darauf ausgeht, ihren Helden der Welt als seinem unentrinnbaren Schicksal auszuliefern, liegt es auch nicht in ihrem Sinn, den Zuschauer einem suggestiven Theatererlebnis auszuliefern. Bemüht, ihren Zuschauer ein ganz bestimmtes praktisches, die Änderung der Welt bezweckendes Verhalten zu lehren, muß sie ihm schon im Theater eine grundsätzlich andere Haltung verleihen, als er gewohnt ist[39].«

»Der Mensch wurde ... aktiv eingeschaltet. Indem er sich selbst ›unter die determinierenden Faktoren‹ einschaltete, konnte er auf die ökonomischen und gesellschaftlichen Verhältnisse einwirken[40].« Das Verhältnis von Individuum und Gesellschaft wurde also jetzt dialektisch gesehen, als »in dialektischer Bewegung begriffen«; Eingriffe in das auf der Bühne Abgebildete, Gezeigte wurden denkbar[41]. Der pädagogische Zweck der Kunst war jetzt auf ein eminent »politisch-revolutionäres Ziel« gerichtet[42]. Erste Stationen auf dem Weg zu dieser neuen Zweckbestimmung des Theaters bildeten nun kleinere Stücke, wie die Schuloper *Der Jasager,* deren textliche Grundlage einer der ersten Versuche (!) Brechts in der Form des Lehrstücks ist.

Der oben erwähnten partiellen Revision der Auffassung des Verhältnisses von Gesellschaft und Individuum entspricht bei Brecht zunehmend auch die Revision bestimmter dramaturgischer Prinzipien aus der Zeit des puren Soziologismus-Behaviorismus. In den theoretischen Manifestationen setzen Selektionsprozesse und Akzentverschiebungen ein, das alte Schema wird zertrümmert, die Teile werden schrittweise neu geordnet, es kommt Neues hinzu. Der Vorgang wird von Steinweg in seinen Einzelphasen aufgezeigt. Danach finden sich in Brechts Theorieschriften zunächst Oppositionen wie Lehrstück/epische Oper, episches Theater; Lehrstück/Oper, Kantate oder Lehrstück/Schaustück. Dann aber erscheint auch das Gegensatzpaar »nicht-episches Theater: episches Theater, episches Lehrstück«, das die Unterordnung des Begriffes »Lehrstück« unter den des »epischen Theaters« anzeigt[43]. Wie auch immer die Selektionsprozesse im einzelnen abgelaufen sind, das Ergebnis ist eine von der bisherigen Zusammenarbeit mit Weill abweichende dramaturgische Intention.

Als »Basisregel« des Lehrstücks, die seit dem Beginn von Brechts Beschäftigung mit dieser Form, also seit etwa 1929, in Geltung geblieben sei, hebt Steinweg die Bestimmung des »Spielens für sich«, also die Aufhebung der Polarität von Publikum und Schaubühne, hervor[44]. Er weist darauf hin, daß in Brechts frühesten Bemerkungen zu den Lehrstücken von der pädagogischen Absicht gesprochen wird, zu einer kollektiven Kunstübung vorzudringen. Dementsprechend benötigte das Lehrstück die »eigentlichen Theater« nicht, es solle das Denken der am Spiel *Beteiligten* beeinflussen, »es finde weniger für die Zuschauer als für die Mitwirkenden statt« und es handle sich beim Lehrstück weniger um eine Kunst für Konsumenten, als um eine Kunst für Produzenten. Allerdings wird das Publikum nicht prinzipiell ausgeschlossen, es solle vielmehr, wenn vorhanden, aus der bloßen Zuschauerhaltung herausgeführt und bis zu einem gewissen Grade am Geschehen beteiligt werden[45]. Ziel des Lehrstückes, wie es Brecht verstand, ist nicht, wie häufig behauptet wird, die Indoktrination ohne die Möglichkeit, über den Inhalt der Doktrin zumindest nachzudenken; es besteht vielmehr in der kollektiven Übung bestimmter (gesellschafts)politischer Verhaltensweisen, die im Zusammenhang mit einer kritischen Grundhaltung stehen[46]. Diese Beobachtung darf andererseits jedoch nicht so verstanden werden, als hätten die Lehrstücke mit einer »Lehre« überhaupt nichts zu tun. Vielmehr wird hinter der vordergründigen Aktion der kollektiven Übung in bestimmten Verhaltensweisen eben der Lehreffekt der (proletarischen) Dialektik von Denken und Verhalten, von Theorie und Praxis sichtbar. Die Aufgabe dieser Dialektik besteht nun darin, das Widersprüchliche, Gegensätzliche in den dargestellten gesellschaftlichen Erscheinungen und Prozessen herauszuarbeiten, um einen Ansatzpunkt für Veränderungen erkennbar zu machen, die durch Verschärfung der Gegensätze und Widersprüche bis zum revolutionären Umschwung hervorgerufen werden[47]. Des weiteren wird der Übungscharakter des Lehrstückes von Brecht schon früh als (wissenschaftliches) Experiment verstanden, schon allein um zu betonen, daß es sich bei den Lehrstücken nicht um Parabeln handelt, sondern daß sie eine exploratorische, gesellschaftliche Zusammenhänge offenlegende Funktion haben sollen[48]. Die Auffassung Brechts vom Lehrstück als einem Experiment wird ja am Beispiel des *Jasagers* recht deutlich, dessen Wirkung er, wie erwähnt, in einer Art Testverfahren ausfindig zu machen versuchte[49]. Darüber hinaus sollen jedoch auch die anderen am Experiment

Beteiligten, also nicht nur der Autor, die Möglichkeit des Experimentierens mit dem Stück, mit den »Apparaten«[50] erhalten, um zu einer verändernden, von der Ratio durchschaubaren Interaktion vorzustoßen.

Als übergreifende Qualität des Brechtschen Lehrstückes stellt Steinweg das Element der von Ernst Bloch definierten konkreten Utopie zur Diskussion. »Die ›konkrete Utopie‹ ist eine Antizipation mit der Funktion, den Prozeß ihrer Verwirklichung hic et nunc einzuleiten[51].« Dementsprechend »ist der Vorschlag des Lehrstücks im bestehenden Staat ... bzw. in der kapitalistischen Gesellschaftsordnung utopisch; aber die möglichen partiellen Realisierungen dieses Vorschlags stellen als solche bereits einen Angriff auf die Basis dar, können *konkrete* Veränderungen in den Fundamenten dieser Gesellschaft bewirken. Sie dienen nicht nur der Propagierung, sondern auch der Formung einer anderen Gesellschaftsordnung[52].«

Vergleicht man diese theoretischen, in den großen Zusammenhang der Brechtschen Theatertheorie eingebundenen Manifestationen mit den theoretischen Äußerungen Weills aus der dritten Phase der Zusammenarbeit mit Brecht, so wird rasch deutlich, wie unpolitisch dagegen Weills theoretische Vorstellungen im Grunde waren. Damit ist gar nicht in erster Linie die Tatsache gemeint, daß Weill Brechts Wendung zum dialektischen Marxismus höchstens andeutungsweise mitvollzog; Weill ordnete sich letzten Endes doch mehr oder weniger den Anforderungen des konventionellen Opernbetriebes unter, den er zwar umgestalten, aber nicht (mehr) beseitigen wollte. In einem Aufsatz »Über meine Schuloper *Der Jasager*« (August 1930)[53] legte er den Begriff der Schuloper sehr allgemeinverbindlich aus: als Schulung für den Komponisten (Aufgabe, Urformen der Gattung Oper herzustellen), als Schulung für die Praxis der Operndarstellung schlechthin (Opernsänger sollten täglich vor Beginn der Probenarbeit zur Einübung einer neuen Gestik eine Schuloper aufführen), als Oper für den Gebrauch in den Schulen und im Rahmen der Arbeiterchorbewegung. Der Zweck der Schulung sollte musikalischer und geistiger Art sein, die musizierenden Schüler sollten außer der Freude am Musizieren auch Gelegenheit haben, etwas zu lernen[54]. Das waren zwar ähnliche, aber weitaus folgenlosere Vorstellungen als die, wie sie Brecht bezüglich seines Lehrstückes entwickelte. Auch wenn Weill mehrfach betonte, daß er im *Jasager* kein beiläufiges Nebenwerk sah, sondern ein vollberechtigtes Opus, so wird doch deutlich, daß er diese Linie seines Schaffens nicht so konsequent weiterverfolgte wie Brecht die des Lehrstückes[55]. Mehr als in der zweiten Phase der Zusammenarbeit arbeitete er mit »geschlossenen musikalischen Formen« und wandte sich von der Form des Songs ab und damit (wohl) wieder mehr einer die Musik und das

Wort wechselseitig integrierenden Form zu. Daß auch er – wie Brecht – die fatale Gefolgschaftsideologie des *Jasager*-Stoffes nicht durchschaute (vgl. das Kapitel über den *Jasager*), kann man ihm in Anbetracht der anfänglichen Unempfindlichkeit Brechts gegenüber dieser Ideologie nicht ankreiden, wie es ja überhaupt auch bei Brecht oft recht eigenartige Widersprüche dieser Art gibt, denn man muß sich doch fragen, wieso ein Autor, der in einem Stück wie *Mann ist Mann* die totale Manipulierbarkeit des Menschen gezeigt hatte, zunächst nicht sah, daß der jasagende Knabe im Lehrstück nicht weit von Galy Gay, dem ummontierten Packer, entfernt war[56]. Doch dies sind inhaltliche Fragen, die zwar nicht primär mit der Herausbildung der Theorie eines »epischen Musiktheaters« zusammenhängen, vielleicht aber eine wachsende Entfremdung Brechts und Weills signalisieren. Auf dieses Problem wird in einem Kapitel über das Ende der Zusammenarbeit von Brecht und Weill zurückzukommen sein.

Rekapitulation

Es sollte deutlich geworden sein, daß das epische Musiktheater Kurt Weills und Bertolt Brechts nicht pauschal als statische Kunstform umrissen werden kann. Im Grunde gestaltet sich das Verhältnis von theoretischem Anspruch und künstlerischer Realisation in jedem der Hauptwerke (*Mahagonny*-Songspiel, *Dreigroschenoper*, *Aufstieg und Fall der Stadt Mahagonny, Der Jasager*) gänzlich anders. Relativ bedeutungslos in diesem Zusammenhang bleiben *Happy End* und *Die sieben Todsünden der Kleinbürger*, weil in diesen Werken bereits erprobte dramaturgische Techniken bloß repetiert, aber nicht weiterentwickelt werden. Für die gesamte Zeitspanne der Zusammenarbeit zwischen Brecht und Weill gilt, daß die Bemühungen um ein »episches Musiktheater« experimentellen Charakter haben, daß aber Brecht mehr als Weill sich dieses experimentellen Charakters bewußt blieb und die gewonnenen Erkenntnisse für zukünftige Experimente auf der Sprechbühne weiter benützte. Mit Recht hat Thole darauf hingewiesen, daß es sich bei der von Brecht immer wieder propagierten »Trennung der Elemente« im Musiktheater nicht so sehr um den »Einbruch der Methoden des epischen Theaters in die Oper« (so Brecht) handelte, sondern daß die Methoden des epischen Theaters in den Opernversuchen »ihre experimentelle wie theoretische Klärung« erfahren[57]. Aus der Ablehnung des »Gesamtkunstwerkes« heraus entwickelte er das Gegenideal des »Kollektivs selbständiger Künste«. Dichtung, Musik und Bühnenbild sollten unabhängig voneinander eine Behandlung des Themas ergeben, deren gemeinsames Ergebnis die Präsentation der

Fabel auf der Bühne zu sein habe. Die Fabel müsse das »gemeinsame Unternehmen« sein, zu dem sich die verschiedenen »Elemente« unter Wahrung ihrer Selbständigkeit zusammenfinden. Diese Gedanken gehen zuletzt in das *Kleine Organon für das Theater* ein (§ 70), wo die Musik logischerweise als vermittelndes Medium neben anderen steht[58]. Dementsprechend blieben auch die musiktheoretischen Auswirkungen des Weill-Brechtschen Musiktheaters auf die zeitgenössische Opernproduktion relativ gering. Opern wurden auch weiterhin unter dem drastischen Primat des Musikalischen produziert, *Aufstieg und Fall der Stadt Mahagonny* und *Die Dreigroschenoper* erschienen als Belebung der Spielpläne im Sprech- oder Musiktheater, als exotische Sonderformen, aber nicht als Vorschläge oder Ansatzpunkte zur Weiterentwicklung. Eine andere Frage, der jedoch hier nicht weiter nachgegangen werden kann, ist die, inwieweit die theoretischen Ansätze Weills und Brechts als einzelne, also nicht als geschlossenes System, für die Entwicklung der Opernregie nutzbar gemacht worden sind. Für den späteren Inszenierungsstil Brechts waren sie unverzichtbare Voraussetzungen.

2. Weill oder Wagner: Selbständige Nummer oder »unendliche Melodie«?

Weills Verhältnis zu Wagner

Bei der Durchsicht der wenigen zugänglichen theoretischen Arbeiten Weills fällt dem Leser immer wieder die geradezu übergewichtige Aversion des Komponisten gegen Richard Wagner ins Auge. Diese Ablehnung ist aber nicht nur typisch für Weill – sie läßt sich international bei fast allen eigenständigen und kreativen Kunstschaffenden dieser Zeit nachweisen, die sich um neue Wege des musikalischen Theaters bemühen. So sind Strawinsky, Satie, Hindemith und Milhaud Wagner-Gegner – eine Liste, die sich fortsetzen ließe. Eines der bezeichnendsten Zeugnisse des Antiwagnerianismus sei hier stellvertretend für andere genannt. Es stammt von Darius Milhaud, der in seinem Buch mit dem provokanten Titel *Notes sans musique*[1] über Wagners *Ring des Nibelungen* schrieb: »Ich hatte schon früher Fragmente von Wagners Werken in Marseille gehört. Sein Lyrismus und seine tumultuöse Orchestrierung interessierten mich, und der Ruf als Revolutionär zog mich an. Nie werde ich diese vier Aufführungen vergessen, das Publikum von der Tiefe der Musik aufgewühlt,

73

schweigend und ergriffen wie in einer Kirche und dann plötzlich am Ende jedes Aktes in wilden Applaus ausbrechend – und ich selber bis zu Tränen angewidert [2].«

Über den *Parsifal* schreibt Milhaud:

»Aber dieses Werk [...] machte mir durch seine anspruchsvolle Gewöhnlichkeit geradezu übel [...]; selbst die Leitmotive erschienen mir als ein kindisches Mittel, einem thematischen Baedeker vergleichbar, der dem Selbstbewußtsein des Publikums schmeichelte, daß es stets wußte, ›wo es war‹ [3].«

Mit den persönlichen musikalischen Eindrücken mischten sich zunehmend die politischen: »Im Jahre 1920 begann ich einige Musikkritiken für den *Courrier Musical* zu schreiben: ›Als die *Concerts Pasdeloup* wieder ein Wagnerfest anzeigten, gab ich meinem Artikel einfach den Titel ›Nieder mit Wagner‹, was einen regelrechten Skandal hervorrief. Ich erhielt Protestbriefe, Beleidigungen und sogar anonyme Briefe. Wagner wurde wie das Goldene Kalb angebetet. Ich haßte seine Musik mit jedem Tag mehr, denn sie vertritt einen Typus von Kunst, den ich verabscheue. Doch hätte ich nie geahnt, daß sie einmal zum Standartenträger der Naziphilosophie werden sollte, bis zu dem Tage, da ihr Hoherpriester in einer ›Götterdämmerung‹ verschlungen wurde.

Seit damals habe ich oft bewunderungswürdige Wagner-Aufführungen in Deutschland gehört, aber ich bin nicht imstande gewesen, meine Meinung zu revidieren. Mein lateinischer Geist weigert sich, eine solche Musik zu schlucken, von der Debussy zu sagen pflegte, sie sei ›metaphysisches Weißblech‹. Da unsere kritische Einstellung jedoch keine Aussicht auf Erfolg hat und da wir für immer mit derartigen Festspielen rechnen müssen, so bin ich gern bereit, selbst nach der hunderttausendsten Aufführung der *Fünften Symphonie* zu rufen: ›Es lebe Beethoven‹, aber ganz bestimmt ebenso sehr, ja gewiß immer wieder zu rufen: ›Nieder mit Wagner!‹ [4]«

Milhaud war kein Einzelfall, wenn er Wagner zunächst mit dem politisch rechtsstehenden Bürgertum und dann schließlich mit dem deutschen Nationalsozialismus gleichsetzte.

In eben der Zeit, in der Weill und Milhaud gegen Wagner polemisierten, schrieb Bernhard Diebold unter dem von Nietzsche geborgten Titel »Der Fall Wagner« in der *Frankfurter Zeitung:* »Unglaubliches ist geschehen! Das politisch rechtsstehende Bildungspublikum hat seit dem Kriege Richard Wagner zu seinem speziellen Kunst- und Kulturgott erhoben. In Ermangelung eigener schöpferischer Kulturgeister erwählen die Mannen von rechts den Revolutionär und jahrzehntelang Verbannten von 1848 zum Erfüller ihrer nationalistischen Bedürfnisse. Dürfen sie das? Gewiß hat Wagner seine republikanischen Leidenschaften später neutralisiert – ähnlich wie Schiller. Einfluß von 1870/71. Aber seine Schöpfungen sind im revolutionären Geist entstanden und ihre Theorien sind liberal[5].« Diese richtige Einschätzung Wagners und seiner Vergewaltigung von rechts konnte und wollte Kurt Weill nicht teilen. Sein Wagner-Bild war von zwei Vermittlern geprägt worden. Einmal von einem Vertreter des »politisch rechtsstehenden deutschen Bildungspublikums«, Engelbert Humperdinck, seinem ersten Kompositionslehrer. Durch ihn, den Wagner-Epigonen und Lehrer von Siegfried Wagner, wurde Weill indirekt mit dem Bayreuther Kreis konfrontiert, der fünf Jahre später Adolf Hitler mit offenen Armen empfing und auch vor 1933 einen nicht zu unterschätzenden Einfluß auf den Stil und die Einstellung an den deutschen Opernhäusern hatte.

Andererseits wirkte Busoni auf den um seine Emanzipation ringenden Weill ein. Busonis Denken und musikalisches Schaffen stand unter dem Einfluß der europäischen Musiktradition von Bach, Mozart und Liszt. Bachs Werk war von deutschen, italienischen und französischen, Mozarts Musik von gesamteuropäischen, Liszts Kompositionen von deutsch-ungarischen und französischen Traditionen geprägt. Wie die Virtuosenkinder Mozart und Liszt war auch Busoni, selbst früher als Wunderkind gefeiert, Weltbürger durch sein Metier. Sein Antiwagnerianismus, der auf den Einfluß des Vaters Ferdinando Busoni und seines Lehrers Wilhelm Mayer-Remy, eines Freundes von Hanslick, zurückging, richtete sich gegen Wagner als Musiker wie auch als Dichter. So schrieb Busoni anläßlich des 60. Geburtstags von Gerhard Hauptmann am 15. 11. 1922:
»Gerhard Hauptmann hat unter mannigfachen anderen hohen Verdiensten auch das Verdienst, die deutsche Kunst seiner Generation von Wagner abgelenkt und den literarischen Maßstab gerade gerichtet zu haben[6].« Busoni und auch Weill weisen Wagner und seinen Epigonen unterschiedslos und ohne Differenzierung denselben Rang zu. Mit Recht wenden sie sich gegen die Epigonen, die Potenz und die eigentlichen Bestrebungen Wagners verkennen sie hingegen.

Weills direkte Anspielungen auf Wagner finden sich vor allem in den Artikeln »Aktuelles Theater«[7], »Zeitoper«[8] und »Über den gestischen Charakter der Musik«[9].

Dort kann man Polemiken lesen wie die folgende:
»Im Grunde ist die ganze Richtung noch fest im Wagnerschen Ideenkreis verhaftet. Es ist noch immer das Theater der Übermenschen, das Theater der Steigerung, das Theater der schweren, dickflüssigen Form[10].«
Wenig später liest man in demselben Aufsatz:
»Denn ein politischer Stoff kann nur in seinen *großen Zusammenhängen*

dargestellt werden, und ein ›dramatisierter Leitartikel‹ ist immerhin schon einen Schritt weiter als ein erschütterndes Drama der ›Menschheitsdämmerung‹[11].

»Die Musik im neuen Operntheater verzichtet darauf, die Handlung von innen her aufzupumpen, die Übergänge zu verkitten, die Vorgänge zu untermalen, die Leidenschaften hochzutreiben[12].«

»Denn ›Romantik‹ als Kunst schaltet das Denken aus, sie arbeitet mit narkotischen Mitteln, sie zeigt den Menschen nur im Ausnahmezustand, und in ihrer Blütezeit (bei Wagner) verzichtet sie überhaupt auf eine Darstellung des Menschen[13].«

Alle diese Ausführungen sind zwar in ihrer polemischen Schärfe amüsant, aber inhaltlich wenig überzeugend.

Untersucht man das, was Weill bei Mozart (*Figaro*) und Beethoven (*Fidelio*) gelten läßt, nämlich die künstlerische Auseinandersetzung mit den großen politischen Stoffen der jeweiligen Zeit, so wird man bei einer Analyse des *Rings des Nibelungen* eben diese Auseinandersetzung auch bei Wagner nicht leugnen können, wie Weill es dennoch tut. Was Weill als die große Erkenntnis seiner Zeit empfindet, daß der Künstler der Gesellschaft nützen soll, indem er sein Publikum mit den Problemen der Zeit konfrontiert, d. h. mit Krieg, Kapitalismus, Revolution und Inflation, war ein Jahrhundert früher für Wagner nichts Neues. Auch Wagner kämpfte gegen das Theater als Museum, gegen die Ideologien von gestern, für ein anderes Publikum, für die Darstellung des Menschen auf der Bühne. Daß er das mit den Mitteln seiner Zeit tat, läßt sich ihm nicht vorwerfen. Sein von Weill bekämpftes Musikdrama war, zu seiner Zeit, eine große künstlerische Tat, die aus der Unzufriedenheit mit der bestehenden Opernpraxis hervorging.

Kurt Weill hätte nach einer genauen Lektüre der Wagnerschen Schriften sich viel Zeit für seine wenig ergiebigen Polemiken ersparen können. Denn nimmt man Wagner und seine Anweisungen ernst, so kann wirkliches aufregendes Theater, auch im Weillschen Sinne, die Zuschauer herausfordern.

Weills Operntheorien

Weill baut, um sich in seinen musikalischen Ideen zu festigen, die mit der Propagierung von geschlossenen Nummern und allgemeinverständlicher Musik »ohne Anspruch« entscheidend von denen Wagners abweichen, ein Feindbild auf, und dieses Feindbild trägt eben Wagners Züge. Seine Stärke liegt daher nicht in seinen musiksoziologischen Analysen, die zu sehr von verzerrender Polemik beherrscht sind, sondern in seinen Ausführungen über die – in der Praxis mit Brecht gemachten – Erfahrungen mit der Form des episch-musikalischen Zeittheaters. Diese Erfahrungen finden sich in der Korrespondenz »Über die *Dreigroschenoper*«[14], im »Vorwort zum Regiebuch der Oper *Mahagonny*«[15] und den »Anmerkungen zu meiner Oper *Mahagonny*«[16], weiter in den Ausführungen »Über den gestischen Charakter der Musik«[17]. In der Korrespondenz »Über die *Dreigroschenoper*« ist die folgende Bemerkung entscheidend: »Was wir wollten, war die Urform der Oper. Gleich zu Beginn des Stückes wird der Zuschauer aufgeklärt: ›Sie werden heute abend eine Oper für Bettler sehen. Weil diese Oper so prunkvoll gedacht war, wie nur Bettler sie erträumen können, heißt sie die *Dreigroschenoper*.‹ Daher ist auch das letzte Dreigroschenfinale keineswegs eine Parodie, sondern hier wurde der Begriff ›Oper‹ direkt zur Lösung eines Konfliktes, also als handlungsbildendes Element herangezogen und mußte daher in seiner reinsten, ursprünglichsten Form gestaltet werden[18].«

Mit anderen Worten: Der unverbildete Zuschauer erhält praktisch-musikalischen Anschauungsunterricht über den Begriff der »Oper«, hier speziell über den Begriff des »Opernfinales« innerhalb einer dramatischen Situation.

Oper im ursprünglichen Sinne ist für Weill die Nummernoper des Barock, eines Händel und Monteverdi. Das bewußte Einsetzen der Form der Oper hat er von Busoni gelernt. So schreibt er in seinem Aufsatz »Busonis *Faust* und die Erneuerung der Opernform«:

»Die musikalische Form ist ja mehr als eine Zusammenfassung einzelner Abschnitte, sie ist ein den übrigen Wirkungskräften der Musik vollkommen gleichberechtigtes Ausdrucksmittel, dessen Aufgabe oder auch nur Unterordnung eine wesentliche Verkürzung der musikalischen Ausdrucksmöglichkeiten bedeutet[19].«

Da Weill der Ansicht ist, daß in der letzten Zeit (vor allem durch Wagner!) der Begriff »Oper« eine falsche Deutung erfahren hat, so soll nun in der *Dreigroschenoper,* wo der Begriff schon durch den Titel, dann durch den Moritatensänger eingeführt wird, der wahre Sinn *ad aures et ad oculos* geführt werden.

Weill fällt jedoch, wie man noch sehen wird, später selbst in Opernformen zurück, die von dem in der *Dreigroschenoper* vorgeführten Anschauungsmaterial weit entfernt sind. Auch weiß man nicht, ob und inwieweit der unverbildete Zuschauer, den Weill ja ansprechen will, die pädagogische Absicht der Vorlesung versteht.

Die Ausführungen Weills über die Wirkung und Funktion der Musik in der *Dreigroschenoper* sind aufschlußreicher: »Ich hatte eine realistische

Handlung, mußte also die Musik dagegen setzen, da ich ihr jede Möglichkeit einer realistischen Wirkung abspreche. So wurde also die Handlung entweder unterbrochen, um Musik zu machen, oder sie wurde bewußt zu einem Punkte geführt, wo einfach gesungen werden mußte[20].«

In dem »Vorwort zum Regiebuch der Oper *Mahagonny*« wird Weill noch konkreter: »Die epische Theaterform ist eine stufenartige ›Aneinanderreihung von Zuständen‹. Sie ist daher die ideale Form des musikalischen Theaters, denn nur Zustände können in geschlossener Form musiziert werden, und eine Aneinanderreihung von Zuständen nach musikalischen Gesichtspunkten ergibt die gesteigerte Form des musikalischen Theaters, die Oper[21].«

Da Weill der Musik eine realistische Wirkung innerhalb einer realistischen Handlung abspricht, muß man davon ausgehen, daß er seine Musik als nicht-realistisch, als illusionär einschätzt, obwohl er das nicht expressis verbis zum Ausdruck bringt. Musik soll bei ihm entweder einer außerhalb der Handlung (in Form einer Einlage) oder innerhalb der Handlung (in Form von Songs) vor sich gehenden Affektentladung dienen.

Musik soll Emotionen, »Zustände« vermitteln. Weills These, daß in der geschlossenen Form (Weill meint hier die Nummernoper – der Einfluß der Barock-Renaissance läßt sich bei ihm auch an der Verwendung von Da capo-Arien nachweisen) nur Emotionen ausgedrückt werden könnten, läßt sich schon bei der Betrachtung der *Dreigroschenoper* nicht aufrechterhalten. Dort vollzieht sich Affektentladung zwar meist in Verbindung mit dem Text, im Gesang; aber die Ouvertüre hat durch ihre bewußt gewählte Menuett-Form eben nicht nur emotionalen, sondern aufgrund der darin enthaltenen Gesellschaftskritik auch intellektuellen Charakter. Die anderen musikalischen Nummern, seien es nun die Songs oder Finales, vermitteln zwar Emotionen, sind aber durch die Verknüpfung mit dem Brechtschen Text nicht wertfrei, nicht neutral. Die Musik legt realistische Worte aus, und diese Auslegung läßt sich nicht von der Handlungsrealität trennen, zumal bei einer Musik, die zweckgebunden, dramaturgisch eingesetzt wird.

In demselben Aufsatz spricht Weill über seine Oper *Mahagonny:* »Der Stoff der Oper *Aufstieg und Fall der Stadt Mahagonny* ermöglichte eine Gestaltung nach rein musikalischen Gesetzen. Denn die Form der Chronik, die hier gewählt werden konnte, ist nichts als eine ›Aneinanderreihung von Zuständen‹. [...] Die schauspielerische Führung der Sänger, die Bewegung des Chores, wie überhaupt der ganze Darstellungsstil dieser Oper werden bestimmt durch den Stil der Musik. Diese Musik ist in keinem Moment illustrativ. Sie versucht die Haltung der Menschen in den verschiedenen Situationen, die der Aufstieg und Fall der Stadt herbeiführten, zu realisieren. Die Haltung des Menschen ist in der Musik bereits so fixiert, daß eine einfache, natürliche Interpretation der Musik schon den Darstellungsstil angibt. [...] Bei der Inszenierung der Oper muß stets berücksichtigt werden, daß hier abgeschlossene musikalische Formen vorliegen. Es besteht also eine wesentliche Aufgabe darin, den rein musikalischen Ablauf zu sichern und die Darsteller so zu gruppieren, daß ein beinahe konzertantes Musizieren möglich ist[22].«

Wenn man diese ästhetisierenden Betrachtungen liest, könnte man glauben, ein anderer – und nicht der an der Erneuerung des Musiktheaters in Richtung auf eine zeitgemäße Kunstform interessierte Weill – habe sie geschrieben. Hier sind sicher auch die Gründe für die Auseinanderentwicklung von Weill und Brecht zu suchen.

Der Stoff der Oper *Mahagonny* ermöglicht sicher keine Gestaltung nach rein musikalischen Gesichtspunkten; ebensowenig ist die Form der Chronik nur eine »Aneinanderreihung von Zuständen«. Was heißt hier rein musikalisch? Es gibt in diesem Stück nur Verknüpfung von Musik und Inhalt, die Musik hat eine dramaturgisch festgelegte Funktion!

Das Wort »Zustand« wurde bereits in seiner Bedeutung umrissen. Ist diese Definition bereits für die *Dreigroschenoper* fragwürdig, so ist sie für *Mahagonny* teilweise sogar direkt falsch. Denn zwischen *Dreigroschenoper* und *Mahagonny* besteht ein wesentlicher Unterschied: während es sich bei der *Dreigroschenoper* um eine Mischgattung aus Schauspiel und Oper handelt, stellt *Mahagonny* eine durchkomponierte Oper dar. Von einer permanenten Affektentladung und Aneinanderreihung von Emotionen (Zuständen) kann aber in dieser Oper keine Rede sein. Armer Zuschauer, wenn das zuträfe!

Weill geht auch nicht auf die Verarbeitung des Songspiels *Mahagonny* zur Oper *Mahagonny* und die damit verbundenen musikalischen Anreicherungen ein. (Auch im Songspiel liegt jedoch bereits eine durchkomponierte musikalische Form vor. Das Schauspiel wird nicht, wie in der *Dreigroschenoper,* durch Musik unterbrochen. Dies würde allenfalls noch für das Stück *Happy End* zutreffen.)

Weill griff bei der Verarbeitung des Songspiels zur Oper auf die Mittel der Oper des Hochbarock[23], die ja in den zwanziger Jahren wieder sehr aktuell war, zurück. Dort vollziehen sich Handlungsentwicklung und persönliche Entwicklung vorwiegend im Rezitativ, während in der Arie der Affekt, von der die singende Person im Augenblick erfüllt ist, musikalisch ausgebreitet wird. Weills Musik richtet sich allerdings nicht genau nach diesen strengen Formvorschriften; sie dienen ihm nur als Bereicherung der musikalischen Ausdrucksmöglichkeiten.

Die Behauptung, die Musik sei keinen Augenblick illustrativ, entspricht nicht den Tatsachen. Gleich nach der Nr. 1 der Oper setzt eine Aktionsmusik ein, die die Flucht der Witwe Begbick und ihrer Handlanger illustriert. Diese Beispiele ließen sich fortsetzen!

Auch wenn Weill schreibt, daß die Haltung des Menschen in der Musik bereits so fixiert sei, daß eine einfache, natürliche Interpretation der Musik schon den Darstellungsstil angebe, so entspricht das nicht der Realität. »Einfache und natürliche Interpretation« einer »einfache und natürliche« Emotionen wiedergebenden Musik – das erinnert ja beinahe schon an Jean-Jacques Rousseau! – trifft für *Mahagonny* nun einmal nicht zu[24], und der Darstellungsstil wird sich nach dem nicht nur emotionalen Inhalt richten müssen.

Auch müßte Weill für *Mahagonny* erneut definieren, was er hier genau unter »geschlossenen musikalischen Formen« versteht, denn es ist keineswegs selbstverständlich, daß hier dasselbe gelten soll wie für die *Dreigroschenoper*. In seinem Aufsatz »Über den gestischen Charakter der Musik« versucht Weill die Musik zu erläutern, die ihm für das Theater seiner Zeit geeignet erscheint.

»Ich setzte [...] jede Form des Theaters als gegeben voraus, die mir für eine Oper in unserer Zeit die einzig mögliche Grundlage zu bieten scheint. [...] Die Form der Oper ist ein Unding, wenn es nicht gelingt, der Musik im Gesamtaufbau und in der Ausführung bis ins einzelste eine vorherrschende Stellung einzuräumen. Die Musik der Oper darf nicht die ganze Arbeit am Drama und seiner Idee dem Wort und dem Bild überlassen, sie muß an der Darstellung der Vorgänge aktiv beteiligt sein. [...] Nun gehen der Musik bekanntlich alle psychologischen und charakterisierenden Fähigkeiten ab. Dafür hat die Musik eine Fähigkeit [...]: sie kann den Gestus wiedergeben, der den Vorgang der Bühne veranschaulicht. [...] Wir finden gestische Musik überall, wo ein Vorgang zwischen Mensch und Mensch in naiver Weise musikalisch dargestellt wird[25].«

Wo liegt der Unterschied zwischen psychologisch-charakterisierender Fähigkeit und der Fähigkeit, den Vorgang auf der Bühne zu veranschaulichen? Ist nicht letztere auch eine charakterisierende Fähigkeit? Und kann nicht ein offensichtliches Unvermögen der Musik als episches Mittel eingesetzt werden? Weills theoretische Schriften lassen oft Inkonsequenz und Oberflächlichkeit erkennen!

Auch seine Aussagen über die gestischen Mittel der Musik, denenzufolge der durch den Text geformte Rhythmus die Veranschaulichung der Bühnenvorgänge vermittelt, während die übrigen Ausdrucksmittel der Musik den Wortinhalt hervorheben, sind mehr programmatische Äußerungen als ernstzunehmende Theorie[26]. Im Moment der Aufführung vermitteln alle musikalischen Ausdrucksmittel – nicht nur der Rhythmus – den sich auf der Bühne abspielenden Handlungsvorgang!

Kurt Weill scheint mit seinen theoretischen Schriften vor allem die bewußte, intellektuelle Verwendung von Musik propagieren zu wollen. Die Bedeutung Weills offenbart sich aber nicht in seinen theoretischen Schriften, sondern in seinem praktischen musikalischen Schaffen[27]. Hier steht Weill oft im Widerspruch zu seinen Theorien, aber sein künstlerisches Bekenntnis liegt in den Partituren beschlossen, und hier wirkt er überzeugend.

Kapitel IV

Die sprachliche und musikalische Großstruktur der sechs Bühnenwerke

1. Die thematischen Schwerpunkte der musiktheatralischen Werke von Brecht und Weill

Die Zusammenarbeit von Brecht und Weill ist nicht nur formal, sondern auch inhaltlich-thematisch von einer gewissen Kontinuität gekennzeichnet, wobei Brecht als dem für den Text Verantwortlichen die führende Rolle zukommt. Daß dabei einzelne Elemente einmal mehr, einmal weniger betont und herausgehoben werden, versteht sich von selbst. Die einsträngige Handlung des *Jasagers* ist natürlich für weitaus weniger inhaltliche Intentionen tragfähig als etwa die verzweigte Handlung der *Dreigroschenoper.*

a) *»Religion« als verfügbares »Material« im Rahmen gesellschaftlicher Auseinandersetzungen*

Sowohl in der Lyrik als auch in der Dramatik Brechts finden sich zahlreiche Anklänge an biblische oder liturgische Sprachformeln, die eine große Belesenheit Brechts auf diesem Gebiet erkennen lassen. Vor allem die Sprache der Lutherbibel beeindruckte ihn, weil sie Ergebnis einer sprachlichen Säkularisierung war, die von einer sakral-esoterischen Unverständlichkeit weg zu einer weltlichen Verständlichkeit hingeführt hatte [1]. Luthers Bibelsprache wurde von Brecht als gestisch reich und rein bewundert, weil es sich um eine sprachliche Form handelte, »die durch Zäsuren Gebärden auslöst und Widersprüche deutlich herausarbeitet. Brechts Affinität zum gestischen Reichtum der Luthersprache ist die Grundlage der parodistisch gebrochenen, aber auch der an pathetischen Stilfiguren orientierten, gleichsam eigentlichen Formen ihrer Verwendung [2].«

Dementsprechend lassen sich vier Stilisierungsmöglichkeiten isolieren: der parodistische Anklang und das Zitat, die umkehrende Verfremdung von Bibelzitaten, die nuancierende Arbeit mit dem Gestus der Luthersprache im charakterisierend neugeformten »Bibelzitat« und der ferne Anklang an Satzmodelle und Pathosformen der Luthersprache [3]. Das bekannteste Beispiel aus der ersten Gruppe ist Macheath' Anspielung auf die Verleugnung des Petrus: »Das hat gesessen. Ich blickte ihn an, und er weinte bitterlich. Den Trick habe ich aus der Bibel.« Ebenso die Versprechungen, die Macheath Polly macht: »Du sollst deinen Fuß nicht an einen Stein stoßen [4].«

Brechts häufig zitierte beziehungsvolle Antwort auf die Frage nach seinem stärksten Lese-Eindruck bei einer Umfrage der Berliner Zeitschrift

Die Dame vom 1. Oktober 1928 (»Sie werden lachen: die Bibel«[5]) signalisiert aber nicht nur ein bestimmtes – möglicherweise sogar – ausbeuterisches literarisches Verfahren der Verwendung religiöser Sprache; »Religion« wird vielmehr auf diese Art und Weise in den Stücken auch thematisierbar, und zwar in einem ganz bestimmten, natürlich keineswegs religiös-gläubigen Sinn, im Gegenteil: Brechts Absicht ist es, die Emanzipation des Zuschauers von der Sphäre des Religiösen zu fördern und damit ein Exempel zu geben, das auf verschiedene gesellschaftliche Situationen anwendbar ist. Ansätze hierzu finden sich schon in den lyrischen Texten, die Grundlage für das *Mahagonny*-Songspiel und – später – die Oper *Aufstieg und Fall der Stadt Mahagonny* geworden sind, wenn etwa dort die Änderung der üblen Zustände auf der Welt nicht mehr von Gott, sondern bewußt vom Menschen erwartet wird[6]. Diesem demonstrativen, didaktischen Verfahren steht das dialektische gegenüber, das eine Spannung zwischen der biblischen Ursprungssituation und der Zeitsituation herstellt[7]. Der oben erwähnte »Trick« des Macheath ist ein bekanntes Beispiel hierfür. Die Treulosigkeit des Polizeichefs Brown wird mit der Treulosigkeit des Petrus »verglichen«; aber gerade dadurch wird der große Abstand zwischen beiden parallelen Vorgängen erst richtig verdeutlicht. Macheath setzt »Religion« als verfügbares Mittel ein, um völlig »areligiöse«, weltliche Wirkungen zu erzielen. Dabei erweist er sich in der Praxis als echter »Konkurrent« Peachums, der Bibelsprüche zur Ausstattung seiner Bettlergarde verwendet[8]. Verfügbar – und zwar zum Zwecke der Verbrämung und Rechtfertigung kapitalistischer Ausbeutung – erscheint »Religion« auch in *Die sieben Todsünden der Kleinbürger,* wenn etwa Anna-Anna von den Eltern durch »Stoßgebete« zu größerem Fleiß angestachelt wird[9]. Gerade hier wird natürlich auch die typisch amerikanische Verquickung von Geld und Religion angesprochen, die zur Selbstentfremdung des Individuums führt.

Das verfremdende Spiel mit religiösen Grundsituationen, wobei ein »dialektisches Reizverhältnis zwischen Ursprung und Aktualisierung« hergestellt wird[10], ist keineswegs vordergründig blasphemisch zu verstehen[11], sondern stellt ein Verfahren dar, angesichts bestimmter gesellschaftlicher Erscheinungsformen, die mit Religion zu tun haben, eine wissenschaftliche, betrachtende Haltung zu ermöglichen. Daß dabei immer ein Schlaglicht auf Zustände geworfen wird, die erkennen lassen, daß »Religion« im Rahmen der kapitalistischen Gesellschaft pervertiert wird, ist die eine Einsicht, die so gefördert werden soll. Die andere ergibt sich daraus. »Religion« wird, da sie manipulierbar ist, als überholt, als irrelevant für den gesellschaftlichen Fortschritt gekennzeichnet. Indem Brecht dies thematisiert und auf die Bühne bringt, führt er der Gesellschaft (dem Publikum) vor, daß auch Tabus gebrochen werden müssen, wenn eine gesellschaftliche Veränderung erreicht werden soll, daß»Religion«ein Thema neben anderen ist und keine Sonderstellung beanspruchen kann. Daß Brecht keinen biblischen Stoff aufgenommen hat, sondern lediglich in seiner frühen Augsburger Zeit ein Drama *David oder der Beauftragte Gottes* anfing, das er aber nie beendete, läßt erkennen, daß ihm an religiösen Stoffen *ohne* die Möglichkeit, als Autor kritisch Stellung zu nehmen, nicht gelegen war [12].

b) Gesellschaftsanalyse und -kritik

Es wurde schon verschiedentlich darauf hingewiesen, daß die Werke aus der Phase der Zusammenarbeit Brechts mit Weill noch nicht in die vom *Kapital*-Studium Brechts gekennzeichnete Schaffensperiode gehören, sondern noch mehr von soziologisch-behavioristischen Tendenzen beherrscht sind. Dementsprechend fehlen noch weitgehend die durch den Marxismus eröffneten Perspektiven, wie sie sich etwa gegen Ende der Zusammenarbeit zwischen Brecht und Weill herauskristallisieren und anschließend immer deutlicher akzentuiert durchsetzen [13].

Daß das Bürgertum sich beispielsweise durch die *Dreigroschenoper* nur wenig proviziert zeigte, ja sogar Vergnügen an den klingenden Zynismen empfand, und daß die Marxisten wegen der fehlenden eindeutigen Tendenz enttäuscht waren, kann nicht verwundern [14], da die *Dreigroschenoper*, wenn überhaupt, einen revolutionären Anspruch nur als vage erfühlbare»Adventsstimmung«zu realisieren in der Lage ist, um eine treffende Metapher Ernst Blochs zu verwenden, mit der er die revolutionäre Erwartung der Seeräuber-Jenny charakterisierte [15]. Aggressiv ist am ehesten noch die Belehrung Macs:»Was ist ein Einbruch in eine Bank gegen die Gründung einer Bank [16].«Die Gleichung Bürgertum = Verbrecherwelt, eine Konkretisierung der bei Gay vorgefundenen Gleichung High Society = Verbrecherwelt, wirkte sicher parodistisch, aber doch kaum verunsichernd [17].

Deutlicher als in der *Dreigroschenoper* werden in der Oper *Aufstieg und Fall der Stadt Mahagonny* hinter den analysierten gesellschaftlichen Strukturen die Ansatzpunkte zur revolutionären Veränderung erkennbar. Anknüpfend an die bereits 1926 in *Mann ist Mann* eingenommene Position wird die verhängnisvolle Lage des heutigen Menschen im Spannungsfeld zwischen»Basis und Überbau«gezeigt [18]. Bürgerliche Ideologie (die Freiheit,»alles zu dürfen«) wird in Frage gestellt durch die Erfahrung»... wenn man Geld hat«.»Das Sklaventum der bürgerlichen Gesellschaft ist dem Schein nach die größte Freiheit, weil die scheinbar vollendete Unabhängigkeit des Individuums, welches die zügellose, nicht mehr von allgemeinen Banden und nicht mehr vom Menschen gebundne Bewegung seiner entfremdeten Lebenselemente, wie z. B. des Eigentums, der Industrie, der Religion usw. für seine eigne Freiheit nimmt, während sie vielmehr seine vollendete Knechtschaft und Unmenschlichkeit ist[19].«

Unmenschlichkeit in diesem Sinne wird von Brecht häufig als psychische, gesellschaftliche Deformation vorgeführt, etwa als Prostitution, die in *Die sieben Todsünden der Kleinbürger* zum beinahe völlig beherrschenden Thema wird.

c) Belehrung über die Ausbeutung

Immerhin werden auf diese Art Einwände gegen die kapitalistische Ausbeutung formuliert,»wenn auch nicht solche, die auf die geschichtliche Überwindung dieses Systems [des Kapitalismus] hinzielen«[20].

»Die belehrenden Elemente in einer Piscator- oder in einer *Dreigroschenoper*-Aufführung waren sozusagen einmontiert; sie ergaben sich nicht organisch aus dem Ganzen; sie unterbrachen den Fluß des Spiels und der Begebenheiten, sie waren kalte Güsse für den Mitfühlenden«, bemerkte Brecht später zur Wirkungsweise der Stücke aus der Brecht/Weill-Ära[21]. Es kann kein Zweifel daran bestehen, daß die lehrhaften Züge in diesen Stücken zunehmen und daß es immer die systembedingte Ausbeutung ist, die im Mittelpunkt der Belehrung steht. Brecht bringt sozialökonomische Aspekte ins Spiel,»um die kapitalistische Gesellschaft zu charakterisieren, und zwar als eine Ausbeuterordnung, in der das organisierte Verbrechertum nur ein Sonderfall, nur eine spezifische, vergleichsweise primitive« Form der Expropriation des Menschen ist«[22]. Das gilt nicht nur für die *Dreigroschenoper,* sondern auch für *Mahagonny* (in beiden Versionen) und *Die sieben Todsünden der Kleinbürger.* Schwieriger wird es, diese Linie zum Lehrstück *Der Jasager* weiterzuverfolgen, obwohl dieses Werk für die Gesamtentwicklung Brechts seines experimentellen Charakters wegen durchaus wichtig ist. Inhaltlich war die erste Fassung in höchstem Maße revisionsbedürftig, wie die Umarbeitungen und die Ergänzung durch den *Neinsager* beweisen. Formal eröffnete der *Jasager* neue Wege zur belehrenden Agitation durch den belehrten Darsteller, der spielend lernen sollte. Immerhin weist die Thematik der gesellschaftlichen Solidarität (die freilich noch als Gefolgschaftstreue mißverstanden werden konnte) auf eine Erweiterung des Horizonts in Richtung einer weltanschaulich konkreteren Dimension hin, deren zentrales Thema der Klassenkampf werden sollte.

2. Zeit der Brüchigkeit

Die einleitenden Abschnitte gingen in sehr ausführlicher Weise der histo-risch-gesellschaftlichen Situation nach, die Weill und Brecht vorfanden. Diese Situation fand in ihrer Zusammenarbeit ihren konkreten Nieder-schlag. Die historisch bedingte gesellschaftliche Brüchigkeit wurde – wie nachgewiesen wurde – auch durch die Weimarer Republik nicht beseitigt.

Eine der radikalsten Formen der Loslösung von der politisch wie künstle-risch brüchigen Tradition innerhalb des zu beschreibenden Zeitabschnit-tes wurde von der Novemberrevolution des Jahres 1919 erwartet. Zurück blieb nach dem Scheitern dieser Revolution selbst bei politisch wachen Kunstschaffenden tiefste Resignation, Verunsicherung und das Bewußt-sein,»zwischen den Zeiten zu stehen«.

Man lehnte, mit anderen Worten, zwar die überlieferte Tradition ab, war aber unfähig, das zu erstrebende Kommende auch nur vage zu definieren; überdies wirkte diese Resignation sich in ihrer lähmenden Passivität kata-strophal aus. Unter diesem Aspekt sollte man auch die Zusammenarbeit Weills und Brechts sehen, denn die erwähnten politisch-künstlerischen Auswirkungen finden wir in starkem Maße in deren Werken wieder.

Der Autor unternimmt also den scheinbar widersprüchlichen Versuch ei-ner Systematisierung dieser historisch bedingten »Bodenlosigkeit«, die-ses künstlerisch-politischen Nihilismus, der diese Werke kennzeichnet.

Das Hauptmerkmal der Darstellung dieser Bodenlosigkeit ist im Rahmen dieser Zusammenarbeit die Verfremdung überlieferter musikalisch-lite-rarischer Traditionen. Die Verfremdung als Spiegel gesellschaftlicher Brüchigkeit ist der entscheidende Inhalt, der künstlerisch bis zu einem Punkt getrieben wird, an dem keine Weiterführung und -entwicklung mehr möglich ist. Künstlerisch, da sich die Stücke in ihrer ständig wieder-kehrenden Thematik und in der gegebenen Form nicht weiter ausschöp-fen ließen – und politisch, da der immer stärker um sich greifende Fa-schismus dieser Zusammenarbeit ein brutales Ende setzte. Weill und Brecht mußten mit dem Ausbruch der Hitler-Diktatur als *personae ingra-tae* Deutschland verlassen.

Angesichts des zunehmend stärker werdenden nationalsozialistischen Druckes zog Brecht künstlerisch-politische Konsequenzen. Er sah ein, daß sich sein bürgerlicher Nihilismus, der zum entscheidenden künstleri-schen Impuls dieser Zusammenarbeit geworden war, in einer Zeit des po-litischen Zusammenbruchs verheerend auswirken mußte. Brecht begann schon während der Zusammenarbeit mit Weill, sich aus politischer Not-wendigkeit Eisler und damit dem konkret-marxistischen Lehrstück zuzuwenden. Aus politischer Verantwortung drängte Brecht auch in der Zusammenarbeit mit Weill zum Lehrstück. Weills Versuch, dieser Entwicklung gerecht zu werden, schlug fehl. Er bearbeitete nur die erste Fassung des *Jasagers*, die zu vielen – vor allem politischen – Mißverständnissen führte. Die zweite Fassung, die politisch unmißverständlich eine Emanzipation von der unmenschlichen Ideologie der ersten Fassung ermöglichte, bearbeitete Weill leider nie.

Er überwand seine nihilistische Haltung im Rahmen dieser Zusammenarbeit durchaus nicht und zog auch nie, wie Brecht in der gemeinsamen Arbeit mit Hanns Eisler, die Konsequenz, sich politisch-künstlerisch festzulegen. Seine drei zugänglichen schriftlichen Äußerungen von 1928 zu konkreten politischen Ereignissen dieser Zeit zeigen eine auffallende Fehleinschätzung der politischen Situation. So setzte sich Weill als Fazit seines Aufsatzes »Kommunisten-Attentat« dafür ein, daß der Rundfunk »allen Parteien gibt, was sie zu hören wünschen« [1]. Diese allgemein um sich greifende politische Indifferenz ermöglichte dann aber auch den gespenstisch-sprunghaften Anstieg der Nationalsozialisten von 12 Mandaten im Jahre 1928 auf 107 im Jahre 1930 [2]. Dennoch muß sein kompositorisches Schaffen, trotz politischer Unverbindlichkeit, in der Zusammenarbeit mit Brecht, der seinerseits durch sein politisches Engagement mehr und mehr Parteilichkeit erzwang, gesellschaftskritisch gewertet werden.

Die gesellschaftskritischen kompositorischen Ansätze liegen bei Weill in der Verfremdung gegebener musikalischer Traditionen und nicht in der Erschließung neuen musikalischen Materials. Diese These ist Grundlage der folgenden Ausführungen.

Bei der Betrachtung der sechs Partituren fällt zunächst auf, daß Weills ursprünglicher kompositorischer Wagemut immer mehr in den Hintergrund tritt [3]. Es liegt nahe, dies als kompositorischen Rückschritt zu werten. Diese Annahme geht aber völlig an Weills kompositorischen Intentionen vorbei. Es ging ihm stets, wie aus den zugänglichen Arbeiten ersichtlich ist, um eine direkte Auseinandersetzung mit seinem Zielpublikum. In seinem Aufsatz »Über die *Dreigroschenoper*« gibt Weill Gründe für seine kompositorische Tätigkeit an. »Wichtiger für uns ist die Tatsache, daß hier zum ersten Mal der Einbruch in eine Verbrauchsindustrie gelungen ist, die bisher einer völlig anderen Art von Musikern und Schriftstellern reserviert war. Wir kommen mit der *Dreigroschenoper* an ein Publikum heran, das uns entweder gar nicht kannte, oder das uns jedenfalls die Fähigkeit absprach, einen Hörerkreis zu interessieren, der weit über den Rahmen des Musik- und Opernpublikums hinausgeht. Von diesem Standpunkt aus gesehen, reiht sich die *Dreigroschenoper* in eine Bewegung ein, von der heute fast alle jungen Musiker ergriffen werden. Die

Aufgabe des *l'art pour l'art*-Standpunktes, die Abwendung vom individualistischen Kunstprinzip, [...] die Filmmusikidee, der Anschluß an die Jugendmusikbewegung, die mit all dem in Verbindung stehende Vereinfachung – das alles sind Schritte auf dem gleichen Weg. [...] Noch immer wird in neuen Opern eine Dramaturgie durchgeführt, eine Sprache gesprochen, werden Stoffe behandelt, die auf dem Theater dieser Zeit völlig undenkbar wären. [...] Die Oper ist als aristokratische Kunstgattung begründet worden, und alles, was man ›Tradition der Oper‹ nennt, ist die Betonung dieses gesellschaftlichen Grundcharakters dieser Gattung. Es gibt aber heute in der ganzen Welt keine Kunstform von so ausgesprochen gesellschaftlicher Haltung mehr, und besonders das Theater hat sich mit Entschiedenheit einer Richtung zugewandt, die man wohl eher als gesellschaftsbildende bezeichnen kann. Wenn also der Rahmen der Oper eine derartige Annäherung an das Zeittheater nicht erträgt, muß eben dieser Rahmen gesprengt werden [4].«

Es wäre verfehlt, die im Zusammenhang mit der *Dreigroschenoper* gemachten Aussagen nur auf dieses Werk zu beziehen. Weill will mit jedem seiner sechs Werke aus der Phase der Zusammenarbeit mit Brecht den hier aufgestellten Forderungen, wenn auch mit unterschiedlichem Erfolg, nachkommen. In diesen Überlegungen liegen wesentliche Ansätze einer Beurteilung der kompositorischen Tätigkeit Weills. Er strebt unter allen Umständen die Überwindung des klassenbezogenen Charakters der Oper an, ohne aber diese Klassenbezogenheit genauer zu analysieren. Weill versucht diese Überwindung auf zwei einander scheinbar widersprechenden kompositorischen Ebenen zu erreichen: er verfremdet einerseits die gegebene Kunsttradition und andererseits die ihn umgebende Gebrauchs- bzw. Unterhaltungsmusik.

Mit dieser Kombination erreichte er zwar tatsächlich die gewünschte Sprengung des gesellschaftlichen Rahmens der Oper, wie man den Skandalberichten der Presse entnehmen kann [5]. Die bewußt provozierten Opernskandale beruhten aber nicht auf einer primär politisch motivierten Notwendigkeit, sondern eher auf einer künstlerisch motivierten Skepsis gegenüber beiden Traditionssträngen. Vor allem die letztgenannte Ebene, nämlich die Skepsis gegenüber der Gebrauchs- bzw. Unterhaltungsmusik, die sich eindeutig in seinen Werken nachweisen läßt, zeigt Weills politische Widersprüchlichkeit. Seine Gesellschaftskritik mit kompositorischen Mitteln richtet sich keineswegs nur gegen den klassenbezogenen musikalischen Geschmack von Aristokratie und Großbourgeoisie, sondern auch gegen die sehr beliebte Unterhaltungsmusik des Kleinbürgertums und des Proletariats – Schichten, die Weill für die Oper gewinnen zu wollen schien.

91

3. Der Begriff der Verfremdung

Ernst Blochs Definition des Begriffes Verfremdung kommt den Absichten von Weill und Brecht am nächsten:»Der *Verfremdungseffekt* geschieht jetzt als Abrückung, Verlegung eines Vorgangs, Charakters aus dem Gewohnten, damit er als weniger selbstverständlich betrachtet werden könne. Wonach gegebenenfalls die Schuppen von den Augen fallen – *exempla docent* – doch eben nur indirekte. Nicht zuletzt soll dadurch gerade die heimische Entfremdung gemerkt werden, mit Umweg als kürzestem Weg, mit einer Bereitung durch Entlegenheit, die als Sache nun freilich weit älter ist als ihr Wort[1].«

Ganz zu Recht verweist Bloch auf einen nur in der Vorsilbe anders zusammengesetzten Begriff: auf den der Entfremdung.

Darunter ist wiederum zu verstehen:»Ein gesellschaftliches Verhältnis, eine historisch-gesellschaftliche Gesamtsituation, in der die Beziehungen zwischen Menschen als Verhältnisse zwischen Sachen, Dingen erscheinen und in der die durch materielle und geistige Tätigkeit der Menschen vorgebrachten Produkte, gesellschaftlichen Verhältnisse, Institutionen und Ideologien den Menschen als fremde, sie beherrschende Mächte gegenübertreten. Dieser historisch-gesellschaftliche Tatbestand tritt vor allem in Erscheinung als ökonomische (Waren-Fetischismus), politische, ideologische und religiöse Entfremdung[2].«

In seinem entscheidend wichtigen Aufsatz»Über den gestischen Charakter der Musik« weist Weill auf die grundlegende kompositorische Bedeutung des Rhythmus innerhalb seiner Werke hin:»Diese rhythmische Fixierung, die vom Text her erreicht wird, bildet die Grundlage einer gestischen Musik[3].«

Die Vermittlung des Textes und damit des Inhalts wird so – aber nicht nur im rhythmischen Sinne – zum entscheidenden Kriterium für Weills kompositorisches Schaffen. Von dieser Tatsache muß man ausgehen, wenn man Weills Werke angemessen beurteilen will. Die Inhalte der sechs gemeinsamen Werke spiegeln nicht nur, sozusagen als Arten von Entfremdung, den jeweiligen ökonomischen, politischen, ideologischen oder religiösen Teilaspekt von Entfremdung wider; sie werden darüber hinaus von Brecht durch ihre Verknüpfung und wechselseitige Verklammerung bis zur Totalität von Entfremdung gesteigert. Dieser Wechselbezug wird andererseits zur Grundlage des kompositorischen Schaffens von Weill und ist somit zutiefst dialektisch aufzufassen.

4. Kurt Weill als Verfremder musikalischer Traditionen

Wie schon einleitend erwähnt, greift Weill auf zwei Möglichkeiten der musikalischen Verfremdung zurück. Einerseits auf die der gegebenen Kunsttradition, andererseits auf die der Gebrauchs- bzw. Unterhaltungsmusik seiner Zeit. Beide Möglichkeiten werden aber nun keineswegs direkt übernommen, sondern sind nur ein Bereich seiner Materialtransformation. Für Weill sind aber diese beiden Materialquellen nicht – wie sonst üblich – unvereinbare Widersprüche, da er den Gegensatz von ernster und leichter Musik innerhalb seiner Werke *ad absurdum* führt. Er versucht vielmehr, in der Auseinandersetzung mit dem Publikum klassengebundene musikalische Geschmacksklischees – etwa das, die Oper sei nur für die Aristokratie und Großbourgeoisie bestimmt, während die Gebrauchs- bzw. Unterhaltungsmusik nur dem Kleinbürgertum und dem Proletariat vorbehalten sei – in Frage zu stellen. Diese Infragestellung überkommener musikalischer Geschmacksklischees bedeutet bei Weill den Versuch ihrer Überwindung. Die provokative Einführung der sogenannten leichten Musik in die deutsche Oper ist zweifellos Weills großes Verdienst. Ihre Verwendung sollte vor allem die Überwindung überlieferter Gattungsprinzipien einleiten. Die Auseinandersetzung mit und der Versuch einer Überwindung der Tradition der Oper ist aber keinesfalls nur eine Erscheinung des 20. Jahrhunderts. So bewirkte etwa bereits Mozart durch Gattungsmischungen in der *Zauberflöte* eine bewußte musikalische und soziologische Erweiterung oder, um mit Weill zu reden, eine Sprengung üblicher und traditioneller Opernelemente.

Der Begriff der Gebrauchsmusik, aus Eric Saties »musique d'ameublement« in Frankreich entwickelt, scheint der kritischen Infragestellung soziologisch-musikalischer Gattungsklischees Weills zu entsprechen, wie sie durch das Treffen mit Milhaud in Donaueschingen angeregt wurde [1]. Unter »musique d'ameublement« ist eine Musik ohne Anspruch zu verstehen, der man so nebenbei zuhört [2].

Diese Definition, die dem Inhalt nach ebenfalls auf eine bewußte Infragestellung der Klischee-Einteilungen in »leichte und ernste« Musik hinausläuft, trifft nicht auf Brecht und Weills Begriff von Musik zu. Der in der *Hauspostille* von 1927 noch fehlende Hinweis: »Die Hauspostille ist für den Gebrauch der Leser bestimmt. Sie soll nicht hineingefressen werden [3]«, fordert vom Leser eine neue Grundhaltung. Der Leser soll nicht mehr dumpf und blindlings aufnehmen, sondern die Gedichte wie Werkzeuge zweckentsprechend und nutzbringend gebrauchen [4].

Diese antikulinarische Grundhaltung Brechts ist nicht deckungsgleich auf

Weills Musik zu projizieren, der der Musik jede Möglichkeit einer realistischen Wirkung abspricht [5], sie aber auch nicht nebenbei (Satie) gespielt sehen will (dramatischer Ablauf!). Der Begriff »musique d'ameublement« hat also nichts mit Gebrauch wie in Brechts Lyrik und schon gar nichts mit der Integration der Songs im Rahmen gemeinsamer Stücke von Weill und Brecht zu tun.

Der Begriff Gebrauchsmusik bedeutet somit bei Weill die Aufhebung soziologisch bedingter musikalischer Klischees durch die Integration von Elementen der Unterhaltungsmusik der zwanziger Jahre – eine Integration, die aufs engste mit dem bereits definierten Begriff der Verfremdung verbunden ist.

Diese Verfremdungstechnik wird im Rahmen dieser sechs Partituren stets dramaturgisch motiviert eingesetzt. Merkwürdigerweise verwendet Weill den Begriff Verfremdung in zugänglichen Schriften nie direkt und ausdrücklich.

Dennoch lassen sich Ansätze zu derartigen Überlegungen besonders in seinem Aufsatz »Aktuelles Theater« [6] finden. Weill sieht hier als »große politische Stoffe« seiner Zeit »Krieg, Inflation und Revolution [7]«. Allein die Tatsache, daß er diese Begriffe in den Mittelpunkt seiner künstlerisch-kompositorischen Arbeit stellen will, weist auf ein deutliches Problembewußtsein in bezug auf den Begriff der Verfremdung bzw. Entfremdung hin.

Dieses Problembewußtsein findet innerhalb der sechs Werke seinen unmißverständlichen Niederschlag. Von entscheidender Bedeutung ist die Tatsache, daß der Brechtsche Text schon an sich, also ohne Musik, die Verfremdung selbständig zum Ausdruck bringt. Die Integration der Musik Weills in den Text Brechts bedeutet einerseits die Steigerung der textlich und inhaltlich schon gegebenen Verfremdung; andererseits wirken rein instrumentale Stellen innerhalb der Partitur durch den dramatischen Zusammenhang und damit durch die Vermittlung des Inhalts in sich, also ohne textliche Koordination mit der Musik, ihrerseits verfremdend [8]. Die Steigerung der textlichen Verfremdung durch die Musik Weills ergibt sich durch die bewußte musikalische Überzeichnung der textlichen Inhaltlichkeit oder durch den bis zur Absurdität weitergetriebenen Widerspruch zwischen Textinhalt und musikalischem Inhalt [9].

Diese musikalischen Verfremdungen treten meist in deutlich voneinander abgesetzten musikalischen Abschnitten auf. Überlagerungen der musikalischen Verfremdungsebenen kommen kaum vor [10]. Mit anderen Worten: Es findet keine Verschmelzung der Verfremdungsebenen statt. Selbst in den Momenten, in denen beide miteinander konfrontiert werden, zeigt Weill ein deutliches Auseinanderklaffen [11].

94

Damit ist ein generelles Problem der musikalisch-inhaltlichen Verständlichkeit in den Werken Weills angesprochen. Weill läuft Gefahr, die dramaturgisch bedingte musikalische Inhaltsvermittlung, die er insbesondere durch die Verfremdung zu verwirklichen sucht, durch zu hohe Bildungsvoraussetzungen bei einem Teil des Publikums zu beschränken, so daß ein wesentlicher Aspekt der Weillschen Musik, nämlich die direkte, unmißverständlich-kommunikative und gesellschaftskritische Wirkung, verlorengeht. Mit anderen Worten: Sublimste Kenntnisse der Tradition der Kunst- und Unterhaltungsmusik sind unabdingbare Voraussetzung, um der eigentlichen Motivation der kompositorischen Tätigkeit Weills, der musikalischen Verfremdung, auf die Spur zu kommen.

Das große Mißverständnis der Weill-Rezeption liegt mithin darin, daß man Weill zwar nicht ausschließlich auf das Abstellgleis der Unterhaltungsmusik abschieben möchte und seine simultane Auseinandersetzung mit der Kunsttradition gern nebenbei erwähnt, aber in dieser einseitigen Perspektive seine Auseinandersetzung mit der Tradition der Unterhaltungsmusik als nur modische, undistanzierte Übernahme in sein Material völlig verfälscht, also positiv wertet.

Dieser falschen Beurteilung wird noch zusätzlich durch meist nostalgische Verkitschung seitens der musikalischen, optischen und regielichen Interpretation und der damit verbundenen Verstärkung durch die Massenmedien Vorschub geleistet.

Ziel dieser Arbeit soll es daher sein, die zum Teil bewußt verschüttete und verleugnete musikalische Verfremdung mittels der Materialtransformation freizulegen. Sinnvoll wird diese Analyse nur dann sein, wenn sie dazu beiträgt, die angeschnittene Verständnisproblematik auf seiten des Publikums, in die Weill sich durch sein dialektisches Vorgehen verstrickt, zu klären. Um diese Verfremdung deutlicher vor Augen zu führen, scheint es angebracht, dem Ursprung der musikalischen Traditionen, die Weill vor seiner Materialtransformation vorfindet, nachzugehen, um dann zu überprüfen, wie er diese traditionellen musikalischen Strukturen eigenschöpferisch verändert. Bevor die Techniken, mit denen Weill die traditionellen Strukturen verfremdet, zur Sprache kommen, muß noch Grundsätzliches zu den Schwierigkeiten der allgemeinen Analyse gesagt werden.

5. Grundsätzliche Überlegungen zur Analyse der Werke von Weill und Brecht

In seinem »Vorwort zum Regiebuch der Oper *Mahagonny*« weist Weill darauf hin, daß der Stoff der Oper *Mahagonny* eine Gestaltung nach rein musikalischen Gesetzen ermögliche [1]. Diese Aussage mag bei dem Dialektiker Weill im ersten Moment befremdlich erscheinen, wenn nicht sogar völlig widersprüchlich angesichts der tatsächlichen Partitur der Oper *Mahagonny*. Wie so oft neigt Weill in seinen Aufsätzen, die er meist nach der Uraufführung des jeweiligen Werkes niederschreibt, dazu, seine eigentlichen kompositorischen Absichten nahezu provokativ herunterzuspielen. Von einer »Gestaltung nach rein musikalischen Gesetzen« kann aber in der Partitur der Oper *Mahagonny* nicht im geringsten die Rede sein. Wo Weill seiner im Zusammenhang mit der Oper *Mahagonny* gemachten zweideutigen Aussage tatsächlich auch in seinen anderen Werken [2] folgt, wird die kompositorische Arbeit des Dialektikers Weill entsprechend fragwürdig; dann klingt so manches an, was an Hanslicks Definition der Musik erinnert: daß nämlich die Musik keinen anderen Inhalt habe als sich selbst, denn sie spreche nicht bloß durch Töne, sie spreche nur Töne; oder an die Strawinskys, daß in der Musik nichts anderes als die Musik zu hören sei [3].

Hans Heinrich Eggebrecht bemerkt mit Recht: »Musik erschöpft sich nicht, nie und nirgends, in jenem vielbeschriebenen sogenannten ›rein musikalischen Sinn‹, sondern sie hat Gehalte, deren Interpretation allerdings so auf die Strukturanalyse – also die Auflösung ($\dot{\alpha}\nu\dot{\alpha}\lambda\nu\sigma\iota\varsigma$) eines musikalischen Gefüges, die Zergliederung in seine Konstituenten (Bestandteile) – angewiesen ist, wie die Gehalte an den musikalischen Sinn geknüpft sind. [...] Aufgabe der Wissenschaft von Musik ist es jedoch, anhand der Analyse im engeren Sinn zur Benennung der Gehalte fortzuschreiten. Die rein technologische Erschließung des sogenannten ›rein musikalischen Sinnes‹ von Musik steht in dem Verdacht der unreflektierten Vor-Überzeugung vom Sinn des musikalischen Sinnes, der Anbetung musikalischer Qualität, des Kultes der Zeitlosigkeit [4].«

Eggebrechts Definition des Gehaltes der Musik kommt den Intentionen des Dialektikers Weill sehr nahe: »Gehalt ist nicht nur alles, was sich der Musik bei ihrer Entstehung an Intention, historischer Situation, gesellschaftlicher Realität einprägt, sondern auch, was sich in der Geschichte ihrer Rezeption entfaltet und auf ihr abgelagert hat [5].«
Man verkennt also Weill völlig, wenn man glaubt, in seiner Musik nach

dem »rein musikalischen Sinn« suchen zu können. Für Weills Musik gilt in besonderer Weise Adornos allgemeine Definition der Funktion der Musik: »Die Musik bringt in ihrem Material und ihren Formgesetzen die gesellschaftlichen Probleme zur Darstellung, hat also somit gesellschaftliche Funktion [6].« In eben diesem und auch in Eggebrechts Sinn sollten die vorangegangenen und folgenden Kapitel der vorliegenden Arbeit verstanden werden. »Der Transformation des (vorgefundenen) Materials, das als das (jeweilige geschichtliche) System und Funktionssystem vorgegebener Elemente (z. B. Töne einer Dur-Tonleiter) und vorstrukturierter Komplexe von Elementen (z. B. bestimmten Akkordarten) zu definieren ist [7]«, liegt bei Weill innerhalb der Zusammenarbeit immer der Brechtsche Text (Gehalt) zugrunde.

Das folgende Kapitel nun soll einen Überblick über das Weillsche Tonmaterial geben, ohne den Leser direkt mit der Brechtschen Textvorlage und deren Verarbeitung durch Weill zu konfrontieren [8].

6. Allgemeine musikalische Formen bei Weill

Weill und Brecht ging es bei ihrer Erneuerung des musikalischen Theaters um die Konkretisierung des epischen Prinzips [1]. Damit sind eindeutig soziologische Aspekte verbunden, die sich in den entscheidenden Faktoren des musikalischen Materials bei Weill widerspiegeln.

Bereits die Untersuchung der Titel der Bühnenwerke gibt einen ersten Hinweis auf die Vielfalt der musikalischen Formen. Diese Untersuchung wird aber erst dann sinnvoll, wenn man hinter den Titeln die Begriffe anvisiert, die damit verbunden sind: das Songspiel [2], die Oper [3], die Komödie mit Gesang [4] und das Ballett mit Gesang [5]. Mittels dieser vier verschiedenartigen theatralischen Bühnenformen versuchen Brecht und Weill die bereits vorhandenen Ansätze zur Form des episch-musikalischen Theaters mehr und mehr anhand ihrer praktischen Erfahrungen zu verdichten und zu konkretisieren, die dann später in die Anmerkungen oder Theorien eingehen, die meist erst nach dem Abschluß oder nach den ersten Aufführungen formuliert werden.

Musikalische Einlagen für Stücke, die in erster Linie nach den Gesetzen des Sprechtheaters konzipiert sind, verlangen eine völlig andere musikalische Gestaltung als Bühnenwerke, die primär nach den Gesetzen des musikalischen Theaters gebildet sind. Und überdies muß man sich immer wieder vor Augen halten, für welchen Typus des musikalischen Theaters Weill seine Werke komponierte. Weill steht also vor grundsätzlich verschiedenartigen kompositorischen Aufgaben.

Sechs wesentliche übergeordnete Hauptmerkmale lassen sich in den Partituren isolieren: (a) musikalische Einlagen innerhalb von Sprechstücken, (b) durchkomponierte Werke (Nummern), (c) die musikalische Wiederholung, (d) rein instrumentale Partien, (e) außermusikalische Einflüsse und (f) musikalische und sprachliche Ausdrucksformen.

a) Zur musikalischen Einlage innerhalb von Sprechstücken

Der hier gewählte Titel scheint, schlägt man die Partituren auf, auf den ersten Blick allzu vordergründig. Dennoch muß mit Nachdruck darauf hingewiesen werden, daß die vorhandenen musikalischen Einlagen eine völlig andere kompositorische Gestaltung erfahren haben als die durchkomponierten Werke[6].

In seinem Vorwort zum Regiebuch der Oper *Mahagonny* bemerkt Weill zur *Dreigroschenoper*:»In der Dreigroschenoper mußte zwischen den Musiksätzen die Handlung weitergeführt werden: Daher ergab sich hier ungefähr die Form der ›Dialogoper‹, einer Mischgattung aus Schauspiel und Oper.« Einige Sätze vorher liest man:»Die Musik [in der *Dreigroschenoper*] ist hier nicht mehr handlungstreibend, sondern der jeweilige Einsatz der Musik ist gleichbedeutend mit der Unterbrechung der Handlung[7].« Diese Ausführungen werden in dem Aufsatz »Über die *Dreigroschenoper*« präzisiert:»Die Handlung wurde entweder unterbrochen, um Musik zu machen, oder sie wurde bewußt zu einem Punkt geführt, wo einfach gesungen werden mußte[8].«

Besonders die letzte Bemerkung läßt sich nicht nur auf die *Dreigroschenoper,* sondern auch auf die andere Komödie, *Happy End,* anwenden. Man darf nicht vergessen, wie sehr diese beiden Stücke in ihrer (unepischen) Zielsetzung einander ähneln, wenn auch Brecht später, als ihm bewußt wurde, wie mißglückt die Handlung in *Happy End* war, seine Autorschaft zurückzog. Diese Zielsetzung, die mit der Funktion der Musik in beiden Stücken verbunden ist, zeigt sich anhand eines Vergleichs der Schlüsse. Neben der parodistischen Auflösung der Konflikte, die sich beide Male in sehr unlogischer Weise vollzieht (die zum Tode Verurteilten werden durch einen *deus ex machina* gerettet), wird die Ähnlichkeit des Handlungsablaufs sogar in der wörtlichen Wiederholung einer Textstelle aus der *Dreigroschenoper* in *Happy End* offenkundig. So liest man am Ende der *Dreigroschenoper* vor der Lösung des Konflikts, also bevor Macheath seine Abbitte leistet:»Was ist ein Einbruch gegen die Gründung einer Bank ...[9].« Und in *Happy End* sagt Fliege, ebenfalls nach der Lösung des Konflikts:»Was ist ein Dietrich gegen eine Aktie, was ist ein Einbruch gegen die Gründung einer Bank[10].«

Diese banale Übernahme sollte, als Beispiel für einen ähnlichen Handlungsablauf und dessen ähnliche Zielsetzung, die Funktion der Musik als Handlungsunterbrechung oder -steigerung deutlich machen. Beide Komödien (die eigentlich beide ohne den jeweiligen *deus ex machina* keine wären) haben also eine (unepische) Zielsetzung im Rahmen der Handlung eines für das Sprechtheater konzipierten Stückes. Die musikalischen Einlagen – die nicht nur aus Songs bestehen – werden also an dramaturgisch entscheidenden Stellen innerhalb eines Sprechtextes eingesetzt. Daraus ergibt sich zwangsläufig die von Weill so geschätzte geschlossene Form (Nummer), die man aber keineswegs mit der geschlossenen Nummer in einem durchkomponierten Stück gleichsetzen darf, da die jeweiligen dramatischen Funktionen gänzlich verschieden sind.

b) Zu den durchkomponierten musikalischen Formen

Die Anwendung der geschlossenen Form im Rahmen der musikalischen Gesamtform hat vor allem die Funktion, die einzelnen Stationen der Handlung deutlich voneinander abzuheben. Die von Weill in seinem Vorwort zum Regiebuch der Oper *Mahagonny* gemachten und bereits zitierten Äußerungen sind nicht zutreffend. Weill erreicht mit der Einteilung in Nummern innerhalb dieser musikalischen Form dreierlei: er setzt sich zunächst damit deutlich von der Durchkomposition im Sinne der Kunst des musikalischen Übergangs in der spätromantischen Oper (vor allem eines Wagner und damit von dessen Epigonen) ab und greift auf ältere Traditionen aus der Operngeschichte, insbesondere auf die Nummernoper zurück, um den belastenden Bannkreis des 19. Jahrhunderts zu durchbrechen (Klassizismus)[11]; zweitens schafft er so innerhalb dieser Werke einen musikalischen Zusammenhalt, und drittens kommt die Verwendung der Nummern der epischen Spielweise, die eine deutliche, für den Zuschauer erkennbare Trennung der Bühnenvorgänge anstrebt, meist zugute.

Die Verwendung der Nummern soll also der musikalischen Bühne eine ›verlorengegangene Klarheit‹ wiedergewinnen. Ob diese Klarheit, die durch Projektionstafeln noch gesteigert wird, wirklich zu einer Aktivierung des Zuschauers beiträgt, bleibt zweifelhaft.

Zusammenfassend kann also gesagt werden, daß sich die geschlossene Form (Nummer) unter Berücksichtigung der Funktion der Musik innerhalb eines Sprechstückes automatisch ergibt, während ihre Verwendung bei durchkomponierten Werken primär der musikalischen und dramaturgischen Übersichtlichkeit dienen soll.

c) Zur musikalischen Wiederholung

Man unterscheidet grundsätzlich zwei Typen der Wiederholung: die außerhalb der Nummer stattfindende Wiederholung (mit außerhalb einer geschlossenen Nummer wiederholtem musikalischem Bezug) und die innerhalb der Nummer stattfindende (mit Wiederholung eines bestimmten musikalischen Bezugs innerhalb einer Nummer). Diese allgemeinen Formprinzipien treten in verschiedenen deutlich voneinander abgesetzten Varianten auf:

1. in rein musikalischer Form; etwa in der Wiederholung eines musikalischen Themas oder Komplexes in wörtlicher [12] oder abgewandelter (z. B. durchgeführter) Form [13];
2. in gesanglich-musikalisch-orchestral begleitender Form [14];
3. in Form des Sprechgesanges [15].

Diese drei entscheidenden Formen der innernummerlichen bzw. außernummerlichen Wiederholung dienen im allgemeinen der dramatisch geforderten musikalischen Verdeutlichung der Handlungsabläufe [16].

d) Rein instrumentale Partien innerhalb der Partituren

Man unterscheidet zwei grundlegende Typen: in sich abgeschlossene, selbständige und rein instrumentale Nummern, die mit einem a vorgezeichnet sind und sich im Songspiel finden lassen (und in der *Dreigroschenoper* in der Ouvertüre); und rein musikalische Abschnitte innerhalb von Gesangsnummern [17].

Innerhalb des Gesamtwerkes spielen diese rein instrumentalen Nummern des ersten Typus (a) keine wesentliche, aber in dem jeweiligen Stück dennoch eine dramatisch wichtige Rolle. Die rein musikalischen Abschnitte haben dagegen eine wichtigere, meist dramaturgisch bedingte Funktion.

e) Außermusikalische Einflüsse

Drei wesentliche Momente sind hierbei entscheidend: die Form des epischen Theaters, die Brechtsche Textvorlage und die jeweilige dramatische Situation.

f) Musikalische und sprachliche Ausdrucksformen

Einige dieser Formen traten schon im Zusammenhang mit der Wiederholung in Erscheinung[18].
Dennoch sollen sie der Übersichtlichkeit und Vollständigkeit halber nochmals angeführt werden: der Gesang mit orchestraler Begleitung, rein instrumentale Partien als Teil einer Nummer oder als selbständige a-Nummern, das In-die-Musik-Sprechen[19], der Sprechgesang in einmaliger Verwendung[20] oder in der Wiederholung[21], der *a cappella*-Gesang[22], das *a cappella*-Summen[23], das reine Sprechen[24] und die Pause[25].

Diese sechs übergeordneten Hauptmerkmale [(a) – (f)] treten meist aus dramaturgischen Gründen in Erscheinung und wirken sich in den einzelnen Partituren direkt auf den musikalischen Aufbau und auf die zu besprechenden Übernahmen von musikalischen Traditionen und deren Verfremdung durch Weill[26], [27] aus.

7. Übernahmen aus der Tradition der Kunstmusik

Drei Hauptphänomene lassen sich als Quellen isolieren, und zwar die Operntradition, bestimmte archaische Formen und Techniken, die sich aus der klassischen Instrumentalmusik herleiten lassen.

Aus der Tradition der Opernkomposition übernimmt Weill vor allem die folgenden formalen Einheiten: das Rezitativ[1], das er nicht als Kontrast zur Arie verwendet, das Arioso[2], das Opernfinale[3] und die leitmotivartige musikalische Idee.

Die sieben Todsünden,
KA S. 5, Nr. 1, T. 14–16

101

Die sieben Todsünden,
KA S. 19, Nr. 1, T. 136–138

Die sieben Todsünden,
KA S. 57, Nr. 6, T. 105–111

Die sieben Todsünden,
KA S. 58, Nr. 7, T. 1–3

Die sieben Todsünden,
KA S. 79, Nr. 9, T. 9–10 und T. 17–18

Die sieben Todsünden,
KA S. 69, Nr. 8, T. 1–9

Die sieben Todsünden,
KA S. 71 f., Nr. 8, T. 37–47

Auch beim gelegentlich angewendeten musikalischen Zitat[4] greift Weill auf eine Tradition zurück, die man bei Mozart im *Don Giovanni* in der letzten Szene (*Una cosa rara* von Martín y Soler) und bei Wagner in den *Meistersingern* (III. Akt, Sachsstube, wo Hans Sachs singt:»Mein Kind, von Tristan und Isolde kenn' ich ein traurig Stück ...«— dabei ertönt der Tristan-Akkord) findet. Geht Wagners Zitat mehr auf eine inhaltliche Anspielung und das von Mozart auf einen Affront gegen einen unbeliebten Kollegen aus, so verwendet Weill das musikalische Zitat vor allem als persönliche Absage gegen die romantische Oper, was durch den textlichen Inhalt verdeutlicht wird.

Unter den Archaismen fallen folgende Einzelphänomene ins Auge:

a) der Choral (man unterscheidet den rein instrumentalen[4] und den gesungenen Choral mit orchestraler Begleitung[5]; im Zusammenhang mit der religiösen Verfremdung hat der Choral eine Schlüsselstellung: wo immer er vorkommt, erweist er sich als Mittel zur Entlarvung religiöser Verlogenheit);

b) der fugierte Satz (der in höchst ungewöhnlicher Form, nämlich stets als integraler Teil der Oper in Erscheinung tritt[6]);

c) Anklänge an Kirchentonarten, die ähnliche Wirkung wie der Choral[7] haben;

d) das Menuett[8] und bestimmte

e) musikalisch-rhetorische Figuren[9].

All diesen genannten Archaismen liegt die Tendenz zu bewußter Infragestellung musikalisch veralteter Formen zugrunde, die in einem soziologischen Kontext gesehen werden. Die von Busoni angeregte geistige Auseinandersetzung mit der Tradition wendet Weill nun eigenschöpferisch und – sozusagen soziologisch umfunktioniert – gesellschaftskritisch an. Unter den Techniken, die sich aus der klassischen Instrumentalmusik herleiten lassen, ragen hervor:

a) die Variationstechnik; sie wird durch provokante Übersteigerung und den dramatischen Zusammenhang *ad absurdum* geführt[10];

b) die Durchführungstechnik, die musikalisch-dramatisch als Prinzip nicht in Frage gestellt wird[11].

Die sieben Todsünden,
KA S. 9 und 13, Nr. 2, T. 9 und T. 48

8. Übernahmen aus der Tradition der Unterhaltungsmusik

Eine sehr häufige und zugleich populärste Form der Übernahme scheint der Song zu sein. Die Bezeichnung Song tritt zehnmal, in zu Ballade oder Lied abgeänderter Form jeweils viermal in Erscheinung[1]. Unter Song ist eine textlich variierte, musikalisch wiederholte Vorstrophe mit dem dazugehörigen Refrain zu verstehen. Vorstrophe und Refrain werden in der Wiederholung bei Weill häufig instrumental wie rhythmisch variiert.

Die Tatsache, daß Brecht und Weill den Song recht sorglos benennen und damit auch die anderen musikalischen Begriffe wie Ballade und Lied keinesfalls im strengen musikalischen Sinn verstanden wissen wollen, weist schon auf große Probleme bei der Bestimmung und Definition des Songs hin. Entscheidend für die Integration des Songs oder – wie Brecht verallgemeinernd sagt – der sogenannten billigen Musik sind soziologische Aspekte. Weill und Brecht teilten prinzipiell die Auffassung, daß eine radikale gesellschaftliche Veränderung des Opernpublikums notwendig sei[2]. Diese Veränderung sollte nun gleichzeitig auch auf musikalischer Ebene provoziert werden. Brechts kritische Überlegungen fanden später in seinem Aufsatz »Über die Verwendung von Musik im epischen Theater« ihren Niederschlag: »Die sogenannte billige Musik ist besonders in Kabarett und Operette schon seit geraumer Zeit eine Art gestischer Musik. Die ernste Musik hält noch immer am Lyrismus fest und pflegt den individuellen Ausdruck[3].«

In diesen Formulierungen steckt die tiefe Aversion gegen das Opernpublikum, die Brecht aber auch – nicht so sehr Weill – blind gegenüber der musikalischen wie textlichen Inhaltlichkeit der Operette und ihres Publikums machte. Diese Aversion schlug aber nicht nur in Blindheit um, sondern suchte und fand eine neue musikalische Form: die gestische Musik. Brecht wie Weill verwandten beide das charakteristische Adjektiv »gestisch« in ihren jeweiligen Aufsätzen über die Musik. Gemeint sind Weills Aufsatz »Über den gestischen Charakter der Musik«[4] und Brechts »Über die Verwendung von Musik für das epische Theater«[5]. Für Weill ist »die Grundlage einer gestischen Musik die rhythmische Fixierung, die vom Text her erreicht wird[6].« Weill spricht zwar den soziologischen Aspekt nicht so deutlich an wie Brecht; liest man jedoch den Inhalt des Aufsatzes bis zu dieser entscheidenden Aussage aufmerksam, so wird die Polemik gegen die Oper in ihrem gesellschaftlichen Charakter deutlich. Am deutlichsten, sozusagen als Resümee einer Phase intensiver Überlegungen, formuliert Brecht den Sinn der gestischen Musik im 6. Punkt, »Kriterium«, seiner Ausführungen über die gestische Musik:»Es ist ein vorzügliches Kriterium gegenüber einem Musikstück mit Text, vorzuführen, in welcher Haltung, mit welchem Gestus der Vortragende die einzelnen Partien bringen muß, höflich oder zornig, demütig oder verächtlich, zustimmend oder ablehnend, listig oder ohne Berechnung. Dabei sind die allergewöhnlichsten, vulgärsten Gesten zu bevorzugen. So kann der politische Wert eines Musikstückes abgeschätzt werden[7].« Hier sind eindeutig die Gründe dafür zu suchen, warum Weill und Brecht mit den traditionellen Möglichkeiten der Kunstmusik brechen mußten, die völlig ungeeignet waren,»die allergewöhnlichsten, vulgärsten Gesten« vorzuführen. In dem oben genannten Zitat weist Brecht neben der Operette bereits auf eine musikalische Gattung hin, die fähig zu sein schien, diese gestische Musik umzusetzen: das Kabarett.

Einflüsse des Kabaretts auf Brecht und Weill

Entscheidende Impulse für die Auseinandersetzung mit dem Kabarett gingen vor allem von der Begegnung des jungen Brecht mit Frank Wedekind aus. Der Nekrolog Brechts über Wedekind läßt dies erkennen:»Er sang vor einigen Wochen in der Bonbonnière zur Gitarre seine Lieder mit spröder Stimme, etwas monoton und sehr ungeschult: nie hat mich ein Sänger so begeistert und erschüttert[8].« Diese Aussage spiegelt nur einen sehr geringen Teil von dem wider, was Brecht an Wedekind faszinierte. Bedeutsam ist die Bemerkung»sehr ungeschult«. In seinem Aufsatz »Über das Singen der Songs«[9] betont Brecht ausdrücklich, daß der Schauspieler, also der musikalische Laie und nicht der Sänger, den Song vorzutragen hat. Ebenfalls entscheidend für den jungen Brecht werden Stoffwahl und Bänkelton Wedekinds[10].
»Der kritische Gehalt der Wedekindschen Brettl-Lieder resultierte größtenteils aus ihrem die erotischen Tabus des Bürgertums verletzenden Bekenntnis zu einer unverhüllt-triebhaften Sexualität oder aus ihrer Verhöhnung der bürgerlichen Geschlechtsmoral[11].« Die Hauptmerkmale des Balladenvortrags von Wedekind charakterisiert Erwin Sternitz: »Anrufen des Publikums, Drastik in der sprachlichen Schilderung und der Darstellung der Affekte, Zeit- und Ortsangaben, Sprachgewaltsamkeiten und meist aufgesetzt wirkende Schlußmoral[12].« Sowohl die Entlarvung bürgerlicher sexueller Tabus oder die Freisetzung triebhafter Sexualität als auch die Hauptmerkmale des Balladenvortrags von Wedekind findet man deutlich in den sechs gemeinsamen Werken Brechts und Weills wieder. Auffallende musikalische Kriterien sind die häufige Folge Domi-

nante – Subdominante sowie die starke Verwendung von Moll-Parallel-klängen[13]. Wichtig war auch der Rahmen, in dem Wedekind seine Brettl-Lieder vortrug, nämlich das Kabarett *Die elf Scharfrichter,* dessen Devise »Épatez le bourgeois« war. Damit stößt man auf eine Wurzel des deutschen zeitkritischen Kabaretts dieser Epoche, nämlich das französische Kabarett, in dem, folgt man Maximilian Harden, »alles behandelt wird; die beiden großen Gegenstände aber sind Erotik und Politik. [...] Jeder politische, gesellschaftliche, literarische, theatralische Vorgang ist eines Chansonniers flink erjagte Beute, jede Anspielung, auch die leiseste, wird verstanden[14]«.

Die andere Wurzel war das Varieté, das aus den Tingeltangels und der englischen Music Hall in den siebziger und achtziger Jahren entstand und in Deutschland sehr populär wurde[15]. Diese Quellen, die Brecht und Weill vor allem wegen ihres vulgär-trivialen Charakters reizten, wurden nun aber keinesfalls einfach nur übernommen; ihre *verfremdete* Übernahme beweist jedoch die soziologische Konsequenz der Autoren gegenüber der Struktur der Oper und trägt somit Weills Forderung Rechnung: »Wenn also der Rahmen der Oper eine derartige Annäherung an das Zeittheater nicht erträgt, muß eben dieser Rahmen gesprengt werden[16].«

Einflüsse der Schlagermusik der zwanziger Jahre auf Weill und Brecht

Ähnlichkeiten mit der Musik des Kabaretts weist auch der Schlager dieser Zeit auf. Es sei noch einmal mit Nachdruck auf die Problematik, die sich im Zusammenhang mit der Begriffsbestimmung des Song ergibt, hingewiesen. Weder Einflüsse und Anlehnungen an das zeitkritische Kabarett noch an die Schlagermusik werden von Brecht und Weill unkritisch übernommen. Schon die Überschneidung der musikalischen Gemeinsamkeiten von Kabarett und Schlager macht eine eindeutige musikalische Bestimmung schwierig.

Diese Schwierigkeiten werden aber noch zusätzlich dadurch vermehrt, daß der Transformationsprozeß, dem Weill und Brecht ihr Material unterwerfen, oft nur eine vage Zuordnung ermöglicht. Eine genauere Bestimmung war aufgrund der vorhandenen Literatur leider unmöglich und würde über den Rahmen der vorliegenden Arbeit hinausgehen. Es lassen sich einige wesentliche Themenkreise des Schlagers der zwanziger Jahre unterscheiden, die den Song tangieren[17]. Der Schlager, der aus

107

der Krise des Kapitalismus, aus der Inflation bzw. der Weltwirtschaftskrise hervorging, blieb davon natürlich nicht unberührt. Die Inflation in den Jahren 1922/23 traf besonders hart die Unterschicht. Daher fand z. B. der Schlager von 1924 *Pleite, Pleite, sind heut' alle Leute* von Victor Corsilius und Hans Pflannzer besonderen Anklang[18]. Besonders deutlich spiegelt sich das wirtschaftliche Elend nach dem Zusammenbruch der New Yorker Börse 1927 u. a. in dem Schlager *Schöner Gigolo, armer Gigolo* von Leonello Casucci und Julius Brammer wider. Dieser Schlager zeigt eines von vielen typischen sozialen Problemen dieser Zeit, einen durch den wirtschaftlichen Zusammenbruch zum Eintänzer gewordenen Offizier[19].

In den Jahren, in denen der Kapitalismus der Wirtschaftskrise entgegenzuwirken schien, also etwa von 1925 bis zum Sommer 1929, dominierten heiter-exzentrische oder zweideutig-erotische Nummern den Schlagermarkt.»Das amüsante Spiel mit dem bewußt provozierten Blödsinn[20]« fand 1925 seinen Höhepunkt. In ebendiesem Jahr erfreute sich, stellvertretend für eine Unzahl ähnlicher Texte, *Es geht die Lou lila* mit der Musik von Robert Katsche und dem Text von Beda[21] äußerster Beliebtheit[22]. Zweideutig-erotische Nummern liefen parallel zu den heiter-exzentrischen. 1926 entstand z. B. mit dem Text und der Musik von Stafford-Amberg der Schlager *Von der schönen Josefine*, dessen Refrain typisch für die zahlreichen schlüpfrigen Texte der Zeit war:

»In der Badekabine
sitzt die schöne Josefine,
und sie läßt herunter die Gardine.
Heute ist im Trikot sie,
doch ich liebe sowieso sie,
ob im Trikot
oder so.
Laß mich nicht immer vor der Tür stehn,
Josefine,
du bist zu schön!
In der Badekabine,
sag, was machst du, Josefine,
so allein? Das ist ein Graus!
Ach, süße Josefine, komm doch heraus!«[23]

Diese Haupttypen von Schlagertexten der zwanziger Jahre finden ihren nachweisbaren Niederschlag in den sechs gemeinsamen Werken.

Sieben allgemeine musikalische Kriterien der Schlagermusik

Die folgenden Kriterien beziehen sich auf den Schlager im allgemeinen, also nicht nur auf den der zwanziger Jahre, und machen zugleich die Abgrenzung von Schlager und Song im Sinne von Brecht und Weill deutlich.

1. Das Prinzip des Immergleichen[24];
   a) die Eingängigkeit der Melodie
   b) die Eingängigkeit des Rhythmus;
2. die Nachvollziehbarkeit;
   a) der Tonumfang beträgt gewöhnlich nicht mehr als eine Oktave;
   b) die Bevorzugung gradtaktiger Rhythmen;
   c) chromatische Tonfolgen;
   d) ausgeschriebene Glissandi;
   e) Synkopierungen;
   f) die Verlangsamungstechnik;
3. die Wiederholung;
4. das Prinzip der Bekanntheit und damit der Risikolosigkeit des erprobten Materials, das man aufnehmend weiterentwickelt (damit verbunden ist die Frage des Plagiats), und zwar
   a) aus dem Bereich der Schlagermusik selbst oder
   b) aus dem Bereich der Klassik;
5. die Instrumentierung ergibt sich aus dem Stand der Technik oder aus der jeweiligen Mode;
6. die psychische Wirkung des Arrangements;
   a) man versetzt gezielt in manipulierte Stimmungen;
   b) man will bestimmte Assoziationen (mit Hilfe der unter 1–5 aufgezählten Prinzipien) wecken;
7. der Interpret:
   »Die meisten Schlager sind mit dem jeweiligen Original-Interpreten eng verbunden, weil der Rezipient sie diesen als persönliche Äußerungen zuschreibt. Man kann von einer Art ›personifizierter Musik‹ sprechen[25].«

Was nun die thematischen Ähnlichkeiten zwischen Schlager und Song bei Brecht anbelangt, so läßt sich verallgemeinernd folgendes sagen: Brecht greift nie auf bewährte Klischee-Texte, welcher Art auch immer, zurück. Er nimmt sie zwar genau zur Kenntnis, verfremdet sie aber durch den dramatischen Zusammenhang und vor allem durch seine höchst eigenwillige Bearbeitung, die auf Mittel der nicht-trivialen Sprache und Literatur zurückgreift. Seine Sprache ist wortgewaltiger, bedingungsloser, radikaler als die der oft recht sentimentalen Schlagertexte seiner Zeit. Brechts Texte setzen für ein echtes Verständnis Vorkenntnisse voraus und wirken ohne diese weit abstrakter als die üblichen Schlagertexte. Brechts Text zielt meist nicht auf einen versöhnlichen Schluß hin, sondern stellt eher das vorher Gesagte nihilistisch in Frage, während der Schlager der zwanziger Jahre gerne in eine »heile Welt« flüchtet. Er bildet nur selten eine direkte textlich-inhaltliche Einheit mit der Musik, während der Schlager mit Vorliebe eine bruchlose textlich-musikalische Identität anstrebt. Dieser Widerspruch zwischen Text und Musik bei Brecht und Weill wird bei Vorkenntnissen im musikalischen und literarischen Bereich überwunden und dramatisch nutzbar gemacht.

Untrennbar mit dem Kabarett, dem Schlager und damit auch mit dem Song sind die Tanzrhythmen und Jazz-Einflüsse jener Zeit verbunden. Da man aber unter dem Begriff Song, wie schon erwähnt, eine textlich variierte, musikalisch wiederholte Vorstrophe mit dem dazugehörigen (ebenfalls variierten) Refrain versteht, treten die Tanzrhythmen und der Jazz nicht nur im Zusammenhang mit dem Song, sondern mit dem gesamten anderen Tonmaterial Weills auf.

Da für Weill Rhythmus das entscheidende Kriterium für seine gestische Musik ist, werden die vorkommenden Tänze später im Zusammenhang mit dem Rhythmus genauer erörtert. Die wichtigsten Tanzformen, die im Zusammenhang mit dem Song auftreten, seien kurz gestreift. Es sind vor allem der Marsch [26], der Walzer [27], der Tango [28], der Foxtrott [29], der Blues [30], der Boston [31] und der Shimmy [32].

Besonders Tango, Foxtrott, Boston und Blues deuten auf zeitgenössische Einflüsse hin.

Verallgemeinernd läßt sich über den Einfluß von Tanzrhythmen und Jazz auf den Weillschen Song und das verbleibende Tonmaterial Weills sagen, daß beide Erscheinungen meist aus ihrem ursprünglichen, traditionellen Zusammenhang herausgerissen werden und verfremdet in Erscheinung treten.

Musikalische Einzelbetrachtungen zum Song bei Weill

Bei der Vertonung eines Song-Textes muß man berücksichtigen, daß die Gestaltung einer pointierten Melodie sich stets auf der Basis einer ausgewogenen Klanggrundlage vollzieht. Diese Klanggrundlage, gewöhnlich eine Instrumental-Begleitung, ist nicht nur atmosphärischer Hintergrund, sondern Träger des Melodieverlaufs. Diese beiden Dimensionen der klanglichen Gestaltung einer Musiknummer (als Atmosphäre und stützende Klanggrundlage) können nun in verschiedenem Maße in Erscheinung treten. Das eine Mal spiegelt die harmonische Verarbeitung den formal-funktionellen Verlauf deutlicher, das andere Mal weniger deutlich wider. Man unterscheidet zwei grundsätzliche Möglichkeiten, einen musikalischen Abschnitt zu gestalten. Einmal ruft Weill den Eindruck des tonalen Öffnens, das andere Mal den des tonalen Schließens hervor. Alle darauffolgenden Beispiele zeigen, wie diese Tendenzen (des Öffnens und Schließens) typische Möglichkeiten bieten, eine gerade Anzahl von Takten in einem formal ausgewogenen Bogen zu benutzen, der eine periodische Einheit bildet. Diese periodische Einheit kann man etwa mit folgenden Gegensatzpaaren umschreiben:

Öffnen – Schließen

Spannung – Ruhe

Frage – Antwort

Vordersatz – Nachsatz

Ausgehend von einem Grundtypus Ruhe–Spannung–Spannung–Ruhe (R–Sp–Sp–R), der eine periodische Zweiheit in gleich lange harmonische Abschnitte faßt, sind typische Weiterbildungen bzw. Abzweigungen von diesem Grundtypus (GT) in drei Gruppen aufgeteilt: A, B, C.

Am besten sieht man diesen Grundtypus (GT) in der Darstellung des *Songs von Mandelay* [33]. Textlich gesehen münden die zwei (inhaltlich stets parallel aufeinander bezogenen) Strophen, die aus mehreren (hier sechs) Verspaaren bestehen, in die für beide Strophen gleichlautende Schlußformulierung, den Refrain, ein. Dieser Refrain hebt sich normalerweise sowohl textlich wie musikalisch von den vorangehenden Strophenteilen deutlich ab. Hier geschieht das u. a. auffallend durch einen Tonartenwechsel (C- gegenüber B-Tonalität). Durch das tonale Absetzen des Refrains wird die Zweiteiligkeit der musikalischen Anlage noch unterstrichen. In den Ausmaßen nimmt der Refrain jedoch nur ein Drittel der Gesamtlänge ein: 32 Takte gegenüber den vorangehenden 64 (die beiden Takte der vorausgehenden Begleitung nicht mit eingerechnet). Hinsichtlich der Grundtonarten-Verhältnisse gliedert sich die Nummer in fünf Teilabschnitte:

1. T. 1–24 b-moll
2. T. 25–42 B-Dur
3. T. 41–56 wieder b-moll
4. T. 57–64 Übergang von b-V zu C-V (Ankündigung des Refrains)
5. T. 65–96 C-Dur Refrain

Die Art der Instrumentalbegleitung zur Melodie ist für Weill charakteristisch: der stete Wechsel von Grundton-Baß (mit dem Quintzusatz) in der linken Hand des Klaviers und dem akkordischen Nachschlag in der rechten Hand.

Dabei fällt auf, daß selbst bei Akkordwechsel (zum ersten Mal T. 3) dieser Grundton-Quintklang des Baßviertels diesen Wechsel (abgesehen von T. 25–40 und den acht zum Refrain überleitenden Takten 57–64) nicht mitmacht, sondern sowohl in der Vorderstrophe wie im Refrain hartnäckig festgehalten wird. Daß ab T. 41 statt des gleichmäßigen Grundtonquintklanges eine typische Auflösung in die Sukzession erfolgt, sagt nichts dagegen, daß der Baß weiterhin I und nicht I–V meint.

Das harmonische Material wie seine Bedeutung für den Verlauf des Stükkes sind einfach gehalten. Im Grunde ist es hier lediglich ein einziger, typischer Klang, der mit dem Tonikaklang in ein spannungsvolles Wechselverhältnis tritt: die II. Stufe. Im ersten und dritten Teilabschnitt (T. 1–24, T. 53–56) – also in den Moll-Abschnitten – bilden c-es-ges den verminderten Dreiklang der II. Stufe in b-moll, dessen Töne stufenweise vom Tonikaklang b-des-f abgeleitet sind. Im fünften Teilabschnitt (Refraintakt 65–96) bildet d-f-a den Moll-Dreiklang der II. Stufe in C-Dur. Durch das Erniedrigen der Quinte (a zu as, T. 79ff.) wird er im ersten Fall ein verminderter Dreiklang und rückt dadurch mit zwei Leittönen (f zu e, as zu g) zur Lösung in die Tonika. Im zweiten Teilabschnitt wird dieses spannungsvolle Näherrücken durch Leittöne im Wechselklang noch weiter getrieben, so daß man den H⁷-Klang (T. 29) als vollen vierfachen Strebeklang zur B-Dur-Tonika empfindet. Nichtsdestoweniger hört man den Klang als benachbarte – freilich erniedrigte – II. Stufe; er müßte also korrekterweise als ces-es-ges-a (als übermäßiger Septakkord oder besser Doppelleittonklang) geschrieben sein.

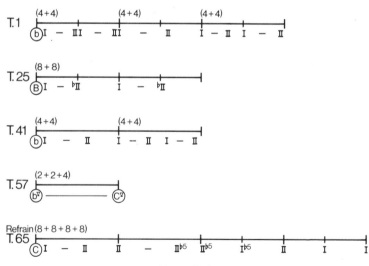

Happy End,

KA S. 68 ff., Nr. 9: *Der Song von Mandelay*

Anhand dieser schematischen Darstellung kann man die Wechselverhält-
nisse und die Verhältnisse der Abschnitte mit I. und II. Stufe zueinander
besser überblicken. Man sieht, daß (abgesehen vom speziellen Fall des
Refrains, wo äußerlich sogar die II. Stufe überwiegt) sich die beiden
Klänge die Waage halten: der ruhenden Innenposition des Grundton-
klanges (I) entspricht ein ebensolanger Klang der spannungsreicheren
Außenposition (II). Normalerweise lebt dieser Antagonismus vom ausgewogenen Zusammenspiel eines Grundklanges und eines Gegenklan-
ges. Allerdings übernimmt die Rolle des mit der Tonika wechselnden Ge-
genklanges zumeist die V. Stufe, die Dominante. Wieso aber kann nun
diese unerläßliche tonale Außenposition statt mit der Dominante auch
mit der II. Stufe besetzt werden? Oder anders gefragt: Ist ein anderer als
der Dominantklang fähig, die Funktion eines der ruhenden Tonika span-
nungsvoll entgegenstehenden Klanges zu übernehmen? Die II. Stufe wird
(spätestens seit Riemann) in der von der Dur-Moll-Tonalität geprägten
Musik als Stellvertreter der IV. Stufe angesehen und hat somit Subdomi-
nantfunktion.

Diese aber nimmt normalerweise im harmonischen Kadenzgeschehen
nicht den unmittelbar an der Tonika orientierten vorletzten Platz ein,
sondern den vorvorletzten, nämlich den, der der Dominante vorgeschal-
tet wird (I–IV oder II–V–I). Als Stellvertreter der Dominante wird hier
am häufigsten der verminderte Septakkord der VII. Stufe verwendet.

Die Septe und None (hier f und a bzw. as) werden häufig als dem Subdominantbereich zugehörig interpretiert, so daß in diesem Akkord beide die
Tonika einkreisenden Funktionen (der Subdominante und Dominante)
zusammengehörig in Erscheinung treten. Die nächste Stufe der Entfer-
nung von klaren Dominanttonikaverhältnissen bildet die Verwendung
der II. Stufe. Durch sie wird das harmonische Geschehen sozusagen ›epi-
scher‹. Mit so allgemeinen Begriffspaaren wie Ruhe – Spannung, Tonika –
Nichttonika etc. lassen sich nicht nur die spezifischen dominantischen
Verhältnisse erfassen, sondern auch – mit entsprechenden Einschränkungen – alle Nachbarstufen (VII. oder II.) bzw. die Strebeklangbildungen
(etwa T. 29ff.) in den Griff bekommen.

Besonders gut kann man das Zusammenwirken dieser beiden harmonischen Positionen im *Song von Mandelay* beobachten, weil hier die Verhältnisse der Abschnitte am klarsten zutagetreten. Die erste bzw. zweite
fünfhebige Textzeile füllt den Viertakter so aus, daß sich der Harmonie-

113

wechsel genau in der Mitte vollzieht. Über die Zusammengehörigkeit dieser vier Takte besteht kein Zweifel. Die Wiederholung desselben Abschnittes (T. 5–8) spricht für diese Gestaltung als kleinste Einheit. Bezeichnend ist die Verteilung des Textes in dieser viertaktigen Einheit: Das Gewicht der Aussage liegt auf der ersten, die reimtragende Endung auf der zweiten Hälfte. Diese Zweiheit von Kern und Endung schlägt sich auch in der Musik nieder.

Hält man an der Gegenüberstellung von Ruhe und Spannung bzw. von öffnendem und schließendem Abschnitt (Vorder – Nachsatz) fest, stellt sich die Situation des *Songs von Mandelay* wie folgt dar: Einzig und allein die beiden letzten acht Taktgruppen »Ewig nicht stehet der Mond über dir« sind schließende Abschnitte. Alle vorangehenden Glieder, seien es die eher viertaktigen Einheiten (wie T. 1, 5, 17, 21, 49, 53) oder die durch den viertaktweisen Harmoniewechsel verbundenen achttaktigen Einheiten (T. 9, 25, 33) – die restlichen drei (T. 57 ff.), deren Konstruktion später umrissen wird, eingeschlossen – können als öffnende Abschnitte gelten, d. h. als Abschnitte mit stark vorwärtstreibender Tendenz. Auf diese Weise wird mit einfachsten Mitteln die Spannung bis zum Refrainende aufrechterhalten. Das geschieht nicht gleichförmig, sondern mittels klarer Differenzierungen in unterschiedliche Verdichtungsstufen dieser Spannung. Am deutlichsten wird diese Verdichtung im überleitenden Achttakter vor dem Refrain bei dem Text »Rascher, Johnny he ...« – textlich wie musikalisch in der typischen Gliederung von 2 + 2 + 4 Takten. Dem Kleinerwerden der Takteinheiten entspricht auch ein hier einmaliges Rascherwerden der Harmoniefolge (taktweise F^7 mit d).

Die Aufforderung vor dem Doppelpunkt trennt auch formal gesehen den mehr aggressiv berichtenden Vorstrophenkomplex vom liedhaft breiter ausgesungenen Songrefrain. Diese beiden Teile der Musiknummer weisen in vieler Hinsicht auch entgegengesetzte musikalische Gestaltungsprinzipien auf: Im ersten Teil ein viel lockereres Aufreihungs- oder Summationsprinzip (Wiederholung gleicher Teile):

a + a, b + b′, a + a, c + c, b + b′, a + b, d;

im Refrainteil ein liedhaft abgerundetes Bogenprinzip: die zweiunddreißig Takte sind als tonaler Bogen auf ein vierteiliges musikalisches Grundschema verteilt. Die beiden öffnenden Glieder A und A′ werden durch die abschließenden B und B′ tonal beantwortet und metrisch ergänzt. Zum großen Teil wird das Anwachsen der Steigerung vom d-moll-Beginn zum melodischen Ausbruch des Refrains in C-Dur durch den Gang der Singstimme bewirkt: in steigender Intensität erschließt sie nach und nach den Tonraum von b (besonders ab T. 9) bis f″ (T. 49 ff.):

T. 1–24 – die Situationsschilderung vor dem Bordell im tiefliegenden Quintraum b–f′;

T. 25–40 – nach dieser doppelbödig gemeinten Aufhellung nach Dur (»Menschen sind das Schönste …«) breiter im Quintraum f′–b′ (die Trompete hat ein falsches Echo fast in der melodischen Umkehrung, mit gleichem Rhythmus);

T. 41–45 greifen aussagemäßig wie musikalisch zwar auf die frühere Situation zurück, aber dynamisch gesteigert *(mezzoforte),* instrumental angereichert (durch Blasinstrumente) und mit (um eine Oktave) in den Quintraum b′–f″ erhobener Stimme;

T. 57–64 weisen, als Spitze dieser Entwicklung und formaler Engpaß mit lösendem Refrain, mit den eindringlichen Aufforderungen, die die entscheidende Stelle dieser Nummer bilden, eine völlig andere Struktur in Rhythmik, Harmonik, Melodik und Begleitung auf: Aggressive Punktierung, taktweise unsicheres Hin und Her der Begleitakkorde und schließlich Konzentration auf eine Dominante zu einer neuen Tonart – G^7 zu C-Dur (T. 63/64) –, die übrigens die einzige klare Dominante in diesem Stück ist;

T. 65–67 – der vierzeilige Refrain: Die Begleitfigur beansprucht zwei Takte, und jede Zeile ist eigentlich vierzeilig zu verstehen (4 × 2), und deshalb kann der Harmoniewechsel für die Endung auch erst auf der 4. Zeile (T. 7, 8 des Achttakters) erfolgen (in der ersten und zweiten Zeile). Die dritte und vierte Zeile sind wieder harmonisch halbiert (4 + 4, 4 + 4), also als übergeordnet zweitaktig zu verstehen, wobei der dritten Zeile auch durch die ausgefüllten Schlußabschnitte (»Mandelay« T. 85–88) die Schlußwirkung genommen wird – gegenüber dem zweiten Mal (»Dir« T. 93 ff.).

Dem *Song von Mandelay* lassen sich einige charakteristische Merkmale für den Grundtypus des Songs der Weillschen Musik ablesen.

a) Vorstrophenkomplex und Refrain brauchen nicht in der gleichen Tonart zu stehen. Ein tonal abgesetzter Sprung vermag den Übergang zur nächsten Strophe deutlicher zu kennzeichnen.

b) Das Festhalten eines einmal angeschlagenen Begleitbasses auch unter nicht-tonikaler Harmonie vermittelt den Eindruck eines hartnäckigen Beharrungswillens.

c) Dominant-Verhältnisse werden nicht nur umgangen, sondern oft bewußt historisch-parodierend oder sentimental-ironisierend eingesetzt. Gerade dann, wenn nämlich gewohnte Verhältnisse besonders naheliegend erscheinen, genügen schon kleinste Abweichungen, um einen zusätzlichen parodistischen Effekt zu gewinnen.

d) Die Instrumentierung ändert sich im Verlauf des Songs.

Die drei wichtigsten vom Grundtypus (GT) abgeleiteten Song-Typen

Der Typ A

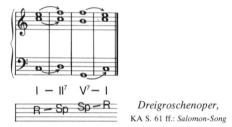

Dreigroschenoper,
KA S. 61 ff.: *Salomon-Song*

Um einerseits dem einprägsam populären Formstreben Weills, andererseits seinen typischen Verfremdungsmechanismen auf die Spur zu kommen, sollen hier zunächst kleinste, aber in sich weitgehend abgerundete Formteile in der Weise aufgereiht werden, daß sich systematisch aufzeigen läßt, wie ein tonaler Bogen eine regelmäßige Anzahl (2, 4, ...) musikalischer Glieder überspannen kann (wo also nicht wie bisher *eine* Tendenz, entweder die öffnende oder die schließende, überwiegt, sondern sich *beide* die Waage halten): wo gleich lange Glieder sich ergänzen, beantworten bzw. abrunden. Die klare, regelmäßige, in der Grundrißbedeutung vielfach bewährte Anlage der Melodie wird selbst im harmonisch verfremdeten Satz die Grundgestalt der Harmonisierung transparent lassen.

In der einfachen Leierkasten-Begleitung zu den ersten beiden Zeilen des *Salomon-Songs (Dreigroschenoper* Nr. 18) wird der eindeutig leittongeprägten dominantischen Forderung der Melodiestimme (T. 5–6) nicht nachgegeben. Trotz des nicht abrückenden, leiernden Tonikaorgelpunktes und der Vorhalte (T. 1 d″ vor c″, T. 3 h′ vor a′) der Melodie ist ein typushafter Wechsel zwischen Ruhe und Spannung in 4 × 2 Takten wirksam.

Die Beibehaltung der Tonika in die öffnende Subdominante ist üblich.

116

Die formale Bestimmtheit als Spannung vor der Ruhe gestattet eben die zwielichtige (äußerlich bitonale) Verundeutlichung und Eintrübung des Klanges.

Im *Morgenchoral* des Peachum, der einzigen Nummer aus der *Bettleroper* des 18. Jahrhunderts, erfolgt dieses Ein- und Auspendeln harmonisch noch völlig ungestört – hier noch in einem einzigen Zug:

To–SubDo–Do–To

I–IV (bzw. II)–V–I

Die beiden nicht-tonikalen Funktionen (Subdominante – Dominante) sind gegenüber den sie umschließenden Ruhepositionen durch die fließende Viertelbewegung besonders eng aneinander gebunden. Daß aber in ebendieser einfachsten Anordnung der kadenzharmonischen Aspekte schon der Hang zu einer Zweiteilung zu spüren ist, geht aus den taktmetrischen Leicht-Schwer-Verhältnissen hervor. I strebt auftaktig auf die subdominantische Außenposition, V zur Tonikaposition zurück.

Im *Ruf aus der Gruft (Dreigroschenoper* Nr. 19) ist dieses Verhältnis bereits in zwei aufeinander hinorientierten Abschnitten ausgeprägt: den Endtakten auf IV (»Ruft«) und I (»– dorn«). Die Funktion der vier Akkorde ist eindeutig. Doch kann man hier (abgesehen von den anderen Komponenten der Gestaltung) auch schon in der Harmonisierung – zwar durchaus übliche, aber doch schon in Ansätzen verfremdete Zutaten entdecken: Das c in T. 3, vom vorangehenden Subdominanttakt festgehalten, stellt sich gegen den in der Melodie klar ausgesprochenen Grundton dieses Dominanttaktes.

In den ersten zwei Zeilen des 2. *Dreigroschenfinales* (»Ihr Herren ...«), die man eindeutig als einander im selben Sinne zugeordnet ansehen muß, stößt diese kleine obere Nebennote zum Dominantgrundton auch schon in den Tonikatakten (T. 1 u. 4) nachschlagend auf.

Bemerkenswert ist, daß die beiden Spannungstakte (T. 2 und 3: Endungstakt des öffnenden und Kerntakt des schließenden Zweitakters) von der Begleitung her vollkommen gleich gestaltet sind. Doch kann aufgrund des Kadenzgesetzes behauptet werden, daß zuerst eher das es (a–c–es als II. Stufe dem Subdominantbereich angehörig), dann eher das d (d–a–c dem Dominantbereich zugehörig) beherrschend sind. Mit anderen Worten: die Melodie könnte gut mit I–II–V–I, eventuell auch mit I–V–V–I oder I–II–II–I, aber nicht (oder nur schlecht) mit I–V–II–I harmonisiert werden. Durch die Nivellierung der Subdominant- und Dominantposition läßt Weill die Entscheidung offen. Und diese Nivellierung zu einer einzigen, die Außenposition repräsentierenden Mischfunktion gewinnt er nicht zuletzt durch das Auslassen des spannungsvollsten Leittones zur I. Stufe, des entscheidenden Vertreters der Dominante.

Dieses allgemeine Vorwissen um den logisch ebenmäßigen Wechsel einander zugeordneter harmonischer Glieder ermöglicht es Weill, gewisse »fällige« Verhältnisse vorzuenthalten bzw. noch vorzuenthalten, wie in den ersten beiden Zeilen der *Zuhälter-Ballade (Dreigroschenoper* Nr. 13). Wieder besteht der Moll-Typus (zweitaktweise e: I–IV–V–I). Der dem Subdominantbereich zugehörige Klang (a–c–e, g als Vorhalt zu fis) wird aber nicht über zwei, sondern über drei Takte festgehalten, obwohl der Wendepunkt dieses zweigeteilten Geschehens ohne Zweifel als auf ein Viertakt-Schema bezogen erscheint. Der II^7-Klang übernimmt die Rolle eines vorbereiteten Vorhaltes vor der Dominante, die im nächsten Takt auch klar erscheint, und zwar an der Stelle, an der üblicherweise der Quartsext-Vorhalt vor der Dominante steht. Durch die klare Anlage der Grundfunktionen ist die Wertigkeit der Zusätze leicht zu definieren: fis′ ist als untere Nebennote zur Moll-Terz g′ bzw. *sixte ajoutée* zum a-moll-Klang aufzufassen (T. 3 ff. ist also g′, T. 6 ist e-Vorhalt).

Der Typ B

Eine zweite grundsätzliche Möglichkeit, den Grundtyp R–Sp–Sp–R musikalisch zu gestalten, liefert die Teilung der ersten beiden Periodenglieder, so daß ein regelmäßiger vierteiliger Grundriß entsteht, wobei jedem Glied nun durch das Bestehen eines Anfangs und Endes, eines Kern- und Endungstaktes ein gewisses Eigenleben innewohnt. Schon das spezifische Charakteristikum des vorigen Typus (Typ A), den entscheidenden Harmoniewechsel erst im vierten Viertel eines musikalischen Abschnittes durchzuführen, bewirkt ein Schwingen in vier Einheiten. Da sich an den Schlüssen die tonale Funktion bzw. der formale Wille des Abschnittes kundtut, versteht es sich, daß die vier Positionen R–Sp–Sp–R in erster Linie an den Endungen der vier Teilabschnitte ansetzen müssen. Der Unterschied zum vorigen Typus besteht genaugenommen nur in der anderen Phrasierung oder Gliederung (Viergliedrigkeit).

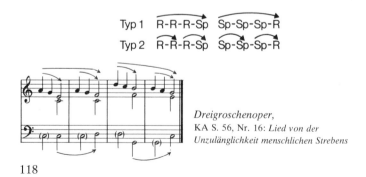

Dreigroschenoper,
KA S. 56, Nr. 16: *Lied von der Unzulänglichkeit menschlichen Strebens*

In den ersten 8 Takten des *Liedes von der Unzulänglichkeit (Dreigroschen-oper* Nr. 17) sind der dritte und vierte Abschnitt durch die durchlaufende Achtelbewegung der Melodie enger miteinander verbunden, was dem musikalischen Ablauf zugutekommt. Er wird durch den Rhythmus kurz–kurz–lang (2 + 2 + 4 Takte) bestimmt. Die harmonischen Besonderheiten stehen hier im Mittelpunkt: Der a-moll-Klang im 2. Takt deutet keineswegs auf einen eventuellen Mollcharakter des Liedes; er vertritt eindeutig die Tonika (vorausgehende untergeordnete Dominante mit hochalterierter Quint). Das a kann man sich auch rein baßmelodisch motiviert denken: im Zuge des Durchganges von G zu c; G–b–cis (Takt 3) bereitet die subdominantische erste Außenposition vor (II⁷, as evtl. chromatischer Vorhalt zu a). Die Takte 6 und 7 sind dominantisch: es und as hört man als d und g. Die Verschiebung besonders in der Begleitung des einfachen Liedes ist (nicht nur bei Weill) gezieltes Mittel der Aussage. Die ersten vier Zeilen der *Ballade vom angenehmen Leben (Dreigroschen-oper* Nr. 14) zeigen den Typ B besonders deutlich. Vier melodische Glieder sind einander ähnlich, und doch ist jedes in sich anders. Der Gegenklang der harmonischen Außenposition resultiert wieder aus der Mischung dominantischer (Baß) und subdominantischer Anteile (akkordischer Nachschlag). Bezeichnenderweise wird der dominantischen Forderung des Basses (T. 7) nachgegeben (kleiner Nonakkord).

Der Typ C

Eine letzte Ordnung, acht musikalische Glieder zusammenzufassen, bietet die Möglichkeit, die vier Positionen R–Sp–Sp–R zweimal zu verwenden, und zwar so, daß der zweite Bogen aus dem ersten hervorgeht. Das wird durch einen raffinierten Differenzierungsmechanismus bewirkt. Im Prinzip wird die Kadenz eines tonalen Bogens im ersten Vollzug entscheidend geschwächt, im zweiten verstärkt.

Oper *Mahagonny,*
KA S. 258, Nr. 18

Die E-Dur-Melodie »Darum muß freigesprochen werden ...« (Oper *Mahagonny* Nr. 18) führt dies klar vor Augen: Die ersten 4 + 4 Takte sind einander paarig beantwortend zugeordnet (Textwiederholung); die Ruheposition (T. 7/8 »Mahoney«) ist jedoch durch die Quintlage der Melodie stark abgeschwächt. Das evoziert eine weiterführende Entwicklung. Die muß die vorausgehende gewissermaßen übersteigern und zugleich eine kräftigere Schlußwirkung ansteuern. Von der Harmonielehre aus gesehen heißt das, daß sich gegenüber I–V–V–I nun ein kräftiger Kadenzbogen unter Einbeziehung der Subdominantregion ergibt: I–II–V–I, und die sechzehntaktige Melodie ist auch klar in diesen Harmonien disponiert. Die im Stück vorhandene Begleitung folgt in erster Linie dem durchgehenden Duktus der ausgedehnten Szene – sie charakterisiert den Gerichtstumult und fügt sich der Gassenhauer-Melodie des Chores nur in bedingtem, aber typischem Maße: vor allem in dem zweitakteweisen Harmonie- und Positionswechsel der Akkorde; zum Tonikaklang tritt ein Fis-Baß, die Außenposition ist mit dem verminderten Dreiklang e–g–b–cis gegeben (ein weniger dominantischer als doppeldominantischer Wechselklang zur Tonika.)

Im zweiten Teil ist bezeichnenderweise nur die Schlußführung V–I deutlich und ungetrübt ausgeführt. Der Dominantbaß beherrscht aber auch schon die beiden vorangehenden Abschnitte (T. 9–12) und dissoniert dementsprechend zum A- und cis-Klang. Diese dem V-I-Schluß vorgeordneten Stufen (IV und VI) deuten in der Begleitung dieses Achttakters den Typus Sp–R–Sp–R an, was aber aufgrund verschiedener anderer musikalischer Aspekte den musikalischen Bogen keineswegs schon vor dem tatsächlichen Ende auspendeln läßt. Unmittelbar vor dieser Chorstelle wird die sechzehntaktige Musik bereits ebenso gebracht (allerdings mit einer Schlußdifferenzierung: das letzte Glied Sp–R ist in der ursprünglich verfremdeten Art des ersten Teils gehalten). Die Melodie des Bill jedoch (»Dieser einfache Holzfäller ...«) stellt sich dieser Begleitung nicht entgegen, sondern geht deren harmonischen Raffinessen nach, wogegen das Echo darauf im Volk widerhallt.

Diesem Gassenhauer im Melodischen weitgehend verwandt und vom selben Gestaltungstyp getragen ist ein markanter Teil aus dem *Matrosen-Song* (*Happy End* Nr. 4, T. 17ff. »Denn andere Zigarren ...«). Doch gehen im 2. Teil Erweiterungen und Verkürzungen vor sich, die von der schematischen Darstellung der regelmäßigen metrischen Abschnitte ablenken. Der harmonische Typus R/Sp–Sp/R–R/Sp–Sp/R, dessen zweiter Bogen den ersten an Ausdrucks- und Kadenzwirkung übertrifft, ist fähig, den Ausschlag für eine musikalische Ganzheit zu geben. Als Beispiel sei die *Moritat von Mackie Messer* (*Dreigroschenoper* Nr. 2) angeführt: Der melodische Aufhänger, das a, das im ersten Teil viermal die kurze Floskel emporzieht und am Ende des zweiten Teiles dann vom c her dorthin zurückkehrt, steht im Widerspruch zum tonalen Brennpunkt des Begleitsatzes, der den formalen Bogen gerüsthaft umreißt, nämlich in C-Dur. Die melodische Kleingliedrigkeit, die eine weitere Teilbarkeit des musikalischen Bogens ermöglicht, wird jedoch von einem klanglichen Band zusammengehalten, dessen Abfolge sich in konventioneller Weise vollzieht:

$$I - II^7 - V - I - VI - II - V - I.$$

In der zweiten Harmonie (II^7) kann man auch (wegen des Basses) schon einen G-Klang mit dem Quartvorhalt (c, das sich in T. 5–6 in h löst) annehmen, was für den formalen Typus dasselbe bedeutet. Die VI. Stufe (in T. 9/10) ist leicht als Parallele, als Stellvertretung der I. Stufe zu erkennen (wie überhaupt der Ruhepunkt am Anfang besonders des ersten Teils dieses Typus nie allzu ruhig ausfallen wird). Geht man von C-Dur aus, ist das a der Melodie in bezug auf die Positionen I und V einmal eine Sexte, einmal ein Nonenzusatz. Es bleibt lediglich die Frage, ob bei einer derartigen Exponierung ein Melodieton noch als Zusatzton verstanden werden kann. In dieser Funktion begegnet bei Weill auch häufig die zugefügte Sexte, die *sixte ajoutée*.

Es besteht hier das Bestreben, die eingefahrenen Grenzen der Dur-Moll-Tonalität aufzuheben.

9. Zur Instrumentation

Bevor man sich einer Analyse der Instrumentationstechnik Weills zuwendet, scheint es sinnvoll, das Gesamtinstrumentarium in Übersichtstabellen (auf den folgenden Seiten) darzustellen, um so auf bezeichnende Merkmale hinzuweisen.

Schon diese Tabellen lassen erkennen, daß Weill bei der Auswahl seiner Instrumente der Zeitströmung der zwanziger Jahre entgegenkommt. Ähnliche Instrumentierungen lassen sich auch bei Křenek *(Johnny spielt auf)* oder bei Strawinsky *(Die Geschichte vom Soldaten)* nachweisen. Dennoch gibt es typische Kriterien der Weillschen Instrumentation, die sich verallgemeinern lassen. Entscheidend ist wieder der Aspekt des epischen Theaters. Da es Weill primär um eine allgemeinverständliche Instrumentationssprache ging, wählte er Instrumente, die der unverbildete Zuschauer, der sonst nicht ins »gehobenere« musikalische Theater ging, mit seinem Alltag assoziierte. Um nun diese soziologische Umschichtung des Publikums überhaupt in den Griff zu bekommen, analysierte Weill die klangliche Wunschwelt seines Zielpublikums, die sich jedoch ohne

Oper (Uraufführung)	Mahagonny (Juli 1927)	Dreigroschen-oper (August 1928)	Der Jasager (Juni 1930)
Holzbläser	2 Klarinetten Saxophone	Flöte 2 Klarinetten (B) Sopransaxophon (B) Altsaxophon (Es) Tenorsaxophon (B) Fagott	Flöte Klarinette Altsaxophon
Blechbläser	2 Trompeten Posaone	2 Trompeten Posaune	
Streicher	2 Violinen	Cello Kontrabaß	erste Violinen zweite Violinen Celli Kontrabässe
Schlagzeug	Schlagzeug	Pauken Schlagzeug	Schlagzeug
Tasten-instrumente und anderes	Klavier	Klavier Harmonium Bandoneon Celesta Banjo Gitarre (Hawaii-Gitarre)	2 Klaviere Harmonium

Rücksicht auf das übliche Musiktheater bildete. Sie wurde vor allem von den Kabaretts und Tanzlokalen, den Schlagersendungen der Rundfunk-anstalten, den Jazzlokalen, den Revuen etc. geformt. Diese Hinwendung hatte Folgen für die Instrumentation: sie zog die radikale Abkehr von der Instrumentation des symphonischen Orchesters des 19. Jahrhunderts nach sich, wie sie sich auch in der Operette niederschlug. Eine Abkehr, die nicht nur auf die rigorose Reduzierung, sondern auch auf eine völlig neue Auswahl und auf die Integration von Instrumenten hinauslief, die für das musikalische Theater der damaligen Zeit als ungewöhnlich, wenn nicht gar als unpassend empfunden wurden. Diese neue Instrumentationstech-nik wurde nun von Weill durch die Kombination dieser Instrumente mit

122

	Oper (Uraufführung)	Aufstieg und Fall der Stadt Mahagonny (März 1930)		Happy End (August 1929)	Die sieben Todsünden (Juni 1933)
		im Orchester:	auf der Bühne:		
Holzbläser		2 Flöten Oboe Klarinette (B) Altsaxophon (Es) Tenorsaxophon (B) 2 Fagotte Kontrafagott	2 Piccoloflöten 2 Klarinetten (B) 3 Saxophone 2 Fagotte	Flöte 2 Klarinetten (B) Altsaxophon (Es) Tenorsaxophon (B) Baßsaxophon (B)	Piccoloflöte 2 Flöten Oboe 2 Klarinetten Fagott
Blechbläser		2 Hörner (F) 3 Trompeten 2 Posaunen Tuba	2 Hörner 2 Trompeten 2 Posaunen Tuba	2 Trompeten (B) Posaunen	2 Hörner 2 Trompeten Posaune Tuba
Streicher		Streicher			Streicher
Schlagzeug		Pauken Schlagzeug	Schlagzeug	Schlagzeug	Pauken Schlagzeug
Tasteninstrumente und anderes		Klavier Harmonium Bandoneon Banjo Baßgitarre	Bandoneon Banjo Zither	Klavier Harmonium Bandoneon oder Akkordeon Hawaii-Gitarre oder Mandoline Baßgitarre	Harfe Klavier Banjo

denen des traditionellen symphonischen Orchesters noch zusätzlich kontrastreich eingesetzt. Mit anderen Worten: Instrumentengruppierungen der zwanziger Jahre werden mit denen des 19. Jahrhunderts konfrontiert. Kommt es zu einer klanglichen Einheit, dann meist nur deshalb, weil die aus der Tradition des 19. Jahrhunderts übernommenen Instrumente in einer anderen Gruppierung und Funktion innerhalb des Klangkörpers in Erscheinung treten.

Interessant ist die Tatsache, daß das Orchester, trotz der jeweiligen werkspezifischen Instrumentationsweise, dennoch jedesmal zu einem einheitlichen Klangkörper verschmolzen wird. In den sechs Werken findet eine deutliche Akzentverschiebung bei den verschiedenen Gruppierungen des Orchesters statt[1]. Die obengenannten soziologischen Erwägungen Weills wirken sich auf die Wahl der Instrumente aus: des Klaviers, des Saxophons, des Harmoniums und der Glocke[2].

Der Jazz hatte bekanntlich in den zwanziger Jahren einen starken Einfluß auf die europäische Unterhaltungsmusik[3]; einen Einfluß, der sich auch in hohem Maße auf die Instrumentation Weills auswirkte, besonders auf die Gruppierung der Instrumente. Zusammenfassend lassen sich bei der Weillschen Instrumentationstechnik sechs Hauptkriterien beobachten: a) die Anlehnung an eine für die zwanziger Jahre übliche Praxis; b) die Beeinflussung durch das epische Prinzip; c) der Einfluß des Jazz auf die Unterhaltungsmusik; d) die Ausrichtung der Auswahl der Instrumente auf die jeweiligen dramaturgischen Erfordernisse[4]; e) die Anreicherung der Instrumentation von Strophe zu Strophe, besonders bei der letzten Strophe eines Songs oder bei abschließenden, sich steigernden Szenen (zum Schluß hin); f) falls die Strophe eines Songs nur eine bestimmte Stimmungslage wiedergeben soll und nur eine Tempobezeichnung hat, variiert Weill bei der Wiederholung der Strophe.

Diese Merkmale lassen sich nur in analytischer Sicht voneinander trennen, da sie in ständiger Wechselwirkung stehen[5].

Weill erreicht nun die Einheitlichkeit des jeweiligen Klangkörpers einerseits dadurch, daß er den verschiedenen Instrumentengruppierungen eine ganz bestimmte musikdramaturgische Funktion zuweist, andererseits durch den permanenten Wechsel bestimmter Instrumentengruppierungen.

Zur dramaturgischen Funktion besonders wichtiger Instrumente bei Weill

Entsprechend dem Problemkreis, der im Mittelpunkt der vorliegenden Arbeit steht, nämlich dem der musikalischen Verfremdung, werden nur die Instrumente berücksichtigt, die diese Verfremdung besonders drastisch zum Ausdruck bringen.

Das Klavier

Das Klavier tritt in allen Werken in Erscheinung und zeigt schon damit seine eminente Bedeutung. Im *Jasager* werden sogar zwei Klaviere benützt.

Zwei wesentliche Aufgaben hat das Klavier zu erfüllen:
1. als Begleitinstrument der Gesangstimme (z. B. Songspiel *Mahagonny* Nr. 1, Refrainbegleitung[6]), des Orchesters (z. B. Songspiel *Mahagonny* Nr. 1, musikalische Einleitung und Strophe[7]) und zur Verstärkung der Melodie im Orchester (z. B. *Jasager* Nr. 10[8]);

2. als Soloinstrument, und zwar als bewußter klanglicher Kontrast zum übrigen Orchester (Songspiel *Mahagonny* Nr. 5[9]), in ironischer Anspielung auf die konventionelle Pianistenvirtuosität[10] und als Klangsymbolträger[11]. Die extrem häufige Verwendung hängt aufs engste mit der dramatischen Situation zusammen. Entscheidend für den Aspekt der Verfremdung wird das Klavier als Soloinstrument in seiner Funktion der Anspielung auf die Pianistenvirtuosität[12].

Das Saxophon

In allen Partituren, außer der der *Sieben Todsünden*, kommt dem Saxophon eine vierfache Bedeutung zu:
1. als gleichwertiges Holzblasinstrument im Rahmen der Holzbläsergruppen (z. B. *Jasager* T. 1–20 und T. 21–53)[13];

2. als Grundlage der Holzbläsergruppe (z. B. *Dreigroschenoper* Nr. 14, T. 59ff.)[14];

3. als Mischung aus den unter 1. und 2. genannten Formen ergibt sich in der Oper *Mahagonny* (Nr. 15)[15] eine neue Form; so kommt dem Saxophon im Hauptorchester die Funktion unter 1., dem Saxophon im Bühnenorchester die Funktion unter 2. zu;
4. als verfremdendes Soloinstrument; falsch ist Susan Hardens Bemerkung: »Weill employs the saxophones [...] in musical rather than dramatic function[16].« Genau das Gegenteil ist der Fall (z. B. im Songspiel *Mahagonny* Nr. 5a)[17].
In der für einen Choral ungewöhnlichen Instrumentenzusammenstellung fällt das Saxophon hier deutlich heraus (Seite 126 oben).

Das Harmonium

Das Harmonium tritt in der *Dreigroschenoper*, in *Happy End* und in der Oper *Mahagonny* in seiner dramaturgisch entscheidenden Funktion, nämlich als Mittel musikalischer, hier meist in der Verbindung von ökonomischer und religiöser Ent- bzw. Verfremdung, in Erscheinung [18]. Diese Verfremdung ergibt sich einerseits aus dem dramatischen Zusammenhang und dem Text, andererseits aus der traditionellen Assoziation mit »Kirche«, in der es vorwiegend Verwendung fand.

Dreigroschenoper,
P S. 12, Nr. 3

Sonst hat das Harmonium ähnliche Funktionen wie das Klavier.

Die Glocke

Auffallend ist der dramatisch genau motivierte Einsatz der Glocke in der *Dreigroschenoper* und im Songspiel *Mahagonny* [19]. Die Skala der instrumentalen Verfremdung umfaßt im Songspiel (Nr. 5) alle Bereiche der Ent- bzw. Verfremdung. So wird hier aus der religiösen Glocke die politische Sturmglocke.

In der *Dreigroschenoper* (Nr. 4 und Nr. 11) wird sie primär als Mittel zur religiösen Verfremdung verwendet.

126

Auswertung von Instrumentengruppengegenüberstellungen

Es ist unmöglich, auf alle Einzelheiten der instrumentalen Kontrastwirkungen hinzuweisen. Dennoch sei hier eine generelle Charakterisierung eines jeden der sechs Werke versucht.

Auffallend ist im Songspiel *Mahagonny* die Dominanz der 1. und 2. Violine gegenüber den Bläsern (Altsaxophon, Klarinette, Posaune, Trompete), dem Schlagzeug und dem Klavier.

In der *Dreigroschenoper* überwiegen die Bläser (vor allem Saxophone, Trompeten, Posaunen), das Schlagzeug und das Klavier. Die Streicher treten auffallend zurück.

In der Oper *Mahagonny* treten im allgemeinen die Bläser (Holzbläser: Flöten, Oboe, Fagotte, Saxophone; Blechbläser: besonders Trompeten, Hörner und Posaunen) hervor. Aber auch Schlagzeug, Klavier und Banjo sind von großer Bedeutung. Die Streicher dagegen werden mehr in die Rolle von Begleitinstrumenten verwiesen (also im Gegensatz zum Songspiel *Mahagonny*). Herausfallende Extreme ergeben sich z. B. in der Nr. 9[20] für das Soloklavier; in der Nr. 19 (»Kraniche«-Duett)[21], wo das Orchester auf Oboe, Klarinette, Trompete, Cello und Kontrabaß zusammenschrumpft; und in Nr. 20[22], wo nur Klavier, Tomtom und Gong begleiten.

In *Happy End* ist das Fehlen der Streicher ebenso auffallend wie der Einsatz von Bläsern (Saxophone, Trompeten, Posaune), Schlagzeug und Tasteninstrumenten (Klavier, Bandoneon, Harmonium)[23].

Beim *Jasager* liegen drei variable Gruppierungen vor: Holzbläser (Flöte, Klarinette, Saxophon), das Klavier oder Bandoneon oder beide zusammen und die Streicher (1. und 2. Violine, Violoncello, Kontrabaß). Nur die Nr. 10 verwendet kurz Zupfinstrumente[24].

In den *Sieben Todsünden* liegt eine eher ausgewogene, zwischen Bläsern und Streichern gleichmäßig aufgeteilte Partitur vor, die von allen sechs Partituren am ehesten den Eindruck einer symphonischen Instrumentationstechnik vermittelt. Daher fallen z. B. die Nr. 4, die nur auf die Gitarre als Begleitung zurückgreift[25], und der Epilog mit Oboe, Klarinette, Tomtom, Harfe und Violoncello[26] besonders heraus.

Im allgemeinen kann gesagt werden, daß Weill Instrumentengruppen besonders gerne in scharfem Kontrast gegeneinanderstellt, zum Teil aus dramatischen und zum Teil aus musikalischen Gründen[27].

10. Der Rhythmus bei Weill

Die Frage der Metrik, die mit der Formgestaltung eng verbunden ist, wurde bereits beim Song exemplarisch mitbehandelt. Leider ist Weills Aufsatz »Über den gestischen Charakter der Musik« bei genauerer Analyse der entscheidenden Aussage – »Diese rhythmische Fixierung, die vom Text her erreicht wird, bildet nur die Grundlage einer gestischen Musik« – nur wenig stichhaltig[1].

Der Begriff »gestische Musik« ist keineswegs eine musikalische Erfindung Weills und Brechts. Äußerst aufschlußreich sind in diesem Zusammenhang die Ausführungen von Ernst Lert über die Gestik in Mozarts *Cosi fan tutte*:

»Die fast tanzhafte Musik stellt von vorneherein die Gestik auf ihren Rhythmus ein. Aber es ist nicht die scharfe, entschiedene musikalische Gebärde der Wagnerschen Motive, die einzelne Situationspunkte durch eine plastische Geste herausheben will, sondern es ist ein stetes Schwingen und Gleiten, das dem alten Tanzschritt des Intermezzos entstammt und hier nur aus dem immer wiederkehrenden, dramatisch bedeutungslosen Schema des Tanzes zur fortlaufenden dramatischen Aktion ausgestaltet wird[2].«

Aufschlußreich sind auch Lerts Ausführungen über das musikalische Bewußtsein Mozarts im Zusammenhang mit einer *Titus*-Inszenierung:

»Die Bewußtseinslage, in welcher Metastasio-Mazzola und Mozart schufen, [...] war in Dichtung und Musik reflektierend. [...] Den reflektierenden Charakter der Oper können wir nur durch eine *epische* Spielweise darstellen. Diese verlangt vor allem, daß die Sänger beständig und bewußt über ihren Rollen stehen, und dieses Gefühl von überlegener Ruhe, das Bewußtsein, einem Spiel, einem erlebten Gleichnis gegenüberzustehen, muß auch der Zuschauer gewinnen. [...] Statt der tragischen Erschütterung und der dramatischen Spannung sanft empfängliche Rührung. [...] Die stille Haltung und schöne Geste der Zeit übernehmen wir auch, jede Stellung wirkt als lebendes Bild und eben darum unrealistisch, gleichnishaft. [...] Gesanglich wie körperlich wird stets die Linie gewahrt, und zwar die weiche, keusche und doch sinnliche Linie der Mozartschen Musik[3].«

Man darf nicht vergessen, daß Lert dieses Buch bereits 1918[4] veröffentlichte, also 9 Jahre vor Beginn der Zusammenarbeit von Brecht und Weill. Weills Ausführungen müssen auch in bezug auf sein Mozartbild ergänzt werden: »Die Musik hat die Möglichkeit, den Grundton und den Grundgestus eines Vorgangs soweit festzulegen, daß wenigstens eine falsche Aussage vermieden wird, wobei dem Darsteller immer noch reichlich Gelegenheit zur Erhaltung seiner persönlichen Eigenart bleibt. Natürlich ist gestische Musik keineswegs an den Text gebunden, und wenn wir Mozarts Musik überall, auch außerhalb der Oper, als ›dramatisch‹ empfinden, so kommt das eben daher, daß sie nie ihren gestischen Charakter aufgibt [5].« Einerseits ist also die gestische Musik »keinesfalls an den Text gebunden«; andererseits heißt es später: »Die rhythmische Fixierung wird vom Text her erreicht und bildet nur die Grundlage einer gestischen Musik [6].« Der Widerspruch innerhalb dieses Aufsatzes ist deutlich und verrät große gedankliche Unschärfe. Von Bedeutung für eine allmähliche Annäherung an den Sinn der Weillschen Musik bleibt die Tatsache, daß der Text Grundlage der gestischen Musik ist, und dies aufgrund rhythmischer Fixierung.

Bereits seit dem Beginn der Oper [7] hat der Rhythmus, besonders in Form von stehenden Floskeln, große Bedeutung und die Deklamation einen gewissen Eigenwert. Auf diesen Beginn oder zumindest auf barocke Opernformen wollte Weill immer wieder zurückkommen [8]. Die in seinem Aufsatz »Über den gestischen Charakter der Musik« [9] niedergelegten konkreten Ausführungen, die sich auf die eigenen Erfahrungen bei der Arbeit am Song *Oh Moon of Alabama* beziehen, bringen Licht in das theoretische und inhaltliche Dunkel. Als Grundlage der rhythmischen Fixierung dient der Brechtsche Text, der einerseits Versmaß, andererseits Prosa verwendet. Schwerpunkt für die gestische Musik bleibt der Vers, während die Prosa, eher kommentierend und berichtend, vor allem in entscheidenden dramatischen Situationen in den Hintergrund tritt und damit der begleitenden Musik mehr Selbständigkeit einräumt [10]. Interessanterweise führt Weill als Beispiel für gestische Musik auch einen im Versmaß gehaltenen Refrain an. Geht man diesem Hinweis in den Partituren nach, so wird er tatsächlich zumeist bestätigt. Ein Beispiel (Seite 130 oben) möge dies verdeutlichen [11].

Dieser Rhythmus der Gesangslinie verwirklicht nicht das gestische Prinzip, trotz der eher natürlich anmutenden Betonung des Textes im Verlauf der Gesangslinie, da er besonders durch den Rhythmus der Begleitung inhaltslos ist.

Ganz anders wird der weitere Verlauf dieses Beispiels rhythmisch gestaltet. Das *Alla marcia, un poco tenuto* (T. 46/47) kündet das schon an [12].

Dieser einmal angeschlagene, punktierte Marschrhythmus des Orchesters erweckt inhaltlich deutliche Assoziationen und ist nicht beliebig austauschbar.

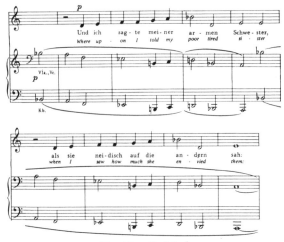

Die sieben Todsünden,
KA S. 71, Nr. 8

Dazu vermerkt Riemann: »Die Märsche seit der Französischen Revolution sind gekennzeichnet durch vorwärtstreibende, punktierte Rhythmen, wie in den Revolutionshymnen und -märschen (Marseillaise) und in der Oper außerhalb Frankreichs, vor allem seit Spontini [13].«
In eben diesem Sinne (und damit nicht beliebig austauschbar) verwendet Weill hier den Rhythmus für die gestische Musik im Zusammenhang mit dem Versmaß.

Die sieben Todsünden,
KA S. 72, Nr. 7, T. 46–53

130

Mit dieser bewußten Fixierung des Rhythmus in Übereinstimmung mit dem Versmaß wird der soziologische Charakter unmißverständlich festgelegt [14]. Das falsche (textliche) Pathos wird überzeugend rhythmisch – und in diesem Falle auch gestisch – entlarvt. Der Marsch bringt aber nicht, wie vom Rhythmus her zu erwarten gewesen wäre, die notwendige gesellschaftliche Veränderung, sondern wird zum Marsch ins Nichts umfunktioniert, also verfremdet.

Nicht konkret wird der gestische Charakter des von Weill ausgeführten Refrains von *Oh, Moon of Alabama* in der Tempobezeichnung *un poco tenuto* [15]. Interessant ist dieses Beispiel, neben Weills persönlichen Ausführungen, auch wegen des von Brecht ausgeführten Rhythmusmodells, das Weill mit seinem vergleicht. Es ist daher aufschlußreich, den Brechtschen Rhythmus, wie er sich aus dem Text dieser Zeilen als Sprachrhythmus ergibt, einerseits mit dem Brechtschen Rhythmusmodell für diesen Song, andererseits mit der rhythmischen Ausführung Weills zu vergleichen.

Das Brechtsche Sprachrhythmusmodell
Refrain zum Song *Oh, Moon of Alabama* [16]:

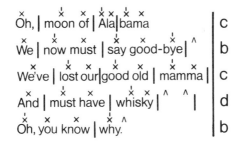

x = Silbe, x̌ = betonte Silbe,
∧ = Pause, | | = Taktgruppe,
|x̌ x| = Trochäus, |x̌xx| = Daktylus

Das Brechtsche Rhythmusmodell [17]

131

Das Weillsche Rhythmusmodell [18]

Vergleicht man nun die beiden Variationen des Brechtschen und des Weillschen Rhythmusmodells im Auftakt (1. und 2. Schwerpunkt), so kann man sehen, daß Brecht auf denselben Rhythmus zurückgreift. Aufschlußreich ist auch die verschiedenartige Handhabung der Melodie. Brecht setzt sie nur formelhaft im Terzspiel ein, während Weill eine großbogige Melodie mit einen Umfang bis zu einer Oktave anlegt. Die Weillsche Melodielinie geht also weit über die Brechtschen Vorstellungen hinaus und wirkt hier eher verschleiernd. Diese Verschleierung des gestischen Charakters wird noch zusätzlich durch rhythmische Übereinanderschichtung der Gesangmelodie und der Begleitung betont.

KA S. 12

Soll nun diese stärkere Musikalisierung, die verunklarend verfährt, sowohl in melodischer wie in rhythmischer Hinsicht (besonders im äußerst monotonen Begleitrhythmus) gestisch in dem Sinn wirken, daß der Textinhalt als illusionistisch, also seinerseits verschleiernd und unklar herausgearbeitet wird? Diese Annahme erweist sich bei genauerer Analyse des Textes sogar als falsch, denn der Text hat wenig mit Illusion zu tun, und Weills Rhythmus führt (neben der großbögigen Melodie) auf die falsche Fährte [19].

Das Brechtsche Sprachrhythmusmodell der ersten Strophe zum Song Oh, Moon of Alabama [20]

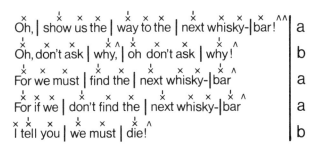

Das Weillsche Rhythmusmodell

Songspiel *Mahagonny*,
KA S. 11 f., Nr. 2

Vergleicht man den sprachlichen Gestus des Refrains von Brecht mit dem rhythmischen von Weill und der Vorstrophe, läßt sich eine weitgehende Verwirklichung der Brechtschen Intentionen bezüglich der Vorstrophe feststellen. Hier wird inhaltliche Trostlosigkeit und Monotonie rhythmisch äußerst einprägsam nur mit Vierteln und Achteln fixiert. Die Begleitung, die sich meist ebenfalls nach dem Rhythmus der Gesangslinie richtet, betont den Verlauf des Gesangslinienrhythmus und der Gesangslinienmelodik [21]. Diese Gesangslinie wiederum gibt einerseits durch die Form des Sprechgesanges, andererseits durch den äußerst kleinen Ambitus (Terz) [22] den Textinhalt zusätzlich sehr prägnant wieder. Sprechgesang als musikalische Ebene (*moderato;* Viertel = 120) heißt hier deutliche Anlehnung an die Alltagssprache. Hier nähert sich Weill deutlich seiner eigenen Forderung, nämlich der, daß die rhythmische Fixierung vom Text her erreicht werden soll. Rhythmus und Sprechgesang sind unaustauschbare Mittel einer gestischen Musik, oder, um mit Brecht zu sprechen: »Es ist ein vorzügliches Kriterium gegenüber einem Musikstück mit Text, vorzuführen, in welcher Haltung, mit welchem Gestus der Vortragende die einzelnen Partien bringen muß. Dabei sind die allergewöhnlichsten, vulgärsten Gesten zu bevorzugen. So kann der politische Wert eines Musikstückes abgeschätzt werden [23].« Die musikalische Geste ist zwar in sich keineswegs vulgär, sondern kunstvoll und raffiniert; aber diese raffinierten musikalischen Mittel (hier Rhythmus und Sprechgesang) bewirken im dramatischen Zusammenhang eindeutige Assoziationen, die als gestisch bezeichnet werden können.

Im Zusammenhang mit der Verwendung des Versmaßes und der Prosa für die rhythmisch unmißverständliche Ausdeutung des Textes bei Weill wurde bereits ein weiteres wesentliches Kriterium seiner gestischen Musik angeschnitten:

Die Aufnahme von Tanzrhythmen

Die Integration von sich wechselseitig beeinflussenden Elementen des Kabaretts und der Schlagermusik ist, nicht nur bei Weill, undenkbar ohne den damit verbundenen Tanzrhythmus. Zu den auftretenden Tanz- bzw. anderen eindeutig bestimmten Rhythmen gehören der Marsch, der Walzer bzw. Boston, der Foxtrott bzw. Shimmy, der Tango, der Furiant, der Dixieland, das Menuett und der Blues.

Die gewünschte Sprengung des Opernrahmens aus der Einsicht in eine soziologische Notwendigkeit vollzieht sich auch durch rhythmische Anlehnung an derartige Muster, die keinesfalls als plumpe Übernahme zu verstehen ist. Der Regelfall ist vielmehr die kritische, distanzierte musikalische Verfremdung besonders zeitgenössischer populärer Rhythmen, deren Einsatz durchaus streng an die dramatische Situation gebunden ist, z. B. durch Instrumentation, Rhythmus, Tonalität und Harmonik, die sich wechselseitig beeinflussen können.

a) Zum Marsch

1. *meno mosso* – wie ein langsamer Marsch;
   (*Dreigroschenoper* Nr. 6, KA S. 16)

2. mäßiges Marschtempo;
   (*Happy End* Nr. 2, KA S. 16)

3. *allegro molto;*
   (*Happy End* Nr. 8, KA S. 58)

135

4. *alla marcia, un poco tenuto;*
   (*Sieben Todsünden* Nr. 7, KA S. 72, T. 46ff.)

5. flotter Marsch (Halbe = 138);
   (Oper *Mahagonny* Nr. 15, KA S. 185)

6. *largo;*
   (Oper *Mahagonny* Nr. 1 und 20, KA S. 13 bzw. 321)

7. *poco meno* – kleiner Marsch;
   (Songspiel *Mahagonny* Nr. 1, KA S. 9)

8. *largo;*
   (Songspiel *Mahagonny* Nr. 6, KA S. 74), siehe Punkt 6)

Die musikalische Verfremdung ergibt sich bei dem Marsch primär aus
dem dramatischen Zusammenhang, aus der Instrumentation, Tonalität
und Harmonik[24], [25].

b) Zum Walzer

1. Walzertempo;
   (*Happy End* Nr. 6, KA S. 51)

2. schneller Walzer (nicht zu schnell);
   (*Sieben Todsünden* Nr. 2, KA S. 24)

3. *allegretto, quasi andantino;*
(*Sieben Todsünden* Nr. 2, KA S. 21, T. 21)

6. Walzer;
(Songspiel *Mahagonny* Nr. 5, KA S. 63)

4. *valse lento;*
(Oper *Mahagonny* Nr. 13, KA S. 166)

5. Walzer (Viertel = 166);
(Oper *Mahagonny* Nr. 20, KA S. 199)

6. Walzer;
(Songspiel *Mahagonny* Nr. 5, KA S. 63)

Der Walzer wird musiksoziologisch gewöhnlich nicht als positive Erscheinung gewertet. Walzer bedeutet zumeist Untergang einer Gesellschaftsform. Nicht zufällig nennt Weill sein Songspiel einen »Totentanz« [26], obwohl die Bezeichnung nur für eine Nummer gilt. Diese Bemerkung wird besonders im Zusammenhang mit dem Walzer nicht nur bei Weill deutlich [27], [28].
Eine besondere Art des Walzers ist der amerikanische Boston, »der um 1920 in Europa besonders beliebt war« [29].

7. Boston (Tempo M.M. Viertel = 88).
(*Dreigroschenoper* Nr. 8, KA S. 24)

c) Zum Foxtrott

1. Foxtrott-Tempo;
(*Dreigroschenoper* Nr. 7, KA S. 17)

2. Foxtrott;
(*Happy-End* Nr. 11, KA S. 88)

Ein wesentliches Kriterium – »Der Foxtrott ist ein Tanz [...] mit leicht synkopiertem Rhythmus«[30] – entfällt hier.

3. »Eine besondere Form des Foxtrott ist der Shimmy[31].«
Shimmy-Tempo;
(*Dreigroschenoper* Nr. 3, KA S. 45)

Per definitionem ist der Shimmy »ein mäßig schneller Tanz, im 4/4- oder *Allabreve*-Takt mit leicht synkopiertem Rhythmus«[32]. Es liegt aber kein leicht synkopierter Rhythmus vor, und die einleitenden Fermaten, wie die Bezeichnung *molto ritardando,* die einer schlagerartigen rhythmischen Verlangsamung der rein instrumentalen Einleitungstakte dienen sollen, sind ebenfalls keine typische Erscheinung für den Shimmy.

d) Zum Tango

1. Tango;
(*Dreigroschenoper* Nr. 13, KA S. 45)

2. Tango-Tempo;
(*Happy End* Nr. 4, KA S. 30)

Auf diese Form des Tangos trifft weder die Bezeichnung Tango argentino (aa) noch Tango milongo (ab) zu, deren Merkmale (aa) langsamer Zweivierteltakt oder (ab) lebhaftes Tempo und Synkopierung der Melodie im ersten Viertel bei bevorzugter Notierung wären[33]:

e) Zum Furiant

In seiner rhythmisch reinen Form erscheint dieser Tanz[34], [35]
1. in den *Sieben Todsünden* Nr. 2, KA S. 24, T. 104 ff.;

2. in den *Sieben Todsünden* Nr. 6, KA S. 59, T. 48 ff. bzw. T. 185 ff.;

f) Zum Dixieland[36], [37]

(*Sieben Todsünden* Nr. 3, KA S. 35, T. 70 ff.)

g) Zum Menuett

(*Dreigroschenoper* Nr. 1, KA S. 5)

Wie der Walzer wird das Menuett als musikalisch-gesellschaftlich veraltete Tanzform verfremdet einbezogen.

h) Zum Blues

1. Blues Tempo;
   (*Dreigroschenoper* Nr. 2, KA S. 7)

2. sehr ruhiger Blues[38];
   (*Happy End* Nr. 10, KA S. 75)

3. Blues.
(Oper *Mahagonny* Nr. 16, KA S. 226)

C ♩ ♩ ♩ oder ♩ ♩ ♩ ♩

(Vgl. auch unten S. 140–142)

Die Bezeichnung ist äußerst fragwürdig, da das Blues-Schema gar nicht mehr vorhanden ist: Tonika (4 Takte) – Subdominante, Tonika (je 2 Takte) – Dominante, Tonika (je 2 Takte). Aber die kleine Septime bzw. der Septakkord spielt bei Weill in diesem Zusammenhang als typisches Merkmal des Blues eine gewisse Rolle.

Besonders mit dem Foxtrott, mit dem Dixieland und dem Blues sind musikalische Formen angesprochen, die in den Bereich des Jazz fallen. Da der Jazz für die Instrumentationstechnik, Rhythmik und Tonalität der Musik des Kabaretts und des Schlagers eine Rolle spielt, wird später versucht, anhand des Blues mögliche Einflüsse auf die Musik Weills nachzuweisen.

Überlegungen zum Jazz

Entscheidend für den Jazz der zwanziger Jahre war die Entstehung des sogenannten Chicago-Jazz, für den Beat, Off-beat, Swing, Hot-Intonation und *blue notes* besonders kennzeichnend waren. Die Erweiterung der Harmonik, die Einführung des Saxophons und die zunehmende Verquikkung von Jazz-Elementen mit denen der Sweet music sind weitere Merkmale dieser Jazz-Strömung[39]. Für Weill schien Ende der zwanziger Jahre ein weiterer Entwicklungsstrang, ausgehend von New York, gefördert durch die Kulturindustrie, von Bedeutung zu sein: der sogenannte symphonische Jazz (Paul Whiteman), eine mit Jazz-Elementen durchsetzte und auskomponierte Form von Unterhaltungsmusik[40]. Bevor nun versucht wird, Jazz-Einflüsse auf Weill nachzuweisen, mag es aufschlußreich sein, Brechts und Weills Stellungnahmen zum Jazz in Betracht zu ziehen, die sich in gewisser Weise ähneln. So vermerkt Brecht:

»Der Jazz bedeutet ein breites Einfließen volkstümlicher musikalischer Elemente in die neuere Musik, was immer aus ihm in unserer wahren Welt dann gemacht wurde[41].«

Jazz-Aufnahme bedeutet also wieder einen gesellschaftlich motivierten Anstoß zur Veränderung gegebener musikalischer Klischees. Die Bezeichnung Song rührt wohl von der Entstehung des Jazz aus der Neger-

Folklore her, also von den Werk-Songs, die im Zuge der Unterdrückung der schwarzen Bevölkerung Nordamerikas entstanden waren, aber keineswegs von musikalischer Bedeutung für Weill sind. Weill ergänzt Brechts Aussage in seinem Aufsatz »Notiz zum Jazz«: »Unverkennbar aber ist, daß an der rhythmischen, harmonischen und formalen Auflockerung, die wir heute erreicht haben, und vor allem an der ständig wachsenden Einfachheit und Verständlichkeit unserer Musik der Jazz einen wesentlichen Anteil hat[42].« Von nicht geringem Interesse ist ein besonderes Motiv Weills für die Integration von Jazz-Elementen in seine Musik – der Unmut angesichts der Arbeitsmoral bestehender Orchester seiner Zeit: »Wer jemals mit einer guten Jazz-Band gearbeitet hat, wird freudig überrascht gewesen sein durch einen Eifer, eine Hingabe, eine Arbeitslust, wie man sie in vielen Konzert- und Theaterorchestern vergeblich sucht[43].«

Diese eher oberflächlichen, vage gehaltenen Bemerkungen werden von Weill nicht weiter ergänzt und deuten auf eine nur wenig intensive theoretische Auseinandersetzung mit dem Jazz hin. Es scheint daher sinnvoll, von den allgemein gültigen Kriterien des Jazz auszugehen und zu versuchen, sie in den Partituren nachzuweisen. Da Weill trotz aller Eigenart als typisch europäischer Komponist bezeichnet werden kann, sollte man von den drei Grundelementen ausgehen, die den Jazz von der europäischen Musik unterscheiden:

»1) ein besonderes Verhältnis zur Zeit, das mit dem Wort ›swing‹ gekennzeichnet wird;

2) eine Spontaneität und Vitalität der musikalischen Produktion, in der die Improvisation eine Rolle spielt;

3) eine Tonbildung bzw. Phrasierungsweise, in der sich die Individualität des spielenden Jazz-Musikers spiegelt[44].«

Keines dieser drei Grundelemente ist bei Weill dingfest zu machen. Hinweise auf Instrumentation und Tempobezeichnungen scheinen weiterzuhelfen. Typische Jazz-Instrumente wie Trompete, Posaune, Klarinette, Saxophon, Klavier, Gitarre, Baß und Schlagzeug werden aber keinesfalls wie Jazz-Instrumente verwendet, die nun die skizzierten drei Grundelemente – Swing, Improvisation und Phrasierung – verwirklichen sollen, sondern eher wie Instrumente der europäischen Kunstmusiktradition auf der einen, wie Instrumente der Unterhaltungsmusik auf der anderen Seite. Lediglich die Klangfarbe der Instrumente erinnert an ihre ursprüngliche Verwendungsweise im Jazz.

Bleiben also die Hinweise, die die Tempobezeichnungen geben. Anhand der Nr. 10 in *Happy End* soll dem Begriff Blues nun harmonisch nachgegangen werden[45]. Entscheidend ist hier nicht die Instrumentation, sondern das Auftreten von *blue notes* [46] (wie schon erwähnt, wird das Blues-Schema [47] rhythmisch nicht verwirklicht [48]), also eine melodisch-harmonische Erscheinung.

Happy End,
KA S. 75, Nr. 10, T. 7–8

T. 11   T. 13   T. 35

Happy End,
KA S. 76 und 78, Nr. 10

Diese Häufung von *blue notes* stellt aber eine ganz und gar untypische Ausnahme dar und ist keinesfalls repräsentativ für die Übernahme von Jazz-Elementen bei Weill.
Es würde den Rahmen dieser Arbeit sprengen, einzelnen Jazz-Spuren in der Musik Weills nachzugehen [49].

11. Tonalität und Harmonik

Kurt Weills Musik bewegt sich zwischen den Polen des Spannungsfeldes von Tonalität und Atonalität. Wie problematisch der Begriff Atonalität ist, beweist schon die Tatsache, daß eine bündige Definition bisher nicht gelungen ist [1]. Da für diese Arbeit die dodekaphonische und die serielle Musik keine Rolle spielen, genügt ein Atonalitätsbegriff, der das Fehlen der Zentrierung des harmonischen Geschehens auf eine Tonika hervorhebt. Folglich wäre hier der Terminus Atonikalität angemessener [2]. Ein deutlicher Gegensatz zwischen Tonalität und Atonalität ist bei Weill nur an ganz wenigen Stellen ausgeprägt. Es überwiegt eine Mischharmonik, die im konkreten Fall mehr zur einen oder anderen Seite hin tendieren kann, aber zumeist in einem – im allgemeinsten Sinne – tonalen Rahmen steht. Daher erscheint es sinnvoll, zunächst auf diese Merkmale der Mischharmonik hinzuweisen. Wie nicht anders zu erwarten, stehen auch in der Musik Weills Harmonik und Form in einem engen Zusammenhang. Eine geschlossene Form bedingt auch einen tonalen Rahmen. In der überwiegenden Zahl der Nummern bleibt ein tonales Gerüst am Anfang und in den Schlußkadenzen, häufig auch in den Abschnittskadenzen erkennbar.

Dreigroschenoper,
KA S. 64, Nr. 19, T. 1 und T. 22

Der harmonische Binnenverlauf wird selbstredend freier behandelt. Es fällt auf, daß sowohl die Verwendung eindeutig diatonischer Moll- und Dur-Tonleitern wie auch das andere Extrem, die komplexe Verwendung der Atonikalität, meist in dramatischer und dramaturgischer Absicht auftritt und damit eine semantische Funktion erfüllt. Ein ebenso merkwürdiges wie für Weill aufschlußreiches Kriterium ist es, daß im Normalfall harmonische Mittel eingesetzt werden, die geeignet sind, einen vorhandenen tonalen Rahmen doppeldeutig zu machen. Die Verfremdung ist also auch im tonalen, harmonischen Bereich nachvollziehbar. Diese Tatsache wird durch die profunde Arbeit von Ian Kemp [3] bestätigt. Im einzelnen sind es folgende Mittel, die Weill anwendet:

I. Allgemein gebräuchliche musikalische Mittel bei Weill

a) Hinzugefügte Töne

Die Tradition der *sixte ajoutée* geht bis auf Rameau zurück. In der Unterhaltungsmusik der zwanziger Jahre war sie ein probates Mittel[4].

aa) Sekunden, die zu einem Akkordgerüst, z. B. zu einem Dreiklang, hinzugefügt werden;

Songspiel *Mahagonny*,
KA S. 1, Nr. 1, T. 1–3

ab) Liegenbleibende Töne

Songspiel *Mahagonny*,
KA S. 11, Nr. 2, T. 1–5

b) Die Terzschichtung

Songspiel *Mahagonny*,
KA S. 18, Nr. 2, T. 119 ff.

ba) Die gesteigerte Terzschichtung tendiert zur *Bitonalität*. Jeder (Dominant-)Nonakkord, den Weill besonders häufig verwendet, enthält in seiner Übereinanderschichtung von Dreiklängen Bitonalität, die man schon vor Weill z. B. in Wagners *Tristan* im II. Akt findet, wo C-Dur und das F-Dur der Jagdhörnerklänge gegeneinandergestellt werden. Der enge Konnex, innerhalb dessen sich nun die Stellenwerte verschieben, ist auch bei Weill aufweisbar.

Happy End,
KA S. 75, Nr. 10, T. 1–4

bb) Auch die falschen Bässe ließen sich noch durch Terzschichtung erklären.

Happy End,
KA S. 16, Nr. 2, T. 1–4

Happy End,
KA S. 16, Nr. 2, T. 5–8

(Besonders der Baß a als Oberterz von g-moll und der Baß d als Un-
terterz des Dreiklanges fis-a-cis)
Diese theoretischen Erklärungen aus dem Terzaufbau können aber
wegfallen.

c) Halbtonlabilität

Songspiel *Mahagonny,*
KA S. 63, Nr. 5, T. 56–59

John C. G. Waterhouse definiert diesen Begriff folgendermaßen: »A
cursory glance at Weill's scores will reveal that one of the most persistent
characteristics of his harmony is what could be called ›semitonal instabili-
ty‹, whereby one chord or harmonie complex dissolves into the next
through the chromatic shift of a semitone by one or more of its notes. The
result is a continual hovering between major and minor keys, and a con-
stant threat to tonality itself, which is, however, usually maintained by a
clear tonal focus in the melodic line and by such devices as pedal points or
ostinate basses[4].«

Die sieben Todsünden,
KA S. 36, Nr. 3, T. 96–99

d) Das Zentraltondenken

Unter Zentraltondenken ist ein tonales, harmonisches Gestaltungsprinzip
zu verstehen, das seine überwiegende Spannung nicht nur aus dominantischen Quintbeziehungen zur Tonika erhält, sondern durch ein Umkreisen
eines oder mehrerer zentraler Töne, so z. B. im Songspiel *Mahagonny*

146

Nr. 2. Im allgemeinen Gerüst kann man eine Quintbeziehung d–g zwischen Strophe und dem jeweiligen Refrain feststellen.

Songspiel *Mahagonny*,
KA S. 12, Nr. 2, T. 25–26

Innerhalb der Strophen und der jeweiligen Refrains herrscht Zentraltondenken vor.

In den Refrains wird gewöhnlich der Ton im Baß orgeltonartig festgehalten, während in den Strophen der Zentralton d wie folgt umkreist wird und erst zum Schluß der jeweiligen Strophe real in Erscheinung tritt; so in T. 1 ff.: c–cis–d (KA S. 11), dann T. 60–84: h–cis–c–h–es–d (also hier erweitert). Von der ersten zur dritten Strophe kompliziert sich das harmonische Geschehen.

e) *Die Betonung ungewöhnlicher Stufen*

Weill weicht gerne Dominantverhältnissen aus oder verschleiert sie.

Die sieben Todsünden,
KA S. 43, Nr. 4, T. 1–5

Ausgehend vom einleitenden C-Dur bringt Weill in T. 5 anstatt der erwarteten Dominante eine Ausweichung nach Es.

147

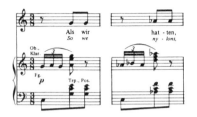

Die sieben Todsünden,
KA S. 20, Nr. 2, T. 1 und T. 6

Die IV. Stufe steht hier in Moll.

f) Die Rückungen

Darunter versteht man den unmittelbaren Wechsel von einer Tonart in die andere, also ein Nebeneinanderstellen von Tonarten.

Happy End,
KA S. 89, Nr. 11, T. 8–9

g) Blue Notes

Zum Einfluß des Jazz und zum Phänomen der *blue notes* vergleiche man die bereits auf S. 142 angeführten Beispiele.

148

h) Die kreisende Harmonik

Darunter versteht man eine Harmoniefolge, die immer wieder gebracht und zum Ausgangspunkt zurückgeführt wird.

Happy End,
KA S. 16–17, Nr. 2, T. 9–15

II. Außergewöhnliche musikalische Mittel bei Weill

Außergewöhnliche harmonische Mittel wie Ganztöne, Pentatonik, Quartenharmonik, Modalität und freie Atonalität verwendet Weill teils gar nicht, teils selten, immer aber in bestimmter semantischer Bedeutung, die seit dem späten 19. Jahrhundert geradezu fixiert scheint. Alle diese Mittel spielen auf die Sphäre des Altertümlichen, Geheimnisvollen, Exotischen an. Den Grund für diese semantische Bedeutung dürfte wohl der Kontrast zur üblichen Leitton- und dominantgeschärften Harmonik bieten. In klarer Isolierung kommen diese Mittel bei Weill kaum vor.

Im Sinne dieser ihrer semantischen »Vorbedeutung« treten sie am ehesten im *Jasager* auf und geben damit diesem Stück auch von der Musik her eine geheimnisvolle und exotische Aura. Modale Melodik (hier also eine floskelhafte, an die Gregorianik erinnernde melodische Linie mit engem Ambitus), altertümlich wirkende Kadenzbildungen und Leerklänge geben dem Stück insgesamt sein Gepräge.

a) Modale Melodik

Der Jasager,
KA S. 1, Nr. 1

Ich muß noch ein-mal   mit dei - ner Mut - ter   re - den.

Der Jasager,
KA S. 15, Nr. 4, T. 51–54

150

b) Altertümliche Kadenzwirkungen

Der Jasager,
KA S. 22, Nr. 5, S. 96–99

c) Die Pentatonik in Verbindung mit Leerklängen

Der Jasager,
KA S. 24, Nr. 6, T. 16–21

Der Jasager,
KA S. 29, Nr. 8, T. 1–8

d) Zur freien Atonalität

Eine ganz andere Bedeutung haben atonale Abschnitte in Weills Musik.
Die als atonal anzusprechenden Nummern kommen nur im Songspiel
Mahagonny – es sind die instrumentalen a-Nummern 3 a, 4 a und die instrumentale Einleitung zur Nr. 6 – vor. Sie illustrieren das auf der Bühne
vorgeführte gesellschaftliche Chaos.

Zur Abrundung des Gesamtbildes von Weills Tonsprache und zur gleich-
zeitigen Absteckung der Grenzen von einfacher und komplizierter Harmonik sei je ein Beispiel für ungebrochen tonale und atonale Anlage gegeben; und zwar für den ersten Fall *Happy End* Nr. 7 (*Heilsarmeelied* IV,
KA S. 53):

Diese Nummer steht generell in C-Dur. Sie teilt sich in drei Achttakter
auf; jeder Achttakter bildet eine Strophe, wobei die erste und zweite
Strophe identisch sind, die dritte jedoch leicht variiert wird. Die drei
Achttakter haben melodische Vorder- und Nachsatzspannung. Dagegen
besteht die Harmonik des ganzen Stückes aus nichts anderem als einer
Aneinanderreihung einer jeweils vollkommenen Kadenz: I–IV–V–I.
Als zusätzliche Mittel treten auf:

1. Stellvertretend für die Subdominante die II. Stufe (T. 2 u. 10) bzw. der
   Septakkord der II. Stufe in Mollsubdominantfassung (T. 6, 13).
2. Die abschließende Kadenz (T. 12–16) enthält als Vorhalt vor der Dominante den Quartsext-Akkord der I. Stufe und einen doppelt ernied-
   rigten Septakkord der VII. Stufe der Dominanttonart D.

Als Beispiel für atonale Anlage kann die Nummer 3 a des Songspiels
Mahagonny (KA S. 21) gelten (Seite 153).
Es läßt sich weder ein tonaler Rahmen noch ein tonal verständlicher Ge-
samtverlauf erkennen. Dennoch setzt Weill harmonische Mittel ein, die
eine gewisse, wenn auch sehr eingeschränkte Gerüstfunktion (graphische
Darstellung auf Seite 154) haben.

152

PART II

N° 3a   Das Leben in Mahagonny

Zusammenfassend könnte man den bisherigen Verlauf (T. 1–11) wie folgt umreißen: Ein Wechselspiel zwischen den Zentraltönen f und fis führt zu einem Überwiegen von fis (ab T. 9). So betrachtet wirkt das Weiterschreiten zum Zentralton g in T. 12 folgerichtig (f zu fis zu g). Vom

Zentralton g aus (T. 12–13) setzt eine aufwärts gerichtete Quintreihe an (g zu d zu a zu e; T. 13–15). Der Zielpunkt e (T. 15) dieser Reihe wird in T. 15 zu f verschoben. Gleichzeitig wird der dynamische Höhepunkt des ganzen Stückes *ff* erreicht. Damit schließt das erreichte f auffälliger an den Zentralton des Stückanfanges (T. 1: f) an.

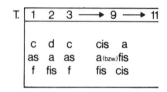

Der eigentliche Eintritt des *ff* (T. 16) wird mit einem Quintabwärtsschritt f–b unterstützt. Dieses b wird in T. 18 zu a herabgedrückt. In den folgenden Takten (18–21) entsteht eine Halbtonlabilität zwischen a und gis im Baß, die sich ab T. 22 als angedeutete Dominant-Tonika-Beziehung auf den Tönen d und cis fortsetzt. Für den harmonischen Verlauf dieser Nummer bezeichnend, kommt der Schluß auf die quasi-Nebennote cis zu stehen.

Die Akkordbildungen sind auch zu Anfang und Ende des Stückes mit tonalen Kriterien kaum zu deuten; während der Anfangsakkord noch als Terzschichtung f–as–gis–cis gesehen werden kann, ist der Schlußakkord g–h–gis–cis unverständlich.

Darüber hinaus ist die Klangauffüllung des beschriebenen Gerüstes als beziehungslose Terzschichtung bzw. überhaupt als »sinnlos« aufzufassen.

Kapitel V

Sprachlicher Gestus und musikalische Verfremdungstechnik in den sechs Einzelwerken

1. Das Songspiel *Mahagonny*
(Das kleine Mahagonny)

A-erotisches Barmädchen

Rings von den Stirnen tröpfelt vornehmlich sexueller
Denn es ist nicht nur heiß   Schweiß
Sondern – Gott weiß!
Man trinkt Whisky, Kognak und Sekt
Allmählich wird alles bedreckt
Ria rülpst, Emil kotzt
Am Klo wird Lu vom Kellner gefotzt
Während Lyette, das arme Vieh
Beißt ihrem Kavalier ins Knie.
Dies ist zwar nicht fein
Doch manchmal muß man schon unkeusch sein
Oder zumindest so tun
Als wär man ein läufiges Huhn
Als wär man von jedem Krüppel betört
Als hätt man noch nie was von Lues gehört
Kusch! Ich werde nicht sentimental.
Nur radikal! Nur radikal!

Ödön von Horváth

A. Die sprachliche Gestalt des Brechtschen Textes

1. Entstehungsgeschichte. – Textgrundlage für das Songspiel *Mahagonny*
bilden die fünf *Mahagonnygesänge* aus Brechts *Hauspostille* [1]. Kurt Weill,
der für die Baden-Badener »Festwochen Neuer Musik« des Jahres 1927
den Auftrag zu einem einaktigen Bühnenwerk hatte, nahm im März dieses Jahres Kontakt zu Brecht auf, dem er vorschlug, die *Mahagonny*-Ge-
dichte »zum Hauptbestandteil eines neuen Werkes zu machen [2]«. Brecht
stimmte zu, »entwarf ein Szenarium und schrieb einen Epilog zu den Gedichten, so dem Finale seine heutige Form gebend [3]«. Anfang Juli 1927
fuhr Brecht nach Baden-Baden, um das Songspiel zu inszenieren. Die Uraufführung unter der musikalischen Leitung von Ernst Mehlich, der Regie
Brechts und mit einem Bühnenbild von Caspar Neher fand am 17. Juli
statt. Lotte Lenya wirkte als Jessie mit [4].

157

2. *Die Mahagonnygesänge* als Bestandteil von Brechts *Hauspostille*, die vom Titel und der äußeren Struktur her einen geschlossenen Eindruck macht, können als das Produkt einer geschlossenen, klar abgrenzbaren Schaffensperiode des Dichters [5] angesehen werden. Über die Heterogenität der *Hauspostillen*-Gedichte ist eine Diskussion im Gang, auf die hier im einzelnen nicht näher eingegangen zu werden braucht [6]. Einigkeit besteht darüber, daß die *Mahagonnygesänge* erst relativ spät in die Sammlung aufgenommen wurden, deren Gesamtentstehungszeit von 1918 bis 1927 reicht [7]. Schuhmann stellt fest, daß »das *Hauspostillen*-Projekt von 1922 mit der Buchausgabe von 1927 nicht identisch« sein kann, da »Brecht in die *Hauspostille* von 1927 auch Gedichte aufgenommen hatte«, die wie die *Liturgie vom Hauch* (1924), *Von der Willfährigkeit der Natur* (1926) und die *Mahagonnygesänge* mit ihrer verschärft sozialkritischen Tendenz bereits einer späteren Entwicklungsstufe des Lyrikers zuzuordnen sind [8]. Die Weiterverwendung dieser Gesänge im Songspiel und dessen spätere Ausweitung zur Oper bestätigt diese Feststellung aus dem Blickwinkel von Brechts dramatischer Produktion; denn dort »wurde Brecht [nach der sozial relativ wenig aggressiven *Dreigroschenoper* und *Happy End*] marxistisch konkret und formulierte, in Parabelform, eine negative Utopie der kapitalistischen Gesellschaft [9]«. Lyrische und dramatische Entwicklungslinien berühren sich also im Songspiel *Mahagonny,* was bei der Gesamtanalyse dieses Werkes nicht übersehen werden darf.

Die Klassifizierung der *Mahagonny*-Gedichte als »Gesänge« erklärt sich (unabhängig von Weill und schon vor der späteren Verwendung als Songs) aus der Gliederung der *Hauspostille* in einzelne Lektionen (Bittgänge, Exerzitien, Chroniken usw.), wobei »Gesänge« nicht fehlen durften, wenn die Analogien zu Luthers *Kirchen- und Hauspostille* (1527) und zur Liturgie der katholischen Messe deutlich werden sollten [10].

»Die *Mahagonnygesänge* korrespondieren partiell mit Bittgängen der ersten Lektion. Das Leben in der bürgerlichen Anarchie wird gezeigt. Die Auswüchse der Geldgesellschaft erscheinen in den Songs weniger als soziales Übel, sondern mehr als eine Art Rauschgift, das genossen wird, um das Elend der Welt vergessen zu machen [11].« Der ironische Bezug von Brechts *Hauspostille* auf Luthers *Kirchen- und Hauspostille* wurde bereits von Benjamin erkannt, der als Quelle ihrer Inspiration die bürgerliche Gesellschaft bezeichnete [12]. Demgegenüber stellt Schwarz die geistliche Erbauungsliteratur im engeren und die religiösen Glaubensformen des christlichen Weltbildes im weiteren Sinne als Quelle heraus, wobei es sich freilich um ein erstarrtes christliches Weltbild handelt, »auf dessen dogmatisch fixierte, allseits bekannte religiöse Glaubenssätze und Denkschemata die Ironie jederzeit anspielen kann ... [13]«.

Die Frage, inwieweit und in welchem Sinne man angesichts der vorhandenen und sicher nicht unbeabsichtigten Parallelismen zwischen Brechts *Hauspostille* und gewissen Grundmustern der religiösen Erbauungsliteratur den Begriff der Parodie verwenden kann, ist zwischen Schwarz und Schuhmann strittig.

Schuhmann lehnt ihn ab und wertet die *Hauspostille* analog zu Hans Mayer als umfunktionierte Theologie; Schwarz plädiert, meines Erachtens zwischen Ironisierung und Parodie nicht genau genug unterscheidend und die Abhängigkeit beider voneinander nahezu umkehrend, für die Verwendung des Begriffes Parodie mit Bezug auf die *Hauspostille* [14]. Sicher ist, daß sich ironische Imitationen bestimmter stilistischer Elemente des religiösen Schrifttums zwar hier und da nachweisen lassen, die Anklänge aber doch nicht so deutlich und geschlossen auftreten, daß man von einem parodistischen Effekt sprechen könnte. Problematisch scheint die Formulierung Schuhmanns, demzufolge Brecht mit den Gedichten der *Hauspostille* nicht den Glauben an Gott befestigen, sondern desillusionieren und zerstören wolle [15].

Ist es nicht vielmehr so, daß Brecht eine Welt vorführt, in der dieser Glaube bereits gebrochen und zerstört *ist*, in der, beispielsweise im dritten *Mahagonnygesang,* Gott auftreten und mit der Strafe des Höllenfeuers drohen kann, damit aber keinen Eindruck mehr macht, weil die Schrekken der Welt die Schrecken der Hölle längst überboten und zum Anachronismus verurteilt haben [16]? Das deutet sich schon in den *Bittgängen* an, in denen die Bitte um Änderung der mißlichen Zustände nicht mehr an Gott, sondern an die Menschen gerichtet wird. »Die ursprünglich christliche Zeremonie wird säkularisiert [17]«, und in ebendiesem dem Leser vorgeführten Akt der Säkularisierung, die auf die Zurückführung menschlicher Probleme auf den sozialen Bereich hinausläuft, besteht die didaktische Absicht Brechts, der damit letztlich auf eine Emanzipation des Lesers vom Mythos abzielt. Daß dies am *christlichen* Mythos exemplifiziert wird, ist zwar nicht zufällig; es werden dafür aber auch keine anderen Gründe geltend gemacht als die der Tradition und des aus historischer Entwicklung erklärbaren Zustandes der gesellschaftlichen Situation, in die die Texte der *Hauspostille* hineingestellt werden. Das ist etwas anderes als der etwas vordergründige Versuch, den Glauben an Gott zu desillusionieren oder in einem Frontalangriff zu attackieren. Die dargestellte didaktische Absicht deckt sich auch mit Brechts Vorstellungen vom Gebrauchswert seiner Lyrik, und diese Vorstellungen veranlassen ihn wiederum, kirchliche Darbietungsweisen und »das Anordnen der Texte für bestimmte Anlässe und Gelegenheiten, die Gliederung nach Gesichtspunkten des Gebrauchs [18]«, wie man sie vor allem im katholischen Gebetbuch findet, zu übernehmen. Der berühmte, in der *Taschenpostille* von

1926 noch fehlende Hinweis: »Die Hauspostille ist für den Gebrauch der Leser bestimmt. Sie soll nicht sinnlos hineingefressen werden [19]«, fordert vom Leser eine neue Grundhaltung. »Der Leser soll nicht mehr fressen, sondern die Gedichte wie Werkzeuge zweckentsprechend und nutzbringend gebrauchen [20].«

Damit wendet sich Brecht auch hier, auf dem Felde des Lyrischen, gegen jede Kulinarik der Kunstrezeption, und wir beobachten erneut das Ineinandergreifen von Intentionen, die um 1927 in den Entwicklungsphasen des lyrischen *und* des dramatischen Werkes für Brecht wichtig werden.

Verständlich also, daß er dem Wunsche Weills, die *Mahagonnygesänge* zur Grundlage für ein Songspiel zu machen, aufgeschlossen gegenüberstand, konnte er doch auf diese Weise das in den Gedichttexten geschilderte Leben in jener merkwürdigen Stadt Mahagonny auf der Bühne vorführbar machen und damit zugleich testen, ob die aus den Erfahrungen der Lyrikproduktion entwickelte Theorie auch im Bereich des Musiktheaters standhalten oder – mehr noch – neue Wege eröffnen würde.

3. Von den Mahagonnygesängen *zum Songspiel* Mahagonny. – Die Dramatisierung – oder besser: szenische Aufbereitung – der *Mahagonnygesänge* konnte Brecht nicht schwerfallen, da mit »Mahagonny« ein Schauplatz bereits ins Auge gefaßt war und die Personen des Stückes sich leicht aus den Gedichttexten herausentwickeln ließen. Der Zwang zur Einzeicharakterisierung stand daher kaum im Wege, da er in der Form des Songspieles beinahe vollkommen aufgehoben wird. So sind die Namen der Akteure – Charlie (Tenor), Billy (Tenor), Bobby (Baß), Jimmy (Baß), Jessie (Soubrette), Bessie (Soubrette) – beliebig gewählt und austauschbar [21]. Beinahe überflüssig, in diesem Zusammenhang darauf hinzuweisen, daß nach den Kostümanweisungen alle sechs Spieler uniform gekleidet sein sollen: smokingartige Anzüge mit breiten Schultern, weite Hosen und kleine steife Hüte [22]. Obwohl kein Bühnenbild im traditionellen Sinne gefordert wird und die Handlung sich statt dessen in einer Art Boxring abspielen soll, wird im Verlauf des Stückes durch das Aufstellen von Requisiten (Tische, Sessel, Bar usw.) die Stadt »Mahagonny« mit sparsamsten Theatermitteln – relativiert durch den Umbau auf offener Szene (durch Bühnenarbeiter in Arbeitskleidung) – ins Spiel gebracht und mit dem Ende, das die reale Existenz von Mahagonny leugnet, wieder aus dem Spiel herausgenommen (Regieanweisung am Ende des zweiten Teiles: »In der Dunkelheit kommen die Bühnenarbeiter und schaffen die Möbel fort.«) [23].

Die Verlegung des Geschehens in einen Boxring – sie nimmt den Faustkampf zwischen Dreieinigkeitsmoses und Alaskawolf-Joe in der Oper

Links oben: Kurt Weill um 1929; rechts oben: Bertolt Brecht um 1929/30 in Berlin, zur Zeit der »klingenden Zynismen« ihrer ersten gemeinsamen Bühnenwerke. Unten: Lotte Lenya und Kurt Weill zur Zeit der Uraufführung der *Dreigroschenoper* in Berlin (31. VIII. 1928), jener »klassenkämpferischen Verherrlichung des Untermenschentums und der Gosse« *(Lexikon der Juden in der Musik)*.

Fünfundvierzig Jahre nach der Uraufführung: Szenenphoto aus Giorgio Strehlers berühmter Inszenierung der *Opera da tre soldi (Dreigroschenoper)* am *Piccolo Teatro*

di Milano (31. III. 1973). Die Hochzeitsszene im ersten Akt *(Kanonensong)* – komödiantische »Gesellschaftskritik zum Weiterdenken«.

Aus Caspar Nehers Prospekt-Entwürfen zur Oper *Aufstieg und Fall der Stadt Mahagonny* (1930).
Prophetische Antizipation des Kommenden : nicht Hurrikane und Erdbeben, sondern Schwärme von
Flugzeugen bedrohen und verheeren die Ausgeburt des Kapitalismus, die »Netzestadt«, die im faschi-
stischen Kollaps von »zunehmender Verwirrung, Teuerung und Feindschaft aller gegen alle« untergeht.

Oben: Uraufführung der Oper *Mahagonny* (Leipzig, 9. III. 1930, Opernhaus) − *Arioso* der Witwe Begbick, die zur Gründung der »Goldstadt« aufruft. Unten: Finale des Songspiels *Mahagonny* (Uraufführung Baden-Baden, 17. VII. 1927, Stadttheater) − das Ende Mahagonnys (»Können uns und euch und niemand helfen«), mit Weill (links), Lotte Lenya (halbrechts) und Brecht (rechts) an der Rampe.

Die anarchistischen »Gesetze« Mahagonnys – in einer Inszenierung von Joachim Herz an der Komischen Oper, Berlin (DDR), 3. IV. 1977. Oben: Szenenphoto aus der Szene Nr. 16, »Saufen« – »dazu singen sie das Seemannslos, den unsterblichen Katastrophenkitsch, Polarlicht ihrer schaukelnden Seekrankheit, und lenken die Segel ihrer Traumfahrt ins besonnte Eisbärenparadies« (Th. W. Adorno); unten: Szene Nr. 15 – »Kämpfen« (Sieger: Dreieinigkeitsmoses).

Die sieben Todsünden der Kleinbürger – Inszenierung von Grita Krätke an der Deutschen Staatsoper in Berlin (DDR), 1. X. 1963 – Anna II, die willfährige Marionette der Wünsche ihrer Familie, auf dem »Wege, der zum Wohlstand führt« (Unzucht).

Der Jasager − Inszenierung von Hartmut Lange und Rolf Mauff an der Schaubühne am Halleschen Ufer (Berlin), 17. XI. 1969. Die unreflektierte Gefolgschaftsideologie des Stückes bewog Brecht wenig später zur Ergänzung durch den *Neinsager*.

Mahagonny bereits hier vorweg – ist Ausdruck einer von Brecht in den zwanziger Jahren sehr stark kultivierten Vorliebe für den Sport, speziell den Boxsport, den er jenen Bedürfnissen zurechnet, die sich ein Mann immer, wenn er Lust dazu hat, ungeniert erfüllen können sollte: Fressen, Lieben, Boxen, Saufen[24]. Zugleich diente der Boxkampf aber auch als Chiffre für das Leben, das als Kampf mit zwangsläufig vernichtendem Ausgang aufgefaßt wird. Der Boxring als theatralischer Handlungsrahmen sollte das verfremdend sinnfällig machen und zugleich desillusionierend und antikulinarisch wirken. Nicht ganz zu Unrecht hat Schuhmann darauf hingewiesen, daß Brechts Faszination vom Sport – in den zwanziger Jahren ein weitverbreitetes Phänomen in der damaligen literarischen Szene – eine gewisse Befangenheit in bürgerlich-kapitalistischen Vorstellungen widerspiegelt, da der hektische Sportbetrieb jener Zeit ein Produkt der sich nach den alten Prinzipien des Kapitalismus erneut stabilisierenden Sozialordnung war[25]. Allerdings darf man dabei nicht verkennen, daß Brecht, wenn zunächst auch wohl unreflektiert, im unverhohlenen, ungehemmten Ausbruch von Gewalt und Aggressivität im Sport eine Art Prozeß der Freisetzung gesellschaftlicher Energien sah, die schließlich, erst einmal in die richtige Stoßrichtung gelenkt, auch die Grundlagen der kapitalistischen Sportindustrie selbst zerstören müßten.

Die Verteilung der *Mahagonnygesänge* auf die beiden Ensemblegruppen, auf die vier Männer und zwei Mädchen, ergab sich aus den inhaltlichen Elementen, die natürlich durch die Wir-Perspektive der Gedichte bereits determiniert waren. So fiel der erste *Mahagonnygesang* »Auf nach Mahagonny ...« den Männern zu, der *Alabama-Song* den beiden Mädchen, der zweite *Mahagonnygesang* »Wer in Mahagonny blieb ...« wieder den Männern, im *Benares-Song* vereinigen sich beide Gruppen zum gemischten Ensemble. Der *Mahagonnygesang* Nr. 3 ist Grundlage der Szene »Gott in Mahagonny«, die von den Männern gestaltet wird, bevor Jessie den Epilog spricht: »Aber dieses ganze Mahagonny ...«, endend mit den Worten: »Mahagonny ist nur ein erfundenes Wort.«

Ein wichtiges Element der szenischen Realisierung, das direkt aus dem ersten *Mahagonnygesang* in das Songspiel übernommen wurde, ist ein Mond, der sich über die Leinwand bewegt[26], jener »schöne grüne Mond von Alabama [Mahagonny][27]«, für dessen großes Lachen die Männer bereit sind zu bezahlen. In den Regieanweisungen heißt es weiter über diesen Mond: »Mit dem ersten Ton der Musik geht auf der Hintergrundleinwand in einer Ecke langsam ein heller, grüner Mond auf.« Während des *Alabama-Songs* ist das Theater dunkel, »mit Ausnahme des grünen Mondes[28]«, der am Schluß während des von Jessie gesprochenen Epilogs langsam untergeht[29]. Selbstverständlich erinnert der grüne Mahagonny-

Mond an den roten Mond in der Komödie *Trommeln in der Nacht,* der jeweils einige Sekunden vor dem Auftritt Kraglers aufglühen soll[30] und sich am Schluß als Lampion (Papiermond) erweist und von Kragler brutal heruntergeschlagen wird[31]. Im einen wie im anderen Fall dient der Mond natürlich nicht der Stimmungsmalerei, sondern überhöht ironisch einen bestimmten Aspekt des jeweiligen Stückes, in *Trommeln in der Nacht* den der Revolution, der sich Kragler entgegen den Erwartungen seiner Mitmenschen nicht anschließt[32], im Songspiel *Mahagonny* die ins Leere gehende, illusionäre Hoffnung auf das paradiesische Leben in einer Traumstadt.

4. *Sprachliche Aspekte des* Mahagonny-*Textes. – Mahagonny. Ein Songspiel nach Texten von Bert Brecht von Kurt Weill –* so lautet die exakte Titelangabe nach dem Programm der Uraufführung[33]. Daß es sich bei Mahagonny um eine Stadt handelt, erfährt man genaugenommen erst im Prolog, wo Mahagonny als Ziel eines Aufbruchs geschildert wird:

»Auf nach Mahagonny
Die Luft ist kühl und frisch
Dort gibt es Pferd- und Weiberfleisch . . .«

Zugleich wird damit angedeutet, daß Mahagonny ein Ort ist, an dem es Dinge gibt, nach denen man sich sehnt, die man aber da, wo man gerade ist, nicht hat, also eine utopisch-paradiesische Örtlichkeit, Projektionswand für alle eingestandenen und uneingestandenen Träume.

Der Name Mahagonny ist von der Bezeichnung für die als besonders edel geltende Holzart Mahagoni abgeleitet, les- und hörbar abgeleitet, um dem ersehnten Ort etwas vom Flair des Vornehmen, Exotischen mitzugeben, das ihr anhaftet. Anlaß für diese Namensgebung mag die Beobachtung sein, daß gerade oft die scheußlichsten Großstädte die exotischsten Namen haben und ihre Unmenschlichkeit mit Vorliebe hinter einer leuchtenden, blendenden Fassade verbergen, die auch ein wohlklingender Name sein kann.

Die Namensgebung hat aber auch, wie Arnolt Bronnen berichtet, einen eminent politischen Aspekt: »Die Situation in München wurde von Tag zu Tag weniger erträglich. Alle Freunde Brechts trugen sich mit Übersiedlungsplänen. Zum Antisemitismus kam – Krebs und Karzinom gesellt sich gern – die separatistische Hetze. Brecht hatte damals zuerst das Wort MAHAGONNY gefunden. Es war in ihm aufgetaucht, als er diese Massen braunbehemdeter Kleinbürger gesehen hatte, hölzerne Gestalten mit ihrer falsch eingefärbten, durchlöcherten roten Fahne. Der Begriff wuchs ihm aus dem Wort, wandelte sich mit ihm; doch in jenem Sommer mochte er ihm zunächst Spießers Utopia bedeuten, jenen zynisch-dummen

Stammtisch-Staat, der aus Anarchie und Alkohol die bis dahin gefährlichste Mixtur für Europas Hexenkessel zusammenbraute. ›Wenn Mahagonny kommt, geh' ich‹, sagte Brecht zum Abschied . . .[33a]«
Durch die Aura dieses Namens sind *Mahagonnygesänge* und Songspieltext mit Brechts Großstadtdichtung verknüpft, deren bekannteste Beispiele wohl *Im Dickicht der Städte* (1923 uraufgeführt) und *Aus dem Lesebuch für Städtebewohner* (1926) sind[34]. Im Rahmen der Auseinandersetzung mit dem Phänomen Großstadt spielt nun der Name Mahagonny für Brecht offensichtlich eine ganz besondere Rolle, die sich allerdings erst im Zusammenhang mit der Oper *Mahagonny* richtig fassen läßt. Das Songspiel bietet eher noch die Perspektive dessen, der sich von außen, mit falschen Hoffnungen der Großstadt nähert, von ihr enttäuscht wird, aber nicht mehr zurück kann. Es ist die Perspektive des jungen Brecht der frühen zwanziger Jahre, in der er sich der Großstadt (München, Berlin) fasziniert, aber zugleich zurückhaltend nähert, sie aber schließlich als menschenfeindlich ablehnt, weil sie den Menschen isoliert und zerstört[35]. Daher auch die Kennzeichnung als Traumwelt, Traumziel im Epilog: einen solchen Ort gibt es nicht. Es »gibt ihn« aber auch deswegen nicht, weil er so, wie er im Songspiel geschildert wird, aus soziologischen Gründen nicht sein kann. Die Kenntnis der sozialen Strukturen, der Zusammenhänge von Großstadt und Geld, Großstadtproletariat und Kapital und der sich daraus ergebenden menschlichen Verhaltensweisen konnte sich Brecht erst nach der Überwindung seiner skeptischen Scheu angesichts der Großstadt durch sachliche Beobachtung des Großstadtlebens aus kritischer Distanz erwerben[36]. Und auch dafür steht noch der Name Mahagonny, allerdings erst das realere Mahagonny der Oper, das am Schluß nicht mehr als Fiktion entlarvt wird. Demgegenüber bleibt die soziale Wirklichkeit im Songspiel im beinahe wörtlichen Sinne noch plakativ – die Aufschriften der von den Demonstranten mitgeführten Plakate erscheinen durch den Handlungsablauf weniger gut motiviert als in der Oper[37].
Die exemplarische Aufzählung der Dinge, die sich die nach Mahagonny aufbrechenden Männer dort erhoffen – Pferde- und Weiberfleisch, Whisky, Pokertisch, frischer Fleischsalat –, wecken natürlich Assoziationen zu einem bestimmten amerikanischen Milieu, das wohl am ausgeprägtesten in *Die heilige Johanna der Schlachthöfe* in Erscheinung tritt. Trotzdem sollte nach den Wünschen Brecht-Weills jede Annäherung an Wildwest- und Cowboy-Romantik und jede Betonung eines typisch amerikanischen Milieus vermieden und eher eine Verwandtschaft des Stückes mit den Darbietungsformen mittelalterlicher Wanderbühnen augenscheinlich gemacht werden. »Mahagonny ist ein Totentanz[38].« Die Heilung von der

Zi-zi-zi-zi-zivilis, wie sie ebenfalls von den Männern erhofft wird, ist doppelsinnig zu verstehen. Sowohl auf lateinisch *civilis* (»bürgerlich«) wird angespielt als auch auf die Syphilis. Die Bürgerlichkeit wird ironisch als Krankheit ausgegeben [39].

Der Refrain der ersten *Mahagonny*-Gesangsnummer (*Mahagonnygesang* Nr. 1) ist ein Appell an den bereits erwähnten »schönen grünen Mond von Alabama [Mahagonny]«, den Männern voranzuleuchten. Für ein großes Lachen seines großen dummen Mundes sind sie bereit zu zahlen. So wird dieser Mond den Männern zum Leitbild ihrer Hoffnungen, ist aber in der grotesken Verzerrung gleichzeitig fragwürdiges Symbol ebendieser in gleicher Weise fragwürdigen Hoffnungen.

Als Leitbild auf dem Weg in die gelobte Stadt (beinahe könnte man an eine trivialisierte Nachahmung des Zuges der Heiligen Drei Könige nach Bethlehem denken) dient der Mond auch den beiden Mädchen. Menschlich entwurzelt (»We've lost our good old mama«) sind sie gezwungen, ihre Existenz mit Hilfe von Geld zu sichern, wobei sie sich klar darüber sind, daß sie zur Prostitution als letztem Mittel werden greifen müssen. Im Vergleich zur Situation der Männer ist die der Mädchen bedrohlicher; für sie geht es um Leben und Tod (»I tell you we must die«), während bei den Männern noch ein vom Autor legitimiertes Luststreben im Vordergrund steht.

Das Leben in Mahagonny ist teuer, die Männer beklagen sich darüber: »Wer in Mahagonny blieb, brauchte jeden Tag fünf Dollar ...« Trotzdem und obwohl sie in jedem Falle verloren, »hatten sie was davon«. Das Leben, ein Verlustspiel mit im voraus festgelegtem Ausgang, schon in den Regeln als Verlustspiel vorprogrammiert, ein Spiel, das trotzdem Spaß macht, weil man spielend wenigstens noch spürt, daß man überhaupt am Leben ist. Um diesen zweifelhaften Genuß bringt sich aber derjenige, der nichts riskiert und »in seinem Kober bleibt«, der sich selbst aufgegeben hat – die einzige Alternative, um sich dem Mechanismus der Ausbeutung zu entziehen. Der wird durch die sprichwörtliche Wendung vom Hautabziehen (d. h. jemanden betrügerisch ausbeuten) verdeutlicht: »Auf der See und am Land werden allen Leuten ihre Häute abgezogen ...« Dieses Bild findet sich auch in *Ballade auf vielen Schiffen* (Gedicht von 1920): Der klug Überlebende hat »zuviel Haut«, ferner in *Vom Mitmensch,* Str. 7: »Denn nahmen ihm die Haut die Schlauen / So ließen sie ihm doch das Hemd [40].«

Im *Benares-Song* wird erneut Hoffnung auf eine Stadt gesetzt und prompt enttäuscht: Nach Benares, der indischen Stadt mit den vielen Tempelbauten, dem Zentrum des Hinduismus, wollen die von Mahagonny Enttäuschten ausweichen, als sie erfahren müssen, daß Benares durch ein

Erdbeben zerstört wurde. Brecht nimmt hier »das alttestamentliche Motiv der Zerstörung einer babylonischen Stadt durch ein Elementarereignis« auf[41]. Der Auftritt Gottes in Mahagonny (Gesang Nr. 3), dargeboten als Rollenspiel (Jimmy), deutet sich bereits in der Eröffnungsszene des II. Teiles an, wo es heißt: »Aber heute sitzen alle in des lieben Gottes billigem Salon.« Walter Benjamin bemerkt dazu: »In dem Beiwort ›billig‹ liegt ziemlich viel. Warum ist der Salon billig? Er ist billig, weil die Leute darin auf billige Art bei Gott zu Gast sind. Er ist billig, weil die Leute darinnen alles billigen. Er ist billig, weil es billig ist, daß die Leute hineinkommen. Des lieben Gottes billiger Salon ist die Hölle. Der Ausdruck hat die Prägnanz der Bilder von Geisteskranken. So – als einen billigen Salon – malt sich der kleine Mann, einmal verrückt geworden, leicht die Hölle als das ihm zugängliche Stück vom Himmel aus. (Abraham a Santa Clara könnte von des ›lieben Gottes billigem Salon‹ reden.) In seinem billigen Salon hat sich aber Gott mit den Stammgästen gemein gemacht. Seine Drohung, sie in die Hölle zu schicken, hat nicht mehr Wert als die des Destillateurs, seine Kunden herauszuschmeißen. Die ›Männer von Mahagonny‹ haben das erfaßt. So hirnlos sind selbst sie nicht, daß ihnen die Drohung, sie in die Hölle zu befördern, Eindruck machen könnte. Die Anarchie der bürgerlichen Gesellschaft ist eine infernalische. Für die Menschen, die in sie hineingeraten sind, kann es etwas, was ihnen größeren Schrecken als diese einflößt, einfach nicht geben[42].« »Für die Asozialen ist die Erde bereits die Hölle[43].« Die Umkehrung von Himmel und Hölle findet sich bereits in früheren Gedichten Brechts – so in *Wie ich genau weiß* (etwa 1917/18) und in *Lied von den Seligen* (etwa 1919) – konsequent durchgeführt[44]. Das Nein, das die Männer am Schluß Gott entgegenschleudern und das in auffallend deutlicher Opposition zu den vorausgehenden mehrmaligen Ja steht, signalisiert ihren Protest, der aus der Analyse ihrer Situation entspringt; es leitet zur Revolution in Mahagonny über. Werkgeschichtlich nimmt der Umschlag vom Ja zum Nein das Aktionsprinzip der Lehrstücke vom *Ja-* und *Neinsager* vorweg.

Auf den Epilog wurde bereits mehrfach Bezug genommen. Mahagonny, zu Beginn als Traumstadt und Fluchtpunkt für die Hoffnungen der sozial Schwachen vorgestellt, hat sich als Hirngespinst entpuppt. Es wird auf seine Minimal-Bedeutung reduziert: es »ist nur ein erfundenes Wort«, und die Hoffnungen, die wie Chips in einem Spiel darauf gesetzt worden sind, haben sich als Nieten erwiesen.

B. Zur Verfremdungstechnik im Songspiel *Mahagonny*

Von besonderer Bedeutung für das Verständnis der szenischen Abfolge der sechs Nummern der Partitur ist David Drews Übersicht[1], die die allgemeinen und speziellen Regieanweisungen Brechts und Weills beinhaltet. Leider läßt diese Übersicht nicht nur die Autorschaft dieser Regieanweisungen im Detail zumeist offen; sie ist überdies trotz höchstnotwendiger zusätzlicher szenischer Information in manchen Titeln, Übertiteln oder Bemerkungen verwirrend und falsch. Falsch ist z. B. die Regieanweisung zum III. Teil[2]: »Revolution in Mahagonny«. Am Ende der Nr. 5 wird unter Projektion 16 dieser Titel angegeben, der tatsächlich den Höhepunkt revolutionärer Vorgänge in Mahagonny wiedergibt. In Drews Übersicht[3] läuft derselbe Titel zum III. Teil (Finale:»Revolution in Mahagonny«) unter Nr. 6 mit und nicht wie tatsächlich unter Nr. 5. Eine Revolution findet aber in der Nr. 6 keineswegs statt. Ebenfalls unzutreffend ist die allgemeine Regieanweisung:»Mahagonny ist ein Totentanz[4].« Diese Aussage auf das ganze Songspiel anzuwenden, ist übertrieben. Diesen Eindruck mag die Nr. 5 mit ihrem Dialog zwischen Gott und den Männern von Mahagonny vermitteln – den eines ins Nihilistische pervertierten Todestanzes; er ist jedoch nicht für das ganze Stück bezeichnend.

Derartige Fehlerquellen können zu Mißverständnissen führen. Dennoch muß diese Übersicht mitsamt ihren Regieanweisungen und allgemeinen Bemerkungen[5] unbedingt für das Verständnis des gesamten, äußerst gedrängten Handlungsablaufes herangezogen und in die Analyse integriert werden.

Der Untertitel *Songspiel* gibt nur sehr oberflächlichen Aufschluß über den eigentlichen Inhalt der Partitur. Sicher handelt es sich bei der überwiegenden Anzahl der Nummern um Songs. Im Hinblick auf den tatsächlichen Inhalt des Stückes erscheint die Bezeichnung Songspiel jedoch als eine abgründige Verniedlichung.

Es handelt sich hier um weit mehr als nur um eine Anhäufung von gut ins Ohr gehenden Songs. Wenn sie auch der reinen Anzahl nach dominieren, so heißt das doch keineswegs, daß sie für das gesamte Songspiel immer entscheidend sind. Außerdem ist durchaus fraglich, inwieweit die Grundsätze des epischen Theaters hier tatsächlich verwirklicht sind. Die fünf wesentlichen Forderungen[6], die die epische (im Gegensatz zur dramatischen) Oper an die Musik stellt, daß nämlich die Musik nicht serviert, sondern vermittelt, nicht den Text steigert, sondern den Text auslegt, nicht den Text behauptet, sondern den Text voraussetzt, nicht illustriert, sondern Stellung nimmt, nicht die psychische Situation malt, sondern das

Verhalten gibt, werden im Songspiel nur selten erfüllt. Von einer Textauslegung kann hier zumeist nicht die Rede sein; ebensowenig kann man von der Tatsache ausgehen, daß der Text vorausgesetzt werden kann. Die Musik illustriert häufig[7], nimmt selten Stellung. Ebenfalls nicht erreicht ist hier die epische anstelle der dramatischen Form des Theaters. Wie im von Weill und Brecht verpönten dramatischen Theater besteht im Songspiel die »Spannung auf den Ausgang, statt die Spannung auf den Gang« weiter; es steht »eine Szene für die andere[8], statt jede Szene für sich«; »die Triebe des Menschen« werden dargestellt, »statt seine Beweggründe«[9], [10].

Entscheidend für den musikalisch-dramatischen Verlauf ist der Zusammenhang der einleitenden und der abschließenden Rahmennummer[11]. Das einleitende rhythmische Modell des *allegro non troppo*[12]

kehrt an dramatisch entscheidender Stelle, nämlich parallel zum Einsatz des Sprechgesanges wieder, der der Handlung eine wesentliche Wendung gibt, in Form des *allegro moderato*[13] am Ende des Songspieles, und zwar erst in unterschwelliger, etwas variierter Form,

dann, nach dem Erklingen des letzten Saxophonthemas[14], in immer deutlicherer, immer dominanter werdender Form und schließlich in genauer rhythmischer Wiederholung[15].

Keimzelle dieser rhythmisch wiederholten Figur aber ist der Rhythmus der Klavierbegleitung des Brautjungfernkranz-Refrainzitates[16].

167

Daß dieser Zusammenhang der Nummern keineswegs zufällig ist, wird durch eine weitere musikalische Gemeinsamkeit bekräftigt. In der einleitenden Nummer tritt zu den letzten Worten Charlies – »nach Mahagonny« – folgende Intervallfolge in Erscheinung [17]:

Genau diese Intervallfolge kehrt, in einer rhythmisch bedeutungslosen Variante, am Ende des Songspieles [18] im Saxophon zu den entscheidenden Sprechgesangworten wieder.

Der semantische wie dramatische Zusammenhang ist eindeutig. Zwei divergierende Aussagen – wobei nur eine direkt kenntlich gemacht wird – finden auf zwei verschiedenartigen musikalischen Ebenen ihren Niederschlag: So steht »nur ein erfundenes Wort« gegen »nach Mahagonny«, der auf einem bestimmten Ton (c″) psalmodierende Sprechgesang gegen den melodiösen Bogen des Saxophones und damit gegen die Gesangslinie Charlies. In ebendiesem entscheidenden Moment der Konfrontation beider Aussagen auf verschiedenen musikalischen Ebenen wird Brechts Regieanweisung »Der Mond geht langsam unter« eingeblendet [19].
Dieser Rückgriff auf ein optisches Leitmotiv [20] schafft wiederum unmißverständliche Bezüge: Die Illusion (Saxophonlinie [21]) scheint die Illusionslosigkeit (»erfundenes Wort«, der untergehende Mond) zu verdrängen. Eine solche Interpretation wäre naheliegend, wenn das Songspiel mit dem Takt 38 auf dem ersten Schlag, nämlich mit dem g der Saxophonlinie enden würde.

Statt dessen läßt Weill aber das Stück mit den Takten 41 und 42 enden, die in ihrer rhythmisch wie melodisch ausgeprägten wiederholten Monotonie nur dynamisch voneinander abgesetzt sind und eher den Eindruck eines möglichen *ad libitum* oder zumindest einer langsam in sich zurückfallenden musikalischen Figur widerspiegeln, die aber gleichzeitig, wie schon erwähnt, auf rhythmischer Ebene einen unmißverständlichen Bogen zum Anfang des Songspiels schlägt.

Der d-moll-Akkord bricht diese in sich zurücklaufende musikalische Linie im *pianissimo* ab. Dieser Abbruch erscheint dramatisch wenig zwingend[22]. Dennoch enthalten diese letzten Takte (T. 41–42) eine wesentliche Aussage: Durch den rhythmisch klaren Bezug des Anfangs auf das Ende gibt sich *Mahagonny* als *circulus vitiosus* zu erkennen; aber die aufgewiesene melodisch-rhythmische Monotonie der Schlußtakte verweist mit Nachdruck auf ein anderes Bewußtsein: Die Musik (und damit der Inhalt des Stückes) verfällt eindeutig in einen resignierenden Gestus (Saxophonthema). Mit diesem Gestus, der die vorher anklingende illusionäre Haltung ablöst, schließt das Stück.

Von dieser Grundhaltung her ist das Songspiel zu interpretieren. Die musikalische Verfremdung vollzieht sich hier einerseits so, daß durch eine semantische Anspielung eine frühere, textlich gebundene Aussage bewußt auf einer anderen, musiksprachlichen (hier rein instrumentalen) und damit inhaltlichen Ebene wiederholt zitiert wird (Charlie hat nach diesen Ereignissen nichts mehr zu singen), andererseits durch die Konfrontation und den Zusammenhang mit der völlig desillusionierenden musikalischen Ebene und den monoton ausklingenden instrumentalen Schlußtakten, vor allem aber dadurch, daß der Rhythmus der Begleitung des Brautjungfernkranz-Refrainzitates in einem musikalisch in sich jeweils verschiedenartigen Rahmen steht. Resignation macht die Hoffnung unmöglich (Anfang–Ende).

Nr. 1 *(Allegro non troppo)*

»Vier Männer kommen mit ihren Koffern und singen von ihrer Absicht, nach Mahagonny zu reisen, wo alles wunderschön ist[23].« Die Vorwegnahme des dramatischen Höhepunktes am Ende (Nr. 6), die nicht dem epischen Prinzip entspricht[24] und den Zusammenhang mit dem Anfang (Nr. 1) transparent macht, war einführend notwendig, um die dramatische Zielsetzung begreiflich erscheinen zu lassen. Klingt das Ende – sieht man vom Schlußakkord in d-moll ab – langsam orchestral aus, so vollzieht sich der Anfang des Songspieles mit abrupten außermusikalischen Mitteln: Mit einem provokativen Revolverschuß, der das Publikum erst einmal aufschrecken läßt[25]. Der Revolverschuß evoziert das Fortissimo des Orchesters bis zu jenem ersten, schon erwähnten Gesangseinsatz Charlies (T. 15), der das Piano der ersten Strophe vor dem Brautjungfern-Refrainzitat aus Carl Maria von Webers *Freischütz* (T. 23–25) einleitet. Aber statt der zu erwartenden vier Strophen mit dem jeweils anschließenden Refrain des »Volksliedes« erklingen die alles andere als brautjungferlichen, wollüstigen drei Strophen der Männer.

Ein hinzugefügtes Klarinetten-(bzw. Saxophon-)Solo, das nur in der Nr. 1 des Songspieles jeweils den Refrain einleitet, schafft den willkürlichen, abrupten Übergang zu dem jedem Opernfreund so vertrauten Brautjungfern-Refrainzitat. Doch selbst dieser Augenblick (T. 23–25) des freudigen Wiedererkennens wird nicht nur durch eine melodisch und rhythmisch geringfügige Abänderung, sondern durch eine recht drastische Uminstrumentierung getrübt. Statt der erwarteten Holz- (Flöte, Oboe, Fagott), Blech- (Horn) und Streicher- (1. und 2. Violine, Bratsche, Violoncello und Kontrabaß) Begleitung folgt nun eine an Burschenschaftsabende erinnernde gefühlsselige Klavierbegleitung zum Männerquartett.

Songspiel *Mahagonny,*
KA S. 2 f., Nr. 1, T. 23 ff.

Aber schon nach zweieinhalb Takten werden erst im Text, dann in der Melodie die Gemeinsamkeiten wieder aufgehoben. Statt des schönen, grünen Jungfernkranzes soll der Mond für die Männer leuchten, statt der veilchenblauen Seide haben die Männer Geld unterm Hemde, um sich die

Illusion (Liebe) zu erkaufen, statt der jungfräulichen Agathe werden später geschäftstüchtige Huren auftreten, um die zahlungskräftigen Männer zu erwarten (Nr. 2). Dieses abermalige aggressive Umkippen in die vor dem Klarinetten- bzw. Saxophonsolo inszenierte Atmosphäre wird noch zusätzlich durch ständigen Taktwechsel ($^3/_4$ zu $^2/_4$ zu $^4/_4$) überakzentuiert (T. 28–30 bzw. 50–52 bzw. 72–74). Kaum ist die rhythmische Ebene des Brautjungfernkranzes wieder erreicht (T. 31/32 bzw. 53/54 bzw. 75/76), stellt sich auch gleich das vertraute *Freischütz*-Zitat, diesmal nur eine Quarte höher, mit derselben Begleitung wieder ein. Pro Strophe (also sechsmal insgesamt) wird es zweimal zitiert; selbst nach Beendigung des dritten und letzten Refrains (T. 78ff.) erklingt es nochmals *fortissimo* an, diesmal in der rein instrumentalen, orchestralen Aufteilung. Bedenkt man die Häufigkeit, mit der dieses Zitat und der damit verbundene Begleitrhythmus auftritt – sozusagen als Keimzelle im Refrain und schließlich als rhythmischer Rahmen des gesamten Stückes –, so kann man mit Recht behaupten, daß dieses musikalische Zitat die Grundlage, die Ursprungszelle für das gesamte Songspiel bildet.

Das Brautjungfernkranz-Refrainzitat bedeutet also in diesem Zusammenhang den käuflichen Erwerb einer Illusion und auch die Illusion selbst. Aber das allein ist nicht gemeint: Weill wollte mit diesem Zitat der deutschen romantischen Oper und ihrem damals zumeist durchaus nationalistischen Publikum ins Gesicht schlagen. Weill griff eben nicht auf den Walkürenritt Wagners oder den *Fidelio* zurück, sondern bewußt auf Weber, der als Vater der deutschen romantischen Oper gilt. Wenn man weiß, wie sehr Pfitzner die Romantik Webers und speziell den *Freischütz* schätzte, liegt die Vermutung nahe, daß Weill mit dieser Verfremdung quasi als willkommenen Nebeneffekt auch die Partei seines Lehrers Busoni ergreifen wollte.

Das *Freischütz*-Zitat wird also zwischen Revolverschuß, männlicher Geilheit (die Strophen) und feilgebotener weiblicher Willfährigkeit (Nr. 2) angesiedelt. Aus der biederen vorhochzeitlichen Zeremonie des Jungfernkranzbindens wird härteste Prostitution. Welch eine Verfremdung nicht nur der deutschen romantischen Oper, sondern auch des dahinterstehenden christlichen Brauchtums, dessen sakramentaler Rang (die christliche Ehe) in die Gosse gezogen wird.

Zum kleinen Marsch

Der kleine Marsch (T. 90) ist wie der rein instrumentale Ausklang der Nr. 5 (T. 131–159) und der Nr. 6 (T. 134–143) in die Nr. 1 integriert. Aus seiner dreiteiligen Form – A (T. 90–99), B (T. 100–110) und die Reprise A (T. 111–120) – fällt der Mittelteil B heraus.

Illustrieren (diese Musik ist eben nicht episch) die A-Teile den Marsch der Männer nach Mahagonny, so wird eine sinnvolle Deutung des Mittelteiles B schon aufgrund der dynamischen Veränderungen schwierig (T. 102, 104, 108–110). Auffallend ist hier die Auflösung des marschähnlichen Rhythmus der A-Teile, die penetrante Verwendung von Sekunddissonanzen (c' zu d') und die Übernahme des Rhythmus der vierten Viertel der A-Teile (T. 99/100, 120).

Der Marsch wird an dieser Stelle unterbrochen. Es scheint daher nicht abwegig anzunehmen, daß Weill den Mittelteil nützte, um die gleichen A-Teile deutlich voneinander abzusetzen; zudem brauchte man den Mittelteil aus bühnentechnischen Gründen (Umbau).

Nr. 2 (Moderato)

Zwei Mädchen treten auf. Auch sie sind von ihrer alten Welt enttäuscht und hoffen, in Mahagonny ihr materielles Glück zu finden[26].

Die Zusammengehörigkeit der in sich geschlossenen Nummern 1 und 2 wird durch das in Klammern stehende *attacca*[27] mit Recht betont.

Die Männer und die Prostituierten verbindet miteinander Interesse an der Suche nach dem »Glück«. Doch hier wird man mit zwei musikalischen Realitäten konfrontiert.

Die Trennung dieser beiden Realitäten (Strophe – Refrain) vollzieht sich auf zwei deutlich voneinander abgesetzten Ebenen. Die momentane, existentiell bedrohliche Realität (Strophen) findet ihren Niederschlag in dem rhythmisch wie melodisch äußerst spannungslos gehaltenen Sprechgesang, der in der zweiten (T. 60 ff.) und in der dritten (T. 120 ff.) Strophe noch durch die weitere Einschränkung des vor allem im Terzraum gehaltenen Ambitus und die monotone Tonwiederholung (c'') verdeutlicht wird. Die zweite, im Alkohol verdrängte, unbewältigte Realität (»we've lost our good old mama and must have whisky ...«) setzt sich durch ihre melodiöse Großbögigkeit und eine andere rhythmische Begleitung deutlich von der anderen (momentanen) Realität ab. Der Mond als optisches Leitmotiv ist bei beiden Realitäten gegenwärtig. Er erscheint mit Beginn der Handlung und verschwindet mit Ende der Nummer.

Bestand in der Nr. 1 kein Zweifel über die antiromantische Tendenz der Musik innerhalb des Refrains, so ergibt sich innerhalb des Refrains der Nr. 2 ein nicht zu übersehender Widerspruch zwischen der von Brecht textlichen wie optisch gewollten antiromantischen Haltung und der Musik Weills. Spräche man den Text an dieser Stelle in die Musik, so käme die ebenfalls sehr triste, durch den Alkohol verdrängte Realität (Refrain) weit besser zur Geltung. So wird der Abschied von der Illusion (»oh moon of Alabama, we now must say good bye«) eher durch musikalischen Kitsch verdeckt als freigelegt. Selbst wenn Weill diesen musikalischen Kitsch verfremdend zur Entlarvung romantischer, gefühlsschwangerer Mondanbetung einsetzen wollte: die Absicht wird musikalisch schon durch allzu häufige Wiederholung des Refrains nicht klar, da eben die Whisky-Stimmung offensichtlich den Brechtschen Inhalt zuckersüß überstreuen sollte. Brechts eigener rhythmischer Entwurf[28] entspricht bei weitem mehr dem Inhalt des Textes. Weill muß seine fälschlicherweise äußerst populär gewordene, kompositorisch mißglückte Interpretation des Brechtschen Textes erkannt haben, als er für die Pariser Uraufführung 1932[29] bei der Wiederholung des Refrains der ersten Strophe (T. 46) dieser gesungenen, schlagartigen Refrainmelodielinie denselben Text des Refrains in der Wiederholung in Sprechgesangform kommentierend entgegensetzte. Nur hier (T. 46) tritt der Text in seiner ganzen Härte entsprechend deutlich zutage. Diese Vortragsweise sollte unbedingt benutzt werden, nicht nur an dieser Stelle, sondern auch nach der letzten Strophe für den letzten Refrain (T. 145 ff.), statt durch den verspielten Wechselgesang den Inhalt noch mehr zum musikalischen Kitsch zu degradieren. Weill spricht doch selbst in seinem Aufsatz »Über den gestischen Charakter der Musik« davon, daß die Musik durch den Text bestimmt wird[30]. Von einer Akzentuierung des Inhaltes des Textes kann aber hier nicht die Rede sein. Entscheidend für die Verfremdung dieser Nummer ist in der Musik Weills einerseits die Ebene des monotonen Sprechgesangs der Strophen, der sich als besonders geeignetes Mittel erweist, um den Brechtschen Inhalt zu verdeutlichen, andererseits der Kontrast, der sich zwischen dieser Sprechgesangsebene, dem Text und dem optischen Leitmotiv einstellt, der aber einen eindeutig antiromantischen Impetus zeigt und somit den Bogen zu Nr. 1 schlägt.

Nr. 3 a (Vivace)

Das äußerst komprimierte Zwischenspiel hat, wie die einleitenden Takte und der kleine Marsch der Nr. 1, illustrativen und damit nichtepischen Charakter. Es handelt sich hier ebenfalls um Aktionsmusik, die in ihrer gelegentlich auftretenden Atonalität der dramatischen Situation, dem sich ankündigenden Chaos, entspricht. Die Musik antizipiert das, was der Zuschauer später miterleben wird: »Das Leben in Mahagonny[31].« Die Nr. 3 a wird aber noch dadurch von den anderen a-Nummern (4 u. 5) abgehoben und damit in ihrer dramatischen Bedeutung akzentuiert, daß sie nicht, wie die anderen, als rein instrumentale Teile mit den folgenden oder vorangehenden Nummern musikalisch (4 a) oder dramaturgisch motiviert (Nr. 1 und 5 a) verbunden ist. Der abrupte Schluß betont noch zusätzlich ihre Eigenständigkeit.

Nr. 3 (Allegro un poco moderato)

Der Text der sehr kurzen Strophen, am Ende des jeweils weit umfassenden Refrains (T. 1–25, T. 32–56, T. 63–67), spielt einerseits auf die totale Verelendung der Leute an; andererseits zeigt er, wofür sie sich (noch) verkaufen wollen: für den Dollar (T. 31) und den Whisky (T. 62). Diese Triebhaftigkeit verlegt Weill, ganz der Situation der Bar entsprechend, auf die Ebene des gebrüllten *(ff)* Sprechgesanges (T. 31 u. 62).

KA S. 25

Dieser Wunsch nach selbstzerstörerischem Vergessenmachen findet sich auch sehr deutlich in den vorangegangenen Nummern. Der entscheidende Unterschied zu den vorangegangenen, in denen Whisky oder Dollars genannt oder gefordert wurden, liegt im musikalischen Bereich. Wurden in der Nr. 1 Whisky und Dollars als selbstverständlich vorausgesetzt (gesungene Form), wurden sie in der Nr. 2 bereits gefordert (Sprechgesang und Gesang): Hier aber besteht bereits die Sucht danach. Man brüllt hemmungslos wie nach einer Droge (der Sprechgesang wird gebrüllt, und zwar *ff*). Alles, was in Mahagonny offensichtlich überdauert, ist die Sucht nach Geld, um sich sinnlos betrinken zu können. Interessanterweise

174

kommt parallel zur dritten Strophe (T. 88) nicht – wie bei der hier um sich greifenden hemmungslosen Triebhaftigkeit zu erwarten wäre – das Brüllen nach sexueller Befriedigung vor; vielmehr bahnt sich die textliche Verfremdung schon vor der parallel gesungenen und gebrüllten Stelle an, indem Brecht Gottes langsam mahlende Mühlen in Zusammenhang mit den heruntergekommenen Leuten von Mahagonny bringt, die nicht bezahlen wollen. Hier (T. 92) schweigen die Leute lieber, im Gegensatz zu den vorherigen Strophen, die ihre Wünsche widerspiegeln. Weill macht das auch musikalisch plausibel. Er setzt die erste und zweite von der dritten Strophe deutlich ab. Gingen die Begleitung und die Singstimme bei der ersten und zweiten Strophe direkt in die Wunschwelt der Leute über, so verwendete Weill ein *senza ritardando* (T. 61 u. T. 30) und den *ff* gebrüllten Sprechgesang. Entspricht der Stropheninhalt nicht der Wunschvorstellung der Leute, so verzichtet Weill genau an der Stelle, wo sonst das *senza ritardando* und das Sprechgesangbrüllen steht, auf den gebrüllten Einwurf, zeigt aber, daß der hier eigentlich zu erwarten sei, indem er ein *ritardando* einfügt (T. 92). Diese textliche Veränderung, die eine musikalische zur Folge hat, hat entscheidende Konsequenzen: sie kündigen sich schon innerhalb dieser dritten Strophe an; denn an der Stelle, an der sonst der nahtlose Übergang zu dem nächsten Refrain käme, steht diesmal eine Fermaten-Pause (T. 93, 94).

Diese Fermaten-Pause leitet eine textliche, rhythmische, instrumentale, begleitungsmäßige und melodiöse Veränderung des gesamten vierten Refrains ein.
Die entscheidenden Worte spiegeln sich in

4. Refrain		*1.–3. Refrain*
»wer in seinem Kober bleibt«	statt	»wer in Mahagonny blieb«
»braucht nicht jeden Tag«	statt	»brauchte jeden Tag«
»nicht unbeweibt«	statt	»und wenn er's besonders trieb«
»nicht extra«	statt	»brauchte er vielleicht noch extra«
»Aber heute sitzen alle in des Lieben Gottes billigem Salon«	statt	»Aber damals saßen alle in Mahagonnys Poker-Drink-Salon«
»Sie gewinnen in jedem Falle«	statt	»Sie verloren in jedem Falle«
»Doch sie haben nichts davon«	statt	»Doch sie hatten was davon«

Hier wird, vergleicht man Musik und Text mit den vorangegangenen Refrains, eine verlogene, heile, immer gegenwärtige Spießerwelt, die sich genau an gegebene Gesetze hält, musikalisch karikiert.

Verlogenheit drückt sich besonders in der süßlichen, hier chromatisch geführten Melodielinie Charlies aus.

Wer in seinem Ko - ber

KA S. 34, T. 100

Heile Welt und Gesetzestreue spiegeln sich in der Biederkeit der Worte wider, Gegenwärtigkeit wird im Wechsel der Zeitform eingefangen (jetzt plötzlich Präsens). Bedeutsam werden einerseits zweitaktweise neu hinzutretende Synkopen der Violinen und Klarinetten, die die rhythmische Gestaltung eines einheitlichen Quartetts ohne den Nachgesang Charlies (T. 102) antizipierend einleiten, und andererseits die mit dem Nachgesang Charlies verbundenen aggressiven Triolenfiguren der Trompeten, die im Gegensatz zu der süßlich-sentimentalen chromatischen Gesangslinie stehen (T. 94–102). Wichtig wird der Moment, in dem Charlie seinen Nachgesang beendet und mit den anderen im Quartett zu singen beginnt (T. 102). Das Klavier schweigt völlig; der in den Violinen und der Klarinette mit dem vierten Refrain-Einsatz begonnene antizipierende Rhythmus wird jetzt übernommen und mit der Begleitfigur des Jazz Tamburo koordiniert. Dieses Quartett wird im aggressiven *fortissimo* vorgetragen. Die Begleitung schwankt zwischen *pp* und *mf*. Mit dem »doch sie haben nichts davon« (T. 108) setzt das Klavier wieder ein und wird mit den anderen Instrumenten von *f* zu *ff* gesteigert (T. 113). Diese *ff*-Steigerung endet – wie zu Beginn des völlig neu gestalteten Refrains – mit einer Fermaten-Pause (T. 93). In beiden Fällen entspricht sie einem Doppelpunkt, der eine zu erwartende Aussage fordert, und in beiden Fällen werden diese Erwartungen in andere Bahnen gelenkt. An dieser Stelle wäre das Losbrechen des tatsächlich erst später stattfindenden Aufruhrs (Nr. 5, S. 71, T. 174) durchaus denkbar. Wie in der Nr. 5 schafft sich auch hier der Mensch die Götter nach seinem Ebenbild[32]. Der Gott wird schon in der dritten Strophe (T. 88) genannt und ist hier, wie später in der Nr. 5, das zum Fetisch erhobene Geld. Doch die Revolte schwelt vorerst nur unterirdisch. Brechts Regieanweisung bestätigt das, was Weill musikalisch ausführt: »Die Männer singen mit geschlossenem Mund eine Art drohender Lyrik.«[33] Drohende Lyrik mit geschlossenem Mund statt des Anschlusses des Refrains und der mit Spannung erwarteten Aussage der vierten Strophe. An deren Stelle tritt der *a capella*-Summchor. Man schweigt nicht mehr (T. 92), man brüllt nicht mehr (T. 31 u. 62), man schlägt nicht los – was nach dem *ff* zu erwarten gewesen wäre –, sondern

176

man unterdrückt all diese angestauten Aggressionen, indem man die Zähne zusammenbeißt und *a capella* schöne melodische Summbögen von sich gibt. Die musikalische Anlehnung an die chromatischen Vorhalte der Gesangslinie Charlies (T. 95 u. 99) ist unüberhörbar und damit die Ähnlichkeit der musikalischen Aussage[34]. Die Verfremdung vollzieht sich also in den Takten 88–123. Hier wird der musikalisch-theatralische Rahmen gesprengt, hier vollzieht sich episches Theater: Das Publikum gerät unter Beschuß, die politischen Anspielungen werden deutlicher, der gegebene musikalische Rahmen reicht nicht mehr aus.

Eine neue musikalische Ebene ist gefunden: Das *a capella*-Summen als höchste Form der Aggressionsunterdrückung. Also nicht wildes Durcheinander, sondern ein künstlich arrangiertes, melodiöses Summen in weiten, schönen Bögen. Hier wird das Summen zum Ausdruck einer völlig überzogenen, bewußt eingesetzten musikalischen Strenge. Statt des überfälligen Eklats unterdrückter, steriler Zwang, der sich der dramatischen Notwendigkeit entsprechend, erst später im *furioso* (Nr. 5, S. 71, T. 125) entlädt.

Nr. 4 a und 4 – Das neue Mahagonny: Benares

Wie schon erwähnt, hängen die nun folgenden a-Nummern (4 a und 5 a) sehr eng mit den Gesangsnummern (Nr. 4 u. 5) zusammen. Bei der Nr. 4 a ist dies in entscheidendem Maße in musikalischer Hinsicht der Fall. Die einleitenden 34 Takte bilden, wie die rein instrumentalen Abschnitte der Nr. 1 u. 3 a, eine Aktionsmusik. Die entscheidende Wende bringt das in der 1. Trompete vorgetragene Thema:

KA S. 39, T. 34–38

Es wird noch zweimal unmittelbar wiederholt (in der 2. Trompete und der 1. Violine). Ähnlich wie bei der Nr. 1 und der Nr. 6 – Charlies »nach Mahagonny« (Nr. 1, T. 15) und die Nr. 6 (T. 33) – zielt dieses Motiv auf eine semantische Entschlüsselung hin, die erst in der Nr. 4 im Takt 94 erfolgt. In diesen beiden Nummern – 4 a und 4 – wird die Suche nach einem Ziel thematisiert, die als Motiv mit der Tendenz des ganzen Stückes vergleichbar ist. Unterlegt man diesem angespielten Thema die jeweils dazugehörige Frage: »Where shall we go?« (T. 1–3, 4–6, 7–9, 10–12, 33–35,

37–39, 40–42, 61–63, 81–83, 87–89, 91–93, 94–96, also 14mal, die Varianten eingerechnet), dann wird der radikale Pessimismus überdeutlich, der sich überdies im musikalischen Thema niederschlägt. Die sehr häufige Wiederholung dieser die Antwort offenlassenden textlichen und musikalischen Frageformel erweckt zunehmend den Eindruck der Depression[34], der durch das im *p* vorgetragene »Oh« (T. 8, 11, 38, 41 und besonders 91–96) verstärkt wird. Selbst die kurzen Momente der Hoffnung (T. 74–80, 81–86), die durch die einzigen direkten musikalischen Wiederholungen innerhalb des Songspiels dargestellt werden, werden von diesem Thema beherrscht (T. 85). Die Aggressionsunterdrückung löst sich in totaler Resignation auf.

Nr. 5a (Sostenuto)

Schon aus der Regiebemerkung Brechts – »Gott in Mahagonny« – wird der Zusammenhang der Nr. 5a mit der Nr. 5 deutlich[35]. Die Regieanweisung Brechts wird durch Weills Angabe – »Choral« – ergänzt. Der Choral antizipiert musikalisch verfremdet den Gott. Die Verfremdung gibt sich vor allem in der für einen Choral recht merkwürdigen Instrumentierung (Altsaxophon, Posaune, Trompete, Klarinette und später Violinen) und in einer Tonalität zu erkennen, die durch freie chromatische Vorhalte und Durchgänge gekennzeichnet ist.

KA S. 57

Der Gott der Tafel »Gott in Mahagonny«, die für beide Nummern gilt, ist natürlich keineswegs religiös zu verstehen. Es ist vielmehr der zum Götzen des Kapitals gewordene Kapitalist. Dieser Aspekt bestimmt das ganze Songspiel und läßt sich durch die nachgewiesenen Zusammenhänge bestätigen.

Nr. 5 (Lento)

Wie in der Nummer 3 klagt eine Solostimme, die die Rolle des Gott-Kapitalisten darstellt, die Männer von Mahagonny an (T. 18, 43, 68, 93). Der

178

Betrachter sieht sich drei Parteien gegenüber: dem anklagenden Gott, den angeklagten Männern und den kommentierenden Frauen. Schlüsselpunkt dieser Nummer ist der Ausbruch des von Gott provozierten Aufruhrs (T. 131 ff.). Die Anklagen Gottes, die immer mehr in wüste Beschimpfungen ausarten, stehen in ihrer Präsensform sprachlich im Gegensatz zu den anderen Gruppierungen, die sich im Imperfekt äußern, und haben mit dem *poco animato* und vor allem mit den stets parallel dazu auftretenden Primärklängen der Glocke als angemaßtem Zeichen ihrer Sakralisierung ihre eigene musikalische Ebene. Das feindliche Gegenüber manifestiert sich im Chor der Männer, zu dem als Begleitung nur die unheimlichen Schläge im *p* des Klaviers erklingen. Er bildet den einleitenden Teil des Refrains[36].

Die dritte musikalische Gruppierung ergibt sich aus dem Kommentar der Frauen (»Ansahen sich die Männer von Mahagonny«, z. B. T. 26) der, mit langgehaltenen Synkopierungen und parallel dazu auffallend häufigem Taktwechsel, trotz der gesungenen Linie durch seine penetrante Plappermelodik eher gesprochen als gesungen wirkt und den zweiten Teil des Refrains bildet, der vom ersten Teil (»an einem grauen Vormittag«) durch die Strophe (Anklage Gottes) getrennt ist. Die in der Nr. 3 unterdrückten, angestauten Aggressionen kommen hier immer deutlicher zum Ausdruck. Diese Aggressionsentladung beginnt schon mit Ende des zweiten Teiles des zweiten Refrains (T. 56). Anstelle der unheimlichen, monotonen Klavierbegleitungsschläge des *lento* (T. 1 u. 32) bricht hier (T. 56) mit der 1. Violine, der Klarinette und dem Saxophon ein lärmender Walzer aus. Hier wäre die Bezeichnung der Vorbemerkung (»Mahagonny ist ein Totentanz«) gerechtfertigt. Projiziert man den Walzerrhythmus auf den Text, so bedeutet das: Die Männer lassen Gott zum Walzer tanzen, und damit beginnt dieser Gott mehr und mehr seine Autorität zu verlieren. Dieser Autoritätsverlust hat seine Auswirkungen. Gott wird zunehmend hysterischer (T. 93 *molto agitato*) und vulgärer (er beginnt zu brüllen, *ff* Takt 93). Die Glocke schlägt wie der Pulsschlag Gottes mit (T. 93). Die Aggression, verstärkt durch die zunehmende Hysterie Gottes, findet im zweiten Teil des Refrains dieser Strophe (T. 101), vor allem rhythmisch, ihren Niederschlag. Statt langgezogener Synkopierungen verwendet Weill nun nervöse Tremolo-Figuren. Diese Nervosität pflanzt sich dann mit Beginn des ersten Teiles des fünften Refrains einerseits in hektischen Sextolenfiguren (ab T. 106), andererseits in einer taktweisen Verkürzung des Textes fort, die inhaltlich-dramaturgisch motiviert ist.

Statt »kam Gott nach Mahagonny« setzt Brecht nun (T. 109) das personifizierte Präsens »kommst du nach Mahagonny«. Die verfeindeten Par-

teien begegnen einander damit auf der gleichen Zeitebene. Dieser Takt
(T. 109) scheint den Beginn einer »Emanzipation« anzudeuten, die mit
dem offenen Streikaufruf (T. 114) der Männer einem Höhepunkt entge-
genstrebt. Die Hölle der Männer soll zu der Gottes werden (T. 97 zu
T. 118). Die Glocke erklingt nun nicht mehr zu den Worten Gottes, sondern zu denen der revoltierenden Männer. Aus der zum sakralen Gerät
und zum Symbol gewordenen Glocke wird jetzt die Sturmglocke, die zum
Kampf ruft *(ff)*. Die Projektion »Hotel zum reichen Manne«[37] wirkt in
diesem Zusammenhang besonders provokativ. Nach diesem Streikaufruf
der Männer läßt Weill – und das kommt in der Partitur nur ein einziges
Mal vor – die Musik, mit Ausnahme des nervösen, signaltonartigen Tril-
lers des Saxophones, für einen entscheidenden Moment ganz aussetzen.
Jenny *ruft* das »Nein« der streikenden Männer (T. 125). Hier nähern sich
Brecht und Weill einer realistischen Alltagssituation, die einer realisti-
schen Sprachebene bedarf: des Rufens. Das Rufen löst das Chaos aus.
Weill greift zum *furioso* (T. 125), und der von Jenny herausgebrüllte
Streikaufruf vollzieht sich in der Wiederholung nun im *ff* des Quintetts,
was der Auflösung der drei Gruppierungen gleichkommt. Die Tafel 6 –
»Aufruhr in Mahagonny«[38] – nimmt das vorweg, was sich nun immer
deutlicher nur noch auf der musikalischen Ebene ausdrückt.
Die auffallend nervösen Begleitfiguren verfestigen sich im *ff* immer deutlicher zu einem Kampflied (T. 143, 146), und parallel dazu tritt die Projektion 16 – »Revolution in Mahagonny« – in Erscheinung[39].
Konkret wird das Kampflied dann, wenn es den zweiten Teil der *Internationalen* zitiert, der dem Kampflied nachträglich seinen Sinn gibt.

KA S. 73, T. 155 ff.

Hoffnung auf eine sozialistische Revolution, die der Unterdrückung in
Mahagonny ein Ende machen soll? Aber dieses nur kurz angeschnittene
Thema verliert sich schnell wieder. Es bleiben lediglich erregte, inhaltlos
sich steigernde, abfallende Triolenfiguren: das Chaos. Was Weill hier in
den letzten Takten musikalisch vorbereitet (KA S. 73), findet in der Nr. 6
seine bittere Bestätigung.

Nr. 6 (Largo)

Die einleitenden Takte über einem Orgelpunkt sind konsequent atonal gehalten und setzen sich, bei rhythmischer Auflösung, deutlich von dem marschähnlichen eigentlichen *Largo* ab. Den einzigen Zusammenhang stellt das rhythmische Motiv der Pauke (ab T. 3) her.

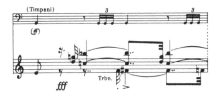

KA S. 74, T. 3

Da Atonalität im Songspiel immer für Chaos steht, sollen die ersten vier Takte wohl auch an das Chaos erinnern, das der Aufruhr hinterließ. Zwar gibt das Largotempo mit dem Takt 5 eine Art Marschrhythmus zu dem folgenden »Demonstrationszug«[40]; aber die damit verbundenen Forderungen wie »Für das Geld«[41] und »Für die wahre Liebe«[42] oder »Für die gerechte Verteilung der überirdischen Güter«[43], die parallel zu dem höchst desillusionierenden Text erscheinen, wirken wie bitterer Hohn, wie totaler Nihilismus. Das betont Weill im Vorgesang Charlies (T. 5f.), dann auch dementsprechend eindringlich mit Halben und *forte* (T. 12 u. 22), die einen starken Gegensatz zum begleitenden Marschrhythmus bilden. Der Text – »Aber dieses ganze Mahagonny ist nur, weil alles so schlecht ist und keine Ruhe herrscht und keine Eintracht und weil es nichts gibt, woran man sich halten kann« – als Quintessenz der Vorgänge wird zweimal wiederholt (dieser Art der Wiederholung begegnet man nur in der Nr. 4, z. B. KA S. 52 bis 55) und bricht mit einer Fermate ab (nach T. 24), die, wie schon mehrfach gehabt, als Spannungsmittel im Songspiel verwendet wird. Der Marschrhythmus setzt aus; das Licht wird halbdunkel, die Variante des Rhythmus *allegro moderato* aus Nr. 1 drängt sich vor: die Revolution fand nicht statt! Diese bittere Erkenntnis verdichtet sich zu einer rhythmischen Aussage, und zwar zusätzlich zu der Stimme, die vorher die Männer zum Streik aufforderte: der von Bessie. Diesmal freilich nicht gerufen – dazu besteht kein Grund mehr –, sondern im tonrepetierenden Sprechgesang.

Ebenso wie die bereits mehrfach eingesetzte Fermatentechnik verdeutlicht die Sprechgesangstechnik die dramatische Situation, und zwar mit dem entscheidenden Satz: »Denn Mahagonny gibt es nicht, denn Mahagonny ist kein Ort, denn Mahagonny ist nur ein erfundenes Wort.« Nach jeder Teilaussage wiederholt das restliche Quintett die Aussage Bessies, erst mit melodiösem Bogen, dann, parallel zur dynamischen Steigerung von *piano* zu *forte,* in der sich von Bessie deutlich absetzenden gesungenen Wiederholung. Der Sprechgesang in der Tonwiederholung steht im Gegensatz zum gesungenen Quintett. Der Sprechgesang spiegelt im Songspiel eine andere Bewußtseinsebene als der reine Gesang wider. Bessie klärt aber in ihrer kommentierenden Funktion, die sie schon von der Nr. 5 an übernimmt, das Publikum nicht nur über das Scheitern der Revolution auf; ihre Worte sprengen überdies den rein theatralischen Rahmen: Eine Revolution bedarf eines revolutionären Bewußtseins, und das ist in Mahagonny weder vorhanden, noch kann es mit den gegebenen theatralischen Mitteln erreicht werden. Wie in Nr. 3 greifen Brecht und Weill das Publikum direkt an. Der Bogen zu dem in seinem Kober sich duckenden Bürger (Nr. 3) ist gegeben. In Resignation über dieses Verhalten endet das Stück mit rein instrumentalen Schlußtakten.

2. Aufstieg und Fall der Stadt Mahagonny
(Das große Mahagonny)

A. Vom Songspiel zur Oper

1. Entstehungsgeschichte. – Aus dem Songspiel *Mahagonny* entstand in den Jahren 1928/29 die Oper *Aufstieg und Fall der Stadt Mahagonny,* die zweifelsohne den Höhepunkt der Zusammenarbeit zwischen Brecht und Weill darstellt [1]. Die Uraufführung fand am 9. März 1930 in Leipzig statt (Regie: W. Brügmann; Bühnenbild und Projektionen: Caspar Neher; Dirigent: Gustav Brecher) [2].
Im Gegensatz zur Reaktion auf die *Dreigroschenoper* fühlte sich das Publikum diesmal wirklich provoziert. Es kam zu einem regelrechten Theaterskandal. Die Leipziger Bürger protestierten aufgebracht oder verließen vorzeitig das Theater. Freilich gab es auch Zustimmung und handgreifliche Auseinandersetzungen zwischen Applaudierenden und Unzufriedenen. Es hatte offensichtlich eine Spaltung des Publikums in Kulinariker und Nichtkulinariker stattgefunden, die natürlich politisch zu verstehen und von Brecht und Weill wohl auch erwartet worden war. Dennoch verhalf die Schallplattenindustrie auch einigen Songs aus *Mahagonny* zu großer Beliebtheit, die allerdings nicht jene der

gängigsten Songs aus der *Dreigroschenoper* erreichte[3]. Sowohl Brecht als auch Weill verbanden mit der Entstehung der Oper *Mahagonny* theoretische Überlegungen, wobei sie die Akzente dem jeweiligen Medium entsprechend verschieden setzten: Brecht hatte mehr, wenn auch nicht ausschließlich, die Entwicklung seines Modells eines epischen Theaters im Sinn, Weill gab musikalischen Erwägungen den Vorrang. Daß beide ihre theoretischen Beiträge unabhängig voneinander verfaßten und veröffentlichten, deutet auf die beginnende Entfremdung hin, die sich zunächst als wechselseitiger Verdacht abzeichnet, der eine wolle den anderen für seine eigenen Intentionen ausnutzen[4].

Brechts Anmerkungen zur Oper *Aufstieg und Fall der Stadt Mahagonny* sind häufig zitiert und interpretiert worden, weil sie wichtiger Bestandteil seiner Theatertheorie sind[5]. Der zentrale Gedanke ist die Anwendung der Methode des epischen Theaters auf die Oper, die zu einer »Trennung der Elemente« (Wort, Musik und Darstellung) führen sollte. »Musik, Wort und Bild mußten mehr Selbständigkeit erhalten«, die Verschmelzung der Medien zu einem für den Zuhörer unentwirrbaren, ihn berauschenden, überflutenden Ganzen wird abgelehnt[6]. Aus diesem Grundgedanken ergeben sich »Gewichtsverschiebungen« im Funktionssystem der Oper, aber keine grundsätzlichen Neuerungen. »Wirkliche Neuerungen greifen die Basis an[7].«

Weills Aufsätze »Über den gestischen Charakter der Musik«[8] und »Anmerkungen zu meiner Oper *Mahagonny*«[9] befassen sich vorwiegend mit musikalischen Aspekten, die freilich Brechts Theatertheorie zwar nicht fremd waren, aber doch ein größeres Gewicht auf das Opernhafte des Werkes legten. Dies gilt wohl vor allem für die Bemerkung, das *Mahagonny*-Songspiel sei eine Stil-Studie zur Oper gewesen, und der dort praktizierte Stil sei in der Oper fortgesetzt worden, nachdem er sich bewährt habe. Die »Gattung Song«, die im kleinen *Mahagonny* erprobt und später weitergeführt worden sei, könne nicht allein eine abendfüllende Oper bestreiten. Unter Wahrung des balladesken Grundcharakters müßten vielmehr andere »größere Formen« hinzukommen[10]. Auf diese Formen wies Ernst Latzko 1930 in seinem Aufsatz »Weill-Brechts Mahagonny« im einzelnen hin und betonte die Eigengesetzlichkeit von Weills Musik ebenso, wie er auf die »Fäden« hinwies, »die sich teils zur barokken, teils zur klassichen Oper spinnen[11]«.

Drew meint – vielleicht nicht zu Unrecht –, daß Brechts Verdacht, Weill habe versucht, ihn im traditionellen Sinne als Opernlibrettisten auszunutzen, durch den Beitrag Latzkos bestätigt worden sein könnte[12]. Andererseits wird man ihm kaum widersprechen, wenn er vermutet, Weill könne über einige besonders herausgehobene Bemerkungen Latzkos (z. B.

Weills Musik »wolle nichts ausdrücken« oder »die Gerichtsszene weise Sonatenform auf«[13]) nicht glücklich gewesen sein. Alles in allem sind die theoretischen, letztlich im Politischen wurzelnden Ausführungen Brechts ausführlicher und grundsätzlicher als die Weills und haben seit jeher größere Aufmerksamkeit gefunden. Es wäre aber sicher falsch, den Anteil des Komponisten an der künstlerischen Substanz der Oper *Mahagonny* aus diesem Grund geringzuschätzen. Als Theoretiker mag er Brecht unterlegen gewesen sein; in der praktischen künstlerischen Arbeit besteht zwischen beiden ausgewogene Ebenbürtigkeit.

2. Vom Songspiel zur Oper. – Der Weg vom Songspiel *Mahagonny* zur Oper *Aufstieg und Fall der Stadt Mahagonny* ist gekennzeichnet durch Verdeutlichung und Intensivierung der politischen Perspektiven des *Mahagonny*-Stoffes entsprechend dem zunehmenden Engagement Brechts für einen konkreten Marxismus. Schon die Versachlichung der im Songspiel andeutungsweise definierten Paradiesstadt Mahagonny macht dies deutlich: sie wird jetzt, im 1. Bild, regelrecht gegründet, und die damit verfolgten Absichten werden offen benannt. Adorno bezeichnete die Gründungsszene als eine »mächtige Parodie des Staatsvertrages[14]«, und wenn man sie mit dem eher ins Unbestimmt-Utopische weisenden Schluß des 1927 uraufgeführten Songspiels vergleicht, dann wird die weitaus intensivere, stärker im Konkret-Soziologischen verankerte Behandlung des Themas in der Oper deutlich. Daß Brecht und Weill zwischen 1927 und 1930 in der Zusammenarbeit bei *Dreigroschenoper* und *Happy End* bestimmte, wenn auch nicht ganz einheitliche Erfahrungen auf musiktheatralischem Gebiet gesammelt hatten, kam nun dem *großen Mahagonny* zugute. So entstand aus dem Songspiel, bei dem es sich mehr um eine lyrisch-dramatische Demonstration handelte, die den Eindruck einer Oper bewußt vermeiden sollte, ein Werk, das sich mit Absicht »Oper« nennt, weil es dem »Unvernünftigen der Kunstgattung Oper bewußt gerecht wird[15]«. Handelt es sich beim Songspiel eher um einen Diskussionsbeitrag zur Frage, was man der traditionellen Oper als zeitgemäße Alternative entgegenstellen könne, so sollte *Aufstieg und Fall der Stadt Mahagonny* den Zuschauer (Brecht und Weill dachten immer an ein *Opern*publikum[16]) in einen dialektischen Erkenntnisprozeß hineinzwingen, der ihm die anarchischen Zustände innerhalb der kapitalistischen Gesellschaft am Beispiel der so überaus geschätzten, Auge und Ohr verwöhnenden Kunstform Oper bewußt machte.

Diese enge Verknüpfung von »Theorie und Praxis« stellt sich bei der Realisation des Werkes auf der Bühne als eine Art von demonstrierendem, sinnlich faßbarem Denken mit den Mitteln des Musiktheaters dar – ein

Aspekt, der in vielen Interpretationen übersehen wurde und wird und beispielsweise bei Schumacher zu einer letztendlich negativen Beurteilung der Oper *Mahagonny* führt, die zumindest teilweise die Folge einer verkehrten, eindimensionalen Perspektive ist[17]. Der Hinweis auf die weitere Entwicklung Brechts, speziell auf seine Hinwendung zum Lehrstück, kann die Deklassierung der Oper *Mahagonny* (über die *Dreigroschenoper* und *Happy End* ließe sich in diesem Sinne eher reden) als negativen Befund nicht überzeugend rechtfertigen[18]. Entscheidend sollte die von Brecht und Weill ins Auge gefaßte Werkintention sein – eben der Versuch, die traditionelle Oper an dem ihr eigenen gesellschaftlich-kulturellen Ort, dem Opernhaus, durch die verfremdende Anwendung der sie konstituierenden Strukturelemente als kulinarisch, spätbürgerlich-kapitalistisch und verlogen zu entlarven. Daß dieser Prozeß nicht wiederholt zu werden braucht, daß also keine weiteren »Opern« dieser Art entstanden, ergibt sich zwangsläufig aus diesen Intentionen Brechts und Weills. Eine Oper ähnlichen Stils mit anderer Handlung wäre im Sinne dieser Intentionen nichts Neues gewesen. *Aufstieg und Fall der Stadt Mahagonny* formuliert und *ist* Kritik an der traditionellen Oper, zum einen, weil sie durch ihre bewußt opernhafte Struktur die Brüchigkeit der ganzen Gattung aufzeigt, zum anderen, weil sie ein für die traditionelle Oper neues, auf das kulinarisch konditionierte Opernpublikum schockierend wirkendes Thema aufgreift, das nicht im üblichen Sinne »abgehandelt« wird, sondern dem dialektischen Denkvorgang im Zuschauer die Richtung weist. Nicht ganz Parabel, aber surrealistisch eine Wirklichkeit (die absterbende bürgerliche Welt) *so* abbildend, daß ihr desolater Zustand erkennbar und in seiner Bedingtheit begreifbar wird, zeigt die Oper *Mahagonny* die Trümmer der alten Oper vor und zwingt den Zuschauer, analoge Verhältnisse in der bürgerlichen Gesellschaft zu entdecken, der er angehört, und zwar nicht so sehr reflektierend, im Nachhinein, d. h. im Rückblick auf das ganze Werk und seinen szenischen Ablauf, sondern vom ersten Augenblick, vom ersten Bild an, das für sich allein ebenso viele provokative Elemente enthält wie jedes der folgenden und die Oper *Mahagonny* insgesamt[19].

All dies ist gewiß im Songspiel *Mahagonny* schon vorgeprägt[20]; doch sind die einzelnen, episch nebeneinandergestellten Szenen nicht so aktionsgeladen wie die der Oper.

Vor allem ist die Methode der grotesken Steigerung und Übertreibung noch nicht so verfeinert. Darauf wird im einzelnen noch näher einzugehen sein.

3. Sprachlich-dramaturgische Aspekte. – Die Beurteilung der Oper *Mahagonny* in der kommentierenden Literatur ist durchaus nicht einheitlich. Bei Schumacher findet sich ziemlich unverhohlen der Vorwurf, Brecht sei es hier (noch) nicht gelungen, das »Wesen der kapitalistischen Welt« in wirklichkeitsnahen, stimmigen Bildern einzufangen. Ein abstrakter Zug hafte dem Ganzen an, es handle sich, ähnlich wie bei den *Mahagonnygesängen,* um eine unkonkrete, sozusagen bewußtlose »Aufnahme und Wiedergabe des typisch anarchischen Zustandes der Gesellschaft[21]«. Anders gesagt: Die Struktur der Oper *Mahagonny* lasse erkennen, daß Brecht mit seinen Marxismus-Studien bzw. -Erfahrungen noch nicht auf sicheren Grund gelangt sei.

Dementsprechend wird handfeste Detailkritik geübt – etwa: »Noch schiefer ist, daß die Maxime (Alles ist erlaubt für Geld) ausgerechnet von einem Holzfäller, einem Arbeiter, entdeckt und ausgesprochen werden muß« oder »[...] wenn die Laster, die den Kapitalismus auszeichnen – das vulgär-materialistische Genießen, das Engels mit Fressen, Saufen, Augen- und Fleischeslust glossiert hatte –, ausgerechnet von den vier Holzfällern vorexerziert werden[22].« »Dieselbe Kritik gilt für die Darstellung der übrigen kapitalistischen Gemeinheiten. [...] Diese Demoralisationen zeichnen in Mahagonny ausschließlich die Vertreter der niederen Klasse aus, wo sie als zum Wesen der Ausbeuter gehörig erscheinen müßten[23].« Was Schumacher in den fünfziger Jahren Anlaß zur Kritik ist, war Adorno 1930 eher ein Vorzug der Oper *Mahagonny*: »Keine klassenlose Gesellschaft wird als positives Maß des verworfenen Gegenwärtigen in Mahagonny offenbar. Sie schimmert kaum zuweilen durch, so undeutlich wie eine Kinoprojektion, die von einer anderen überblendet wird; einer Erkenntnis gemäß, die wohl unter dem Zwang des Kommenden das dunkle Heute mit Lichtkegeln zu zerteilen vermag, nicht aber legitimiert ist, das Zukünftige anzupinseln[24].«

Marianne Kesting meint wohl etwas Ähnliches, wenn sie von einer in Parabelform gebrachten negativen Utopie der kapitalistischen Gesellschaft spricht[25]. *Mahagonny* ist zwar aus marxistischer Perspektive konzipiert, führt jedoch eine andere, bessere Gesellschaftsordnung nicht plakativ vor Augen, sondern kritisiert die Mängel der derzeit bestehenden so, daß deren positives Gegenbild zumindest bruchstückhaft und punktuell in der Wunsch- und Vorstellungswelt des Zuschauers aufleuchtet. Es ist der Versuch, unter dem Tarnmantel der Großform Oper in die Psyche des Bildungsbürgertums (Opernpublikums) einzudringen und dort durch die Verfremdung dieses elitär überschätzten Bildungsgutes verunsichernd zu wirken, denn Verunsicherung zieht ja die Frage nach dem Warum nach sich.

Dramaturgisches Mittel für den geschilderten Vorgang ist die grotesk überzeichnete Szene, die ein komisches Exempel vorführt bzw. ein bewußt überzeichnetes Exempel konstruiert, »in dem der komische Widerspruch zwischen den ideologischen Glücksverheißungen und Freiheitsmöglichkeiten zur Realität kenntlich gemacht werden soll [26]«.

Diese grotesk überzeichneten Szenen bilden in der Oper *Mahagonny* einen Zyklus, »der durch einen Song zusammengehalten wird«:

> »Erstens, vergeßt nicht, kommt das Fressen
> Zweitens kommt der Liebesakt.
> Drittens das Boxen nicht vergessen
> Viertens Saufen, laut Kontrakt.
> Vor allem aber achtet scharf
> Daß man hier alles dürfen darf [27].«

Im einzelnen handelt es sich um die Bilder 13 bis 16, die insofern an zentraler Stelle des Stückes stehen, als sie unmittelbar auf die »Nacht des Entsetzens« folgen, in der Mahagonny im letzten Augenblick vom Hurrikan verschont wird. Aber schon die Art und Weise, wie das geschieht, ist grotesk. Der Pfeil, der den Lauf des Sturmes nachzeichnet, »macht einen schnellen Halbkreis um Mahagonny und läuft weiter«, zeigt also einen Weg des Hurrikans an, der *in natura* gar nicht möglich ist. Auf groteske Weise wird vorgeführt, wie eine Art von (manipulierbarer) Vorsehung dafür sorgt, daß Mahagonny entgegen aller Vernunft bestehenbleibt und damit als Paradiesstadt erst so richtig etabliert werden kann. Damit wird natürlich keineswegs eine überirdische Macht oder Gerechtigkeit in die Handlung eingeführt; das ganze Leben im vom Sturm verschonten und danach um so besser funktionierenden Mahagonny wird vielmehr von vornherein als auf einer grotesken Konstellation beruhend charakterisiert; das heißt: was jetzt, nach dieser Nacht, passiert, ist genauso typisch für die kapitalistische Gesellschaft, wie es untypisch für den normalen Menschenverstand ist. Das gilt für das Sich-zu-Tode-Fressen (13. Bild), für die Käuflichkeit der Liebe (14. Bild), für den tödlich endenden Boxkampf (15. Bild) und das als krasse Ausbeutung charakterisierte Saufgelage (16. Bild). Beinahe unabwendbar, daß hier das Schicksal des Paul Ackermann eine Wendung zum Schlimmen nimmt: Er hat kein Geld mehr. Er teilt es zuerst nur Jenny mit, auf deren Zuneigung er aber vergeblich hofft; sie hilft ihm nicht aus seinen Schwierigkeiten. Dieses »menschliche Scheitern« der Beziehung von Paul zu Jenny ist verknüpft mit jener Szene, die Adorno als das »positive Zentrum« der Oper *Mahagonny* bezeichnet hat: »Es hat denn auch die Oper *Mahagonny* ihr positives Zentrum in der Rauschszene, wo Jim sich und seinen Freunden aus einem Billard und einer Storestange ein Segelschiff baut und nachts im

Sturm durch die Südsee nach einem Alaska fährt, das an die Südsee grenzt; dazu singen sie das Seemannslos, den unsterblichen Katastrophenkitsch, Polarlicht ihrer schaukelnden Seekrankheit, und lenken die Segel ihrer Traumfahrt ins besonnte Eisbärenparadies. Richtig ist in der Vision dieser Szene die Verzahnung des Endes angebracht; die Anarchie leidet Schiffbruch an der Improvisation, die aus ihr kommt und die sie übersteigt. Mord und Totschlag und Verführung, die sich in Recht und Gerechtigkeit und Geld bezahlen lassen, werden dem Jim verziehen, nicht aber die Storestange und drei Gläser Whisky, die er nicht bezahlen kann und die sich hier überhaupt nicht bezahlen lassen, weil die Traumfunktion, die sie durch ihn gewannen, in keinem Tauschwert mehr ausdrückbar ist. Dieser Jimmy Mahoney ist ein Subjekt ohne Subjektivität: ein dialektischer Chaplin. Wie er sich langweilt in der geordneten Anarchie, will er seinen Hut aufessen wie Chaplin die Schuhe [28].«

Das 17. Bild zeigt Paul Ackermann in Fesseln, in der Nacht vor seinem Prozeß. Hart stoßen hier Realität und Wunschwelt zusammen. Paul möchte haben, daß es nicht Tag wird, weil er weiß, daß es sein letzter Tag ist, der heraufdämmert. Nicht schwer zu erkennen, daß hier die Möglichkeit, durch groteske Übertreibung zu einem guten Ende zu gelangen (wie etwa in der *Dreigroschenoper*), bewußt ausgelassen wird. Immerhin wäre es nicht unwahrscheinlicher als das Ausweichen des Hurrikans im 12. Bild, wenn es, entgegen dem natürlichen Ablauf, eben einfach *nicht* Tag werden würde. Aber die Figur des Paul steht schon hier nicht mehr unter dem Gesetz einer rein theatralischen Wendung zum Guten, sie rückt bereits erkennbar auf die menschlich erfahrbare Realität zu, die mit Theater nichts mehr zu tun hat, sondern nur noch mit Politik. Dementsprechend reagiert in der folgenden Gerichtsszene und in der Hinrichtungsszene Paul als einziger menschlich, während sich die anderen, dramaturgisch gesehen, nach dem Muster des komischen Exempels verhalten. Die dramaturgische Anordnung wird zum Abbild des gesellschaftlichen Zwanges, und Pauls abweichendes Verhalten rettet ihn typischerweise nicht, sondern beschleunigt eher noch seinen Untergang. »Er ist kein Held, so wenig wie *Mahagonny* eine Tragödie ist; er ist ein Bündel von Regungen und Bedeutungen, die sich überschneiden, ein Mensch in der Zerstreutheit seiner Züge. Beileibe kein Revolutionär, aber auch kein rechter Bürger und Wildwestmann, sondern ein Fetzen Produktivkraft, der die Anarchie realisiert und aufdeckt und deshalb sterben muß [29].«

Aus dieser Perspektive erlangen nun die geschilderten Grotesk-Szenen (Fressen, Lieben, Saufen usw. bis zur grotesken Gerichtsverhandlung) eine paradigmatische Bedeutung, die über das Nur-Komische hinausgeht; denn der »Hochbetrieb« in Mahagonny, den diese Szenen vorführen, wurde erst möglich durch die Entdeckung »der Gesetze der menschlichen Glückseligkeit« durch Paul (11. Bild) mit dem mehrmaligen »Du darfst«. Diese Verse werden von Schumacher als das »Evangelium des bürgerlichen Individualismus« bezeichnet[30]. In welchem Zusammenhang sie jedoch zu den vorausgehenden vier Strophen, beginnend mit »Laßt euch nicht verführen ...« stehen – darauf geht er nicht näher ein[31]. Anders Adorno. Für ihn ist das »Laßt euch nicht verführen ...« der offene »Protest der unterworfenen Klasse, der er zuzählt, da er nicht bezahlen kann ...[32]«.

Die folgenden Strophen, die laut Regiebemerkung an der Rampe gesprochen werden sollen, diskutiert er nicht.

Nun könnte man beide Interpretationen zusammenfassen und Paul als Vertreter der unterworfenen Klasse bezeichnen, der jedoch rein ökonomisch aufgrund seines momentanen Reichtums zur Bourgeoisie gehört, deren auf Geld basierendes anarchisches Verhalten er zur allgemeinen Maxime erhebt, indem er sich dessen herausragendes Merkmal, nämlich »alles zu dürfen (wenn man Geld hat)«, zum Leitprinzip wählt. Tatsächlich berühren sich ja die Intentionen der unterdrückten Klasse (mit ihrem Drang zur Revolution) und der Zustand der bürgerlichen Schicht im Anarchischen. Hier ist es notwendiges Mittel, um die Revolution einzuleiten, dort ein Zustand, der wie Zündstoff für den Funken der Revolution bereitliegt. Dennoch ist Paul nicht Revolutionär im aktiven Sinne; er entdeckt aber den geschilderten Zusammenhang und teilt seine Entdeckung mit, und zwar bewußt *auch* dem Publikum. Dann stürzt er sich, gleichsam um die Richtigkeit seiner eigenen Entdeckung zu beweisen, in die kapitalistische Ausbeutungsmaschinerie und geht darin zugrunde. Seine Schuld – kein Geld mehr zu haben, nicht mehr bezahlen zu können, was er genossen hat – und deren Sühne durch das Mahagonny-Gericht durchleuchten in grotesker Überdeutlichkeit die wahren, durch Revolution zu beseitigenden Zustände in Mahagonny. Das Gerichtsverfahren, bei dem Dreieinigkeitsmoses als Staatsanwalt, die Begbick als Richter und Willy als Verteidiger fungieren, bei dem es also keine unabhängigen Vertreter des Rechts gibt und nur jene das Sagen haben, die aufgrund ihres gesellschaftlichen und monetären Interesses gegen den Angeklagten eingestellt sein müssen – dieses Verfahren öffnet den Blick für die Geschlossenheit des kapitalistischen Systems, die das Individuum, das sein Recht sucht, nicht durchbrechen kann. Das erinnert an die Grundsituation der Figuren Kafkas, die auch gegen einen anonymen Staatsapparat anrennen, wobei sie es, konkret und vordergründig, »nur« mit biederen, unverdächtigen Alltagsmenschen zu tun haben. Schon Adorno hat auf diese Parallele hingewiesen: »Wie in Kafkas Romanen die mittlere bürgerliche Welt absurd und verstellt erscheint, [...] so ist in *Mahagonny* die bürgerliche Welt enthüllt als absurd, gemessen an einer sozialistischen, die sich verschweigt[33].« »Der Widersinn des Klassenrechts wird, Kafka sehr ähnlich, an einer Prozeßverhandlung demonstriert, wo der Staatsanwalt als sein eigener Portier die Billette verkauft[34].« Auch Adornos Bemerkung: »*Mahagonny* ist die erste surrealistische Oper[35]«, gehört in diesen Zusammenhang.

Das Kernstück des Werkes, also die eben behandelten Bilder 11 bis 19 (darin enthalten ist die Szene von Gott in Mahagonny, die jedoch analog zum Songspiel zu interpretieren ist), wird umspannt von der »Gründung der Stadt Mahagonny« im 1. Bild und ihrem Untergang im 20. und letzten Bild. Anfang und Ende sind eng aufeinander bezogen. Was am Anfang verheißen wird – »Nicht zu leiden und alles zu dürfen« – erscheint am Ende als Müssen, als Zwang. Jede Freiheit, die Mahagonny zu bieten hatte, ist, wie im Verlauf der Oper gezeigt wurde, nur eine Scheinfreiheit gewesen. Wahr und real ist, daß in der vom Geld manipulierten kapitalistischen Gesellschaft ein Kampf aller gegen alle stattfindet, der das System der Unterdrückung und Ausbeutung aufrechterhält. Die Scheinfreiheit dokumentiert sich auch darin, daß die jeweils entgegengesetzte Ansicht zu einer extrem formulierten Forderung geduldet wird, z. B.:

FÜR DAS EIGENTUM: FÜR DIE ENTEIGNUNG DER ANDEREN

Solche scheinbar liberalen Widersprüche kann die kapitalistische Gesellschaft aushalten, ohne ernsthaft in Gefahr zu geraten, solange es »Unbelehrte« gibt, die für Ideale dieser Gesellschaft mit dem Slogan »Für den Fortbestand des Goldenen Zeitalters« werben[36].
Gerade die Tatsache aber, daß sie, die Demonstranten des Schlußbildes, als Unbelehrte vorgezeigt werden, spielt den Ball der Erkenntnis des richtigen Weges dem Publikum zu. Nicht zuletzt deshalb ging wohl die Provokation für die Bourgeoisie bei der Leipziger Uraufführung hauptsächlich von der Schlußszene aus[37]. Sie läßt, wenn auch vorerst nur ansatzweise und verdeckt, die Lehrstück-Dramaturgie Brechts mit ihrer offeneren, bewußteren Hinwendung zum Publikum ahnen. Auch das wurde schon von Adorno im Ansatz richtig erkannt, wenn er etwa darauf hinwies, daß die »Logik des *Mahagonny*-Finales« auf einer definitiven Sprengung des ästhetischen Kontinuums beruhe, vergleichbar dem Augenblick des Hervortretens des Holländers in R. Wagners *Der fliegende Holländer aus* seinem Bild (2. Akt). Die nur lose verklammerten, bewußt als zusammenmontiert gezeigten Teile der Oper *Mahagonny* sind am Anfang und Ende in der empirischen Realität verankert, und dem Zuschauer wird auf diese Weise deutlich gemacht, daß die Urbilder des Kapitalismus auch für ihn

ganz gegenwärtig sind[38]. »Wir selber sind in Mahagonny, wo alles erlaubt ist außer dem einen: Kein Geld zu haben[39]«, wobei »außer« nicht eine irgendwie geartete Hoffnung offenhält; denn der Satz ist nicht umkehrbar. »Es ist verboten, kein Geld zu haben, *ansonsten* jedoch ist alles erlaubt« – das geht nicht. Wer kein Geld hat, dem ist nichts mehr erlaubt, da alles vom Geld abhängt. Das macht die bleibende Aktualität von *Aufstieg und Fall der Stadt Mahagonny* aus, zumal es im Bewußtsein unserer Gesellschaft auch heute keinen »unkapitalistischen Raum« gibt und die Umrisse des Neuen, Zukünftigen nur »in der Konstruktion des Gegenwärtigen« erblickt werden können[40]. Und nicht zuletzt sei nochmals daran erinnert, daß zu diesem »Gegenwärtigen« auch die traditionelle Oper (oder zumindest ein traditionelles Verständnis von ihr) gehört und daß die *Mahagonny-*Oper auch *da*gegen polemisiert mit der Absicht, über das Medium des Musiktheaters und dessen Stilmittel in verfremdender Form verwendend »Politik in die Oper« zu bringen[41].

B. Dimensionen der Verfremdung in der Oper *Mahagonny*

Aus dem kurzen Songspiel entwickelten Brecht und Weill 1929 die abendfüllende Oper *Mahagonny*. Auffallende Gemeinsamkeiten der Oper mit dem Songspiel machen im Zusammenhang mit dem dramatischen Ablauf gerade auch die Unterschiede deutlich[1]. Vergleicht man die Handlungsabläufe, so ergeben sich grundlegende Verschiebungen, die auch Folgen für die musikalische Gestaltung haben. Drei wesentliche Unterschiede seien hier kurz genannt:
Das Songspiel zeigt in abstrakter Form den Niedergang Mahagonnys in sechs Etappen. Die Oper folgt einem genau ausgearbeiteten Handlungsablauf, der mit einem Einzelschicksal aufs engste verknüpft ist (Jim Mahoney).
Benötigt Brecht in der Oper einen *deus ex machina,* um den Taifun an Mahagonny vorbeiziehen zu lassen – eben das hat ihn später zu der Äußerung veranlaßt, *Mahagonny* sei als Oper kulinarisch und damit irrational –, so entfällt im Songspiel dieses bewußt gestaltete irrationale Moment.
Alle im Songspiel eigentlich nur kurz in Erscheinung tretenden Laster der Leute von Mahagonny werden in der Oper bis zur bitteren Neige ausgeschöpft (Nr. 14–18).

191

Bezeichnend für die Oper ist weiterhin die deutlichere Markierung des epischen Prinzips. Im Songspiel wird der Zuschauer *direkt* erst am Ende der Handlung mit der Mahagonny-Realität konfrontiert, während er diese Realität in der Oper bereits von Anfang an kennt. Dieser Aspekt macht die Umgruppierung der Songspiel-Nummern in der Oper verständlich.

Auffallend sind, zweitens, auch die kompositorischen Techniken, die in beiden Stücken vorkommen, aber jeweils anders verwendet werden; dazu gehören insbesondere der Sprechgesang (Nr. 1, S. 7; Nr. 7, S. 66; Nr. 8, S. 83), das Summen (Nr. 9, S. 99; Nr. 9, S. 103; Nr. 16, S. 233), die Gesangslinie mit orchestraler Begleitung, die textlich-musikalisch gebundene Wiederholung, rein instrumentale Partien (Teile von Nummern), das musikalische Zitat und die Verwendung von Tanzrhythmen.

Als neue kompositorische Techniken treten, drittens, in der Oper namentlich die folgenden hervor: Das In-die-Musik-Sprechen (sowohl in die fortlaufende Musik als auch in einzelne stehende Akkorde), das In-die-Pause-Sprechen, die Verlangsamungstechnik (z. B. Nr. 5, S. 57), der Chor als eigenständige musikalische Dimension, der *a capella*-Sologesang, das reine Sprechen und die Verwendung von Elementen aus der Operntradition.

Besonders häufig ist die direkte Übernahme ganzer Nummern oder Teile von Nummern aus dem Songspiel (Tabelle auf Seite 193).

Auffallend ist bei dieser Tabelle vor allem die wichtigste Umstellung: Die Nr. 6 des Songspiels (also die Endaussage) wird zur Nr. 1 der Oper, was einer Verwirklichung des epischen Prinzips weit näherkommt.

Wenn man die Verwendung der Nummern im Songspiel mit denen in der Oper vergleicht, so läßt sich etwa folgendes sagen: Die Nummern des Songspiels bilden eine Art Gerüst für die Oper. Die einzelnen Nummern behalten mit Ausnahme der Nr. 6 in allgemeiner Weise ihre dramatische Funktion bei.

Die Instrumentation wird in der Oper angereichert. Der Schwerpunkt der Instrumentengruppen verlagert sich auf die Bläser. Die Songs verlieren in der Oper an Bedeutung.

Es ist unmöglich, beim Umfang des Werkes auf jedes musikalische Detail einzugehen. Da die Analyse unter dem Aspekt der Verfremdungstechnik erfolgt, werden nur besonders auffallende Beispiele ausgewählt.

Übersichtstabelle gemeinsamer Nummern im Songspiel und in der Oper
Mahagonny

Songspiel	Oper	Übernahme	Songspiel	Oper
Nr. 1	Nr. 4	vollständig	Seite 1– 9	Seite 32– 39
Nr. 2	Nr. 2	1. + 3. Strophe	Seite 11–20	Seite 17– 23
Nr. 2	Nr. 11	Refrain	Seite 12–14	Seite 129–131
Nr. 2	Nr. 20	Refrain	Seite 12–14	Seite 313
Nr. 3	Nr. 16	erster Teil	Seite 22–33	Seite 206–209
Nr. 3	Nr. 16	3. Strophe	Seite 34–37	Seite 231–233
Nr. 4	Nr. 18	2. + 3. Strophe	Seite 46–56	Seite 273–281
Nr. 5	Nr. 20	vollständig	Seite 58–72	Seite 295–301
Nr. 6	Nr. 1	vollständig	Seite 74–81	Seite 13– 16
Nr. 6	Nr. 3	Ausschnitt	Seite 77	Seite 27
Nr. 6	Nr. 20	einmalige Wiederholung	Seite 74–77	Seite 307–308
Nr. 6	Nr. 9	Ruhe, Eintracht	Seite 74	Seite 103
Nr. 6	Nr. 9	Ruhe	Seite 74	Seite 104
Nr. 6	Nr. 9	Ruhe	Seite 74	Seite 105
Nr. 6	Nr. 9	unsere Ruhe	Seite 74	Seite 115
Nr. 6	Nr. 9	unsere Eintracht	Seite 74	Seite 115
Nr. 6	Nr. 9	Mahagonny	Seite 74	Seite 117–118
Nr. 6	Nr. 9	zuviel Ruhe	Seite 74	Seite 117–118
Nr. 6	Nr. 9	zuviel Eintracht	Seite 74	Seite 117–118
Nr. 6	Nr. 11	Ruhe + Eintracht	Seite 74	Seite 133
Nr. 6	Nr. 11	Ruhe + Eintracht	Seite 74	Seite 257
Nr. 6	Nr. 11	Ruhe + Eintracht	Seite 74	Seite 270

Zur Nr. 1

Die eröffnende Aktionsmusik, die die Flucht der Witwe Begbick und ihrer Helfer schildert, leitet zum *Arioso* über.

Das Arioso (T. 136–191)

In diesen fünfundfünfzig Takten wird antizipierend die ganze sich nun ereignende Geschichte erzählt. Alle wesentlichen Momente des Handlungsverlaufes werden hier schon angeschnitten – »die Wollust der Männer, nicht zu leiden und alles zu dürfen« (Hinweis auf die später ausbrechende Anarchie), »das ist der Kern des Goldes – Mädchen und Knaben« (weibliche und männliche Prostitution), »die großen Taifune« (der spätere dramatische Trick, um den Ausbruch der Anarchie zu begründen) und »Kämpfe mit Gebrüll und Roheit«.

Dieses stark epische Moment, das den Zuschauer von Anfang an mit der Mahagonny-Realität konfrontiert, wird dann später durch die Aussagen des *Largo* (T. 212ff.: »Aber dieses ganze Mahagonny ist nur, weil alles so schlecht ist ...«) noch zusätzlich verstärkt. Im Grunde gibt aber das *Arioso* bereits den gesamten Inhalt des Stücks wieder.

Für den formalen Aufbau der Nummer ergibt sich durch das *Arioso* eine deutliche Zweiteiligkeit:

1. Teil T. 1–191: Aktionsmusik – *Arioso*
2. Teil T. 192–235 (*Largo,* wesentlich kürzer)

KA S. 10

Diese überleitende Linie erinnert an die ersten Takte zum Vorspiel von Wagners *Tristan.*

Die Intervallfolge vor dem *Arioso* ist: Verminderte Quint, zweimal die kleine Sekunde, beim *Tristan* kleine Sext und zweimal die kleine Sekunde. Dieser Vergleich mag auf den ersten Blick erzwungen scheinen, läßt sich aber zweifach bekräftigen. Einerseits wählt Weill hier eine für die Oper übliche Bezeichnung, *Arioso,* für den anschließenden Abschnitt. Es korrespondiert also mit der bewußten Anspielung auf ein in der Opernliteratur berühmtes Zitat auch eine opernhafte Terminologie (eben *Arioso*). Trotz aller Wertschätzung der *Tristan*-Musik setzt Weill aufgrund seiner generellen Aversion gegen Wagner die von ihm mißverstandene deutsche Romantik musikalisch verfremdet und damit antiromantisch ein.

Die Parallele zur Nr. 1 des Songspiels mit ihrem *Freischütz*-Zitat wird offensichtlich. Diese hier verwendete bewußte Intervallverzerrung (statt der kleinen Sext die verminderte Quint und die Verdrehung der Sekund-

194

schritte) und das Hinzufügen von Saxophonen (zu den Streichern) wirken in diesem textlichen und dramatischen Zusammenhang besonders aggressiv.

Überdies wird diese Annahme durch den Anfang des III. Aktes bestätigt. Geringfügig verändert erscheint hier erneut dieselbe Tonfolge, *dolce piano,* in der 1. Violine vorgetragen.

KA S. 236, T. 18 ff.

Wie Tristan verflucht Jim den Tag und die damit verbundenen gesellschaftlichen Bedingungen, die ihm den Tod bringen. Das Leiden beider endet im III. Akt. Auch wenn die Benennung der Leitmotive nicht von Wagner selbst stammt (er stand ihr sogar sehr skeptisch gegenüber) und eher einer willkürlichen Etikettierung gleicht, so erscheint die von Wolzogen eingeführte Benennung des Originalmotivs als Leidensmotiv auch für die Situation Jims in diesem Moment der Handlung (Jim steht vor der Exekution), selbst in der weiteren intervallmäßigen Verzerrung, nicht ohne Bedeutung.

Diese acht Takte vor dem Beginn des *Arioso* haben eine deutliche Vorhangwirkung (z. B. wie in der *Tosca*), die durch die Akkordschläge (Akzente) im *forte,* dann im *fortissimo* der betonten Tonfolge zum Ausdruck kommt. Diese dynamische Steigerung erhöht noch zusätzlich die Aufmerksamkeit des Zuschauers auf das folgende *Arioso.*

195

Die Verbindung von Vorhangwirkung und *Tristan*-Zitat weist nachdrücklich darauf hin, daß *Mahagonny* als Oper zu verstehen ist.

Zum eigentlichen Arioso

Schon die Bezeichnung *Arioso* im traditionell-opernhaften Sinne ist unzutreffend. Es handelt sich hier keineswegs um einen Gesangsabschnitt, dessen Text den Inhalt des Rezitativs zusammenfaßt, noch um ein Bindeglied zwischen Rezitativ und Arie[2]. *Arioso*-ähnlich ist lediglich die Gesangslinie, und die textliche Zusammenfassung zeigt Relikte der Funktion des *Arioso*. Auffallend ist das Auseinanderklaffen dieser ariosen Gesangslinie und der Begleitung in melodiöser wie rhythmischer Hinsicht. Wo die Singstimme tonalen Verlauf hat (z. B. am Anfang C-D-a), weitbögig ist und eine dominantische Beziehung erwarten läßt, enttäuscht die Begleitung durch Parallelführung und Liegestimmen, indem sie der in der Oberstimme erwarteten dominantischen Beziehung nicht nachkommt. Der Mittelteil (T. 161–182) wird durch eine dynamische Betonung angekündigt: vom *pp* zum *p* (T. 162–163) und bringt eine deutliche rhythmische Verbindung der wichtigen Begleitung. Statt punktierter Rhythmen mit Pausen nun Legatofiguren. Der Grund liegt im dramatischen Bereich. Die verlogene Suggestion der Geschäftsfrau Begbick soll den zu erwartenden Ankömmlingen eine Wunschwelt vorgaukeln.

Die Verfremdung tritt hier in dreifacher Weise zutage: in der bewußten Abänderung der Funktion des traditionellen *Arioso,* im Auseinanderklaffen von Gesangslinie und Begleitung, und im dramatischen Zusammenhang.

Nr. 5: Zum quasi recitativo (KA S. 51)

Dem Charakter nach handelt es sich hier mehr um ein *recitativo accompagnato,* aber der Funktion nach hat es, wie das *Arioso,* nicht das geringste mit der Operntradition zu tun. Das Rezitativ dient hier keineswegs als Mittel, die Handlung voranzutreiben, und wird damit nicht in Gegensatz zur Arie gestellt, sondern steht zwischen einer rein gesprochenen Aussage und einem schlagerartigen Lied (mit der typischen beginnenden Verlangsamungstechnik). Es wird also in mehrfacher Weise verfremdet:
a) durch die Auflösung der traditionellen Funktion des Rezitativs: statt der Abfolge Arie–Rezitativ–Arie steht hier die Folge gesprochenes Wort–Rezitativ–schlagerartiges Lied;
b) durch die für ein Rezitativ durchaus ungewöhnliche Instrumentation (Saxophone neben tiefen Streichern);

c) durch den inhaltlichen Zusammenhang: es besteht keine zwingende Notwendigkeit, die gesprochenen Verhandlungen über Prostitution auf die Rezitativ-Ebene zu verlegen, da das gesprochene Wort in diesem Zusammenhang passender scheint. Wenn nun Weill in diesem Zusammenhang das Rezitativ bewußt verwendet, dann nur, um den Opernfreund zu düpieren;

d) anstelle einer tonal eindeutigen Stützfunktion bietet die Begleitung im wesentlichen nichts anderes als parallelverschobene Sextakkorde, was für das folgende Rezitativ ebenfalls zutrifft.

In ähnlicher Weise wird dieses zweite Rezitativ (T. 290–300, KA S. 54) verwendet. Der Unterschied zum vorangegangenen liegt im musikalisch-dramatischen Zusammenhang. Das Rezitativ schließt an eine Aktionsmusik an, in die die Begbick hineinschimpft, da sie einen geschäftlichen Rückschlag befürchten muß. Die Befürchtungen der Männer finden in dem eigentlichen Rezitativ ihren Niederschlag, das schließlich in eine rhythmisch wie melodisch wiederholte Begleitfigur mündet (vgl. KA S. 52 und 56). Sonst ist dieses zweite Rezitativ dem ersten ähnlich.

Nr. 9 (Andante)

Bereits die Regieanweisungen lassen aufhorchen: Die Männer von Mahagonny sitzen vor dem »Hotel zum reichen Mann« und sollen etwa »anstößige Gesänge« vermeiden, »keinen Krach machen« usw. (Projektionstafeln). Auf der Bühne steht ein Klavier.

Die Erwartung, nun gerade anstößige Lieder serviert zu bekommen, wird enttäuscht. Im Orchestergraben herrscht Stille. Statt dessen kommt der große Augenblick des Soloauftrittes für den Pianisten, der in 25 Takten seine Virtuosität in sinnlosester Weise beweisen kann. Harmonisch höchst einfach und meist in den Stufenfolgen I–IV–V–I, sogar mit Vorzeichen für Es-Dur und rhythmisch überladen (Duodizolen und Tredizolen), ergießt sich rührseligster, äußerst verkomplizierter musikalischer Kitsch über das Publikum. Groteske rhythmische Übersteigerungen findet man z. B. in der ersten Variation (ab T. 9, hier speziell T. 10): Die Zweiunddreißigstel-Abwärtsläufe in Duodizolen und Tredizolen und großartigen Bögen wirken wie die Parodie einer Geläufigkeitsübung für die rechte Hand aus einer Klavieretüden-Sammlung. In der zweiten Variation (ab T. 17) kommt nun auch die linke Hand auf ihre Kosten: hier kann sie sich in sinnlosen, auf und ab jagenden Sechzehntelfiguren austoben und volle Bravour beweisen. Dieser schwelgerische Emotionsfluß bürgerlicher Salonmusik wird nun aber nicht nur durch den dramatischen Rahmen, sondern durch einen im *piano* gesprochenen Satz empfindlich gestört, und das gerade beim dritten Takt der zweiten Variation (T. 19). Jack sagt hier ehrfürchtig-leise: »Das ist die ewige Kunst.« Diese Aussage hat natürlich nicht nur mit der eigentlichen Oper zu tun. Neben der Demaskierung des Geschmackes der Leute von Mahagonny und eines übersteigerten Virtuosenkultes holen Brecht und Weill zu einem bösen Gegenschlag gegen die zum Kitsch heruntergekommene bürgerliche Kunstreligion des 19. Jahrhunderts aus. Das wird vor allem dann deutlich, wenn man bedenkt, welche Melodie dieser Komposition zugrundeliegt – *Das Gebet einer Jungfrau*. Erst aus dieser Konnotation erhält die Regieanweisung »Vermeiden Sie anstößige Gesänge« (S. 89) ihren sarkastischen Doppelsinn. Weill begnügt sich aber keineswegs damit, diese die eigentliche Opernhandlung nicht tangierende ironische Anspielung auf sich beruhen zu lassen. Er integriert diesen Salonklaviermusik-Schmalz auch noch in die Handlung (KA S. 92, 94, 96, 99, 100, 102 und 103). Jedesmal, wenn Jim in höchste Verzweiflung über seine persönliche Situation verfällt, gibt der Chor (zumindest zweimal: S. 92 und 94) im *pianissimo* seine langgehaltenen »Ah«-Akkorde als Zeichen äußerster Bewunderung für das Klaviersolo von sich. Diese viertaktigen Überschneidungen wirken aufgrund ihrer unterschiedlichen musikalisch-dramatischen Motivation besonders gehässig. Jim ist wirklich verzweifelt. Die Männer von Mahagonny (der Chor) ignorieren diese reale Verzweiflung Jims und drücken ergriffen ihr Entzücken über »die ewige Kunst« durch das langgehaltene »Ah« aus. Das *Gebet einer Jungfrau* erscheint hier besonders fehl am Platze. Bei der dritten Wiederholung (KA S. 96) nach der Akkord- und Oktavenübung für den Pianisten bleiben nur noch die Eckpfeiler der Melodie des Gebets übrig, und auch der Chor verschwindet ganz. Die Sechzehntelfiguren erhalten nun zu ihrer Funktion als bloßer eitler Vorwand zur Demonstration gekonntester Lauftechnik auch einen dramatischen Sinn, da sie zum folgenden dramatisch-angespannten *recitativo accompagnato* überleiten und sich damit dafür eignen, antizipierend etwas von Jims psychischem Zustand auszudrücken. Zu diesem dritten, höchst eigenwilligen Accompagnato-Rezitativ, das das aus der Operntradition bekannte dramatisch und emotional angespannte Accompagnato-Rezitativ entschieden überdreht, kommen neben konventionellen Mitteln, wie Tremolo-Effekten, aufwärtsjagenden Skalen und Akkordschlägen, noch die Schreie Jims und sein Revolverschuß. Die konventionelle, hochgespannte Theatralik wird so zur baren Realistik überdreht, an die sich nun auch noch eine andere musikalische Ebene – *Das Gebet einer Jungfrau* – von neuem anschließt. In ihrer von Weill bearbeiteten Form wird die Melodie des *Gebets einer Jungfrau* bei dem vorletzten und letzten Erscheinen (KA S. 98–103) nicht für den Klaviervirtuosen ausgeschrieben, sondern den Männern von Mahagonny in den Mund gelegt. Jene Männer also (Chor), die kurz zuvor noch nur leise »Ah«-Akkorde zum Klaviervortrag sangen, nun aber mit geschlossenem Mund das *Gebet einer Jungfrau* summen.

Zusammenfassend läßt sich über den verfremdenden Gebrauch des *Gebets einer Jungfrau* sagen: Weill und Brecht demaskieren von Anfang an die Gefühlswelt der Männer von Mahagonny dadurch, daß sie sie nicht nur diesen musikalischen Kitsch konsumieren lassen (es gibt keine Mißfallenskundgebungen der sonst doch nicht gerade zimperlichen Männer beim ersten Klaviervortrag des bearbeiteten Gebetes), sondern sie das Gebet sogar mitgestalten (summen) lassen. Die Männer identifizieren sich also mit diesem musikalischen Kitsch. Daß diese Gefühlswelt tatsächlich verlogen ist, macht der letzte Chorsatz deutlich: »Werft sie doch hinaus!« (KA S. 117) Die Männer reagieren auf die menschlich-existentielle Verzweiflung Jims brutal, sie fühlen sich in ihrem Kunstgenuß und in ihrer Ruhe gestört. Die Verzweiflung geht im Tutti-Satz unter und antizipiert damit musikalisch auch schon den späteren Untergang Jims. Danach bricht Jim in laute Anklagen gegen die von der Begbick aufgestellten Mahagonny-Gesetze (Nr. 1) aus. Brecht und Weill verfahren hier sehr einprägsam, indem sie Jim in diese musikalisch wie textlich vorgegebene Struktur des *Largos* an wenigen, aber um so entscheidenderen Stellen eingreifen lassen. Der Vergleich zeigt dies. Besonders in der Dynamik (statt des *f* als Ausdruck aggressiver Auflehnung jetzt *ff*), in der Personenauswahl (statt der geschäftstüchtigen Begbick nun der revoltierende Jim), im Rhythmus (statt komplizierter Begleitung jetzt eher eine vereinfachte) und schließlich im Text und damit im Inhalt (statt des »nichts« hier nun das »zuviel« der Gesetze). In diesem wiederholten und abgeänderten *Largo* liegt der Keim der später durch Jim ausgerufenen Anarchie, die aber den jetzigen Ankläger zum Angeklagten macht (Nr. 18 Gerichtsszene).

Die lang gehaltene abschließende Fermatenpause betont einerseits Jims auflehnende Haltung, weckt aber andererseits auch Erwartungen.

Nr. 10 (Molto vivace)

Hier greifen Brecht und Weill auf ein altes dramatisches Klischeemittel zurück: auf die Katastrophe, die die Ereignisse beschleunigt, und auf das Schicksal, das den Untergang vorherbestimmt. Mehrere Projektionstafeln künden dieses »grausame Geschick« an – »Ein Taifun!« – »Ein Hurrikan in Bewegung auf Mahagonny«. Auf die Bühne stürzen fliehende Menschen (KA S. 119 ff.).

Diese durch einen dramaturgischen Trick ermöglichte Wende des Handlungsablaufes setzt Weill höchst einfach und logisch um. Er verwendet eine freie Fuge, die dem etymologischen Wortsinn nach die Flucht symbolisiert[3] (KA S. 119–120). Wo immer die Flucht zum Stillstand kommt, bricht Weill auch die freie Fuge ab.

Der plötzlich losbrechende Schrecken wird von Weill mit den Mitteln der großen traditionellen Oper realisiert. Er greift zur dreiteiligen Form A–B–A, die an die großen Opernchöre Verdis erinnert und in ihrer Aufgesetztheit verfremdend wirkt. Kaum hat der Chor der Bewohner von Mahagonny seine Not geklagt, setzt die Flucht wieder ein; Weill verwendet abermals die freie Fuge.

Im ganzen steht diese Nummer in freier Nachfolge der seit der Barockoper bekannten Tempestas-Szene[4].

Nr. 11 (Larghetto)

Die Angst löst frommes Entsetzen aus. Der freien Fuge folgt der freie Choral. Zwei musikalisch antiquierte Formen gehen ineinander über: Die durchlaufenden Achtelfiguren zeigen dies trotz eines anderen Rhythmus und Tempos (S. 127/128). Aus den zu jeder Brutalität bereiten Männern wird eine disziplinierte Chorgemeinschaft: Weill vereint sie in der Form des Chorals, der in seinem Rhythmus und der Gesangsstimmenaufteilung in der Oktavparallelführung von Baß und Tenor an den Gesang der geharnischten Männer in Mozarts *Zauberflöte* erinnert. Weill wollte neben der Operntradition und der Tradition der Choralbearbeitung wohl auch das in der *Zauberflöte* wie in der Oper *Mahagonny* greifbare männerbündische Element verfremden. Die musikalische Verfremdung beruht einerseits auf dem Kontrast des Chorals zu seiner musikalischen »Umgebung«, andererseits auf der tonal freien Achtelbewegung in der Baßführung der Orchesterbegleitung. Diese Gemeinschaft, die glaubt, sich zum moralisierenden Gewissen Mahagonnys machen zu können, empfiehlt den in Not Geratenen, sich dem Schicksal zu ergeben: »Was hilft alles Klagen dem, der gegen Hurrikane ficht.« Doch diese verlogene Schicksalsergebenheit wird musikalisch (nicht textlich!) schnell getrübt.

Weill stellt collageartig Jennys Refrain (aus der Nr. 2: »Oh, moon of Alabama«) dem Choral entgegen. Das letzte sinnlose Trostwort wird sogar von dem Refrain-Rhythmus Jennys bestimmt (S. 129, T. 17). Sowohl der schlagerartige Refrain als auch der Choral sind, trotz aller Gegensätzlichkeit, inhaltlich von äußerster Resignation bestimmt. Suggeriert der Choral, Hilfe im Diesseits geben zu können, indem er auf das Jenseits vertrö-

stet, so sucht Jenny Hilfe und Trost durch Vergessen im Alkohol. Beide
Möglichkeiten zeigen letzten Endes die totale Selbstaufgabe der Betroffenen. Kaum verstummt der Choral, kaum drängt sich der Refrain Jennys
dominant in den Vordergrund, tritt dem Refrain eine neue Gegenstimme
entgegen, die wiederum vom Rhythmus des Refrains bestimmt wird
(T. 19). Drei musikalische Ebenen, von denen Weill stets nur zwei direkt
miteinander konfrontiert und in deren Zentrum er den Refrain stellt
(Choral–Refrain, Refrain–Jacks Einwürfe, Choral), spiegeln krassesten
Nihilismus. Die Überschneidungen der drei musikalischen Ebenen wirken verstärkend. Nach dem Quintabwärtssprung (KA S. 131, T. 45, 46)
in der Gesangslinie Jacks, der mit den ebenfalls nihilistischen Worten
»das Ende« verbunden ist, setzt der Choral wieder, diesmal mit rhythmisch variierter Begleitung, aber ohne Gegenstimme (KA S. 132,
T. 48 ff.) ein: der Choral dominiert wieder und damit auch die religiöse
Heuchelei der Männer von Mahagonny. Nach Jims Bekenntnis tiefster
Menschenverachtung – » Was ist der Taifun an Schrecken gegen den Menschen, wenn er seinen Spaß will« (KA S. 134, T. 72–74) – setzt der Choral
erneut mit dem ersten Teil ein (»Haltet euch aufrecht, fürchtet euch
nicht«), aber wieder in einer anderen rhythmischen Form und mit verän-
derter Dynamik.

KA S. 134, T. 73–74

Entscheidend für die Variation des Choraleinsatzes sind freilich nicht
diese Momente, sondern die Zusammenstellung des Chorals mit der
neuen Gegenstimme und die langsame Auflösung der Chorgemeinschaft.
Diese neue Gegenstimme relativiert durch Gestus und Ausdrucksform
den Inhalt des Chorals: statt sich aufrecht zu halten und sich nicht zu
fürchten, erscheint es besser, eine Zigarette zu rauchen (Bills Text
S. 134). Die Choralaussage scheint sich zu verflüchtigen (KA ebenda;
Regieanweisung: »Der Chor singt aus der Ferne«). Aber dem ist nicht so.
Beim nächsten Einsatz verschwinden zwar die Männer von Mahagonny,
die den Choral sangen, aber der Trost wird transzendent, entwickelt sich

zum unsichtbaren Über-Ich und wirkt daher im dramatischen Zusammenhang noch bedrohlicher. Die Aussage der Begbick, daß der Mensch am schlimmsten sei, schlimmer als Taifun und Hurrikan, steht diesem »überirdisch gewordenen« Trost gegenüber. Das *piano* verbindet beide Aussagen und betont den gemeinsamen bedrohlichen Charakter (KA S. 136). Diese Menschenverachtung findet ihren Höhepunkt in Jims melodisch schönem und in flottem Rhythmus vorgetragenen Lied »Denn wie man sich bettet, so liegt man« (KA S. 151, T. 287). Hier steigert Weill durch gefügige, leicht ins Ohr gehende Melodik und Rhythmik die Brutalität des Textes bis zu einem Punkt, an dem jeder ethische Maßstab verfällt. Aber diese unglaubliche Brutalität wird musikalisch-dramaturgisch noch weiter verstärkt. Weill läßt die anderen Personen als Zeichen höchsten Einverständnisses nicht nur die Worte Jims im Tutti nachsingen, sondern ändert die Dynamik an der entscheidenden Stelle ab: »Und wenn einer tritt, dann bin ich es, und wenn einer getreten wird, bist du's« (KA S. 153, T. 110–117). Dies alles steht im *ff*, dem das *pp subito* folgt. Das Licht geht aus (Regieanweisung S. 255). Nur noch der Verlauf des Hurrikans wird im Hintergrund projiziert. Die »Stimme aus dem Jenseits« spricht aus der Ferne, diesmal zu lang gehaltener synkopischer Begleitung, dumpf-bedrohlichen Trost, und das nach dem schlagerartigen Lied Jims und parallel zu der optisch gezeigten Bedrohung durch den in Gestalt eines Pfeiles langsam auf Mahagonny zulaufenden Hurrikan.

Hier prallen zwei in sich absurde Ebenen aufeinander. Es gibt – das wird bei dieser Abfolge klar – keine Flucht aus einer Welt wie Mahagonny und auch keine Zuflucht in einer anderen.

Nr. 12 (Largo) – Deus ex machina

Den direkten Bogen zur opernhaften Übertreibung des I. schlägt der Beginn des II. Aktes, der an den drohenden Ausbruch des Taifuns (Nr. 10, S. 119) anknüpft. Beide dramatischen Momente wirken aufgesetzt, bewußt unglaubwürdig. Die Regieanweisung vor Beginn der Nummer betont das auch optisch. Die Projektionsfläche zeigt wieder den Pfeil, wie am Ende des I. Aktes (KA S. 155). Das hier verwendete Largo mit bewußt langsamem Zeitmaß (Viertel = 50) wirkt in diesem Zusammenhang, nämlich als Aktionsmusik, die die Katastrophenmeldungen der Lautsprecher begleitet, merkwürdig widersprüchlich. Die Bezeichnung Largo begegnete schon bei der Gesetzgebung der Begbick für Mahagonny und im Umsturz dieser Gesetze durch die Interpretation Jims (Nr. 1 und Ende von Nr. 9). Das Largo wird also dialektisch verwendetes Mittel: Die Gesetzgebung wird mehr und mehr in Frage gestellt. Dieses hier vorgetragene

Orchester-Ritornell wird dreimal durch die Lautsprechermeldungen un-terbrochen (T. 19, 33, 46). Für die nötige musikalische Untermalung der Spannung sorgt in recht konventioneller Art im *pianissimo* die kleine Trommel (KA S. 159, T. 53–56). Im fünften Takt des Trommelwirbels (T. 57; Generalpause des gesamten Orchesters) kommt endlich der *Deus ex machina* in Gestalt einer Lautsprechermeldung, die das Ausbleiben des Hurrikans verkündet. Diese Auflösung bestätigt besonders deutlich Brechts Aussage, daß die Oper *Mahagonny* irrational sei. Hier wird die oft zitierte opernhafte Unglaubwürdigkeit der Handlungsabläufe und der damit verbundenen musikalischen Sphäre bewußt *ad absurdum* geführt. Das wird auch noch zusätzlich durch die daran anschließende Aussage und das Verhalten des Chors bestätigt: Das »O wunderbare Lösung« schließt eben direkt an das »O furchtbares Ereignis« an (S. 120/S. 160). Das Dürfen wird nun zum Müssen. Die jetzt in Kraft tretenden neuen Ge-bote – Fressen, Huren, Boxen, Saufen – werden zum obersten Gesetz in Mahagonny, das der alten Jurisprudenz der Begbick letztlich nur durch den Zwang widerspricht, mit der es auf seine Einhaltung drängt (Nr. 13, S. 166; Nr. 14, S. 171; Nr. 15, S. 185; Nr. 16, S. 205). Diese neuen Ge-bote bilden den musikalisch immer wiederkehrenden Rahmen und zeigen so den dramatischen Zusammenhang. Das jeweilige Gesetz wird nun in seiner zerstörerischen Bösartigkeit vor Augen geführt.

Nr. 13 – Fressen

Zur Heurigenmusik frißt sich also der große Nihilist Jack im *valse lento*-Tempo systematisch zu Tode. Walzermusik wird zur Todesmusik um-funktioniert; die Instrumentation – Zither und Bandoneon als einzige be-gleitende Instrumente – schafft die nötige rührselige Heurigenstimmung. Der stur durchgehaltene Dreivierteltakt des Walzers wird zur tickenden Endzeit Jacks. Die pervertierte Freßsucht betont Brecht durch die Ver-wendung des Versreims, die den Charakter der strophenweise vorgetra-genen Heurigenlieder verstärkt. Weill verfährt daher auch musikalisch entsprechend. Er gibt dem verhängnisvollen Text den nötigen musikali-schen Nachdruck durch Überbetonung der Endsilben.

KA S. 166, T. 55–59

Die Bösartigkeit auch im musikalischen Sinne wird bei den Worten: »Weil ich es vergess', weil ich es vergess'« deutlich.

dann hab' ich   Ruh',   weil ich es ver-gess', weil ich es ver-gess'.

Ruhe hat Jack also nur, wenn er das Fressen vergißt, und das kann er aufgrund seiner Hemmungslosigkeit nur im Tod. Das »Weil ich es vergess'« wird nicht nur durch die Wiederholung, sondern auch durch abgesetzte Rhythmik in der Gesangsstimme, nämlich durch Schnellerwerden, verdeutlicht. Die mit dem Tod verbundene Wiederholung wird hier schon antizipiert, denn das »Brüder, gebt mir noch« erscheint nur noch in der stagnierenden dreifachen Wiederholung in der Gesangslinie wie in der Begleitung. Die Dynamik (immer leiser verhauchendes *pianissimo*) zielt auf das abbrechende »noch« hin (T. 116). Aber nach der zweiten Wiederholung des »Weil ich es vergess'« pausiert die Zither, und nur noch das Bandoneon setzt die Begleitung fort. Die reine Bandoneon-Begleitung wirkt hier – wie üblicherweise auch sonst – schon als Begräbnisatmosphäre, die mit der hinweisenden Wiederholung den Tod vorwegnimmt. Diese Bandoneon-Begleitung mit ihren leeren Quintklängen hat ebenso symbolischen Charakter wie die folgende viertaktige Pause (KA S. 116–120), die für Jack den Tod bringt. Die Anweisung Weills – »Feierlich« – für den musikalischen Ausdruckscharakter des anschließenden Männerchors betont diesen Stimmungswechsel des Instrumentes. Derselbe Chor singt nun ein feierliches Begräbnislied, der noch kurz zuvor Jack durch Zusprechen animierte, sich zu Tode zu fressen.

Nr. 14 – Lieben

Auf der Bühne wird textlich wie musikalisch Prostitution vollzogen. Die Männer vertreiben sich, während die anderen ihren Geschlechtstrieb ausleben, mit dem Song *Vom Puff von Mandelay* die Zeit, bis sie selbst zu ihrem Vergnügen kommen. Der entscheidende musikalische Faktor ist hier der Rhythmus des Songs,

♪ ⁷ ♪ ⁷ ♪ ⁷ ♪ oder ♩ ♩ ♩ ♩

der den Zeittakt des Geschlechtsaktes wiedergibt, den die übrigen, bereits ungeduldig wartenden Kunden durch den Song bestimmen. Besonders aggressiv wirkt in diesem Zusammenhang die Anprangerung esoterischer, romantischer Liebe, die sich in den Worten: »Jungens macht rascher, denn der grüne Mond geht unter« manifestiert (S. 176, T. 88–90). In der Partitur steht durchaus kein Hinweis auf einen szenisch aufleuchtenden Mond. Gemeint ist hier, daß in Mahagonny sicher niemand an Liebe, an Individualität im romantischen Sinne denkt[5]. Dieser Song kehrt in *Happy End* (Nr. 9) wieder, was auch durch die rhythmische Abhängigkeit betont wird. Der Mond wird also hier, im Gegensatz zur Nr. 4 (S. 32), nicht besonders hervorgehoben.

Nr. 15 – Kämpfen

Zur großen Gaudi und zur Belustigung der Massen spielt – wie zu anderen Massenveranstaltungen – die Blasmusik auf, diesmal zu einem Boxkampf. Bei einer Blasmusik erscheint der »flotte Marsch« besonders passend und amüsant, um die Gemüter in die nötige Stimmung zu bringen. Das Blasorchester ist auf der Bühne plaziert (Flöte, Klarinette, Fagott, Horn, Trompete, Posaune, Tuba, aber auch der Gong). Das Fagott und die Tuba geben den zweitaktigen Marschrhythmus mit der oft wiederkehrenden, ebenfalls zweitaktigen Tonfolge vor.

KA S. 185, T. 1–2

Eine weitere zweitaktige Tonfolge wird bis zum und nach dem Tod Joes (S. 201–202) eingesetzt. Brecht gestaltet dieses Ende im Versmaß (»Haschée ... weh«), das die Zweitaktigkeit entscheidend mitbestimmt. Mit dem *ff* auf »Hackfleisch« wird diese zweitaktige Tonfolge zu gleichmäßigen Halben in der Begleitung wiederholt.

KA S. 201, T. 300–301

Das »Weh«, das den Tod Joes einleitet, unterbricht die gleichmäßige Kette in der Begleitung und im Viervierteltakt der Oberstimmen (S. 202, T. 307). Fagott, Posaune und Tuba spielen das zweitaktige Rhythmusschema jetzt abweichend, und zwar nur den ersten Teil der Zweitaktfolge, also nur den Quintabwärtssprung cis–fis, während der Chor, Trompeten, Hörner, Klarinetten und Flöten den Akkord (Seite 206 oben) halten. Dieser Abbruch der Zweitaktigkeit hängt mit Joes Tod zusammen. Nach dessen Zusammensinken ändert sich die rhythmische Struktur zwar nur geringfügig, aber entscheidend.

205

KA S. 202, T. 306–307

Zum *fortissimo* spielt die Blasmusik auf der Bühne (Fagott, Posaune und Tuba), diesmal zusammen mit dem Orchester im Graben, wieder den Grundrhythmus mit der Tonfolge h–e–d–e, und das sechzehn Mal bis zum Ende der Szene. Entscheidend ist die Veränderung des Oberstimmenrhythmus auf der Bühne und im Orchester. Statt klarer vier Viertel treten nun zwei Achtel mit dem jeweils ersten Schlag mit Beginn des jeweils zweiten Taktes

♪♪ ♩ - | - | ♪♪ ♩ - | - | etc.

zu der gewohnten Baßfigur. Der Grundrhythmus der Baßfigur bleibt also erhalten, und damit auch der hier typische Marschrhythmus, aber die Rhythmusveränderung der Oberstimmen macht mit ihrer, wenn auch nur geringen Abweichung aus dem flotten Marsch einen Trauermarsch für beide Orchester.

Nr. 16 – Saufen

Die beim Saufen, dem vierten anarchistischen Gesetz Mahagonnys, gespielte Seefahrtsszene antizipiert Jims Tod. Das Stichwort dazu gibt Jim selbst, wenn er mit Jenny und Bill singt: »Stürmisch die Nacht, und hoch geht die See« (T. 105–196), das wenig später in musikalisch anderer, textlich variierter Form – »Stürmisch die Nacht, und die See geht hoch« (T. 131 ff.) – wieder erscheint. Diese Wiederholung weist konkret, in Text und Musik, auf die erste Strophe des Matrosenlieds *Des Seemanns Los* mit Musik und Text von Adolf Martell hin [6]. Ähnlich wie bei Martell stehen bei Weill vor der eigentlichen Strophe Einleitungstakte, die durch den Refrain des Originals und dessen wörtliche Wiederholung semantisch gedeutet werden. Jennys und Bills Kommentar weisen schon von dem eigentlichen Strophenbeginn auf Martells Lied hin, wenn Jenny sagt: »Am besten ist, wir singen ›Stürmisch die Nacht‹, um den Mut nicht zu verlieren« (T. 115–118) und Bill ihr antwortet: »›Stürmisch die Nacht‹ ist vorzüglich, wenn man den Mut verliert« (T. 122–125). Parallel zu diesem gesprochenen Text, und zwar zu je einem Sprecheinsatz, verläuft die Melodie der Einleitungs- bzw. Refraintakte (T. 115–122 bzw. 123–130).

Unterlegt man dieser achttaktigen Melodie (erst vom 1. Horn, dann von Oboe und Klarinette vorgetragen) den Text des ersten Refrains, so wird der dramatische Zusammenhang deutlich. Martells Text lautet da: »Laut ruft die Glocke jetzt über Deck, nichts half das Kämpfen mehr.« Der parallel laufende Text der Chorgegenmelodie »Seht wie so schwarz der Himmel sich dort überzieht« ging schon als Stichwort voran (T. 111–114) und verdeutlicht zusätzlich die dramatische Situation. Das Schwarz des Himmels wird durch das hinzuzudenkende »Nichts half das Kämpfen mehr« konkretisiert (T. 115–130). Die Annahme, daß es sich hier um den Text des ersten Refrains handelt, wird durch die darauffolgenden Takte bestätigt (T. 131–146). Brecht und Weill lassen den Refraintakten den ersten Teil der ersten Strophe folgen. Aber auch hier handelt es sich keineswegs um eine wörtliche Übernahme des Textes und der Musik von Adolf Martell, sondern um eine eigenwillige Bearbeitung von Brecht und Weill. So wird aus Martells Text: »Warum die Glocke so schaurig klingt, dort zeigt sich ein Riff« bei Brecht: »Horch, wie die Glocke so schaurig klingt, seht, dort naht ein Riff« (T. 139–145). Weill stellt diesem ersten Teil der ersten Strophe die Melodie des Refrains als Gegenstimme (Flöte) entgegen (ähnlich wie in T. 115). Der Strophe wird sozusagen die selbständige Refrainmelodie unterlegt, was den eigentlichen Refrain für Weill hinfällig macht. Brecht stellt die opernhaft wirkenden Choreinwürfe »Hört nur …« (T. 147–150) und »Seht nur …« (T. 155–158) den anschließenden Chorsätzen »Hört, wie der Wind in den Rahmen braust« (T. 151–154) und »Seht, wie der Himmel sich schwarz überziehet« (T. 159–162) voran.

Der erste Chorsatz erinnert an die ersten Worte des zweiten Teiles des zweiten Refrains von Martell. Dort liest man: »Horch, was der Wind und das Meer dir sagt.« Brecht knüpft mit der zweiten Choraussage an das symbolhafte Bild des schwarzen Himmels wieder an (vgl. T. 111 ff.).

Die viermalige Wiederholung (4 × 8 Takte; T. 115–146) der Refrainmelodie mit dem dazuzudenkenden Text (besonders »Nichts half das Kämpfen mehr«) nimmt also überdeutlich nicht nur den Ausgang der gespielten Seefahrt, sondern auch das Ende Jims voraus.

Man machte jedoch die Doppelbödigkeit dieser Bearbeitung zunichte, brächte man nur die Teile des Martellschen Liedes zur Sprache, die Brecht und Weill bearbeiteten.

1. Strophe

»Stürmisch die Nacht, und die See geht hoch,
tapfer noch kämpft das Schiff.
Warum die Glocke so schaurig klingt,
dort zeigt sich ein Riff.
Brav ist ein jeder an seinem Stand,
ringt mit der See fürs Vaterland,
dem Tode nah, dem Tode nah,
furchtlos und mutig stehn alle da.«

1. Refrain

»Laut ruft die Glocke jetzt über das Deck,
nichts half das Kämpfen, das Schiff, es ist leck.
Macht euch bereit, macht euch bereit,
jetzt segeln wir in die Ewigkeit.
Gott sei mit uns. Wir gehen schlafen am Grunde des Meeres,
Gott sei mit uns. Wir gehen schlafen am Grunde des Meeres,
Gott sei mit uns.«

2. Strophe

»Als nun die stürmische Nacht vorbei,
ruht ach so tief das Schiff.
Dort ziehn Delphine und gier'ge Hai
rings am hohen Riff.
Von allen Menschen, so lebensfroh,
keiner dem graus'gen Tod entfloh,
dort unten auf dem Meeresgrund
schlummern sie friedlich mit bleichem Mund.«

2. Refrain

»Still rauscht das Meer jetzt sein uraltes Lied,
mahnend dringt es uns tief ins Gemüt.
Seemann, gib acht, Seemann, gib acht,
horch, was der Wind und das Meer dir sagt:
Schlaft wohl, schlaft wohl, unter Korallen in friedlicher Ruh'
schläfst dereinst auch du. Unter Korallen in friedlicher Ruh'
schläfst dereinst auch du[7].«

KA S. 219–220, Nr. 18

Die sehr populären, chauvinistischen, obrigkeitshörigen Phrasen, wie
»Brav ist ein jeder an seinem Stand, ringt mit der See fürs Vaterland«,
wurden hier durch bewußtes Weglassen, wie durch Jennys und Bills gesprochenen, einleitenden Kommentar – »Am besten ist, wir singen ›Stürmisch die Nacht‹, um den Mut nicht zu verlieren« (T. 115–118)
usw. – als sinnlos entlarvt und trugen zu dem Skandal nach der Uraufführung bei.

Besonders auffällig ist neben diesen eigenwillig bearbeiteten Auszügen
des Martellschen Liedes die Instrumentation bei Weill. Das wird deutlich
etwa beim Einsatz der 1. Strophe (T. 131 ff., P S. 367). Im Gegensatz zur
ursprünglichen Martellschen Ausgabe für Singstimme und Klavierbegleitung, der eine Ausgabe für Salonorchester folgte (Violine, Violoncello,
Kontrabaß, Flöte, Klarinette, Trompete, Klavier oder Harmonium), in-
strumentierte Weill seine Bearbeitung mit Flöten, Oboe, Klarinette, Sa-

209

xophonen, Fagotten, Trompeten, Posaunen, Klavier, Glocke und Streichern (Violinen, Violoncelli, Violen und Kontrabässen). Der Einsatz der im *piano* vorgetragenen Glockenklänge vom Anfang des Zitats der ersten Martellschen Strophe an (T. 131 ff.), weist auf ihre symbolische Bedeutung hin. Das Geläute der Schiffsglocke wird zur Totenglocke von Jim.

Nr. 18 (Allegro molto)

Bei der betrügerischen Gerichtsverhandlung, in der ausgerechnet die geschädigte Partei, die Begbick und ihre äußerst dubiosen Gerichtsassistenten Moses und Fatty, das Verfahren führt, gestaltet Weill das Urteil vor allem auf rhythmischer und klangsymbolischer Ebene. Die klaren Viertel-, Achtel- oder punktierten Viertel-Figuren werden durch den Rhythmus der Gesangslinie Begbicks oder Fattys bestimmt, die dem natürlichen Sprachrhythmus eng angepaßt sind. Nach jedem Anklagepunkt kommt eine im *forte* vorgetragene zweitaktig verbundene Akkordauflösung.

KA S. 270, T. 613–614

Der Rhythmus der Begleitfiguren während der Anklage setzt völlig aus, wenn die Begbick beginnt, die entscheidenden Gründe für das Todesurteil vorzulesen: »Aber weil du meine drei Flaschen [...] nicht bezahlt hast, darum wirst du zum Tode verurteilt, Jimmy Mahoney« (KA S. 271, T. 638–650).

Von diesem Moment ihrer Aussage an bedient sich Weill nur noch der Gesangslinie und des anschließenden Akkordklangsymbols. Auch in der haarsträubenden Urteilsbegründung, die jede Rechtssprechung *ad absurdum* führen soll, hält Weill an dieser Technik fest, nur daß der Schiedsspruch von den Komplizen Begbick, Moses und Fatty gemeinsam vorgetragen wird. Nach der letzten Urteilsbegründung folgt nochmals dieses Klangsymbol, das aber diesmal synkopierend-überbetont ausgehalten wird. Der anschließende Rhythmus

♫ | ♩.𝄾♫ | ♩.𝄾𝄾 | ¢

geht direkt in das *andante non troppo* der nächsten Szene über. Es erscheint nicht überinterpretiert, wenn man die auf den ersten Blick merkwürdige Wahl von Klangsymbolen, die sich im *Jasager* als verfehlt erweisen, als bewußte schicksalhafte Bedrohung durch die hier geübten Gerichtspraktiken der Begbick deutet.

Nr. 20 (Andante sostenuto)

Den Abschluß der Oper *Mahagonny* bildet eine musikalische und optische Collage (Plakate beim Demonstrationszug) des vorangegangenen musikalischen und zum Teil noch aus dem Songspiel entlehnten Materials. Diese Collagentechnik ist im Rahmen der Zusammenarbeit von Brecht und Weill einzigartig. Man trifft die Elemente dieser Collage in folgender Reihenfolge in den vorangegangenen Nummern an: »An einem grauen Vormittag mitten im Whisky« (Songspiel Nr. 5); »Aber dieses ganze Mahagonny« (also das *Largo* mit zeitlichen Abänderungen: jetzt »war« statt »ist«); »Wir brauchen keinen Hurrikan« (Nr. 11); »Denn wie man sich bettet, so liegt man« (Nr. 11); wieder das *Largo,* und schließlich der Schlußgesang »Können ihm Essig holen …« (S. 315) und das Finale, das in dem Tutti »Können uns und euch und niemand helfen« seinen provokativen abschließenden Höhepunkt findet. Dieser absolute Schluß (beginnend mit S. 315) ist im Aufbau der jeweils vier einleitenden Strophen ähnlich. Der jeweilige Vorsänger (nacheinander Bill, Moses, Begbick und Fatty) trägt seine Strophe vor (6 Takte), und der Chor antwortet zweimal stereotyp mit den letzten Worten des ersten bzw. dritten Vorsängers: »Können einem toten Mann nicht helfen.« Aber die vierte Strophe fällt geringfügig aus diesem Schema heraus und weist damit schon auf den ungewöhnlichen musikalischen Schluß hin. Statt der zu erwartenden Chorantwort kommt nun das gesamte Ensemble, also der Chor und alle Solisten, und marschiert im *più largo-*, dann im *molto largo*-Tempo zu den abschließenden Worten »Können uns und euch und niemand helfen« nach vorn über die Bühne in Richtung Publikum. Der rhythmische Aufbau zeigt dies am deutlichsten.

KA S. 321, T. 235–238

Diese letzten Takte weisen am Ende schließlich überdeutlich mit den Bezeichnungen (S. 321) *più largo* und (S. 323) *molto largo* auf den Rhythmus des ersten, einleitenden *Largo* Nr. 1 hin, der in dieser Nummer auch mit dem dazugehörigen Text wiederkehrt.

KA S. 13, T. 213 ff.

Eine solche Wiederkehr des Rhythmus der Nr. 1 ähnelt dem Songspiel: Man erlebt einen *circulus vitiosus* – alles beginnt von vorne. Der Rhythmus dieser Nummer, das entscheidende Kriterium, bedeutet also

a) den Trauermarsch für Jim, der mit der ersten Strophe des »Können einem toten Mann nicht helfen« beginnt[8].

b) Zugleich macht die Musik gerade durch diesen Rhythmus den unheimlichen Nihilismus des gesamten Stückes deutlich.

Da es sich aber um eine Oper handelt, bleibt der im Sprechgesang vorgetragene Schlußsatz des Songspiels – »Mahagonny ist nur ein erfundenes Wort« – hier weg.

3. *Die sieben Todsünden der Kleinbürger*

A. Kabarett und Rollenspiel – Brechts Ballett-Vorlage

1. Entstehungsgeschichte. – Über den Entstehungsprozeß dieses Bühnenwerkes, des letzten, das aus der Zusammenarbeit von Brecht und Weill hervorging, ist wenig bekannt. Er ist jedoch mit Sicherheit auf das Jahr 1933 zu datieren, als Brecht nach seiner Emigration im Mai mit Weill in Paris zusammentraf[1]. *Die sieben Todsünden* entstanden speziell für die Truppe »Les Ballets 1933« und wurde von ihr am 7. Juni 1933 im *Théâtre des Champs Elysées* uraufgeführt. Lotte Lenya war die Darstellerin der Anna I, Tilly Losch die der Anna II. Die Choreographie besorgte Georges Balanchine, das Bühnenbild stammte von Caspar Neher[2].

Trotz dieser für die Realisation günstigen Besetzungsbedingungen scheint die Uraufführung kein eindeutiger Erfolg gewesen zu sein. Brecht schrieb am 10. Juni an Helene Weigel: »Das Ballett ging hübsch, war allerdings nicht so bedeutend[3].« Walter Mehring sprach dagegen von einem »großen Abend«, bei dem eine Publikumselite Künstler und Interpreten auf eine Weise feierte, »wie man sie aus der Epoche der großen deutschen Theaterkunst gewohnt war«[4]. Die Tagebücher des Harry Graf Kessler berichteten von einer eher schlechten Aufnahme des Werkes bei Publikum und Presse (Einträge vom 15. Juni und 17. Juli 1933). Kessler vermutet, man habe Weill, der in Paris beliebt sei, in unfairer Weise überschätzt, zumal man ihn gar mit Wagner und Strauss verglichen habe. Es ist auch möglich, daß die öffentliche Meinung hinsichtlich der Emigranten zwiespältig war, was sich aus einer späteren Kesslerschen Tagebucheintragung schließen läßt, die Bezug auf ein Klaviervorspiel Weills aus seiner Oper *Die Bürgschaft* nimmt [5].

Stilistisch werden *Die sieben Todsünden* als Ballett bezeichnet; man könnte jedoch eher von einer epischen Kurzoper mit songspielhaften Elementen auf der Basis eines Balletts sprechen [6]. Neben Anna I (Sängerin) und Anna II (Tänzerin) tritt als Ensemble die »Familie«, repräsentiert durch zwei Tenöre, einen Bariton und einen Baß. Die »Familie« nimmt kommentierend, beratend und kritisierend zur Anna-Handlung Stellung. Damit werden die gesellschaftlichen Zusammenhänge, unter denen die beiden Annas (die ja in Wirklichkeit eine Person sind) ihre Reise antreten, ständig präsent gehalten. Allein schon diese aktive Teilnahme der »Familie« am Bühnengeschehen rechtfertigt den Hinweis auf die opernhafte Dimension dieses Balletts. Thematisch gehört das Werk in die Gruppe der Brechtschen Stücke, die Amerika und die amerikanischen Verhältnisse als Paradigma für die Deformierung menschlicher Beziehungen in der kapitalistischen Gesellschaft verwenden.

2. *Die Problematik der* Sieben Todsünden [7]. – Das Werk ist in neun Nummern aufgeteilt. Prolog und Epilog umrahmen die sieben übrigen, jeweils mit einer der Todsünden bezeichneten Nummern. Gegenüber dieser von Weill vertonten Textfassung weist die von Brecht für seine *Gesammelten Werke* überarbeitete Fassung eine Reihe von Änderungen (Zusätzen und Weglassungen) auf, die jedoch die Grundtendenz des Werkes nicht verändern, sondern lediglich für den Leser etwas deutlicher heraustreten lassen [8].

Vor allem sind zu Beginn eines jeden Bildes genaue Angaben zur Balletthandlung gemacht, die die Aktionen von Anna I und II dezidiert beschreiben. In einer einleitenden Regiebemerkung heißt es: »Am Schluß von jedem der Bilder, die zeigen, wie die sieben Todsünden vermieden werden können, kehrt Anna II zu Anna I zurück, und auf der Bühne ist die Familie der beiden, Vater, Mutter und zwei Söhne, in Louisiana, und hinter ihr wächst das kleine Haus, das durch die Vermeidung der sieben Todsünden verdient wird [9].« Nicht abgedruckt sind einige der Stoßgebete der Familie; der Text Annas (jeweils »Lied der Schwester« überschrieben) ist zum Teil unwesentlich gekürzt und geglättet, hier und da zur Verdeutlichung auch ergänzt.

Verdeutlichend sind auch die Ergänzungen der Titel für die einzelnen

Bilder gemeint. Sie lauten: FAULHEIT *im Begehen des Unrechts,* STOLZ *auf das Beste des Ichs (Unkäuflichkeit),* ZORN *über die Gemeinheit,* VÖLLEREI *(Sättigung, Selberessen),* UNZUCHT *(selbstlose Liebe),* HABSUCHT *bei Raub und Betrug,* NEID *auf die Glücklichen* [10]. Es wurde bereits darauf hingewiesen, daß *Die sieben Todsünden* mit der Typenbezeichnung »Ballett« nicht ausreichend charakterisiert sind. Statt dessen sprachen wir von einer epischen Kurzoper mit songspielhaften Elementen auf der Basis eines Balletts. Aber auch diese bestimmte Strukturmerkmale addierende Umschreibung reicht nicht aus, weil sie noch nicht viel über die Art und Weise aussagt, in der hier gesellschaftliche Probleme angesprochen und vorgeführt werden. Das »glückliche« Ende der Handlung, das in Wirklichkeit natürlich ein unglückliches ist, läßt an eine Komödie denken – freilich keine Komödie im gemütlich-larmoyanten Sinne, sondern im Sinne eines Stückes, das dramaturgisch dergestalt konstruiert ist, daß es »die potentielle Lösbarkeit der von ihm gezeigten Probleme« erkennbar macht [11]. Diese besondere Verfahrensweise Brechts, komödienhafte Bauformen zu verwenden, erlaubt die Klassifizierung einer ganzen Reihe seiner Bühnenwerke als »Komödien«, und man kann Giese zustimmen, wenn er auch *Die sieben Todsünden der Kleinbürger* in diese Reihe hineinstellt [12].

Auch das bestimmende strukturelle Element, die Doppelrolle, verweist vordergründig und zitathaft auf die Komödie, die ja gern mit diesem theatralischen Mittel arbeitet. Freilich liegen hier ganz andere als die gewohnten, meist einem belustigenden Spiel von Verwechslungen dienenden Funktionen der Doppelrolle vor, und es handelt sich auch nicht um eine psychologisierende Rollen- bzw. Ichspaltung, die verschiedene widersprüchliche Seelenzustände verdeutlichen oder für den an psychologischen Aspekten interessierten Zuschauer dingfest machen soll. »Die Doppelrolle ist bei Brecht immer Ausdruck der Existenzspaltung des Menschen in kapitalistischer Gesellschaft«, stellt Giese bezüglich der Shen Te/Shui Ta in *Der gute Mensch von Sezuan* und der beiden Annas in den *Sieben Todsünden* fest [13]. Existenzspaltung ist Resultat der Entfremdung (Selbstentfremdung), und diese resultiert ihrerseits zwangsläufig aus der Trennung von Arbeit und Genuß, aus der Verweigerung von Selbstverwirklichung in produktiver Aneignung und Veränderung der Umwelt in der kapitalistischen Gesellschaft [14]. Bezogen auf *Die sieben Todsünden* heißt das, daß es für Anna (I und II) nur die Alternative gibt: Entfremdung vom kleinbürgerlichen Ausgangspunkt (hier Chiffre für Wahrung der Identität) und Lösung der gestellten Aufgabe (Erwerb des Geldes für das kleine Haus am Mississippi) oder Verbleiben im heimischen Lebenskreis (d. h. Wahrung der Identität) ohne das Haus (d. h. ohne materiellen und gesellschaftlichen Fortschritt). Beides zugleich, also Wahrung von Identität und Fortschritt, ist nicht möglich. Der Entschluß, sich zum Geldverdienen auf die Reise durch die großen Städte aufzumachen, bedeutet zugleich die Entscheidung für die Aufgabe der eigenen Identität zugunsten materiellen Gewinnes. Anna begibt sich in den Teufelskreis der materiellen Ausbeutung ihrer selbst, wie er schon durch das kurze Zitat eines abergläubischen Details angedeutet wird:

Anna I: »(Und) in sieben Jahren (denken wir) haben wir (e)s geschafft, dann kehren wir zurück.«

Anna II: »Aber lieber schon in sechs[15].«

Sieben Jahre – das ist ein magischer Zeitraum, innerhalb dessen es kein Abweichen vom einmal eingeschlagenen Weg geben darf, der aber andererseits auch den »Erfolg« garantiert, wenn man ihn in immer gleichbleibendem Bestreben durchsteht. Der Wunsch von Anna II, lieber schon in sechs Jahren ans Ziel zu gelangen, macht dies nicht hinfällig, sondern wirkt eher bekräftigend. Zugleich wird angedeutet, daß Anna II dem Mechanismus, in den sie zu geraten droht, noch abwehrend gegenübersteht. Deutlicher wird das, wenn sie sich dagegen wehrt, ihren Körper für Geld herzuzeigen (Stolz) und lieber künstlerisch – d. h. an ihrer Selbstverwirklichung – arbeiten will. Daß das unter dem Zwang, Geld verdienen zu müssen, nicht möglich ist, macht die materielle Bedingtheit von Kunst (und Selbstverwirklichung) deutlich. Auf das Schamgefühl und den Stolz Annas kann keine Rücksicht genommen werden, ebensowenig wie auf ihre Gefühle für einen anderen Menschen, die unter diesen Gegebenheiten in ihr Gegenteil, nämlich in Unzucht umschlagen. So wird sie *de facto* zur Hure degradiert, aber keineswegs zur Hure im Sinne einer Mysteriös-Verruchten oder eines gefallenen Mädchens, »das im Grunde hochanständig« ist »und lediglich durch eine Verkettung unglücklicher Umstände vom Pfad der Tugend« abweichen mußte[16]; sondern sie ist »Repräsentantin des Warencharakters, der die menschlichen Beziehungen in der kapitalistischen Gesellschaft beherrscht«. »Die Prostituierte bietet ihre Liebesfertigkeit« an »wie der Arbeiter seine Arbeitskraft«[17], und dementsprechend verhält sich das *showgirl.*

Anna I in *Unzucht:*

»Und sie zeigt(e) ihren (kleinen) weißen Hintern, mehr wert als (wie) eine kleine Fabrik,
zeigt ihn (gratis) den (Gaffern) und Straßenkindern, der Welt profanem Blick[18].«

Deutlicher läßt sich der Warencharakter körperlicher Attribute nicht mehr ausdrücken.

»Anna II gerät ständig in Gefahr, eine der Todsünden zu begehen, d. h.

tugendhaft und anständig zu bleiben. Doch immer rechtzeitig meldet sich ihr Gewissen (nämlich Anna I), das sie auf den richtigen Weg weist, und der richtige Weg ist der, der zum Erfolg führt[19].« So findet im Grunde eine Umkehrung aller bürgerlichen Werte unter dem Anschein ihrer Bekräftigung statt, und dieser Sachverhalt wird dem Zuschauer durch die Stellungnahmen der Familie noch deutlicher gemacht, insbesondere durch die wiederholt eingefügten Stoßgebete etwa folgender Art:

> »Der Herr erleuchte unsere Kinder,
> daß sie den Weg erkennen,
> der zum Wohlstand führt.
> Er gebe ihnen die Kraft und die Freudigkeit,
> daß sie nicht sündigen gegen die Gesetze,
> die da reich und glücklich machen[20].«

Wenn hier verbale Ähnlichkeiten mit liturgischen Formeln verfremdend benutzt werden, so keineswegs aus rein parodistischer Absicht, sondern um die ideologische Rechtfertigung der Ausbeutung Annas auch durch religiöse Maximen aufzuzeigen. Religiös begründete ethische Einstellungen zu den durch Ich-Entfremdung und Ausbeutung gekennzeichneten Verhältnissen im kapitalistischen *showbusiness* verändern diese Verhältnisse nicht, im Gegenteil: sie sanktionieren sie geradezu und dienen damit der Stabilisierung der herrschenden Ordnung. Eine ähnliche Funktion wie die Stoßgebete hat die metaphorische Umschreibung des Scheiterns der »anderen«, derer, die sich nicht angepaßt haben und vor verschlossenem (Himmels-)Tor stehen:

> »Schwester, folg mir, du wirst sehen, am Ende
> gehst im Triumph du aus allem hervor.
> Sie aber stehen, o schreckliche Wende,
> zitternd im Nichts vor verschlossenem Tor[21].«

Brecht hat diese Tendenz in der *GW*-Ausgabe der *Sieben Todsünden* noch durch die folgenden Anweisungen zur Balletthandlung verstärkt: »Noch einmal sieht man Anna durch die große Stadt gehen, sie erblickt auf ihrem Gang andere Annas (die Tänzer tragen alle Annas Maske) sich dem Müßiggang hingeben usw., also alle Todsünden unbesorgt begehen, die ihr versagt sind. In einem Ballett wird das Thema ›Die Letzten werden die Ersten sein‹ dargestellt: Während die anderen Annas stolz einhergehen im Licht, schleppt sich Anna II mühsam und gebückt hin, im Triumph endlich, während die anderen Annen verfallen und ihr demütig eine Gasse bahnen müssen[22].«

Faßt man diese Beobachtungen zusammen, so läßt sich feststellen: In *Die sieben Todsünden der Kleinbürger* geht es Brecht und Weill nur vordergründig um das scheinbar individuelle Schicksal eines *showgirls,* das am

Ende seiner Laufbahn körperlich ausgepowert und seelisch angepaßt (deformiert) ist; es geht ihnen in diesem »Ballett« im weiteren Sinne um die Analyse gesellschaftlicher Zu- und Mißstände im kapitalistischen System, wobei wir freilich nicht übersehen dürfen, daß dieser Analyse angesichts der relativ bescheidenen und eindimensionalen Handlung natürliche Grenzen gesetzt sind. Das Bestreben Brechts, in der Ausgabe der *Gesammelten Werke* die Handlungselemente zu erweitern (s. o.), deutet darauf hin, daß er sich dieser Tatsache bewußt war.

B. »Argot« und »Rhetorik« – Weills Kompositionstechnik

Die sieben Todsünden lassen sich durch vier musikalische Hauptkriterien charakterisieren:
1. durch den außernummerlichen Bezug, der dramaturgisch-textlich motiviert ist; er wird am deutlichsten greifbar im Zusammenhang von Prolog und Epilog, im Einsatz des Chorals (Nr. 1, T. 18 ff.; Nr. 2, T. 28 ff.; Nr. 3, T. 38 ff.; Nr. 5, T. 54 ff.; Nr. 7, T. 76 ff.) und in leitmotivischen Bezügen [1];
2. durch den innernummerlichen Bezug, wie ihn rein instrumentale Wiederholungen (Reprisen, Durchführungen, die textlich ungebunden sind [2]) und textlich-inhaltlich motivierte Wiederholungen [3] herstellen;
3. durch die musikalische Charakterisierung der Handlungsträger: die aktive Anna I erzählt und wird durch eine typische Gesangslinie und orchestrale Begleitung gekennzeichnet (eine typische Gesangslinie und orchestrale Begleitung werden auch der Familie zugestanden); die passive Anna II spricht in die Musik hinein (Prolog – Epilog, Nr. 3 und Nr. 5); ausgeprägte, lange orchestrale Teile (Ballettmusiken) werden vor allem durch Tanzrhythmen bestimmt (Walzer Nr. 2, Dixieland Nr. 3, Furiant Nr. 6, Marsch Nr. 7);
4. durch die sprachliche Unterscheidung von Prosa (Nr. 1 und 7, Epilog und Prolog) und Versmaß (vor allem Nr. 7).

Zum Prolog

Der Prolog macht einerseits mit der Zielsetzung der Handelnden – dem Bau eines kleinen Hauses –, andererseits mit der Gespaltenheit Annas vertraut.
»Wir sind eigentlich nicht zwei Personen, sondern nur eine einzige. Wir heißen beide Anna. Wir haben eine Vergangenheit und eine Zukunft, ein Herz und ein Sparkassenbuch und jede tut nur, was für die andere gut ist.«

(KA S. 8, T. 48–59) Besonders der letzte Teil des Satzes –»und jede tut nur, was für die andere gut ist« – trifft in keiner Weise zu, da gerade die Gespaltenheit der Persönlichkeit Annas den Ablauf der Handlung entscheidend mitbestimmt. Die epische Spielweise, die von Anfang an den Verlauf der folgenden Handlung konzipieren soll, spielt dann im tatsächlichen weiteren Handlungsverlauf eigentlich keine Rolle, da zwischen den Aussagen des Prologs und den folgenden Nummern ein eklatanter Widerspruch besteht und der Zuschauer damit fehlgeleitet wird. Den überdominanten, aktiven Charakterzügen (Anna I) stehen die passiven, selbstzerstörerischen (Anna II) gegenüber. Weill bringt diese Gespaltenheit musikalisch von Anfang an plausibel zum Ausdruck. Er ordnet dem aktiven, erzählenden Ego stets eine Gesangslinie mit orchestraler Begleitung (Anna I) und dem passiven, jasagenden (*Jasager!*) bestimmte Einwürfe zu (T. 22, 29, 41, 61), die in eine rein instrumentale Musik hineingesprochen werden (Anna II). Die hier eingeführte Spaltung des Selbst von Anna wird zur entscheidenden Methode für das ganze Stück und zeigt die enormen Differenzierungsmöglichkeiten der Verfremdungstechnik. Die gesellschaftliche Situation, in der Anna steht, verhindert jede Identifikation mit ihrer Persönlichkeit.

Auffallend ist die Verteilung des musikalischen Materials auf den ersten (T. 14–21), zweiten (T. 23–28) und vierten (T. 45–59) Textabschnitt von Anna I (dem die Einwürfe von Anna II unmittelbar folgen), auf das Vorspiel (T. 1–14) und das Nachspiel (T. 62–69) und die Wiederkehr der Abschnitte: So kehren die T. 1–8 bzw. 9–14 im zweiten Textabschnitt im T. 22–32 wieder, die T. 15–21 des ersten Abschnittes in den T. 53–60 des vierten Abschnittes, und schließlich die T. 15–21 in den umrahmenden Instrumentalteil-Takten des vierten Textabschnittes, und zwar in T. 41–44 und T. 61–69. Nur die Wiederholung der einleitenden Takte des Vorspieles geht nach musikdramaturgischen Gesichtspunkten vor sich.

KA S. 5, T. 1–3

In diesen ersten drei Takten werden große Terzen mit ungewöhnlichen Intervallsprüngen (b–cis, b–c usw., Auftakt T. 1 usw.) chromatisch durchgeführt – eine Technik, die ebenso wie die Querständigkeit (T. 5–6, des/d) an die *passus duriusculus*- bzw. *saltus duriusculus*-Tradition erinnert. Diese *passus duriusculus*-Figuren erinnern an die Heilandsklage in Wagners *Parsifal*. Berücksichtigt man die Bedeutung dieser Figuren für die Sphäre von Leiden und Schmerz, so wird der musikalisch-dramaturgische Zusammenhang klar. Mit Annas (II) erster ängstlicher Antwort (T. 22) erklingt in den Holzbläsern dieser *passus duriusculus* im konkreten Zusammenhang (also mit Bezug auf die leidende Anna II) wieder auf. Die ersten Takte erweisen sich, so gesehen, als antizipierend in doppeltem Sinne: für die gesamte Handlung, aber auch für den Teilabschnitt dieser Nummer. Die permanente Wiederholung (T. 22–32) wirkt hier besonders eindringlich. Der Leidensweg der Anna beginnt.

Nr. 1 – Faulheit

Auffallend an der musikalischen Gliederung ist der kurzgeratene Mittelteil (T. 95–105), der die zwei Großstrophen (T. 1–47 und T. 48–94) von der rudimentären instrumentalen Reprise (T. 106–177 als Variante des Anfangs) und der Fortissimo-Coda trennt. Die Deklamation über den Halteakkorden (T. 118ff.) kann als Anspielung auf das Antiphonal- oder Litaneienprinzip in den Strophen (»Stollen«), mithin als eine Art »Abgesang« interpretiert werden. Diese Halteakkorde bilden den Schlüsselpunkt dieser Nummer; sie werden textlich wie musikalisch durch den stereotypen Wechsel einer variierten Aussage über das Verhalten Annas und eines inhaltlich gleichbleibenden, wiederholten Sinnspruches innerhalb der Großstrophen vorbereitet.

Vergleicht man die Gerüsttöne des an einen verzerrten Bibelvers erinnernden Sinnspruches mit denen der Halteakkorde, so wird der Zusammenhang und Zielpunkt unmißverständlich deutlich.

KA S. 10, T. 23–25

KA S. 18, T. 118–120

Neben diesem eindeutigen melodischen und rhythmischen Zusammenhang zwischen den Bibelsprucheinwürfen und den abschließenden Halteakkorden des Chorales, der die Verlogenheit der Familie musikalisch noch steigert, ergibt sich ein weiterer – rhythmischer – Zusammenhang zwischen der Aussage über Anna und dem verzerrten Bibelvers. Der Rhythmus der Gesangsstimmen (Familie) wird in beiden Fällen in ähnlicher Weise verwendet.

Daß die Familie allein (und nicht ein Chor) Aussage und Bibelvers singt, verstärkt diese Tatsache noch. Die dynamische Abhebung des Bibelspruches *(ff)*, der in seiner penetranten, übersteigerten, militanten Wiederholung wie die bedrohliche Propaganda-Attacke einer Heilsarmeekapelle wirkt, gibt der Aussage über Anna nur noch einen bösartigen Nachgeschmack. Der (in den Gesangsstimmen) latent vorhandene Choral wird im Bibelspruch, der durch den Rhythmus der Achtelfiguren in der Begleitung bisher eher verdeckt wurde, nun durch den Eingriff in die Begleitrhythmik

statt ♩♫ ♩♫ jetzt ♩

und die Begleitinstrumentation freigelegt, die anstelle von Holzbläsern, Hörnern, Trompeten, Posaunen und Streichern jetzt Bläser (Flöte, Oboe, Fagott, Hörner, Trompeten, Posaune, aber merkwürdigerweise auch Gong und Harfe) verwendet.

Das Forte des Sinnspruches wird hier nun noch zum *fortissimo* gesteigert.

Nr. 2 – Stolz

Im *Stolz* wird der Mittelteil (T. 93–191) durch eine Tempo-Differenzierung (ab T. 93) kenntlich gemacht. Ein »schneller Walzer« mit einem kurz verwendeten Furiant-Rhythmus (T. 105–106), der nebenbei auch an die *music hall*-Manier erinnert, kontrastiert mit dem ihn umrahmenden Allegretto-Walzer. Hier begegnet man dem Fall, daß jeder im ersten Allegretto-Teil eingerahmte, erweiterte 16-Takter (B. T. 25–44) ohne das folgende Instrumentalecho im schnellen Teil als eingeschobener Kontrastteil wieder in Erscheinung tritt. Durch das Fehlen von a im sonst 3 × 8taktigen A-Komplex wirkt das zweite Auftreten von A in gewissem Sinne kopflos (T. 61 = T. 9).

A	–	B	(B')	–	A'	–	C	x	B	x	A
a	b	c			b	c			a	b	c
T.: 1	9	17	25	45	61	69	77	93	143	162	192

Entscheidend aber werden für die musikalische Verfremdung die sich um und mit dem Choral vollziehenden Veränderungen der musikalischen Struktur. Auffallend sind die hinleitenden, abwärtsgleitenden Sechzehntelfiguren, die ihrer Bewegung und dem Ritardando nach eigentlich das

Wiedereinsetzen des schnellen Walzers (T. 93) erwarten lassen und sogar von ferne an die zum Tanz der Fürther-Mädchen in Wagners *Meistersingern von Nürnberg* überleitenden Takte erinnern (T. 184–191). Doch Weill schließt an das weniger eindeutig tanzfreudige *Allegretto* des Anfangs statt an den rhythmisch motivierteren schnellen Walzer an, was sich in der Gesangsstimme und in der Begleitung niederschlägt. Dieser Rückgriff auf das einleitende Allegretto scheint den Handlungszusammenhang widerzuspiegeln. Das aber verhindert Weill, indem er den bereits in der vorangegangenen Nummer verwendeten Choral collagenartig wieder verfremdet und dadurch die musikalischen Assoziationen und die Aufmerksamkeit des Zuhörers nicht nur auf den Anfang dieser, sondern auch auf die Verwendung des Chorals in der vorangegangenen Nummer lenkt und so einen dramatischen Zusammenhang schafft. Neben der erwähnten Verbreitung durch Streicher, Klavier und Holzbläser wird ein Eingriff in die rhythmische und melodische Substanz des Chorals vollzogen. Statt der gleichmäßigen Bewegung in Vierteln und Halben (Nr. 1, T. 118–122)

nun der Wechsel von Sechzehnteln zu punktierten Achteln (Nr. 2, T. 192–194).

Statt der betonenden Begleitfigur (Nr. 1, T. 118–120) aus ganzen Noten

nun der Gegenrhythmus des *Allegrettos* des Beginns von Nr. 2, der schon ein Gegengewicht zu der Gegenstimme darstellt.

So gesehen hat man es mit drei rhythmisch eher voneinander abgesetzten Ebenen zu tun, die den dramatischen Zusammenhang erkennen lassen. Es gibt keine Übereinstimmung zwischen Anna und der Familie mehr. Der Walzerrhythmus des Orchesters wird durch den veränderten Choralrhythmus der Familie und den Rhythmus der Gesangslinie Annas (I) nachhaltig getrübt. Eine deutliche Abweichung in bezug auf den ersten Einsatz des Chorales ergibt sich nun bei der Gestaltung der Gesangsmelodie der Familie. Weill setzt sie eine kleine Terz tiefer und betont überdies die rhythmische Divergenz des ersten und zweiten Einsatzes dynamisch (*p* T. 192 zu *ff* T. 118). Der parallele Gestus der Gegenstimme (Anna) wird vom Inhalt des veränderten Chorals und dem Walzerrhythmus als Basis deutlich abgehoben. Doch der Allegretto-Rhythmus des Anfangs wird nach Abschluß des Chorals (T. 206) – nach einem Zwischentakt bei den Erinnerungsworten »Denk an das kleine Haus in Louisiana!« – erneut unterbrochen. Die Triolen der Holzbläser weichen dem Grundrhythmus der Choralstimmen. Diese vier Takte (T. 208–211) zeigen deutlich Weills dramatisches Verständnis. Der übernommene Choralrhythmus bestimmt nun sogar auch die Gesangsstimme. Außerdem erinnert die Motorik (T. 208 ff. und 212 ff. mit ihren vorangegangenen analogen Stellen T. 12 ff. u. 73 ff.) quasi leitmotivisch an den Anfang des Prologes und seine Bedeutung. Diese Motivik soll die leidende Anna symbolisieren.

KA S. 30, T. 208–211

KA S. 5, T. 1–3

Der Sinn des Trostes in der widerwärtigen Situation Annas – Hoffnung auf ein kleinbürgerliches, irdisches und jenseitiges himmlisches Glück – wird durch derartige musikalische Zusammenhänge antizipierend (Epilog) *ad absurdum* geführt; er geht spätestens von hier ab in totalem Nihilismus unter. Diese Haltung wird mit den abschließenden drei Instrumentaltakten (T. 212 bis Ende) keineswegs aufgehoben, im Gegenteil: Zwar setzt der Rhythmus der Triolen des Anfangs (T. 1 ff.) wieder ein und scheint auf einen Zusammenhang zwischen Anfang und Ende hinzuweisen; aber diese Triolen werden nicht wie zu Anfang mit einfachen Achtelfiguren kombiniert, sondern mit dem Rhythmus des Chorals (T. 212 ff.),

KA S. 30, T. 212–213

was einer Allgegenwärtigkeit des Chorals – und damit der verlogenen,

222

selbstsüchtigen Brutalität der Familie – gleichkommt, die auch der Zusammenhang mit der anschließenden Nummer nahelegt, die wiederum
mit einer Einleitung von der Familie bestimmt wird.

Nr. 3 – Zorn

Der Zusammenhang allgemeiner Aussagen und pseudo-religiöser Sinn-
sprüche der Familie wurde schon in der ersten der *Todsünden* aufgrund
rhythmischer Bezüge klar. Der Begleitrhythmus zum in Tritonus-Inter-
vallen einsetzenden Kanon mit seinen rasenden, oktavierenden Sechzehntelfiguren kehrt auch beim Wiedereinsetzen des Chorals in den Streichern wieder (T. 1 ff. zu 124 ff.), wobei ihm ein synkopierter Rhythmus
zugrunde liegt, diesmal in doppelt so langem Zeitmaß wie in der vorangegangenen Nummer, also statt

KA S. 28, T. 192 ff.

Trotz eines kurz in Erscheinung tretenden Zweiunddreißigstel-Ein-
schubs,

KA S. 38, T. 124 ff.

der an den Dixieland-Rhythmus (T. 71 ff.) erinnern könnte, bleibt der
Rhythmus der Einleitung erhalten, der die Erregtheit der Familie widerspiegelt; er macht den Zusammenhang zwischen Choral- und allgemeiner
Aussage auch musikalisch deutlich. Trotz dieses Zusammenhanges bricht
der Choral in den langen instrumentalen Intermezzoteil ein (T. 124 ff.).
Dieses Intermezzo, in sich wiederum reprisenartig (A–B–A), bildet nach
vorwiegend halbgeteilten Strophenkomplexen der Familie (Einleitung
[13 + 13] + 10 Takte stereotypen Ablaufs) und der Anna ([9 + 9] + 8
Takte instrumentaler Überleitung) den dritten Hauptkomplex vor einem
vierten (T. 132 bis Ende), den gleichsam refrainartigen kantableren Abgesang der Anna, der mit dem durchgehenden Begleitrhythmus und dem
instrumentalen Nachspiel wieder geschlossen wird:
(16 + 16) + (4 + 4) + (4 + 4 + 8 + 8) + (4 + 16 + 4).

Nr. 4 – Völlerei

Der fast zur leitmotivartigen Verwendung hochstilisierte Einsatz des Chorales bricht hier ab. Ebenso scheint die bei einem Ballett sicher naheliegende Adaption eines Tanzrhythmus reizlos zu werden. Aber Weill gibt selbst in diesem *a capella*-Satz für Männerquartett den tanzrhythmischen Bezug nicht auf. Abgesehen von den auf die Manier der Vokalpolyphonie anspielenden zweistimmig verschlungenen Terzgängen (T. 1 ff.) schafft Weill mit den auf die Walzermusik anspielenden Nachschlägen in den Singstimmen (T. 55 ff.) den musikalischen Bezug zu den in den vorangegangenen Nummern auftretenden Tanzrhythmen. Auffallend ist die äußerst kurz geratene Reprise (A': T. 63–78) im Gegensatz zum ersten A-Teil (T. 1–31), dessen unregelmäßige Untergliederung (7 + 13 + 12) sich durch die sprachlich bedingten Halb- und Ganzschlüsse ergibt. Merkwürdig wirkt der Einsatz der Gitarre im Mittelteil B (T. 32–62). Die Abmagerungsleiden der Anna werden in arpeggierten Akkorden, die in Aussicht gestellte kulinarische Glückseligkeit (die Nennung von Köstlichkeiten, die Anna später essen darf), mit gebrochenen Akkorden der Gitarre versinnbildlicht. Die Akkorde werden dynamisch (T. 32 ff. zu T. 45 ff.) und pausenmäßig gesteigert (statt einer viertaktigen Pause ein sechstaktiges, wiederholtes Akkordspiel). Der Übergang von vollen zu gebrochenen Akkorden bezeichnet auch den *piano dolce* vorgetragenen scheinbaren Sinneswandel der Familie, der durch den verstümmelten Walzernachschlag (T. 57 ff.) in den Singstimmen doch noch zusätzlich relativiert wird. Diese eher unscheinbaren musikalischen Mittel wirken aufgrund ihrer Einfachheit besonders stark, etwa im Vergleich zu den sonstigen *a capella*-Teilen (A–A'), die wie eine an Männergesangsvereinsabende erinnernde Quartetteinlage klingen. Die Bezeichnung »Männerquartetteinlage« scheint unzutreffend zu sein, denn schlägt man die ersten Seiten der Partitur (vor dem Prolog) auf, so vermerkt Weill zu den Charakteren: »Anna I Sopran, Anna II Ballerina, die Familie Tenor I, Tenor II, Bariton, Baß (Mutter).« Dieser letzte in Klammern stehende Hinweis ist besonders interessant. Die merkwürdige Stimmaufteilung der Familie tritt besonders in den *a capella*-Teilen dieser Nummer deutlich hervor. Die Mutter wird als einzige weibliche Vertreterin der verbleibenden Familie durch den *Baß* repräsentiert. Die Mutter wird also, musikalisch gesehen, vermännlicht – was hier einer Verrohung gleichkommt –, und Anna übernimmt somit die einzige weibliche Gesangsstimme. Aus dieser Perspektive wirkt die Stimme der Mutter im Männerquartett höchst angemessen und der Situation entsprechend verfremdet.

Nr. 5 – Unzucht

Die kantableren Stellen der Partitur treten hier deutlich in den Vordergrund. Besonders die achttaktige Melodie (A) über der schwebenden Begleitung, einmal in den drei Sologeigen süßlich verkitscht und *pp* ausge-
terzt (T. 28–35), ein andermal imitatorisch verbrämt (T. 61–68),

P S. 131, T. 28–30

und die zweite Melodie (B), die ihr motivisches Begleitmaterial vor allem
aus dem hektischen Anfang bezieht, kehren hier ebenso zweimal identisch wieder (T. 44–51 u. 77–84).

P S. 134, T. 44–46

Die Betonung der musikalischen Sentimentalität durch die Gesangslinie
und die Violinen legt den im Versmaß dargebotenen Inhalt der Worte
Annas aus. Treue wird in Annas Situation durch süßliche Austerzung lächerlich gemacht. Eine weitere Melodie (C), die stets mit den Worten
»Das kann höchstens eine machen, die auf niemand angewiesen ist« beginnt, dient mit ihrer markanten Schlußklausel jeweils als musikalischer
Brennpunkt, in dem das Geschehen zusammenläuft (T. 36ff., 42ff.,
85ff.) und so einen refrainartigen Eindruck vermittelt.
Aus dem formalen Aufriß

Einleitungsgruppe	Kerngruppe	A-Chor–B-Refr.	Ausleitungsgr.
	A-Refr.–B-Refr.		
T. 1–13	26		92

kann man ersehen, daß dieser Refrain zweimal auf A, aber nur einmal auf
B folgt. Das andere Mal wird er durch den Sinnspruch der Familie
(T. 69ff.) verdrängt. Diese Verdrängung des wichtigen Refrains durch

225

den Choral betont den Sinn des Inhalts auch musikalisch. Die Variation
liegt hier einerseits im rhythmischen Bereich –

KA S. 54

man sieht, daß dieser Rhythmus die Betonung der Worte völlig ver-
schiebt –, andererseits in der melodischen Abänderung (S. 54 zu 18: statt
es nun e) und schließlich in der parallel zur Chormelodie verlaufenden,
akzentuierten instrumentalen Gegenstimme im Klavier:

P S. 138, T. 68–70

Der dramatische Zusammenhang wirkt hier bösartig. Auf Annas qual-
volle Lösung von ihrem Geliebten (nicht Kunden) läßt Weill den »trö-
stenden Rat« des Chorales folgen, der ihr »die Gesetze zeigt, die da reich
und glücklich machen« (T. 74–76). Diese Ratschläge der sich zum Über-
Ich aufblasenden Familie befolgt sie nun nicht nur gezwungenermaßen;
sie vollzieht sogar vulgärste Prostitution und Exhibition, um den Gesetzen
des Über-Ichs zu entsprechen. Dies wird aus den Worten ersichtlich, die
auf den Choral folgen: »Und sie zeigt ihren kleinen weißen Hintern, mehr
wert als eine kleine Fabrik, zeigt ihn gratis den Gaffern und Straßenkindern, der Welt profanem Blick« (T. 46–84). Brechts künstlich wirkendes
Versmaß verschärft noch zusätzlich die überdrehte Brutalität der Situation. Der Choral wird hier also zum auslösenden Moment hemmungsloser
Prostitution und Exhibition und drängt somit zur fünften Todsünde in ihrer letzten Konsequenz. Die Wiederkehr bei der zweiten Wiederholung
des Chorals (vgl. KA S. 29) im zweiten Teil des angeführten Sinnspruchs
»Wer über sich den Sieg erringt, der erringt den Lohn«, erscheint in der
rhythmischen Variation:

KA S. 29   KA S. 56

Die tonale wie rhythmische Ähnlichkeit weist auf den Zusammenhang hin. Aber hier setzt mit Beginn des Choralabschnittes

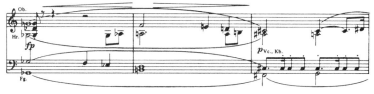

KA S. 56, T. 92–94

ein neuer starker Gegenstimmenkomplex ein. Doch die Melodie verläuft chromatisch absteigend und wird auch nach Abschluß des Sinnspruches dreimal wiederholt. Diese Gegenstimmen (T. 68 ff. u. 92 ff.) haben keinen dramatischen Bezug und ergeben sich eher aus rein musikalischen Gesichtspunkten, es sei denn, man will in den häufigen chromatischen Schritten einmal mehr eine Ausdeutung der Trauer Annas sehen (Prolog T. 1–4 etc.). Die textliche wie musikalische Verfremdung beim Wiedereinsetzen des Choralteiles (T. 92–94) ist eindeutig. Dem Inhalt des Refrains, also der Rechtfertigung der Prostitution durch Anna, folgt der verlogene Spruch, der dieses Handeln heiligt.

Nr. 6 – Habsucht

Die *Habsucht* hat sowohl in klein- wie in großformaler Hinsicht einen leicht zu überschauenden Aufbau. Die Nummer wird durchgehend von regelmäßigen acht- bzw. sechzehntaktigen Gruppen bestimmt. Aber mit der Ausnahme, daß an einigen Nahtstellen – besonders beim Einsatz instrumentaler Zwischenspiele – Überschneidungen bzw. Verschränkungen entstehen, d. h. wenn beim vorzeitigen Auftreten eines neuen Abschnittes der Schluß des Vorangegangenen in den neuen aufgenommen wird (T. 29/30, 59/60, 147/148, 161/162). Wenn man sich das real 58taktige, ideell aber 64taktige barförmige Mittelstück des 1. Tenors (T. 90–148) eingeklammert denkt, kann man in den 3 × 3 umrahmenden 16-Taktern folgende Anordnung erkennen:

A–F–B–A–F–Mittelteil–B–A–F
T. 46   90   148

[F = Furiant]

Der interessanteste Teil ist der barförmige 16-Takter A (4 + 4 + 8), der sich laufend ändert. Zunächst wird er rein instrumental exponiert (der

227

Abgesang T. 9 wird später durch einen anderen ersetzt). Unmittelbar darauf (T. 17 ff.) folgt der einstimmige Kommentar des Baritons. In T. 60 ff. sind die Singstimmen eher in dreistimmiger, polyphoner Manier gesetzt, während sie in T. 162 ff. in choralartigem, homophonem Duktus verbunden werden. Im jeweils folgenden Furiant (*music hall*-Walzer) verdichten sich in der entwickelten Weiterführung des (4 × 2) Achttakters die Akzentnoten, die einen hemiolenartigen Eindruck hervorrufen. Die Sätze der Familie (Teil B T. 46 ff. und T. 148 ff.) begleitet ein auf- und abwogender Walzer in Terzparallelen. Der leitmotivische Choral ist hier nicht nötig, denn Anna braucht kein Über-Ich mehr. Die Verkommenheit ihrer Familie und der sie umgebenden Gesellschaft scheint sie infiziert zu haben. Das schlägt sich in der Presse nieder, die von der Familie sensationslüstern gelesen wird. Die Sensationsnachrichten über Anna und die spätere Sorge der Familie, Anna könnte zu brutal werden (das ehemalige Über-Ich genießt einerseits die Früchte seines pädagogischen Einflusses, befürchtet aber andererseits die sich daraus ergebenden Konsequenzen), verbindet Weill durch den gemeinsamen Walzer. Der beschwingte Walzer wird hier doppelbödig eingesetzt. Einerseits spiegelt er unverhohlene Geldgier, andererseits die *Sorge* um das Geld wider. Die Parallele zum Songspiel *Mahagonny* wird drastisch deutlich. Hier erweist sich der Walzer tatsächlich als Totentanz einer vergangenen Epoche, die aber noch allgegenwärtig ist. Geldgier und Sorge um das Geld bilden eine für den Kapitalismus typische Einheit. Diese Einheit wird durch eine als veraltet vorgeführte Tanzform demonstriert.

Nr. 7 – Neid

Im letzten Teil der *Todsünden* stehen sich zwei kontrastierende Abschnitte gegenüber. Der erste Teil (T. 1–46) ist in sich als A–B–B gebaut. Der zentrale Mittelteil (B) ist durch *tutti*-Akkorde und einen durchgehaltenen Orgelpunkt auf d sowie durch eine Singstimmenführung charakterisiert, die ein Melodiegerüst deklamatorisch variiert. Die Rahmenteile (T. 1–9 u. 37–46) haben rezitatorischen Charakter. In der Begleitung wird ein Baßmodell *unisono* vorgetragen, während Anna I auch hier ein Melodiegerüst deklamatorisch variiert. Der Text spiegelt die Wünsche Annas wider. Der zweite Teil besteht aus einem Marsch (T. 46 bis Ende). Aus dem Begleitrhythmus dieses Marsches wird der Rhythmus der gesamten Gesangslinie Annas bis zum Ende übernommen, mit wenigen dramaturgisch bedingten Änderungen. Die 1. und 3. und die 2. und 4. Strophe (T. 50 ff., T. 65 ff., 83 ff., 97 ff.) des Marsches haben jeweils die gleiche Harmonik. Die zwischen der ersten und zweiten und dritten und vierten Strophe wechselnde Harmonik wirkt sich auf das orchestrale Ritornell aus. Unabhängig davon steigert sich die Singstimme (T. 83 ff.). Entscheidend aber bleiben die ersten Takte des Marsches,

KA S. 72, T. 46–48

der in seinem melodischen und rhythmischen Verlauf an einen pathetischen Triumphmarsch, in seiner Struktur ebenso an Märsche aus der Operntradition wie an politische oder religiöse Kampflieder erinnert.

T. 51–53

Der Rhythmus der Gesangsstimme nimmt den Marschrhythmus auf und verwendet ihn nahezu durchlaufend. In diesen Triumphmarsch mündet dann wieder der zweite Teil der Wiederholung des Chorales ein (T. 106–113; vgl. auch S. 28 und 56). Melodisch wie rhythmisch nähert sich diese Variation der Urform am meisten (Nr. 1, S. 18, T. 118) und schließt damit nicht nur den Bogen der handlungstragenden Nummern (nicht so der Prolog und der Epilog); sie wird durch den assoziativen Zusammenhang auch besonders bösartig. Der Text spricht das aus: »Sie aber stehen, oh schreckliche Wende, im Nichts« (T. 101–108), was durch die Musik konkretisiert wird. Der Triumphmarsch wurde schon durch den nihilistischen Textbezug ein Marsch ins Nichts, bekommt aber durch die Überlagerung mit dem Choral und dessen Text ins Absurde überkippende apokalyptische Züge.

Epilog

Der Epilog als Rekapitulation des Prologs weist wie im Songspiel *Mahagonny* und in der Oper *Mahagonny* auf den Teufelskreis des musikalisch-szenischen Inhalts hin. Es ist gewiß kein Zufall, daß Weill, nachdem er die sieben Todsünden musikalisch kommentiert hat, ganz zum Schluß des Epilogs den Zuschauer mit dem überraschenden *tonus lascivus* konfrontiert (Seite 230 oben).

KA S. 79, T. 19–22

Die plötzliche Öffnung nach C-Dur soll hier nicht versöhnlich und klärend verstanden werden, sondern lehnt sich an die alte Tonartencharakteristik des Jonischen als *tonus lascivus* an.

4. Die Dreigroschenoper

A. »Gemeiner Zerfall« – Brecht und seine Vorlage

1. Entstehungsgeschichte. – Im Frühjahr 1928 übersetzte Elisabeth Hauptmann für Brecht *The Beggar's Opera* (1728) von John Gay, die Brecht bearbeiten wollte. Ernst Josef Aufricht, der etwa zur gleichen Zeit die Eröffnung eines eigenen Theaters plante und deshalb das Theater am Schiffbauerdamm in Berlin gemietet hatte, bestellte *Die Dreigroschenoper* zur Premiere[1]. Brecht stellte die Arbeit an *Joe Fleischhacker* zurück und konzentrierte sich ganz auf die neue Aufgabe. Über die Musik wurde zunächst nicht gesprochen. Dann brachte Brecht Kurt Weill ins Gespräch. Aufricht befürchtete, Weill könne etwas Atonales ohne jede Publikumswirksamkeit komponieren. Er beauftragte heimlich Theo Mackeben, sich die Originalmusik von Pepusch anzusehen, um eventuell darauf zurückgreifen zu können, und sei es nur, indem man sie modernisiert[2]. Dann schlug Aufricht als Tag der Uraufführung den 28. August 1928 vor, ein Termin, der Brecht und Weill zu heftiger Aktivität zwang[3]. Um Ruhe zu haben, fuhren sie am 1. Juni nach Le Lavandou an der französischen Riviera[4]. »Die beiden arbeiteten Tag und Nacht wie die Verrückten, schrieben, änderten, strichen, schrieben aufs neue, und unterbrachen ihre Arbeit nur, um ein paar Minuten ans Meer hinunter zu gehen[5].«
Im Juli kehrte Brecht nach Berlin zurück, im August begannen die Proben, die zu einer Kette von Pannen wurden. Die Regie lag bei Erich Engel, wobei natürlich Brecht, Weill und Neher als Bühnenbildner beratende Funktionen hatten[6]. Lotte Lenya-Weill berichtet, unter den vielen Persönlichkeiten aus dem damaligen Berlin, die die Proben besucht hät-

ten, sei ihr vor allem Lion Feuchtwanger in Erinnerung geblieben, weil er den Titel *Die Dreigroschenoper* erfunden habe[7]. Am 31. August fand schließlich die Uraufführung statt, die nach anfänglicher Zurückhaltung des Publikums zu einem großen Erfolg wurde. Die Darsteller und die Musik der *Dreigroschenoper* erlangten in kürzester Zeit eine unvorstellbare Beliebtheit[8]. Am 3. Mai 1929 erschien im *Berliner Tageblatt* eine ausführliche, mit Beispielen gespickte Dokumentation von Alfred Kerr, der Brecht vorwarf, die Villon-Übertragung K. L. Ammers ohne Quellenangabe verwendet zu haben[9]. Im Juli 1929 nahm Brecht dazu in der Zeitschrift *Die schöne Literatur* Stellung und erklärte, er habe die Erwähnung des Namens Ammer leider vergessen, was sich aus seiner grundsätzlichen Laxheit in Fragen geistigen Eigentums erkläre[10]. Im August 1930 stellte Brecht das Drehbuch zum Dreigroschenfilm *Die Beule* fertig. »Die Nero-Filmgesellschaft lehnt die neue Sicht, in der Brecht den Stoff präsentiert, ab, besteht aber auf ihren Rechten und läßt G. W. Pabst mit den Dreharbeiten beginnen[11]. Die Auseinandersetzungen führten zum Dreigroschenprozeß, der Mitte Dezember 1930 durch einen Vergleich beendet wurde[12]. 1934 entstand der *Dreigroschenroman,* der Ende des Jahres in Amsterdam erschien[13].

2. *Von* The Beggar's Opera *zur* Dreigroschenoper. – Über die Adaption von Gays Bettler-Oper durch Brecht schreibt Ernst Schumacher: »Brecht hielt sich zu seinem eigenen Nachteil zu sehr an den Text des John Gay. Er bearbeitete nur, statt umzuarbeiten. Er übersetzte sozusagen, statt die Polemik des John Gay in die eigenen Verhältnisse zu übertragen, sie zu konkretisieren[14].«

Dazu bemerkt Werner Hecht: »Allein, wenn wir beide Werke etwas näher ansehen, noch gar nicht einmal gründlich untersuchen, stellen wir doch einige Abweichungen fest«[15], die den Vorwurf fehlender Eigenleistung Brechts abschwächen oder teilweise widerlegen[16]. Die *Dreigroschenoper* spielt nicht im frühen 18. Jahrhundert wie Gays Bettler-Oper. »Damals hatte die Bourgeoisie objektiv eine progressive Rolle gespielt. Brecht kommt während der Arbeit zu der Ansicht, eine Verschiebung in ein um hundert Jahre späteres Zeitalter sei nützlich«[17], da man über das viktorianische Zeitalter einiges wisse, es aber gleichzeitig weit entfernt genug sei, um mit Abstand kritisch beurteilt werden zu können. »Wichtig ist also, daß Brecht das Stück nicht [...] im 20. Jahrhundert spielen läßt. Das geschieht erst in den Varianten, im Drehbuch *Die Beule* und im *Dreigroschenroman.* In diesen Werken sind die Handlungsverläufe auch entsprechend verändert[18].« Dadurch wird sicher ein höheres Maß an »zeitgemäßer Konkretisierung« erreicht; daß aber die *Dreigroschenoper* lediglich die gesellschaftspolitischen Grundstrukturen der Gay-Oper völlig unverändert widerspiegelt, davon kann keine Rede sein.

Auch Schumachers Vermutung, mit der *Dreigroschenoper* habe Brecht »den Angriff Gays auf die Händel-Oper zweihundert Jahre später erneut vortragen wollen«, wird von Hecht kritisiert. Hecht ist der Meinung, die Musik diene als ein künstlerisches Mittel, die sozialkritische Haltung immer erneut zu provozieren, und aus *diesem* Grund sei Brecht zur Musik gekommen[19].

Die sozialkritische Haltung ist es denn auch, die Gay und Brecht miteinander verbindet und die Adaption von *The Beggar's Opera* sinnvoll erscheinen ließ, obwohl die gesellschaftliche Situation zu Brechts Zeit freilich eine ganz andere war als zu Beginn des 18. Jahrhunderts. Führten damals die bürgerlich-kapitalistischen Kreise schwere, erfolgreiche Schläge gegen die alte, vom Adel getragene Feudalherrschaft, so findet Brecht zweihundert Jahre danach die Bourgeoisie an der Macht vor, jetzt allerdings vom Untergang bedroht und daher ihrerseits bemüht, das sie an der Macht haltende System der Ausbeutung möglichst gut zu tarnen. Gay, der erfolg- und glücklose Tory-Protegé, setzt seine Kritik an den von Korruption und nacktem Gewinnstreben bestimmten Whig-Praktiken von rechts an, Brecht schlägt sich auf die andere Seite, auf die der kleinen Leute, der Armen[20]. Beide erwiesen sich in ihrer Kritik als nicht ganz eindeutig, was bei Gay dazu führte, »daß Whigs und Tories der *Beggar's Opera* gemeinsam Beifall klatschten, in der Meinung, jeweils die gegnerische Partei hätte darin Hiebe erhalten[21]«, und Brecht den Vorwurf mangelnder dialektischer Werkgestaltung in dem Sinne einbrachte, daß das Ergebnis eine Art von unkonkreter Satire sei, die sich die Bourgeoisie, wenn auch protestierend, durchaus »einverleiben« konnte[22]. Dieser Ansicht ist, wenn man sie aus der Perspektive und vor dem Hintergrund der späteren Entwicklung Brechts zum marxistisch-dialektischen Autor betrachtet, sicher nicht grundsätzlich, aber doch insofern zu widersprechen, als Brecht im Gegensatz zu Gay, dessen Stück voller Spitzen gegen die damalige Gesellschaft steckte, seine Bühnenfiguren typisierte, sie also nicht mit bestimmten tagespolitisch aktuellen Persönlichkeiten identifizierbar machte. »An diesem Gestaltungsprinzip wird ersichtlich, wie er sich schon in der *Dreigroschenoper* parabolischer Elemente bedient[23]«, die dann später zu wichtigen Bestandteilen seines episch-dialektischen Theaters werden[24].

In bewußtem Gegensatz zu Schumacher formuliert Hecht am Ende seiner Studie »Die *Dreigroschenoper* und ihr Urbild«: »Brecht hat sich bei der *Dreigroschenoper* zu seinem Vorteil wenig an die Vorlage gehalten. Seine Bearbeitung wurde zu einer weitgehenden Umgestaltung[25].« Als Beweisstücke für diese Feststellung hebt er eine Reihe von Details heraus, die die Reichweite von Brechts Umgestaltung zu erkennen geben, angefangen bei der Behandlung der beiden Hauptfiguren Peachum und Macheath[26]. Die Abweichungen in der Behandlung dieser beiden Figuren sieht er vor allem in der unterschiedlichen Motivation der jeweiligen gesellschaftlichen Position von Peachum und Macheath. Gays Peachum bedient sich, offen als Gauner auftretend, seiner gesellschaftlichen Ämter, um, ohne auf das Recht Rücksicht zu nehmen, reich zu werden. Er handelt offen unmoralisch und ist sicher, daß das Geld ihn von diesem Makel reinwaschen wird. Brecht macht Peachum zum Geschäftsmann, zum Firmeninhaber, der seine kapitalistischen Geschäftsmethoden legalisiert, ja sogar mit Besserungsabsichten verbrämt hat. Hecht gebraucht in diesem Zusammenhang sehr treffend das Wort »Ablaßpropaganda« (Morgenchoral des Peachum)[27].

Ähnliche Änderungen ergaben sich beim Vergleich der beiden Macheath-Figuren. »Der Räuber Gays war der Typ des edlen Verbrechers, des *highwayman* in Frack und Handschuhen[28].« Für Brecht ist Macheath ein Unternehmer, dessen Existenz auf bürgerlichem Grund und einer gar nicht so weit zurückliegenden Soldatenzeit ruht. Die Mitglieder seiner Bande haßt er im Grunde und ist bereit, sie fallenzulassen, wenn ihm das opportun erscheint. Er ist eine bürgerliche Erscheinung mit der Ambition, seiner Existenz den letzten Pfiff zu geben, indem er ins Bankfach überwechselt[29]. Der Konflikt, in den Peachum und Macheath geraten, wird in beiden Fällen durch die Heirat ausgelöst. Doch motiviert Brecht ihn anders als Gay. »Für Gays Peachum ist der Captain eine von ihm abhängige Person; er kennt seine Taten sozusagen aus erster Hand; da sie ihm gute Gewinne verschaffen, schätzt er sie. Als Schwiegersohn würde der Räuber aber zu viel von seinen, Peachums, Betrügereien erfahren[30].« Brecht hingegen baut zwischen Peachum und Macheath eine Konkurrenzsituation auf. Ganz im geschäftlichen Sinne kommen sie sich in die Quere. Zusammenfassend bemerkt Hecht: »Während Gay in der *Beggar's Opera* den offenen Betrug als neue Lebenshaltung geißelt, greift Brecht in der *Dreigroschenoper* den legalisierten Betrug an[31].«

Unterschiedliche Auffassungen bei Gay und Brecht stellt Hecht auch im Hinblick auf die Motivierung der gesellschaftlichen Zustände in den beiden Stücken heraus. Gay führt die Mißstände auf die Untugenden der Menschen zurück, Brecht zeigt, daß der Mensch unter kapitalistischen Verhältnissen nicht besser sein könne. Daß es sich dabei um den bürgerlichen Menschen handelt, sagt Mackie Messer kurz vor seiner »Hinrichtung« sehr deutlich. Typisch in diesem Sinne ist auch, daß bei Brecht den

Macheath nicht seine Schandtaten (beinahe) zu Fall bringen, sondern »das Zusammentreffen einiger unglücklicher Zufälle«[32]. Weitere Hinweise auf strukturelle und inhaltliche Unterschiede zwischen Gays Bettler-Oper und Brechts *Dreigroschenoper* würden den Rahmen dieser Untersuchung sprengen. Daß einige Szenen von Brecht in Gays Stück überhaupt nicht vorkommen – die Hochzeitsfeier im Pferdestall, die Übergabe des Geschäfts an Polly und die Vorbereitung des Bettlerzuges –, stellt den pauschalen Vorwurf, Brecht habe das englische Vorbild nicht *um-*, sondern nur *be*arbeitet, natürlich ebenfalls in Frage[33]. »Unser Vergleich der *Dreigroschenoper* mit ihrem Urbild ergibt, wenn er auch unvollständig durchgeführt ist, daß Brecht unter der Hand ein anderes Stück geschrieben hat[34].« Dies soll natürlich kein Hinderungsgrund sein, an das fertige Produkt kritische Maßstäbe anzulegen.

3. Sprachlich-dramaturgische Aspekte
a) Elemente des epischen Theaters. – Gays *The Beggar's Opera* war dramaturgisch weitgehend auf das englische Apron-Theater zugeschnitten[35]. Dabei handelte es sich um eine stark vorragende Vorderbühne, um die herum hufeisenförmig die Zuschauerreihen angeordnet waren und von der aus die Schauspieler, ohne eine perfekte Guckkastenillusion zu erzeugen, sich ans Publikum wenden konnten und jederzeit in der Lage waren, es direkt anzusprechen oder ihm Sachverhalte zu erklären, die für den Fortgang der Handlung wichtig waren. Auch sonst fehlen in Gays Stück manche typischen Merkmale einer schulmäßigen Dramaturgie, aber gerade diese offene Form machte die Adaption für Brecht interessant. Er übernahm die Struktur des Stückes freilich nicht unverändert, sondern straffte die Fabel, ohne sie jedoch linear auf dramatische Konfliktentladungen zuzuspitzen. Dadurch entstanden eher undramatische Situationen, in sich geschlossene Szenen, wie sie ihm im Gegensatz zum aristotelischen Theater, in dem jede Szene auf die andere bezogen und die eine nur für die andere da ist, als neue Form vorschwebten[36]. Dies wurde durch die Verwendung von Szenentiteln und Hinweistafeln besonders betont, desgleichen durch die die Songs und Dialogszenen trennende, immer in der gleichen Art und Weise wechselnde Beleuchtung. Der Schauspieler sollte in Analogie dazu einen Funktionswechsel zwischen nüchternem und gehobenem Reden und Singen vollziehen und nicht versuchen, gleitende Übergänge zu schaffen[37]. Nicht immer hat jedoch Brecht als Stückeschreiber ganz der Versuchung widerstanden, selbst solche »gleitenden Übergänge« anzulegen, indem er die Dialogführung auf den zu erwartenden Song zulaufen ließ, der dann etwas vordergründig motiviert von einer der handelnden Personen abzuliefern ist[38].

Das gilt z. B. für die Vorbereitung des Songs *Die Seeräuber-Jenny* durch Polly, die erst umständlich erklärt, woher sie das Lied kennt, allmählich in die Rolle der Jenny verfällt und sich dann selbst den Einsatz gibt: »So, und jetzt fange ich an.« Selbstverständlich gehören die in den Dialog und in die Aktion integrierten Gesänge, bei denen auch keine spezielle Songbeleuchtung vorgeschrieben ist, nicht in diese Gruppe. Sie markieren etwa die Mitte zwischen den Extremen des »normalen Dialogs« und der »Song-Spielhaltung« und wirken durchaus nicht immer nur demonstrativ oder informativ, sondern können ohne weiteres – wie die Gesänge des Macheath im Gefängnis: »Nun hört die Stimme, die um Mitleid ruft ...« – die gefühlsmäßige Anteilnahme des Zuschauers wecken. Die Anmerkung Brechts hierzu, die den Rat gibt, den singenden Mac an dieser Stelle in seinem Käfig herumgehen und alle Gangarten wiederholen zu lassen, die er im Verlaufe des Stückes vorgeführt hat, sieht sehr nach einer Verlegenheitslösung aus, die das Aufkommen eines vom Text her möglichen mitfühlenden Pathos verhindern soll[39]. Selbst wenn man in Rechnung stellt, daß Brecht in seinem Modell eines epischen Theaters Gefühle – wie sie z. B. bei einer wissenschaftlichen Arbeit entstehen können – durchaus zulassen wollte, nur nicht an erster Stelle, so wird doch in der *Dreigroschenoper* an einigen Stellen dieser Forderung (noch) nicht voll entsprochen[40]. So konnte die *Dreigroschenoper* den für das epische Theater typischen wissenschaftlich interessierten Zuschauer, der nicht »aus der Sache heraus«, sondern »über die Sache« denkt[41], noch nicht im gewünschten Maße hervorbringen. Im günstigsten Falle fühlte sich die bürgerliche Gesellschaft soziologisch analysiert, teilweise kritisiert, aber doch kaum mit Alternativen konfrontiert, deren Durchsetzung auf den Untergang der bürgerlich-kapitalistischen Schicht hinausliefen. Brechts Theorie war zu diesem Zeitpunkt noch nicht zur Reife gediehen[42].

b) Gesellschaftskritik zum Weiterdenken. – Brechts Theorie eines epischen Theaters lag von Anfang an auch die Absicht zugrunde, neue Stoffe zu erschließen und darstellbar zu machen. Gemeint waren damit die seit Beginn des industriellen Zeitalters immer komplizierter und undurchsichtiger werdenden gesamtgesellschaftlichen Zusammenhänge und Zustände, die es durch eine »neue Zwecksetzung der Kunst« in eine vertretbare Form zu bringen galt, wie Brecht 1929 in einem Aufsatz »Über Stoffe und Form« darlegte[43]. So gesehen mutet die Adaptation eines historisch noch aus vorindustrieller Zeit stammenden Stoffes wie *The Beggar's Opera* als mutiger Schritt in die falsche Richtung an. Einige Bedenken, die in diesem Sinne vorgebracht werden können, wurden oben (vgl. S. 65 f.) bereits abgeschwächt oder ausgeräumt. Damit sollte verhindert werden, daß eine gleichsam schon am englischen Vorbild gewonnene Kritik in verallgemeinernder Weise auf die *Dreigroschenoper* übertragen und damit die Möglichkeit beschnitten wurde, das Werk auch als originales Produkt des Stückeschreibers Brecht zu untersuchen. Dies aber ist notwendig, wenn eine kritische Analyse nicht nur destruktiv sein, sondern auch Ansatzpunkte für ein aktuelles Werkverständnis freilegen soll.

»Die *Dreigroschenoper* gibt eine Darstellung der bürgerlichen Gesellschaft (und nicht nur ›lumpenproletarischer Elemente‹)«[44], schreibt Brecht 1931 in seinen »Anmerkungen zur *Dreigroschenoper*«. Dieses »nicht nur« ist gewiß als Reaktion auf die Anwürfe bürgerlicher Kritiker gemeint; es erweckt allerdings auch den Eindruck, als sei das »Lumpenproletariat« in der *Dreigroschenoper* relativ stark repräsentiert, und wenn damit etwa gemeint sein sollte, daß seine Vertreter als Bühnenfiguren präsent sind, so könnte man dem kaum zustimmen. Von einer proletarischen Unterschicht und deren gesellschaftlicher Perspektive ist auffallend selten die Rede, und wenn, dann meist in metaphorischer Weise, wie etwa im dritten Dreigroschenfinale. Relativ deutlich, aber in Gestalt einer Einzelperson, tritt uns das »Lumpenproletariat« im Song der Seeräuber-Jenny entgegen, der von Ernst Bloch 1929 kongenial interpretiert wurde[45]. Er bezeichnete das Liedchen als »unschuldigen Scherz« zu einem festlichen Anlaß, einen Scherz, der unvermutet ins Politische umschlägt und dem Zuhörer im Publikum (und auf der Bühne) schlagartig klarmachen will, daß der Zustand der Welt vor-revolutionär ist, daß da eine proletarische Unterschicht in Person dieser Jenny zu Wort kommt, die »in jedem Sinn« auf dem Marsch ist, »sich zu konkretisieren[46]«. »Man spürt den unstatischen Hintergrund der Zeit[47]«; aber die »revolutionäre Logik des Stückes« wird nicht durchgehalten, anstelle des von Jenny erwarteten »Schiffes mit acht Segeln und mit fünfzig Kanonen« kommt am Ende der *Dreigroschenoper* der reitende Bote des Königs und »begnügt sich, den Banditenchef zu retten und die anderen zum Zeichen des Triumphes einen Choral singen zu lassen ...[48]«

Am ausführlichsten ist von einer als proletarisch zu bezeichnenden Unterschicht in der sechsten und siebenten Szene die Rede, in denen es Peachum durch die pure Drohung, die Ärmsten der Armen zu mobilisieren (»... da kommen doch Tausende«), in zwei Anläufen gelingt, den Polizeichef Brown von seinem Vorhaben abzubringen, Mac weiter zu dekken, und gegen Peachums Firma vorzugehen. Peachum zeichnet ein abschreckendes Bild der von Krankheit und Armut entstellten proletarischen Massen, das seine Wirkung nicht verfehlt. Dennoch wird gerade an dieser Stelle deutlich, wie weit diese proletarischen Massen noch davon entfernt sind, sich selbst zu organisieren, ihre elementaren Anliegen selbst zu vertreten. Der Bürger Peachum kann diese Anliegen als ideologisches

Druckmittel benutzen, um seinen kapitalistischen Interessen Nachdruck zu verleihen. Dabei mutet es wie barer Hohn an, wenn gerade er es ist, der im dritten Finale den »Choral der Ärmsten der Armen« anstimmen läßt. Gewiß, er *ist* in diesem Augenblick nicht mehr »Herr Peachum«, sondern der Darsteller, der den Peachum gegeben hat, aber der Kontrast ist doch beinahe unüberbrückbar, die Gefahr des Mißverständnisses groß und auch durch hintersinnige Ironie nicht ganz zu kompensieren. Da überzeugt noch eher das zweite Finale mit seinem Appell, es müsse, bevor man über Moral rede, zuerst den armen Leuten möglich sein, sich vom großen Brotlaib ihren Teil abzuschneiden.

In der Schlußszene ist das Auftreten und Eingreifen des reitenden Königsboten soziologisch gesehen nichts anderes »als die Wiederherstellung einer räuberischen Ordnung[49]«. Die Verbrechen haben ihre Ursache in den kapitalistischen Verhältnissen, »die mit Sitte und Gewohnheiten verbrämt und gesichert sind. Wie man aus diesen Verhältnissen herausfinden kann, bleibt auch bei Brecht unausgesprochen, aber die Angriffsrichtung von links läßt im Grunde nur auf den Umsturz dieser alten Ordnung zielende Konsequenzen zu[50]«. Die *Dreigroschenoper* bietet Gesellschaftskritik zum Weiterdenken, nicht mehr und nicht weniger. Es sollte Anliegen eines jeden Regisseurs sein, der sich mit dem Werk beschäftigt, den Zuschauern zumindest den Zwang zu diesem Weiterdenken nicht zu ersparen.

c) Die Dreigroschenoper *als »Komödie«.* – Man würde der Vielschichtigkeit des Werkes nicht gerecht, wollte man seine komischen, parodistischen und komödienhaften Elemente völlig übergehen oder außer acht lassen; ist es doch Brechts Absicht gewesen, gesellschaftliche Probleme, die durch Veränderung beseitigt werden müßten, als komisch zu zeigen, weil sie in einer anderen gesellschaftlichen Ordnung lösbar wären und es dennoch Leute gibt, die das zu sehen unfähig sind und daher am Bild einer unveränderbaren Gesellschaft festhalten[51]. Damit verknüpft ist die Absicht, Sachverhalte, die das aufsteigende Bürgertum noch im bürgerlichen Trauerspiel thematisierte, der nunmehr absteigenden Bourgeoisie als lächerlich, weil durch den Gang der Geschichte überholt oder überholbar, vorzuführen. Diesem Verfremdungseffekt im gesellschaftlich-historischen Bereich entsprach die konkrete Bühnenerfahrung, aus der sich das verfremdende Spiel in der Komödie ganz zwangsläufig ergibt und in der es auch am besten zu lernen ist[52].

Von allen Szenen der *Dreigroschenoper* ist es wohl die Hochzeitsszene im Pferdestall, in der sich am stärksten eine Komik auslebt, die es, um mit Lessing zu sprechen, dem Zuschauer möglich macht, mit dem Verstande zu lachen[53]. Dabei fällt auf, daß diese Szene, anders als etwa der Einakter

Kleinbürgerhochzeit, das typisch bürgerliche Hochzeitsarrangement auf-
baut und nicht umgekehrt die allmähliche Auflösung einer Feststimmung,
einer festlichen Gesellschaft vorführt [54]. »Das eminent Komische in dieser
Szene liegt [...] in der Tatsache, daß Verbrecher – angeblich die Anti-
Bürger par excellence – sich an bürgerliche Werte und Gewohnheiten halten und daß es gerade ihnen, den Gangstern, gelingt, ›Innigkeit‹ und Harmonie des bürgerlichen Festes herzustellen [55].« Trotzdem geht das nicht
reibungslos vor sich; die Mitglieder von Mac's Bande fallen immer wieder
in unanständiges Verhalten zurück, und das Komische der Szene im engeren Sinne ist am Kraftaufwand ablesbar, den Mac betreiben muß, um
»eine menschenwürdige Haltung« der Hochzeitsgäste durchzusetzen [56].
Die Art und Weise, wie Polly in der Hochzeitsszene und in den sie umrahmenden Szenen mit ihren Eltern und Mac als »Ware« behandelt wird,
die einen Tauschwert hat, läßt Verbindungen zu den Szenen mit den Huren erkennen, deren gesellschaftliche Situation ja nur das gleiche Schicksal, wenn auch mit offenerer Brutalität, widerspiegelt, das auch Polly wi-
derfährt. Hier wäre vor allem auf die fünfte Szene zu verweisen, in der
»Prostitution und bürgerliche Ehe dialektisch aufeinander bezogen
sind [57]«. Wenn hier das Bordell als trautes Heim mit dem entsprechenden
bürgerlichen Verhalten seiner Bewohnerinnen (Wäsche bügeln, Mühle
spielen, sich waschen) und seines prominenten Gewohnheitsbesuchers
Macheath gezeigt wird, dann wird damit der Warencharakter der körper-
lichen Liebe in der bürgerlichen Gesellschaft transparent gemacht und
darüber hinaus noch darauf hingewiesen, daß die »Damen« zwar im »un-
gestörten Besitz ihrer Produktionsmittel«, aber dennoch nicht frei sind [58].
Obwohl sie das durch den Verkauf ihres Körpers finanzierte traute Heim
als Nachweis ihrer bürgerlichen Ehrbarkeit ausgeben, ist damit »keine eigentliche Befriedigung mehr verbunden [...] bzw. diese kommt nur mehr
als Parodie ihrer selbst zustande [59]«.
Parodistisch ist auch der *Deus ex machina*-Schluß der *Dreigroschenoper*
angelegt. Aber es handelt sich hier nicht nur um eine rein formale Parodie
des Unsinnigen, Unwahrscheinlichen der traditionellen Oper. Das für
Mac rettende Auftreten des reitenden Königsboten, der ihn im Auftrag
der Königin in den Adelsstand erhebt, ist eine bewußte Zäsur, ein Heraustreten des Stückes aus seinem Gefüge mit dem Ziel, die Wiederherstellung der ins Wanken geratenen bürgerlichen Fundamente, die Restau-
ration, als etwas Komisches vorzuführen, das komisch deshalb ist, weil das
ganze Stück hindurch gezeigt wurde, auf welch verbrecherischer Basis
diese Fundamente ruhen [60].
Neben diesen großförmigen parodistisch-komischen Elementen gibt es in
der *Dreigroschenoper* noch eine Vielzahl von Details, die, punktuell ver-

streut, sich jedoch in größere Zusammenhänge einordnen lassen. Gemeint sind hier beispielsweise die Bibelzitate, die im Rahmen der Gesamtkonzeption des Stückes symptomatisch für die rein materialistische Nutzanwendung religiöser Glaubenssätze sind[61]. Das beginnt mit dem Ausschlachten der Bibel für die Werbe- und Ausstattungszwecke der Firma Peachum im ersten Bild und endet mit Mac's: »Gerettet, gerettet! Ja, ich fühle es, wo die Not am größten, ist die Hilfe am nächsten« in der Schlußszene. Dazwischen findet sich in der sechsten Szene Mac's »Trick« aus der Bibel, den »Verräter« Brown mit einem tiefen, strafenden Blick anzusehen, worauf der Polizeichef »bitterlich weint«. Ernst Bloch weist, im Zusammenhang mit dem Song der Seeräuber-Jenny, auch auf das Vor-Weihnachtliche hin, auf die echte Adventsstimmung, »den Anforderungen des neuzeitlichen Geschmacks entsprechend«, und macht damit hellsichtig-humorvoll auf die Verfremdung der christlichen Erwartungssituation zur prärevolutionären Phase aufmerksam[62]. Die *Dreigroschenoper* wirkt mit Bezug auf die Religion auch insofern aufklärerisch, als sie sie als historisches Phänomen zeigt, das sich durch die Verfilzung mit weltlich-bürgerlichem Gewinnstreben längst selbst zur Wirkungslosigkeit verurteilt hat.

d) Formprobleme. – »Formal stellt die *Dreigroschenoper* den Urtypus einer Oper dar: Sie enthält die Elemente der Oper und die Elemente des Dramas«, schreibt Brecht 1929 und fügt hinzu: »Was die *Dreigroschenoper* betrifft, so ist sie [...] eher ein Versuch, der völligen Verblödung der Oper entgegenzuwirken[63].« Von einer rein parodistischen Intention ist also nicht die Rede, sie tritt eher als Nebenprodukt zutage. Thole hat einige Merkmale herausgestellt, die die Nähe der *Dreigroschenoper* zur Operette signalisieren: »Kleinere Liedformen wie Refrainlied, Couplet, Chanson und anderes. Gesungene Partien erscheinen in der Operette meist als Höhepunkt der Trivialität[64].«

Diese und andere von Thole herausgearbeiteten Analogien sollten sich jedoch auch musikhistorisch begründen lassen, da die Operette Elemente der nicht durchkomponierten Nummernoper konservierte, an die Brecht und Weill anknüpften, weil sich damit leichter die Grundsätze des epischen Theaters verwirklichen ließen. Als hilfreich in diesem Sinne hatte sich ja Gays *The Beggar's Opera* erwiesen, doch brachten Brecht und Weill auch Erfahrungen in den Entstehungsprozeß der *Dreigroschenoper* ein, die sie aus ihrer ersten Zusammenarbeit beim Songspiel *Mahagonny* gewonnen hatten. Vor allem die Verwendung fertiger, manchmal vom Stück unabhängiger lyrischer Texte (dort der *Mahagonnygesänge* Brechts) wurde in großem Stil praktiziert, wobei Brecht dann auch auf einige Villon-Strophen in Ammers Übersetzung zurückgriff und sich den

Vorwurf des geistigen Diebstahls einhandelte. Wie immer man sich zu dieser Frage auch stellen mag: Tatsache ist, daß die für die Songs komponierten Texte und die meisten der in den Dialog integrierten Gesänge ein literarisch sehr hohes Niveau haben. Hier »investierte« Brecht mehr in die Oper als mancher Librettist vor und nach ihm. Freilich bestand gerade bei den Songs die Gefahr, daß ihnen durch eingängige Melodien der aggressive Grundgestus genommen werden könnte. Aber auch die Möglichkeit, daß der Text bis zur Umkehrung der eigentlichen Intention mißverstanden werden konnte, lag nahe und ist nicht immer ganz ausgeschaltet. So muß z. B. der *Kanonen-Song,* um nicht wie ein abgeschmackter Bierulk zu wirken, mit einer gehörigen Portion Ironie vorgetragen werden. Überhaupt wird zu der Tatsache, daß das anfänglich gute Verhältnis zwischen Mac und Brown sich von ihrer gemeinsamen militärischen Vergangenheit bei den Kolonialtruppen herschreibt, viel zu wenig kritisch Stellung genommen.

Zu den Dialogen der *Dreigroschenoper* ist noch zu bemerken, daß die Hauptpersonen des Stücks auf die jeweilige Situation bezogen reden, wobei diese Situation handlungs- oder gesellschaftsbezogen motiviert sein kann. Besonders wandlungsfähig zeigt sich Mackie Messer. »Halt die Schnauze«, rüffelt er Matthias, »deine Zoten kannst du bei deiner Kitty absetzen, das ist die richtige Schlampe dafür.« Höflich wie ein Spießer ist er dagegen zum Pastor, wenn er im Studentenjargon ruft: »Und jetzt bitte ich mir einen Kantus für Hochwürden Kimball aus!« Der Bandit behält sogar alle Formen bürgerlichen Anstands bei, als er, gerade festgenommen, unerwartet auf seine Schwiegermutter stößt und sie mit »Guten Tag, gnädige Frau« begrüßt: »Darf ich fragen: wie geht es Ihrem Gatten?« Als es schließlich um sein Leben geht, wendet er alle geschäftsmännische Beredsamkeit auf, um den Gefängnisaufseher zu bestechen und sich loszukaufen. »In unaufhaltsam leisem Redestrom« – wie es in der Szenenanweisung heißt – beschwört er den Schließer: »Also Smith, ich will gar nichts sagen, nichts von Bestechung, fürchten Sie nichts. Ich weiß alles. Wenn Sie sich bestechen ließen, müßten Sie zumindest außer Landes. Ja, das müßten Sie ...« und so weiter.

Die Wandlungsfähigkeit im Sprechton hatte es analog schon in Gays Stück gegeben, doch verfolgt Brecht damit weitergehende Absichten. So will er, um beim Beispiel des Macheath zu bleiben, dessen Anpassungsfähigkeit als zweifelhafte »Tugend« des wendigen, typisch kapitalistischen Geschäftsmannes charakterisieren, eine Tugend, die man auch »ichbezogenen Pragmatismus« nennen könnte[65].

e) Dreigroschenoper *und Behaviorismus.* – Die oben erwähnte sprachsoziologische Methode entspricht ziemlich genau der gesellschaftspolitischen Haltung, die Brecht in den mittleren und teilweise auch noch späten zwanziger Jahren einnahm. Sie war damals weitgehend vom Behaviorismus bestimmt, was sich beispielsweise anhand der »Betrachtung über die Schwierigkeiten des epischen Theaters« von 1927 nachweisen läßt[66]. Der Mensch erscheint als vollständig durch die ökonomischen Verhältnisse determiniertes Wesen, das auf Umwelteinflüsse lediglich automatisch reagiert, und richtet sein Verhalten dementsprechend ein[67]. »Die noch nicht in ihren Ursachen angegebenen Umgruppierungen in der ökonomischen Realität zwangen den Menschen zu ständigen inneren Veränderungen[68].« Erst in den »Anmerkungen zur *Mutter*« hat er diesen Soziologismus völlig überwunden. Die dialektische Durchdringung der aktiven Rolle des Bewußtseins, das den Behavioristen gar nichts galt, hatte ihn zu der Auffassung gelangen lassen, daß die »determinierenden Faktoren, wie soziales Milieu, spezielle Ereignisse usw.« als veränderliche darzustellen seien[69]. Im Rahmen dieser Entwicklung, die von einem rein biologisch verstandenen Behaviorismus weg und zu einem soziologisch begründeten, aber dialektisch durchgeformten Marxismus führt, liegt die *Dreigroschenoper* noch im ersten Drittel der Wegstrecke. Sie zeigt noch jenen »primitiven« Materialismus, der dem bürgerlichen Zuschauer wie ein Spiegel vorgehalten wird, ohne den ambivalenten Eindruck zu vermeiden, der dadurch entsteht, »daß Brecht [...] den von ihm so genannten primitiven Materialismus mit gewisser Sympathie gegen bürgerliche Ideologie ausspielt, in ihm aber zugleich bürgerliche Züge aufdecken will[70]«. Nur selten tritt, wie wir gezeigt haben, die proletarische Unterschicht ins Bewußtsein des Zuschauers, nur selten, und dann im Sinne rasch verpuffender Appelle, wird zum Widerstand gegen das herrschende System aufgerufen (z. B. am Schluß der Ballade, in der Macheath Abbitte gegen jedermann leistet), und der Schlußchoral fordert quasi als Gegenleistung für das glückliche Ende, das sich die Akteure »ausgedacht« haben, vom bürgerlichen Zuschauer ein wenig Nachsicht für die unrechtmäßigen Aktionen der Ärmsten der Armen, die ganz in der behavioristischen Funktion der »Opfer von Verhältnissen« aufgehen. Daß die drängenden Probleme unserer Zeit so nicht schlüssig auf die Bühne zu bringen waren, hat Brecht selbst durch seine weitere Produktion und die darin erkennbare Entwicklung deutlich gemacht.

B. »Ausgehöhlte Einfachheit« – Zur musikalischen Verfremdung in der *Dreigroschenoper*

In der *Dreigroschenoper* lassen sich die folgenden musikalischen Hauptkriterien dingfest machen:

1. Wie *Happy End* ist die *Dreigroschenoper* ein Sprechstück mit Musik. In seinem Aufsatz »Über die *Dreigroschenoper*« weist Weill auf den unrealistischen Charakter der Musik in der *Dreigroschenoper* deutlich hin: »So wurde also die Handlung entweder unterbrochen, um Musik zu machen, oder sie wurde bewußt zu einem Punkte geführt, wo einfach gesungen werden mußte [1].« Diese Forderung hat Weill auch mehr oder minder bewußt in die Praxis umgesetzt, wobei der Aufsatz erst nach der Uraufführung im Januar 1927 geschrieben wurde.

2. Es lassen sich vier Arten von Nummern unterscheiden: die rein instrumentale (Nr. 1), die Finales, personencharakterisierende Nummern (Nr. 2, 3, 4, 5, 8, 9, 10, 11, 12, 13, 14, 15, 17, 18 zweite Hälfte, Nr. 19, 20, 21 erste Hälfte) und kommentierende, situationsunbezogene Nummern (Nr. 6, 7, 16, 18, 21 zweite Hälfte).

3. Innerhalb der instrumentalen Abschnitte der Partitur unterscheidet man eine einzige rein instrumentale Nummer (Nr. 1) und mehrere Nummern mit rein instrumentalen Teilen (Einleitungs- bzw. Schlußtakten).

4. Auffallend sind die Angaben von Tanzrhythmen, so etwa Blues-Tempo (Nr. 2), Marsch (Nr. 6), Foxtrott (Nr. 7), Boston (Nr. 8), Tango (Nr. 13) und Shimmy (Nr. 14).

5. Man unterscheidet sechs musikalische Ebenen: die Gesangslinie mit orchestraler Begleitung, rein instrumentale Teile, das In-die-Musik-Sprechen (Nr. 6, 14), den Sprechgesang, lautes Rufen (Nr. 16) und *a capella*-Singen mit Rufen (Nr. 5).

6. Die Verwendung des Rezitativs (Nr. 15, 21) und die des traditionellen Finales.

7. Die Verwendung des Chorals (Nr. 3, 10, 21).

8. Die Verwendung der Songs (mit Ausnahme von Nr. 1, 8, 10, 11, 11 a, 16, 20 a, 21).

9. In der Verbindung mit dem Song trifft man auf die Verlangsamungstechnik (Nr. 7, 9, 10, 16).

Nr. 1 (Ouvertüre)

Zwischen dem Titel der Oper *Dreigroschenoper,* ihrem Untertitel – *The Beggar's Opera* – und der Nr. 1, der *Ouvertüre,* ergibt sich ein nicht zu übersehender Widerspruch. Schon die Tempobezeichnung – *Maestoso*[2] – wirkt im Zusammenhang mit der dann folgenden Handlung irritierend. Etwas verständlicher wird der Anfang dann, wenn man ihn im Zusammenhang mit dem Schluß, dem dritten Finale, bringt. Dieser Widerspruch ergibt sich vor allem aus dem jeweils ersten Teil des Titels bzw. Untertitels, also einerseits *Dreigroschen-* und andererseits *Beggar's* –. Der zweite Teil des Titels wird schon eher dem gerecht, was man im allgemeinen unter dem Begriff Oper subsumieren zu können glaubt. Dazu gehören die Ouvertüren und das Finale.

Aber auch hier ergeben sich Widersprüche. Der Anfang und das Ende der Oper haben musikalisch gesehen als Rahmennummern nur selten etwas mit den dazwischenliegenden Nummern zu tun. Die Rahmennummern selbst sind in ihrer Struktur keineswegs streng opernhaft gebaut. Damit wird der Begriff der Oper durch den musikalischen Aufbau schon doppelt in Frage gestellt. Der menuettartige, eher homophone Rahmen (T. 1–24 und T. 51–67), auf den die Tempobezeichnung *Maestoso* sich primär bezieht, steht trotz bewußten Rückgriffs auf alte Traditionen der Instrumentalmusik in deutlichem Gegensatz zum polyphonen Mittelteil (T. 25–50), dem Fugato. Ausgehend von der Tatsache, daß Weill in der *Dreigroschenoper* ›naiv‹ die Urform der Oper suchen wollte, scheint es nicht abwegig, auch bei den Formen Menuett – Fugato von der Urform, oder besser, von dem soziologischen Ursprung dieser Formen auszugehen; das sollte man selbstredend auch bei den anderen musikalischen Formen in der *Dreigroschenoper* berücksichtigen, denn hier liegen auch die Wurzeln der musikalischen Verfremdung bei Weill. Fugato ist hier *ad fontes* zu interpretieren. Nicht so sehr als Teil eines nicht vorwiegend in Fugentechnik geschriebenen Satzes[3], sondern in Anlehnung an den Begriff Fuge, lat. *fuga*. Fuge ist hier ethymologisch zu verstehen und heißt Flucht. Man kennt Brechts und Weills tiefe Aversion gegen alles, was mit der Tradition der Oper und deren Publikum zusammenhängt. Die Tatsache, daß sie selbst Opern schufen, bedeutet aber durchaus noch nicht, daß sie ihre Aversion aufgegeben hätten. Wie in der Oper *Mahagonny* die Fuge als *fuga* wörtlich genommen wird (Nr. 10), so gilt das auch für die *Dreigroschenoper*, nur diesmal im übertragenen, soziologisch-aggressiven Sinn: alles Opernhafte war und blieb für die Autoren immer irrationales Element, also Flucht aus der Realität. Dieser Bezug wird durch den parodistischen Opernschluß Nr. 21 bestätigt. *Fuga* oder Fuge heißt hier aber auch kontrapunktischer Satz. Zwar wird diese strenge Stimmigkeit aufgelöst; von der ursprünglichen Bedeutung bleibt aber dennoch ein Rest, was sich bei dem Menuett deutlicher zeigt. Menuett ist hier primär als höfischer Tanz zu verstehen. Beiden, Menuett wie Fugato, ist die dem Ursprung nach äußerst strenge Form aufgrund gesellschaftlicher Konventionen gemein. Die bewußte Auflösung dieser Formen durch den formalen, aber auch durch den instrumentalen Aufbau, entspricht dem erwähnten Widerspruch, der sich aus dem Titel bzw. Untertitel ergibt. Die Gemeinsamkeit von Fugato und Menuett kann mehrfach gedeutet werden.

Zum einen weist Weill auf die Anlehnung an die *Beggar's Opera* von Gay und Pepusch hin, die sich gegen die höfische *opera seria* Händels wandte. Zum anderen stellt Weill den Begriff Oper durch die Wahl zweier offensichtlich obsolet gewordener musikalischer Ausdrucksmittel in Frage.

Und schließlich entlarvt Weill damit einerseits antizipierend die *Dreigroschenoper*-Gesellschaft selbst, andererseits richtet er sich damit auch gegen das Opernpublikum. Nicht zufällig schreibt Weill in seinem Aufsatz »Über die *Dreigroschenoper*«: »Nur die Oper verharrt in ihrer ›splendid isolation‹. [. . .] Die Oper ist als aristokratische Kunstgattung begründet worden, und alles, was man ›Tradition der Oper‹ nennt, ist die Betonung dieses gesellschaftlichen Grundcharakters dieser Gattung. Es gibt heute in der ganzen Welt keine Kunstform von so ausgesprochen gesellschaftlicher Haltung mehr, und besonders das Theater hat sich mit Entschiedenheit einer Richtung zugewandt, die man wohl eher als gesellschaftsbildend bezeichnen kann. Wenn also der Rahmen der Oper eine derartige Annäherung an das Zeittheater nicht erträgt, muß eben dieser Rahmen gesprengt werden[4].« Der Zusammenhang von *Dreigroschenoper*-Gesellschaft und Opernpublikum (als Teil der jeweiligen Gesellschaft) wird im Laufe der Handlung noch verdeutlicht. Daß Weill diese musikalischen Formen (also Menuett und Fugato) keineswegs im traditionellen Sinne verstanden wissen wollte, wird nicht nur durch den formal freien Aufbau (A: 8 + 8 + 9; während A′ nur 8 + 9 Takte verwendet und B [Mittelteil]: 4 + 4 + 8 verschränkt und mit 4 und 5 Takten erweitert), sondern auch durch die Harmonik, die Nebennotenbildungen und chromatische Durchgänge verfremdend verwendet, und durch die Instrumentation nahegelegt. So werden die Menuett-Rahmenteile (A und A′) mit Saxophonen, Trompeten, Posaunen, Timpani, Banjo und Harmonium, der Mittelteil (B), also das Fugato, mit Saxophonen und Klarinetten durch die bewußte Wahl von »absurden« Instrumenten verfremdet. Die Jazzband schleicht sich hier in den höfischen Tanzsaal ein, nicht gerade zur Freude der Betroffenen.

Nr. 2 (Moritat vom Mackie Messer)

Erst diese Nummer wird dem ersten Teil des Titels bzw. Untertitels der Oper gerecht. Der Kontrast zur vorangegangenen Nummer scheint dem

Zuschauer ins Gesicht zu schlagen, ist aber soziologisch gesehen durchaus gerechtfertigt. Weill führt vom höfischen Tanzsaal nun direkt in die Gosse. Das wird schon durch seine Anweisung »In der Art eines Leierkastens« für das Harmonium deutlich. Plakativ wird hier eine klassenspezifische musikalische Form, die Moritat, mit ihrem äußerst einfachen Aufbau gewählt. Die sechzehntaktige Periode, mit achttaktigem Vorder- und Nachsatz, zeigt die deutliche Verklammerung der sich scheinbar widersprechenden Inhalte (Haifisch-Zähne und Macheath-Messer etc.) in der folgenden Strophe und im Reim in der Mitte und am Ende der Strophe, der den äußeren Rahmen einer bis in die kleinsten Einheiten (Takte) sich verzweigenden paarigen Zuordnung der musikalischen Glieder bildet.

Großer Bogen = Vordersatz-Nachsatz;
Halbbogen = Tonaler Bogen;
Vier Zeilen (von denen je zwei einander beantworten);
Acht Halbzeilen zu je sechzehn Takten.

Nr. 3 (Morgenchoral des Peachum)

Mit dem *Morgenchoral des Peachum* beginnt musikalisch gesehen die eigentliche Oper. »Die Melodie dieser Nummer wurde als einzige der alten *Beggar's Opera* entnommen[5].« Daß an den Anfang der eigentlichen Handlung ein Choral gestellt wird, nimmt beim textlichen Impetus des Stückes wenig wunder. Dadurch schafft Weill den musikdramaturgischen Zusammenhang mit dem ersten Finale (zu den in Choralform vorgetragenen Sinnsprüchen des Peachum) und besonders mit dem abschließenden Choral der Oper, Nr. 21 – ein Zusammenhang, der nicht nur durch dieselbe Begleitung, das Harmonium, betont wird. Schließlich auch mit der Ouvertüre, da Weill wieder eine musikalisch bewußt als veraltet dargestellte Form in die Handlung einführt. Man darf nicht vergessen, daß der Choral und damit sein Sänger Peachum das erste und vor allem auch das letzte Wort der Handlung hat. Die Bezeichnung »Feierlich« ist ernst gemeint, musikbezogen wie in der Freßszene der Oper *Mahagonny* (Nr. 16). Dadurch kommt die verlogene, kommerzialisierte Religiosität besonders zur Geltung. Die sechzehntaktige Periode (mit achttaktigem Vorder- und Nachsatz) verteilt den achtzeiligen Morgenchoral auf je vier Zeilen, die sich kadenzierend schließen. Die ersten vier Zeilen stehen eher unbetont nebeneinander (Vordersatz). Der zweite Teil (Nachsatz T. 9–15) bringt die fünfte bis achte Zeile und betont, übersteigert und ganz dem Inhalt entsprechend, in seiner paarigen Anordnung (2 × 2 Zeilen) den Halb- (T. 12 auf »Wicht«) und den Ganzschluß (T. 16 auf »Gericht«). Die abschließende Zeile weist refrainartig auf den Anfang des Morgenchorals zurück (T. 14/15 zu Takt 1). Gleiche aufeinanderfolgende Periodik (16 Takte in Nr. 2 und Nr. 3) und Instrumentation wirken hier nicht zufällig. Peachum macht ja gerade mittels der Gosse sein blühendes Geschäft mit der Religion (Moritat – Morgenchoral).

Nr. 4 (Anstatt Daß-Song)

In der musikalischen Faktur (besonders in der Art der Begleitung) setzt sich der Refrain, dem Inhalt entsprechend – »Das ist der Mond« (T. 13–36) –, von der paarig (4 + 4) gestalteten Vorderstrophe deutlich ab. Nach der überhetzten dritten Zeile (»Das ist das: wenn du wohin gehst, gehe ich auch wohin, Johnny« [T. 17]) folgt die tonal gebrochene, rhythmische Dehnung, die die als sentimental entlarvte textliche Tendenz (»Wenn die Liebe anhebt und der Mond noch wächst« [T. 19–23]) eindringlich betont. Die Entlarvung der Mondanhimmelung ist aber mit der Strophe nicht abgeschlossen: die große Terz bei »der Mond«, also b–des, kehrt in ihrer Umkehrung nach jeder folgenden Aussage (Zeile) nur noch dem Intervall nach (T. 23) am Ende des ersten Refrains, hier des–b, aber sonst rhythmisch identisch (Achtelfiguren) und in der Glocke nachschlagend wieder.

KA S. 11, T. 22–24

Der musikalisch-textliche Zusammenhang wird klar. Der Mondnacht folgen die Hochzeitsglocken (Mackie-Polly).
Diese musikalische Gleichsetzung wird durch das rhythmisch zu häufig

246

wiederholte Nachschlagen (die Glocke antwortet sozusagen) *ad absur-dum* geführt.

Nr. 5 – Hochzeits-Lied

Die Anmerkung, das *Hochzeits-Lied* sei »verlegen und langweilig vorzu-tragen«, bezieht sich auf alle drei kontrastierenden musikalischen Aus-drucksebenen. Langeweile macht sich schon im Ambitus und dem rhyth-mischen Gestus der Gesangslinie bemerkbar. Auch der Begleitrhythmus ist äußerst monoton. Zu den immer wiederkehrenden »schnell zu spre-chenden« Hochrufen (T. 7, 15, 20, 26) die das *Hochzeits-Lied* formal gliedern, ertönen stets quintparallel geführte Leerhalteklänge, die nur durch einen chromatischen Anstieg von h (T. 7, 8 und 15) zu c (T. 20, 21) zu cis (T. 26) gesteigert werden. Für musikalische Langeweile sorgt auch der nur im Terzambitus verwendete Sprechgesang (T. 17, 19, 25). Den-noch ist besonders das letztgenannte musikalische Mittel und seine Ver-wendung in diesem textlichen Zusammenhang ausgesprochen provokant. Nach jeder geleierten und damit bewußt musikalisch unterspielten sprachlichen Obszönität (»Wissen Sie, was Ihre Frau treibt?« [T. 16, 17], »Lassen Sie Ihr Lasterleben sein« [T. 18, 19] und vor allem nach »Mir ge-nügt ein kleiner Teil von ihr« [T. 23–25]) setzt Weill die jeweilige Ant-wort (»Nein, nein, Das Schwein«), die schon durch ihren Reim in diesem Zusammenhang grotesk wirkt, durch den Sprechgesang in starken Kon-trast zu dem Titel *Hochzeits-Lied*.

Nr. 6 – Seeräuber-Jenny

Der formale Aufbau zielt auf den entscheidenden »breiten« Refrain, der mit nur wenigen Worten die eigentliche Wende für Jenny und die Stadt bringt und mit drei Kurzzeilen endet (T. 23–27 etc.). Dem ersten Vierzei-ler (8 Takte) folgt eine dramatisch zugespitzte Zeile mit der Wiederho-lung (zur Betonung des Inhalts [T. 11–14]), dem sich ein weiterer Vierzei-ler (und damit wieder 8 Takte) anschließt, der zum (fünftaktigen) Refrain überleitet. Dieses Schema gilt besonders für die ersten beiden Strophen. Der Rhythmus der Begleitung akzentuiert eindringlich die verschiedenen Ebenen der Strophen ♫ ♪

♩ | ♩ und der Refrains.

Diese rhythmische Kontrastierung vollzieht sich auch in der Gesangslinie; den Achteln und Sechzehnteln werden nur im Refrain auf »Schiff« (z. B.

T. 23) punktierte Viertel entgegengesetzt. Entscheidende Veränderungen spielen sich aber auch in der Strophe selbst ab. Der böse Kommentar – »Und sie wissen nicht, mit wem sie reden« (T. 12–14) – nimmt zwar den monotonen Ambitus der Gesangslinie (T. 10–12) wieder auf, verschärft aber den Inhalt durch eine andere Ausdrucksebene: den Sprechgesang. Die dritte Strophe weicht nach dem zweiten Vierzeiler (T. 46ff.) dem Inhalt entsprechend durch zwei eingeschobene Takte (T. 48, 49) ab. Hier kommt in der Fermaten-Pause eine weitere Ausdrucksebene, die die rein musikalische transzendiert: das tödliche »Alle« ist das einzige gesprochene Wort der Partitur, und zwar nach einer vorangegangenen harmonischen Entwicklung der Musik (ab T. 42ff.), die zunächst eher als h-moll aufzufassen ist (ab T. 46ff.), aber zu d-moll tendiert, wobei man nach Takt 48 eine Rückwendung zu h-moll über dessen Dominante Fis-Dur erwartet. Durch chromatische Verschiebung der Töne cis zu h und fis zu gis in den Akkorden des Taktes 49 wird eine Überraschung ausgelöst, die das »Hoppla« im *pp* des Sprechgesangs durch das Herausfallen aus dem harmonischen Verlauf illustriert.

Der Einschub endet wieder mit einer die Spannung noch unheimlicher machenden Fermatenpause (T. 49), nach der sich die Lösung der tonalen Spannung in h-moll vollzieht.

KA S. 17, T. 46–49

Nr. 7 – Kanonen-Song

Während der paarige Dialog auch musikalisch paarig (vier Takte Vorder-, vier Takte Nachsatz) behandelt wird, läuft der gemeinsam gesungene Refrain (z. B. ab T. 17) in zwei sich aggressiv zuspitzenden Bögen (2 + 2 + [2 + 2] + 4) ab. Auffallend ist hier die Tempoangabe Foxtrott, die *per definitionem* nicht zutrifft, da es sich hier (bei den Einleitungstakten und später) eben nicht um einen leicht synkopierten, sondern um einen stark synkopierten Rhythmus handelt, der zunächst nur ein- und überleitend, dann aber auch schon während des Endes des zweiten Re-

248

frains (T. 67–70) und wieder an derselben Stelle im dritten Refrain (T. 99 ff.) verwendet wird.

♩♫ ♩ ♫ ♩ etc.

Schon in der Verwendung als Ein- oder Überleitung wirkt dieser rhythmisch verfremdete Foxtrott bösartig. Schlimmster Militarismus wird nach Art alkoholreicher Herrenpartien zur vorgerückten Stunde nun auch musikalisch verniedlicht. Vor dem dritten Refrain symbolisiert ein crescendierender Trommelwirbel in seiner realistischen instrumentalen Anspielung an den Militarismus noch zusätzlich die hier zur Schau getragene Brutalität. Die zu frühe Verwendung dieses Tanzes macht den faschistoiden Verbalmilitarismus nur noch rüder (T. 60 ff. und 95 ff.). Aus dem hier geschmacklosen Unterhaltungsfoxtrott wird damit schnell ein Todestanz, und Brechts Gleichung »Bürger = Räuber« im Zusammenhang mit der *Dreigroschenoper* findet hier wohl ihren negativen Höhepunkt.

Nr. 8 – Liebeslied

Tremolierende Akkorde (Klavier, tiefe Streicher) sorgen für künstliche Erregung im *piano*. Diese Tremolo-Akkorde erinnern an ein *recitativo accompagnato* und werden so wieder dem Titel Oper gerecht. Eine Vorhaltsbildung (T. 12, 13) untermalt neben dem opernhaften Tremolo auch harmonisch den textlichen Kitsch (»Mond – Herz – Geliebter« etc.). Der *Anstatt Daß-Song* findet hier seine (von Peachum) befürchtete Verwirklichung (T. 8–10: »Wo du hingehst, will ich auch hingehn«). Auffallend ist nach dieser künstlichen musikalischen Erregtheit der folgende Abschnitt nicht nur durch seine Tempo-Vorzeichnung: Boston. Sicher zutreffend ist ein Merkmal des Boston, daß nämlich die Melodik lyrisch ist und einen stark sentimentalen Einschlag hat. Das normale Tempo (Viertel = 132) aber ändert Weill schon ab und macht damit diesen Tanz durch überzogene Verlangsamung noch sentimentaler. Auch den Akzent auf dem ersten Viertel und bevorzugte ostinate Figuren der Gegenstimmen im Zweiviertel- oder Vierviertel-Rhythmus zur abwechslungsreicheren Gestaltung läßt Weill weg. Es bleibt nur noch die ursprüngliche Bedeutung: amerikanischer, melodisch verkitschter, langsamer walzerartiger Tanz[6]. Die acht (viertaktigen) Zeilen (32 Takte) werden zwar durch die Halbschluß- und Ganzschlußwirkung und durch motivische Verwandtschaft zusammengehalten, lösen sich aber tonal auf. Diese Gebrochenheit geht bis ins Detail. Die etwas abgesetzten und melodisch geschlosseneren Endzeilen haben etwas von dem Sentenz- und Refraincharakter der gegen Ende zugespitzten Form. Auffallend ist neben dem Sextsprung (T. 53

beim Wort »Liebe«, der an die ersten Worte der *Bildnis-Arie* Mozarts »Dies Bildnis ist bezaubernd schön« erinnert) die übersteigerte Betonung der Versendenpaare zu den Worten »Altar – Haar – fort – Ort« (T. 22 und 30, 38 und 48) durch Halbnotenwerte, die die bewußte Banalität der Verse provokant unterstreichen und so nahezu kitschkritisch wirken.

Nr. 9 – Barbarasong

Im *Barbarasong,* dessen Titel nichts mit der *Dreigroschenoper* zu tun hat und der daher völlig unverständlich ist, bleibt die erste Zuspitzung (»dann sagte ich ihm: Nein!«; T. 14–16) textlich wie musikalisch an den metrischen Gesamtverlauf gebunden (eigentlich 4 + 4 Zeilen: »Und wenn er Geld hat«), während die zweite Zuspitzung (»Aber weiter kann nichts sein«; T. 22) sich als ritardierende fünfte Zeile gegen den breiter gesungenen (vierzeiligen) Refrain hin öffnet (T. 24 bzw. 68). Die inhaltliche Wende mit dem Refrain der dritten Strophe schlägt sich in der angereicherten Instrumentation nieder.

Nr. 10 – Erstes Dreigroschenfinale

Das *Erste Dreigroschenfinale* wird durch einen Doppelstrich und durch das Auftreten des Zweivierteltaktes (T. 59 ff.) in zwei Hälften geteilt: die erste in zwei dreigliedrige Strophen (T. 1–29 und 30–58). Das *Unisono* von Takt 11–22 wird im Takt 40–51 akkordisch variiert. Auch in der zweiten Hälfte lassen sich zwei in annähernd ähnlicher Weise, wenn auch in sehr freier Form aufeinander bezogene Verläufe (ab T. 59 und T. 107) erkennen. Entscheidend wird hier die Absetzung des *Allegro animato* (T. 1 ff.) mit seiner ganz spezifischen Instrumentation (Klarinette, Saxophon, Trompete, Cello und Kontrabaß) von dem *Poco meno mosso* (T. 11 und 40) und dessen einzigem Instrument: dem Harmonium. Der personenbezogene Charakter (Peachum) des Harmoniums wird überbetont. Die parallel zu Peachum angespielte *Unisono-*(bzw. Akkord-)Linie

KA S. 32, T. 11–12

schafft durch ihre penetrante Wiederholung der abgesetzten Legato-Halben (zu den Achteln des vorangegangenen Teils), besonders durch den

Tasto solo-Effekt, der in der geistlichen Monodie des Frühbarock üblich war, unmißverständliche Bezüge. *Tasto solo*-Effekt und weihevolle Harmoniumklänge potenzieren Peachums unverhohlene Ausbeutung mit dem Mittel der Religion, die durch den musikalischen Zusammenhang in dieser Nummer *ad absurdum* geführt wird.

Nr. 11 – Melodram

Der Titel *Melodram* als verehrendes Grußwort an den ersten Meister Weills, Engelbert Humperdinck? Wohl kaum! Die Aversion gegen die romantische Oper und ihre Nachfolge treibt auch hier seltsame Blüten. Von einer Kombination aus Sprechen und Musik kann nicht die Rede sein[7]. Die Musik geht zwar (T. 1–18), wenn auch nicht ungebunden, von der Gesangslinie statt von der zu erwartenden Linie des Sprechtextes aus. Die einleitende Instrumentalmusik weist durch die an den Boston erinnernde typische ostinate Achtelfigurbegleitung (auch wenn sie nicht als rhythmische Gegenstimme in Erscheinung tritt) auf die Nr. 8 hin (*Liebeslied*). Süßliche Celesta-Akkorde antizipieren den wiederholten Kitsch der Gesangsmelodielinie, die dann selbst (T. 39–40), jetzt um einen Halbton höher, auch mit ihrem ähnlichen weiteren Verlauf deutlich auf die Nr. 8 hinweist. Doch die gebrochene Akkordbegleitung wird hier nun mit »romantisch« eingesetzter Gitarrenbegleitung »gefühlsbetonend« im *p* beibehalten.

Nr. 11a – Pollys Lied

In *Pollys Lied* tritt mit dem gleichen Melodieanfang in der Mitte der ersten und dritten Zeile (T. 1 ff. und 22 ff., Vordersatz [8 Takte] zu Nachsatz [8 Takte]) die periodische Paarigkeit der beiden Teile deutlich hervor. Dafür verwendet Weill harmonische Differenzierungen (schwächere oder stärkere Kadenz: I–II–V–I) und beispielsweise eine melodische Differenzierung (schwacher $^1/_5$–$^1/_3$- gegenüber $^1/_3$–$^1/_1$-Schluß). Auffallend sind hier überbetonte Legato-Bögen in der Begleitung und der Einsatz der die Gesangslinie begleitenden Glocken. Die Glocke weist auf die Nr. 4, den *Anstatt Daß-Song,* hin. Aus der Hochzeitsglocke wird hier die Glocke zum stillen, »weltentsagenden« Gebet, was allein schon durch den Inhalt des *Barbarasongs* Nr. 9 (»Da behielt ich meinen Kopf nicht oben und ich blieb nicht allgemein«; T. 105–108) besonders absurd gemacht wird. Polly ist – wie Brecht mit Recht bemerkt: wie ihr Vater – äußerst geschäftstüchtig, und musikalische Hinweise weisen nur allzu deutlich darauf hin, daß auch Polly bald wieder »mit Maria« (T. 22–23) ihr einträgliches Geschäft machen wird.

Nr. 12 – Die Ballade von der sexuellen Hörigkeit

In der (6 + 6 zeiligen) Ballade von der sexuellen Hörigkeit halten sich die jeweils an einen Vierzeiler anschließenden entscheidenden Aussagen »Das fragt nicht, ob er will, er ist bereit, das ist die sexuelle Hörigkeit« (T. 10–14) und »Der soll den Tag nicht vor dem Abend loben, denn wenn es Nacht wird, liegt er wieder oben« (T. 24–28) textlich wie musikalisch die Waage. Die überzogene, weitbögige Melodie der Singstimme in tiefer Lage erinnert, in Verbindung mit dem begleitenden Tenorsaxophon und der Posaune, entfernt an die *valse triste*-Tradition – ein Aspekt, der im Zusammenhang mit dem obszönen Text hier besonders verfremdend wirkt.

Nr. 13 – Zuhälterballade

Die *Zuhälterballade* verteilt den ersten Vierzeiler auf die ersten 16 Takte, denen eine Zeile Zwischenrefrain »doch so geht es auch« (T. 20–21), dann erneut ein Vierzeiler (diesmal aber parlandoartig und verkürzt) und zwei Zeilen des Refrains (T. 30–37) folgen. Der Aufbau dieser Nummer erinnert stark an den der *Seeräuber-Jenny*. Der angegebene Tango-Rhythmus (Halbe = 58) wird hier selbst im Instrumentalnachspiel nicht realisiert, da schon die Synkopierung der Melodie im ersten Viertel nicht erfolgt. Die großbögige Melodie der Gesangslinien (vor allem in der dritten Strophe) wirkt, neben übertriebenen Intervallsprüngen (z. B. nach »Bordell« [T. 35] ein Oktavsprung), überaus pathetisch und scheint damit im Widerspruch zu dem Text zu stehen. Musikalisches Pathos weist hier auf die Sentimentalisierung einer brutalen Realität vergangener Tage hin, die durch eine Gesangslinie, die Rückungen (T. 14/15, 37 ff.) und Terzschichtungen (T. 37 ff.) in der Begleitung aufweist, erreicht wird.

Nr. 14 – Ballade vom angenehmen Leben

Auch hier ist die Tempobezeichnung »Shimmy« eher irreführend. Der Shimmy, dem Foxtrott verwandt und damit auch leicht synkopiert (Halbe = 96), wird bei Weill metrisch doppelt so schnell (Viertel = 96) und stark oder gar nicht synkopiert verwendet. Hinweise gibt auch die Definition aus dem Riemann-Lexikon aus dem Jahre 1929: »Der Shimmy sieht so aus, als ob die Tänzer dabei bemüht sind, die Hemden von den Schultern abzuschütteln[9].« Dieser Definition zufolge wurde der Shimmy also als höchst unsittlich empfunden, Grund genug für Weill, ihn gegen moralische Klischeevorstellungen in der »höchst unmoralischen« Nummer (Text) einzusetzen.

Nr. 15 – Eifersuchtsduett

Das *molto agitato* wird dem Titel der Nummer gerecht. Der emotionale Zustand der rivalisierenden Damen schlägt sich deutlich im formalen Aufbau nieder. Nach dem eher abgerundeten achttaktigen Vierzeiler, der die gegenseitige Aufreizung widerspiegelt, spitzt sich die gegenseitige Aggression im Laufe von vierzehn Takten (T. 11–24) deutlich sichtbar in den Taktgruppierungen immer mehr zu:

$2 + 2 + 1 + 1 + 1 + 1 + 1 + 1 + \frac{1}{2} + \frac{1}{2} + \frac{1}{2} + \frac{1}{2} + \frac{1}{4} + \frac{1}{4} + \frac{1}{4} + \frac{1}{4} + 1$, um in das verlogene »traute« Duett zu münden: $2 + 2 + 1 + 1 + 2$ (T. 25–31). Hier greift zwar die Begleitung auf das musikalische Material des Anfangs zurück, das aber so bedeutsam variiert wird, daß der Kontrast nur noch schärfer ausfällt. Diese kontinuierliche Takthalbierung löst die opernhafte hysterische Entladung der Damen wesentlich mit aus (T. 23, 24). Lucy verliert die Kontrolle über sich. Sie ist nur noch zu kurzatmigem Gekicher fähig (»Ha ha« etc.; T. 23, 24). Statt des hysterischen Lachens wäre an dieser Stelle auch ein gesangliches Schweigen und ein Ringkampf der Damen denkbar. Aber Weill will hier die Aggressionen karikieren, die er, als Zeichen äußerster Künstlichkeit, in ein opernhaftes Korsett preßt, und wird so dem Titel Oper, aus seiner Sicht, wiederum durchaus gerecht. Dieses musikalische Korsett wird in kunstvoller Steigerung gestaltet. Parallel zu der dynamischen Steigerung (das *crescendo* endet im *ff*) verläuft die intervallmäßige (Seite 254 oben).
Der kleinen Terz folgt die große, der Quart die übermäßige Quart und die verminderte Quinte: dies je zu einem »Ha ha«.
Der Übergang zum *meno mosso* erfolgt merkwürdig abrupt. Dem *ff* folgt das *p*, besonders in den Bläsern, die nun eine *legato* – Achtelfigur statt einer punktierten Sechzehntelfigur spielen, und in der nun scheinbar zur Ruhe kommenden weitbögigen Gesangslinie der Damen, die in Terzen und Sexten als Symbol der Vereinigung gehalten ist und durch dieses Duett-Singen Herzlichkeit vortäuscht. Aber der Frieden ist trügerisch. Schon das Klavier, dann das Saxophon (T. 25 ff., später 29 ff.) greifen wieder auf die nervösen, aufwärtsdrängenden Sechzehntelfiguren des Anfangs der Nummer (T. 1–10) zurück und zielen damit bereits auf den letzten Takt (T. 33).
Bereits bei den hysterischen Schreianfällen der Damen wirkte die musika-

253

P S. 93, T. 23–25

lische Formung bewußt künstlich. Die überfällige Aggressionsentladung wird aber auch hier (T. 33) unterdrückt. Statt in giftige Schreie preßt Weill das abschließende, entscheidende »Lächerlich« in den tonwiederholenden (c″) Sprechgesang zusammen. Die Sprechgesangwirkung – als Ersatz für den emotionalen Ausbruch – wird durch das Schweigen des Orchesters noch zusätzlich betont.

Nr. 16 – Zweites Dreigroschenfinale

Im *Zweiten Dreigroschenfinale* sind zugespitzte Formulierungen auf die kadenzierende Schlußzeile jeder der beiden Vierzeiler verteilt und damit in das metrische Geschehen integriert (8 + 8 Takte). Die folgenden Zweizeiler können sowohl dem textlichen wie dem musikalischen Inhalt nach als Ausspinnung der Worte »Erst kommt das Fressen, dann kommt die Moral« angesehen werden (T. 16–18). Besonders auffallend ist der überdimensionale Refrain, der nicht nur durch die vollständige textliche

254

Übereinstimmung herausfällt, sondern auch durch seine ungewöhnliche Einleitung – hinter der Bühne ruft eine laute Stimme: »Denn wozu lebt der Mensch?« (T. 23). Eine Fermatenpause, direkt nach dem Ruf aus dem Dunklen, zu dem dynamisch gesteigerte *(ff)* Oktavsprünge erklingen, erzeugt eine beklemmende Spannung. Dieser Einwurf wird durch die musikalische Wiederholung und Verlangsamungstechnik noch zusätzlich betont. Der damit realistisch wirkende Texteinbruch wird durch die darauffolgende Verbindung des Textes »Denn wozu lebt der Mensch?« mit einer schlagerartigen musikalischen Aufhellung opernhaft, sogar operettenhaft retheatralisiert. Der existentiellen Frage wird der Boden entzogen. Die letzten Worte des Finales – »Der Mensch lebt nur von Missetat allein« (T. 35–38) – lädt Weill mit zusätzlicher musikalischer Aggressivität auf. Er läßt den Chor, sozusagen als Kommentator (die anderen Protagonisten treten zurück), nicht nur fast völlig monoton in einem Sekundambitus singen, den er nur bei dem entscheidenden Wort »Missetat« aufgibt, sondern im *fortissimo* das Publikum anplärren (T. 37)[10]. Das *subito piano* vor Einsatz der zweiten Strophe steigert die Aggression noch zusätzlich und wirkt keinesfalls mildernd. Einem Teil des Publikums sollte hier ins Gesicht geschlagen werden. Die Ebene der Bühnenhandlung wird auch musikalisch verlassen.

Nr. 17 – Lied von der Unzulänglichkeit menschlichen Strebens

In dieser Nummer unterscheidet sich der zweite Vierzeiler deutlich vom ersten. Die in allen Strophen auftauchende refrainartige Wiederkehr von »Denn für dieses Leben ...« (z. B. T. 9–10) mit den bewußten Varianten der »Schlauheit, Schlechtigkeit, Anspruchslosigkeit« erfordert auch musikalisch ein gewisses Hervorheben des Resümees bzw. der »Nutzanwendung«. Auffallend ist der Kontrast zwischen der kunstvollen Harmonik und der Brutalität des Textes, der durch einen überdimensionalen Orchesterapparat noch gesteigert wird. Dieser Kontrast entspricht der musikalischen Form: der Oper. Hier wäre durchaus auch der Leierkastenton des Harmoniums denkbar, den Weill dann auch für den anschließenden *Salomon-Song* verwendet.

Nr. 18 – Salomon-Song

Schon die Bezeichnung »In der Art eines Leierkastens« für den Vortrag weist darauf hin, daß diese Nummer – wie die Nr. 2 – eher außerhalb der eigentlichen Handlung steht. Das Harmonium als einziges Instrument unterstreicht die Zusammengehörigkeit dieser beiden Nummern (Nr. 2 und

Nr. 18). Die erste und zweite Strophe werden im Hinblick auf die dritte durch weitgehend gleichbleibende Akkordzerlegung nur rhythmisch variiert:

♪♪♪ jetzt ⸗♪♪♪

Die zehn Zeilen sind trotz dieses durchgehenden Begleitungskontinuums und trotz des Rückgriffs auf den Beginn des Stückes in zwei Abschnitte geteilt. Die sehr ähnliche Folgerung aus der »Weisheit, Schönheit und Kühnheit« der im ersten Teil geschilderten Personen (Salomon, Cäsar etc.) wird auf einfache Weise abgehoben. Nach der fis-moll-Kadenz der fünften Zeile öffnet sich der jeweils gedehnte Ausruf tonal gegen die parlandoartigen, stärker gefügten Vierzeiler, deren Endreime mit ihm verbunden sind (»Salomon – schon – davon«); (T. 29, 30, 35 und 43, 44). Dieser gedehnte Ausruf wirkt wie eine Art Zwischenruf. Verfremdend wirkt hier die instrumentale Unterspielung (Gosseninstrumentation, im Gegensatz zu der Nummer vorher) der Weltgeschichte. Diese Nummer hat letztlich nichts mit der Handlung zu tun, wirkt aber als Kommentar und hat damit epische Wirkung. Die Reihenfolge der Namen, die Weltgeschichte machen – hier Salomon, Cäsar (im Textbuch auch Kleopatra und Brecht), Mack und Jenny –, wird nicht differenziert: alle werden in einen musikalischen Topf geworfen. Die Eitelkeit Brechts wird, trotz aller Ironie, deutlich.

Nr. 19 – *Ruf aus der Gruft*

Auffallend ist hier die höchst stereotype kleinteilige Wiederholung von Zweitaktern – eine Wiederholung, die sich auch rhythmisch in der Gesangslinie und der Begleitung bemerkbar macht. Dieser taktmäßigen wie rhythmischen Einfachheit entspricht die harmonische (e-moll-Tonalität) Komplexität mit Sept- (T. 5, 11, 16, 19) und Nonakkorden (T. 21). Dominant bleibt trotz dieser harmonischen Komplexität die rhythmische und taktgebundene Einfachheit. Wieder unterspielt Weill musikalisch kontrastreich den Inhalt des Textes.

Nr. 20 – *Grabschrift*

In dieser Nummer zeigt sich schon im großen Verlauf eine beträchtliche Zuspitzung gegen das Ende hin. Auf die zehnzeiligen ersten beiden Strophen folgt im schnellen Tempo *(poco animato)* die musikalisch straffere Vertonung der dritten bzw. vierten jeweils achtzeiligen Strophe. Darauf folgt wiederum coda-artig der abschließende, auf vier Zeilen erweiterte Refrain. Die ganze Nummer wird durch die Bewegung und Melodik aus dem einleitenden *unisono*-Motto entwickelt.

KA S. 65, 1–2

Die erste bzw. zweite Strophe wird vierzeilig *unisono* begleitet: a–a–a′–a′, weitere vier Zeilen akkordisch: b–b–b′–b′, und der schließende Paarreim mit Refraintendenz zuletzt wieder *unisono*. Das aus dem *unisono* abgespaltene Sekundintervall hat resignierenden Charakter.

Das *poco animato* der dritten bzw. vierten Strophe ist auf acht Zweizeiler verteilt, deren melodische Struktur – ähnlich wie im ersten Teil – auf floskelhaften Reihungen aufgebaut ist: a–b–a–a ‖ a–a–a–c. Die Begleitung ist hingegen viertaktig auf den Halteton a und chromatische aufwärtssteigende Kleinterzparallelen in der Unterstimme verteilt, der eine viertaktige Sequenz auf e folgt. Drei akkordische Zweitakter (vgl. dazu dieselbe Stelle in der ersten Strophe) werden durch die veränderte Refrainzeile ergänzt. Die Coda verläuft über den monoton weiterlaufenden Galgensekunden (Nr. 20 a) x–x–x–y.

Verfremdend wird hier wieder das Harmonium eingesetzt. Das mit ihm verbundene Motiv

P S. 110, T. 1–2

schafft mit seiner *unisono*-Wiederholung, hier betont antizipierend, durch *pp* die musikalische Umrahmung für die Beerdigung Macs. Die weihevollen Klänge des Harmoniums werden durch den rauhen Text scheinbar *ad absurdum* geführt. Da Harmoniumklänge in der *Dreigroschenoper* aber mit der religiösen Verlogenheit des Herrn Peachum (Nr. 3) assoziiert sind, werden die musikalischen Zusammenhänge klar: der Widerspruch zwischen Text und Musik entlarvt hier religiöse Scheinheiligkeit.

257

Nr. 21 – Drittes Dreigroschenfinale

Diese einzige Aktionsnummer läßt der Reihe nach alle Darsteller zu Worte kommen: den Chor mit der Schilderung der Ankunft des reitenden Boten im Galopp (Parallelen zu Lohengrins Ankunft im I. Akt; T. 1–59); Brown mit seinem Rezitativ (*Lohengrin*-Heerrufer) und den auf Aufmerksamkeit dringenden Zwischenschlägen und der königlich-sieghaften Punktierung (T. 64–82); Mackie mit seinen »Gerettet!«-Rufen, die an die »Viktoria«-Rufe in *Tosca* und an den Verdischen Herzklopfrhythmus erinnern (T. 84–107), den auch Molly noch beibehält (T. 108–117), bis sie Mac in der instrumentalen Reminiszenz (T. 119–122) »Ja da kann man sich doch nur einfach hinlegen« in die Arme sinkt. Dann aber der Wendepunkt: der abschließende Choral, der durch das entlarvend eingesetzte Harmonium, das religiöse Verlogenheit demaskiert, einerseits einen Bogen zum Anfang der Handlung, also zum Morgenchoral des Peachum, schlägt, aber auch eine Verbindung zum zweiten Finale mit seinem im *ff* vom Chor vorgetragenen »Der Mensch lebt nur durch Missetat allein« schafft, dem hier das »in diesem Tale, das von Jammer schallt« (T. 165–170) im *ff*, also wieder ein »épatez le bourgeois«, entspricht.

Hier wird also noch einmal mit all dem, was den Autoren zuwider ist, verfremdend aufgeräumt: mit den dramaturgischen Kunstgriffen, die seit der griechischen Tragödie geläufig sind, etwa dem Botenbericht und dem *Deus ex machina,* weiter mit einer – hier allerdings konkreten – Anspielung auf die mit der Oper (von Wagners *Lohengrin* bis zur italienischen Oper, dem Rezitativ, »Viktoria«-Rufen) verbundene heruntergekommene bürgerliche Kunstideologie und schließlich mit dem Publikum selbst, das glaubt, in der Oper ewige Werte anbeten zu können.

Diese heiligen Kühe werden unter dem Brüllen *(ff)* aller Beteiligten geschlachtet.

5. *Happy End*

A. Brechts Nachlese zur *Dreigroschenoper*

1. Entstehungsgeschichte. – Von Ende Mai bis Anfang Juni 1929 arbeitet Brecht in Berlin u. a. an *Happy End,* das, soweit es sich um die Heilsarmee-Handlung handelt, auf einer Novelle Elisabeth Hauptmanns basiert. Im August finden die Proben zu *Happy End* statt; Brecht und Elisabeth

Hauptmann versuchen, marxistische Erkenntnisse zum Tragen zu bringen, die Handlung ist jedoch zu dürftig. Brecht erfindet als Verfassernamen »Dorothy Lane«, Weill drängt darauf, er solle wenigstens für die Songs verantwortlich zeichnen. Am 31. August 1929 geht das Stück im Theater am Schiffbauerdamm erstmals über die Bühne. Die wichtigsten Rollen sind mit Carola Neher, Helene Weigel, Oskar Homolka, Peter Lorre, Theo Lingen und Kurt Gerron besetzt. Im Oktober und November des Jahres 1929 beschäftigt sich Brecht mit verschiedenen Themenkomplexen, u. a. erneut mit der Heilsarmee-Handlung des *Happy End*. Diese Beschäftigung führt im weiteren zur Entstehung des Schauspiels *Die heilige Johanna der Schlachthöfe,* in dem bestimmte Motive und Abschnitte von *Happy End* in anderem Zusammenhang wieder aufgenommen werden[1].

2. Allgemeine sprachlich-dramaturgische Bemerkungen. – Die Uraufführung von *Happy End* scheint ein relativ erstaunlicher Erfolg gewesen zu sein, allerdings nur aufgrund der guten Leistungen der Darsteller, die offensichtlich das Bestmögliche aus dem Stück machten, was freilich nicht viel heißen konnte[2]. Es lohnt sich kaum, die dramaturgischen Unzulänglichkeiten der Fabel aufzuzählen. Abgesehen davon, daß dabei um des guten Endes willen mit den unwahrscheinlichsten Handlungswendungen gearbeitet wird, läßt sie auch mit ihrer engen Verzahnung der einzelnen Szenen die in der *Dreigroschenoper* und im Songspiel *Mahagonny* ansatzweise bereits gewonnenen Montageprinzipien der epischen Dramenstruktur vermissen und bedeutet in diesem Sinne keinen Schritt nach vorwärts, selbst wenn Projektionen verwendet werden, das Songlicht eingesetzt wird und das Bühnenbild Caspar Nehers den antinaturalistischen Effekt, auf den er und Brecht Wert legten, erneut zur Geltung brachte[3]. Auch von einer dialektischen Einbeziehung des Zuschauers kann keine Rede sein. Sicher gibt es parodistische Momente, die beispielsweise die »echt amerikanische Verquickung von Geld und Seelenheil«[4] demonstrieren; doch dürfte es sich dabei um Anspielungen gehandelt haben, die für das Publikum des Jahres 1929 kaum einen nennenswerten Neuigkeitswert haben konnten. Zumindest durch die *Dreigroschenoper* war die unheilige Allianz von Geld und Religion dem theaterinteressierten Publikum schon geläufig. Daß sie hier in einem amerikanischen Milieu abgehandelt wird, kann man bei gutem Willen als gesellschaftskritisches Vorspiel zur Oper *Mahagonny* und im weiteren Zusammenhang zu *Die heilige Johanna der Schlachthöfe* werten.
Wenn auch, wie Schumacher bemerkt, die Songs von *Happy End* ideologisch schwach und nichtssagend sind, so haben sie doch im Rahmen des

Ganzen einen relativ höheren literarischen Wert als die flachen, unmotivierten Dialoge[5]. Daher mögen einige Bemerkungen zu den Songs angefügt werden, die ihre Bedeutung innerhalb des Stückes erkennen lassen.

Happy End ist ähnlich wie die *Dreigroschenoper* und das Songspiel *Mahagonny* auf einen dramatischen Höhepunkt (Zielpunkt) am Ende des Stückes ausgerichtet, nämlich auf die Vereinigung der scheinbar ideologisch nicht zu vereinbarenden handlungsbestimmenden Gruppen – der Ballhausbande und der Heilsarmee – zu einer Bankgesellschaft.

Zum Prolog

Die Handlung wird hier ironisch abstrakt vorskizziert. Bewußt penetrant wiederholte Schwarzweißmalerei für gesellschaftliche Gruppierungen (das gute Heilsarmeemädchen, der böse Gangster) wird durch das jeweils abschließende »selbstverständlich« persifliert.

Nr. 1 – Bilbao-Song

Bill wird hier als mächtiger, brutaler Killer in die Handlung eingeführt. Er hat gerade den stärksten Rivalen der Ballhausbande, Gorilla-Baxley, umgebracht. Aus diesem erfreulichen Anlaß singt Bill den *Bilbao-Song.* Der Song ist also einerseits eine unterbrechende Einlage, die Bills Hausmacht demonstriert, zeigt aber auch andererseits im weiteren Verlauf, wie sehr diese Hausmacht geschrumpft und wie aus dem berüchtigten, gefährlichen Ballhaus ein harmloses Etablissement geworden ist, da Bill als Boß und Besitzer und seine Leute das ruhige Leben dem harten vorziehen. Bills Schwärmerei von der guten alten Zeit, in der das Ballhaus, mit dem obligatorischen, romantischen Mond dem Klischee-Bild entsprechend, noch nicht derart heruntergekommen war, wo man noch dem Milieu entsprechende Musik spielte, wo man noch zusammenzuckte, wenn sich der große Bill beschwerte, wo noch harte Bandenkämpfe stattfanden – diese Schwärmerei ist antiquiert, diese Zeiten sind endgültig vorbei. Aus dem dubiosen Ballhaus ist ein freundlich-sauberes, bürgerliches Restaurant geworden, die Musik, die man jetzt spielt, haßt Bill.

Bill und seine Leute sind etabliert und faul geworden. Im Laufe der Handlung wird das immer deutlicher, und am Ende des Stückes spricht es Fliege offen aus: »Die Tage von euch kleinen Handwerkern, die mit dem biederen Brecheisen in der schwieligen Faust erzerne Safes erbrachen, [...] sind ja doch vorbei[6].«

Bill muß also Gorilla-Baxley umbringen, um nicht als völlig lächerliche, anachronistische Figur, die ihre Rolle als Gangster zu spielen hat, auch vor seinen Leuten jegliche Glaubwürdigkeit zu verlieren. Sein merkwürdiges Nach-Worten-Suchen (Refrain) zeigt, wie es um Bill steht: Der »große« Bill wird von Fliege, einer Frau, befehligt, und seine Bande nimmt ihn nicht mehr ernst.

Nr. 2 – Der kleine Leutnant des lieben Gottes

Bedenkt man, an welche deftigen Worte diese Nummer anschließt: »Solange ihr keine Heilsarmeelieder singt, könnt ihr mich am . . .«, so zeigt das deutlich antizipierend das völlig hoffnungslose Unterfangen Lilians, Bill und seine Bande zu bekehren. Dieses militante Heilsarmeelied steht also in schroffem Gegensatz zur Ballhausbande. Der Titel *Der kleine Leutnant des lieben Gottes* ist ironisch gemeint, bezieht sich ausschließlich auf die übereifrige Missionarin Lilian und erscheint nicht im Text. Im Gegensatz zum larmoyanten, alternden Bill hat Lilian eine Initiative und ein Ziel, das allerdings angesichts der einführenden Worte Bills und der Umgebung lächerlich wirkt. Mit übertriebenem Sendungsbewußtsein wendet sich Lilian erst einmal an das Publikum (dem Text zufolge werden die Gruppierungen noch nicht miteinander konfrontiert), und zwar mit dem Appell, die Notlage der Hungernden zur Kenntnis zu nehmen und ihnen mit allen Mitteln, auch mit Gewalt, zu helfen. Mit denselben Worten wendet sich Lilian an die Fiktiv-Betroffenen und spricht ihnen Mut zu. Der Aufruf wird in der Wiederholung zur direkten Ansprache an die Betroffenen. Aus der Wiederholung derselben Worte für eine jeweils andere Zielgruppe ergibt sich das penetrant-aufdringliche und militante Elend, das sich selbst *ad absurdum* führt.

Nr. 3 – Geht hinein in die Schlacht

Mit dem Heilsarmeelied *Geht hinein in die Schlacht* wenden sich Lilian und die Heilsarmeeleute direkt an die Ballhausbande, die sie vor Bills Aversion vor der Heilsarmee warnen. Der Titel bekommt hier seinen ironischen Sinn. Die obszöne, direkt vor den Anfang des Liedes gestellte Bemerkung Sams – »Einer Mimose langt man nicht in die Hose . . .« – macht es völlig unmöglich. Das Lied wirkt wie eine Art von Abwehr der Frivolität der Ballhausbande. Trotz der Wiederholung dieses Liedes mißglückt die Bekehrung erneut. Als Hannibal, in drastischer Verkennung der Ballhausrealität, Jimmy mit dem Jenseits konfrontieren will, lehnt der gelangweilt ab, und damit findet Hannibals Bibelspruch eine unvorhergesehene Fortsetzung: »Es ist mehr Freude im Himmel . . . (Jimmy:) über

261

uns als über euch, das ist sicher. Also hör schon auf, hier die Bezahlung.«
In der Regieanweisung heißt es dann: »Er spuckt in den Topf«. Dennoch
gibt Lilian nicht auf. Sie unternimmt den Versuch, eine Predigt im Ball-
hausjargon zu halten, und schließt daran die zweite Wiederholung des
Liedes an. Der darauf folgende Kommentar von Johnny lautet: »Ich
verstehe bloß Bill nicht, daß er sie nicht rausschmeißt.« Lilians Einsicht
kommt erst sehr viel später, wenn sie sagt: »Die Männer legen keinen
Wert auf Gott« (Text S. 26). Die Schlacht ist für die Heilsarmee verloren!

Nr. 4 – Was die Herren Matrosen sangen

Unverbesserlich und unbelehrbar wie sie ist, gibt Lilian das Bekehren
nicht auf. Sie setzt das in die Tat um, was sie bei ihrer Predigt versuchte
und was sie später bei ihrer Entlassung aus der Heilsarmee sagt: »Man
muß das Organ richtig einstellen« (Text S. 34). Sie erkennt die Notwendigkeit, eine neue Taktik zu wählen, wenn sie ihr Ziel erreichen will, nämlich eine für die Ballhausbande verständliche Sprache zu sprechen. Den
Vorwurf, die Heilsarmee sei fad und arbeite ohne Reize (»ohne hübsche
Mädchenbeine«, S. 21), weist Lilian, angefeuert von Whisky, energisch
zurück und erwidert: »Unser Programm umfaßt Lieder von der harmlose-
sten bis zu der gefährlichsten Art. Dies zielt darauf ab, nicht nur einer bestimmten Sorte von Menschen etwas zu bieten, sondern jeder.« Also auch
der Ballhausbande. Die Kritik der Ballhausbande zielt insbesondere auf
das Fehlen einer appetitlichen Verpackung und einer amüsanten Darbie-
tung des »Geschäftes Heilsarmee«. Beides bietet Lilian ihnen. Sie gibt
den *Matrosensong* zum besten. Am Beispiel einer Schiffsbesatzung, die –
wie die Ballhausbande – ausschließlich ihrer Triebbefriedigung nachgeht,
versucht Lilian den Männern das Problem des Todes (mit dem Zielpunkt
in der dritten Strophe) in ihrem Sinn, dem der christlichen Heilslehre, na-
hezubringen. Während die ersten beiden Strophen zeigen, wie ungezwun-
gen die Matrosen sich amüsieren, bringt die dritte Strophe die Wendung.
Das Schiff geht unter, und in der Todesangst »plappern sie das Vaterunser
her . . .« Doch dieser ernste Augenblick löst sich dann sogleich wieder in
Wohlgefallen auf, wenn der Refrain zwar die »Chance« nicht noch einmal
bietet, aber doch dieselbe sentimentale Refrainmelodie (KA S. 47, 48)
benutzt, die kaum dazu angetan ist, die Männer zu religiösen Reflexio-
nen zu bewegen. Der Refrain nimmt eben auf den textlich-inhaltlichen
Knick keine Rücksicht. Er soll gefallen: Wiederum mißglückt die Bekehrung.
Ihre Heilsarmeekollegen, an der Spitze der »päpstliche« Hannibal, zeigen
in ihren Reaktionen die Unfähigkeit, wirksam für ihr Anliegen zu arbei-

ten. So sagt z. B. Hannibal, der die letzten beiden Strophen des Songs mithört: »Wenn sie solche Lieder singt, und sich betrinkt in einem solchen Lokal, da können wir sie ruhig hier lassen, wo sie offenbar hingehört« (Text S. 24).
Das Unverständnis und der Neid der »lieben« Kollegen zwingen Lilian, den *Matrosensong* von dem Major auf seine »Unsittlichkeit« hin überprüfen zu lassen. Sie trägt die erste Strophe nochmals vor. Der Major findet an dem Text nichts zu beanstanden.

Nr. 5 – Heilsarmeelied II

Der Major, unfähig den Grund für Bills Anwesenheit auszumachen (Bill ist in Lilian verliebt), gibt es nicht auf, den völlig betrunkenen Bill zu bekehren. So gilt das Lied »Bruder gib dir einen Stoß« (KA S. 49) Bill.

Nr. 6 – Fürchte dich nicht (Chor)

Der Major läßt nicht locker. Sein Missionarseifer wird immer penetranter. Nachdem Bill völlig betrunken ist und die Kontrolle über sich verliert und zugibt, er sei ein Sünder (S. 39), glaubt der Major, schon am Ziel seiner Bemühungen zu sein. Die Antwort Bills zerstört jedoch diese Hoffnung. (Aufgeregt, nachdem er das *Fürchte-dich-nicht*-Lied über sich hat ergehen lassen:) »Sind Sie jetzt fertig? Was wollen Sie denn damit erreichen?« Darauf antwortet der Major: »Nichts, nur Erbauung.«

Nr. 7 – Heilsarmeelied Nr. IV

Mit den Mitteln der Rührseligkeit versucht der Major, Bill zu erweichen, indem er ihn an seine Mutter, an seine Kindheit erinnert. Bevor nun Bill mit einem letzten Versuch, dem Lied *In der Jugend goldenem Schimmer*, zur Bekehrung gezwungen werden soll, wird die von Bill abgewehrte Rührseligkeit durch die Frage Sams nach der Uhrzeit (Text S. 40) völlig lächerlich gemacht. Nachdem Bill die erste Strophe des Liedes über sich hat ergehen lassen, bedrängt man ihn körperlich, endlich zu glauben (Text S. 41). Und er antwortet: »Ihr seid alle abgerichtet. Warum schaut ihr mich denn so an?« Der religiöse Fanatismus wird unerträglich. Bill wird es zu viel, und er kommt auf den Anlaß seines Besuches zu sprechen. Der Major berichtet ihm, daß Lilian entlassen ist. Da sagt Bill, was er schon immer von der Heilsarmee dachte: »Was? Entlassen, da hätte ich ja sofort den ganzen Laden in Klump hauen können, anstatt mir hier den Quatsch anzuhören.«

Nr. 8 – Das Lied vom Branntweinhändler

Dieses Lied schließt direkt an den Abgang des randalierenden Bill an. Es erzählt die rührende Geschichte eines einst sündigen Branntweinhändlers, der durch »Gottes Wink« zum guten Menschen wurde. Wieder bringt die dritte Strophe die Klärung: Der heruntergekommene Branntweinhändler hört auf zu trinken, erwacht und gibt den Armen sein »seelenloses Schmutzgeld hin« (KA S. 66), um Gott zu gefallen, aus Angst vor dem Jüngsten Gericht (Text S. 42). Hier zeigt sich das wirtschaftliche Interesse, das hinter der Heilsarmee steht. Das gute Beispiel des Branntweinhändlers soll Nachahmung und der Heilsarmee volle Kassen bringen. Angesichts dessen, was vorher mit Bill passierte, wirkt dieses Lied besonders grotesk, unglaubwürdig und entlarvend. Die Heilsarmee entpuppt sich als gewinnsüchtige, gaunerhafte Organisation, die den Leuten durch die Drohung mit der Todesangst betrügerisch das Geld aus der Tasche zieht. (Im *Matrosensong* wird die Todesangst wenigstens nicht vordergründig kommerzialisiert wie hier.)

Nr. 9 – Der Song von Mandelay

Dieser Song wirkt im Rahmen des gesamten Stückes etwas aufgesetzt. Der Autor braucht den dramaturgischen Trick – nämlich Sam in Frauenkleidern –, um Johnny sich zu der Äußerung hinreißen zu lassen: »Du, siehst ja aus wie eine Puffmutter« (Text S. 44). Das ist das Stichwort für den Song. Hier wird die Prostitution als totaler Kommerz vor Augen geführt. Ähnlich wie in Nr. 1 werden die guten alten Zeiten besungen, in denen der Puff das große Geld brachte.

Nr. 10 – Surabaya-Johnny

Um Bill von dem Einbruch abzuhalten, trägt Lilian diese Nummer vor (Text S. 49). Wieder singt sie ein Lied aus dem Matrosen-Milieu, diesmal aber nicht, um Bill zu bekehren. Sie erzählt vielmehr die Geschichte eines Mädchens, das auf einen Matrosen hereinfällt, von ihm verführt und schamlos ausgebeutet wird und trotz aller Mißhandlung nicht von ihm loskommt.

Merkwürdig sentimental ist Bills Reaktion darauf: »Er hat Tränen in den Augen.« Das zeigt, wie rührselig Bill im Grunde ist.

Nr. 11 – Das Lied von der harten Nuß

Um diese sentimentale Anwandlung zu überwinden und sich wieder in den Griff zu bekommen, singt Bill das *Lied von der harten Nuß*. Um sich an der Macht zu halten, darf man sich kein Gefühl leisten: »Nur keine Noblesse, sondern eine in die Fresse!«

Nr. 12 – Die Ballade von der Höllenlilli

Als sie ihren geliebten Hannibal nicht mehr finden kann und völlig resigniert, singt Fliege die *Ballade von der Höllenlilli.* Dieser Song ist ein starker Affront gegen die christliche Religion. Hölle und Ewiges Gericht sind Lilli gleichgültig, ebenso das Jenseits, nur das Heute zählt, und das möglichst ohne Reflexion.
Der Song ist also höchst persönlich gefärbt und entspricht Flieges momentaner nihilistischer Stimmung.

Nr. 13 – Schluß-Ensemble

Der ganze Schluß ist, wie der der *Dreigroschenoper,* opernhaft unglaubwürdig. Die große Wende kommt durch einen *Deus ex machina (Dreigroschenoper, Mahagonny),* hier die Liebe. »Die Liebe als Himmelsmacht« – ein triefend schnulziger Operettenschluß – rettet Bill vor dem sicheren Tod.
Fliege findet ihren Hannibal, Bill wird von Lilian geheiratet, und Fliege ruft zur gemeinschaftlichen Gründung einer Bank seitens der Heilsarmee und der Ballhausbande auf.
Die beiden Parteien verbindet sicher kein brüderlich-religiöses Grundgefühl, wohl aber ein ausgeprägtes gemeinsames Geschäftsinteresse. Jede Partei bringt das ein, was der anderen von Nutzen ist: die Ballhausbande (ergaunertes) Kapital, die Heilsarmee den moralischen Überbau, der ein kapitalistisches Unternehmen seriös erscheinen läßt. Mit Kapital und Religion kann das große Geschäft beginnen! *Happy End* schließt also da, wo die *Dreigroschenoper* beginnt. Die Wiederholung der Nr. 2 steht also unter ganz anderen Vorzeichen. Nr. 2 schilderte noch den ehrlichen Versuch Lilians und ihrer Leute, zu bekehren, während Nr. 13 ausschließlich der Kommerzialisierung von Religion gilt: alle Ideale werden korrumpiert.
Selbst der etwas kritische Schluß, der einfach aus der *Dreigroschenoper* abgeschrieben ist, tröstet nicht über die Schwächen und Dummheiten des Stückes hinweg. Die Handlung wird nicht einsträngig vor-

angetrieben, sondern verliert sich in Nebenhandlungen. Die Songs Nr. 9 und 12 wirken sehr aufgesetzt. Geradezu töricht wirkt die glückliche Lösung der Handlung. Die letztlich nur aufgestülpte kritische Einstellung wird dadurch auch schon wieder fragwürdig! Gelungen sind die Charakterisierungen der Heilsarmee (Nr. 2, 3, 5, 6, 7, 8). Auch Nr. 4 ist interessant. Die Nummern 9, 10, 11 und 13 wirken unglaubwürdig. Die Nummern 1 bis 8 ergeben einen sinnvollen Zusammenhang, die folgenden wirken wie dem Handlungsgerüst äußerlich aufgeklebte Lückenbüßer.

B. Zur Verfremdung in *Happy End*

Happy End läßt sich musikalisch durch die folgenden Besonderheiten charakterisieren:
1. durch drei verschiedenartige musikalische Ebenen, nämlich die Gesangslinie mit orchestraler Begleitung, den Sprechgesang und das Indie-Musik-Sprechen;
2. durch die Aufteilung der Songs auf die handlungsbestimmenden Personengruppen, und zwar die Songs der Ballhausbande (Nr. 1, 4, 9, 10, 11, 12) und die Lieder der Heilsarmee (2, 3, 5, 6, 7, 8,); neben dieser groben Einteilung in die beiden scheinbar gegensätzlichen Gruppen kann man noch zusätzlich und genauer einteilen in personencharakterisierende Nummern (Nr. 1, 2, 3, 4, 5, 6, 7, 10, 12), situationsbezogene Nummern (11) und Nummern ohne dramatische Funktion (Nr. 8, 9); zweifellos werden Bill (Nr. 1, 5, 6, 7) und Lilian (2, 3, 4, 10) am deutlichsten charakterisiert.
3. Wie bei der *Dreigroschenoper* schrieb Weill die Musik zu *Happy End* für ein Sprechstück, und zwar hier für eine *Komödie mit Musik*. Die Musik hat daher eine andere Funktion als in den durchkomponierten Stücken (siehe Kap. III).
4. *Happy End* verwendet generell nur zwei Gesangsvortragsmöglichkeiten: den Song (Nr. 1, 9, 10, 11, 12, 14, 18) und das religiöse Lied (Nr. 2, 3, 5, 6, 7). Längere selbständige instrumentale Passagen fallen völlig weg (Sprechstück).
5. Die Verwendung der Nummer 2 – *Der kleine Leutnant des lieben Gottes* – erinnert mit ihrer Wiederaufnahme am Ende des Stückes an die Verwendung der Nr. 1 im *Jasager*.
Die Wiederholung einer ganzen Nummer erscheint hier aber gerechtfertigter als im *Jasager*.
6. Der Gebrauch von Tanzrhythmen – so der Marsch (Nr. 2), der Tango

(Nr. 4), der Walzer (Nr. 6), der Blues (Nr. 10) und der Foxtrott (Nr. 11) – ist auffällig, ebenso

7. die rhythmische Verlangsamung zur Betonung eines Songs (Nr. 1, 10, 11)[1]. In *Happy End* entsteht musikalische Verfremdung primär aus dem textlich-inhaltlichen Zusammenhang und weniger aus der Zusammensetzung musikalischer Formen. Sie läßt sich nicht in allen zwölf Nummern in gleicher Dichte nachweisen. Es kann hier daher nur auf diejenigen Nummern eingegangen werden, in denen sich Verfremdung eindeutig dingfest machen läßt; die verbleibenden werden nur kurz gestreift. Das bezeichnendste Merkmal in *Happy End* ist, dem generellen Thema des Stückes entsprechend, die Verbindung von religiöser und ökonomischer Verfremdungsdimension. Die epische Spielweise wird hier nie verwirklicht (die Auflösung erfolgt erst mit dem Ende) – ein Defizit, das sich auch nachteilig auf die Deutlichkeit der musikalischen Struktur auswirkt.

Nr. 1 – Allegro moderato

Im *Bilbao-Song* halbiert der Refrain die Nummer, und zwar in Strophe (in drei Vorreitertakte, eine sechzehntaktige Periode und zehn Zwischentakte) und in den Refrain (wieder eine sechzehntaktige Periode und zwölf abschließende Takte). Textliche und musikalische Gliederung überschneiden sich (z. B. T. 19, 20) und tragen zur musikalischen und textlichen Verundeutlichung bei. Musikalische Veränderungen vollziehen sich lediglich durch die Anreicherung der Instrumentation von Strophe zu Strophe (2. Refrain, 3. Strophe).

Erst das Ende dieser Nummer (T. 140–144) stellt den textlich-musikalischen Ablauf mit Recht musikalisch in Frage. Die inhaltliche Wende, die mit dem Text der dritten Strophe in Erscheinung tritt (»Heute ist es renoviert so auf dezent mit Palme und mit Eiscreme ganz gewöhnlich, wie ein anderes Etablissement« [T. 93 ff.]), bereitet die letzten Takte vor, die durch den illusionären Refrain (S. 13, T. 114 ff.) wieder verdeckt zu werden scheinen. Erst diese letzten vier Takte bringen die musikalische Verfremdung (Seite 268 oben).

Auffallend sind hier drei musikalische Phänomene:

a) der Chromatizismus;

b) Rückungen und Parallelverschiebungen und

c) das bewußte Hinauszögern der Tonika durch die Dominante.

Selbst ohne die völlig übersteigerte Interpretation der Bedeutung des Ballhauses durch Bill – »Es war das Schönste auf der Welt« –, die sich parallel zur Musik vollzieht, spricht die Musik dieser Schlußtakte dadurch für sich, daß sie einerseits die vorangegangenen Refrains (T. 55 ff. und

T. 85ff.) deutlich rhythmisch und melodisch vom letzten und dritten absetzt und andererseits die Schlußwirkung der Nummer für sich nützen kann.

Die Musik hat hier sozusagen das letzte Wort – oder besser gesagt: den letzten Kommentar. Der sentimentale Gefühlsüberschwang Bills, der sonst die ganze Nummer bestimmt, wird hier durch Weills Schlußkommentar (nicht durch Brechts Worte), insbesondere durch die abschließenden Pauken- und Beckenschläge *ad absurdum* geführt[2].

Nr. 2 – Mäßiges Marschtempo

Auffallend ist hier die Verteilung der Taktzahlen von Strophe und Refrain: (4 Vorreitertakte) 12 + 12 + 18 für die Strophe, 12 für den Refrain.

Nach den für eine Heilsarmeekapelle melodisch und rhythmisch ungewöhnlichen und vor allen Dingen merkwürdig instrumentierten Einleitungstakten (Trompete, Saxophon, Banjo und Harmonium; T. 1–4) sorgt Weill durch die Halteakkorde des Soloharmoniums für die nötige dem Anlaß entsprechende Andacht (T. 5–8 u. 63–66). Die Textwiederholung entspricht der ebenfalls zweitaktweise wiederholten Akkordfolge, die eine Verlangsamung des in Takt 1 gegebenen Materials darstellt.

KA S. 16, T. 1 und T. 6

Mit der penetranten fünften Wiederholung des »Obacht« setzt der eigentliche Marschrhythmus ein, der eindringlich das Sendungsbewußtsein Lilians betont und erst mit dem Beginn des Refrains noch gesteigert wird. Parallel zu diesem Wechsel des Begleitrhythmus schwingt sich die Gesangsstimme zu übersteigertem, überschwenglichem Pathos auf, das durch die begleitende Trompete noch akzentuiert wird.

KA S. 20–21, T. 53–54

Wie im Songspiel klingt auch in diesen Takten die *Internationale* an. Diese Anspielung wirkt durch die melodische Verzerrung in dem hier gegebenen dramatischen Zusammenhang besonders unpassend. Hier werden durch die Gleichsetzung von ernstzunehmenden humanen Forderungen und einer als verschroben dargestellten Heilsarmeeideologie falsche, äußerst fragwürdige Assoziationen erweckt. Der Schluß des Refrains wird durch die Gesangsstimme zu einer gleichsam beschwörenden Deklamation eines Terzambitus in hoher Lage gesteigert. Daran schließt sicher nicht zufällig, die Realistik dieser Deklamation durch Übersteigerung verfremdend, die weihevolle Stimmung des Anfangs an (vgl. »Obacht, gebt Obacht« – T. 5). Weill verwendet in den letzten Takten dieser Nummer (T. 120 ff.) klischeehaft einen plagalen Schluß als Anspielung an alte kirchenmusikalische Konventionen, und zwar IV–I in c-moll, der durch den schroffen Gegensatz der verschiedenen rhythmischen Ebenen

eher noch betont wird. Weihevolle Stimmung wird durch den bewußten Einsatz von instrumentalen oder harmonischen Klischees in Frage gestellt.

Nr. 3 – Allegro molto

Im *Heilsarmeelied I* (KA S. 28) steht statt der eintaktigen Fortspinnung nach den wiederholten Zweitaktern nur mehr das »Halleluja«. Die drei unterschiedlichen Textanlagen (3 × 4 + 2) wirken sich auf den formalen musikalischen Aufbau aus. Ein einprägsamer, marschähnlicher Rhythmus

♫ ♩ | ♫ ♩ etc.

weist auf den Zusammenhang zur vorangegangenen Nummer (Nr. 2) hin. Die musikalische Gliederung – A (T. 1–4) – B (T. 5–8) – C (T. 9–12) – deckt sich nicht mit der textlichen Gliederung a–b–a (T. 5 ff). Auffallend ist wieder der Rückgriff auf die phrygische Kirchentonart (T. 1–4 u. T. 13), die den harmonischen Rahmen bildet. Dieser Rückgriff stellt nicht nur in Verbindung mit der merkwürdigen Instrumentenkombination einen verfremdenden Gegensatz dar. Mit der Verwendung von Kirchentonarten in der Unterweltumgebung (der zwanziger Jahre) weist Weill überdeutlich auf den Anachronismus kirchlicher Arbeitsmethoden hin.

Nr. 4 – Tango-Tempo

Diesen spürbaren Anachronismus versucht die scheinbar strenggläubige Lilian nun zu überwinden. Sie will die Unterwelt zeitgemäß ansprechen. Weill verwendet daher scheinbar Tango-Rhythmus (Tempobezeichnung), der den Kontrast zu den besonders in dieser Umwelt obsolet wirkenden Kirchentonarten nur noch verschärfen würde. Doch selbst dieser hoffnungsvolle, ernstgemeinte Versuch wird durch Weill musikalisch antizipierend in Frage gestellt, denn die für den Tango typische Synkopierung der Melodie im ersten Viertel bei bevorzugtem $^4/_8$-Takt (zur Violine, Gitarre, Akkordeon bzw. Bandoneon, Klavier und Kontrabaß) wird bei Weill zu:

KA S. 30, T. 1–2

Die wesentliche Akzentuierung des ersten Viertels und die grundsätzlich andere Taktvorgabe lassen den Anlauf zur Realität scheitern[3]. Der formal-textliche Ablauf a–b–c weicht von dem musikalischen A-B-B ab. Der Beginn des Refrains (T. 42–50) fällt durch häufig verwendete Chromatik, Rückungen und Halbtonverschiebungen (T. 46, 47 u. 48, 49) auf, die an *Tosca* – »Und es blitzen die Sterne« – erinnern. Der Zusammenhang Sterne–Meer kommt einer Parodie auf die Natur gleich. Sie entspricht der dramatischen Situation. Aber die Drohung mit Naturgewalten kann die Unterwelt nur amüsieren. Daß der Tango tatsächlich mißglückt ist, wird auch noch durch den an die vorangegangenen kirchentonalen Abschlüsse erinnernden Plagalschluß VI–IV–I zum Ausdruck gebracht (T. 51–61). Die dritte Strophe bringt einen neuen vorgeschobenen Abschnitt (T. 125–137), der die folgende musikalische Struktur verändert. Hier wird im wahrsten Sinne des Wortes im Tam Tam acht Takte lang als Begleitung zu den gesprochenen Worten Gewitter gespielt. Dann erst kommt der verfälschte Tango-Rhythmus (im Gegensatz zu den vorangegangenen Strophen). Der flotte Rhythmus und die eher heitere Posaunenmelodie in der Begleitung stehen hier in besonders starkem Kontrast zum Text – ein Widerspruch, der dramatisch wiederum dem Gegensatz von Lilian und den durch religiöse Drohungen kaum zu beeindruckenden Männern entspricht.

Nr. 5 – Allegro non troppo

Die Dummheit und Eintönigkeit des Inhalts der Verse wird hier durch völlige musikalische Einfallslosigkeit bewußt gesteigert. Besonders penetrant und monoton wirkt der ständig gleichbleibende Rhythmus der Viertel der Begleitung mit dem Orgelpunkt a und die Melodie, die auf dem Leerklang a–e basiert, der denn auch das ganze harmonische Material liefert. Der Rhythmus der Gesangslinie des ersten Taktes wird für ihren rhythmischen Gesamtverlauf zum Modell.

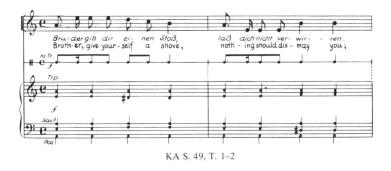

KA S. 49, T. 1–2

Takt 1 und 2 verhalten sich im Melodieverlauf zueinander wie Frage und Antwort, Takt 3–5 bilden durch ihren Bogen eine klare Steigerung. Die ersten Takte, also Frage – Antwort, werden nochmals dreimal wiederholt (T. 6–9). Diese penetrante Wiederholung und Eintönigkeit hat auch einen verfremdend-pädagogischen Zweck: Der betrunkene, verliebte Bill soll in die Arme der Heilsarmee zurückgeführt werden. Altertümelnde Kirchentonarten und (hier) tonale Monotonie ergänzen und steigern den Mißerfolg der Heilsarmee.

Nr. 6 – Walzertempo

Der Schluß des dritten Heilsarmeeliedes läuft, nach dreimaliger Wiederholung, mit dem rahmenhaften Rückgriff auf den Beginn aus. »Fürchte dich nicht« setzt an einem Wendepunkt des formalen Bogens an, allerdings schon an einem zweiten, wenn man die fallenden Sequenzen des Viertakters nach dem emphatisch angeschlagenen »Sündenpfuhl« (T. 7, 8) als solchen ansehen will. Die Gliederung verläuft somit nach musikalischen Gesichtspunkten: (2 + 2) + (4 + 4 + 4) + (2 + 2 + 4).

Sprachlich gesehen wird der erste Zweizeiler auf die ersten acht Takte (T. 1–8), der zweite Zweizeiler auf die folgenden acht Takte (T. 9–16) und der dritte Zweizeiler schließlich auf die dritte Achttaktgruppe (T. 17–24) verteilt. Besonders die dritte Achttaktgruppe fällt durch sprachliche Verkürzung des Zweizeilers und durch musikalische Rundläufigkeit der Außenteile auf, während der Mittelteil entwicklungsfähig ist. Die letzten Takte greifen wieder auf einen eher plagalen Schluß (T. 22–24) und ein auskomponiertes *ritardando* (ab T. 21) zurück. Dieser Schluß, verstärkt durch die Begleitung des Harmoniums, gibt dem Ganzen scheinbar wieder die gewünschte weihevolle Aura. Die Bläser überdecken durch ständiges Imitieren der Gesangslinie die inhaltliche Aussage. Bei »Sündenpfuhl« (T. 7, 8) erreicht die Melodieführung und damit die Imitation durch die Bläser ihren ersten Höhepunkt, der nur noch durch das »Fürchte dich nicht« (T. 17–20) gesteigert wird. Diese auffallende Betonung des Wortes »Sündenpfuhl« wird von Weill zusätzlich noch durch die Tempobezeichnung »Walzer« verfremdend gesteigert. Mit einem Schlage regt der »Sündenpfuhl« nicht mehr zum Fürchten, sondern zum beschwingten Tanz an, und das ausgerechnet noch in der eine weihevolle Stimmung garantierenden Begleitung durch das Harmonium.

Nr. 7 – Tranquillo

Der textlichen Gliederung nach läßt sich das Lied in a–b–a–b einteilen. Dieser Vierzeiler erinnert an volkstümliche Moritaten bzw. Küchenlieder. Der Achttakter gliedert sich in seinen beiden Strophen harmonisch wie folgt:

I–II–V–I und IV–II–V–I.

Kitschfördernd wirkt hier der übersteigerte Einsatz von Chromatik (T. 5–8 u. 12–13, 13–14, 14–15), besonders der sentimentalen Sexte (in denselben Takten). Diese musikalische Schnulze wird mit tränenreichen Erinnerungen an die Mama (Jugend) und an Glocken durchsetzt, die hier denn auch tatsächlich musikalisch in Erscheinung treten (T. 9–19), aber zusammen mit Trompeten, Posaunen und dem Saxophon, also einer äußerst delikaten Klangfarbe, die von vergangener, heiler Spießerseligkeit kündet (Songspiel *Mahagonny* Nr. 3, dritte Strophe) und, der dramatischen Situation entsprechend, jedes Aufkommen einer religiösen Stimmung bewußt zunichte macht.

Nr. 8 – Allegretto

Das Lied vom Branntweinhändler schließt seinem Charakter und Aufbau nach eng an die vorangegangenen Heilsarmeelieder an. Wieder ganz im sentimentalen und balladesken Volksmoritatenton vorgetragen, wird der Achtzeiler durch Symmetrie zusammengehalten. Nach der (tonal)-rundläufigen ersten Hälfte des Liedes wird der ausholende Beginn der zweiten Hälfte (Zeile 5) wieder verwendet. Mitten in die Schlußphase (T. 65ff.), die eigentlich vier Takte lang sein müßte, bricht der Chor mit seinen Schlachtrufen, punktierten Rhythmen und Trompetensignalen ein und bildet damit einen hörbaren Kontrast zur Walzerseligkeit der vorangegangenen Nummern. Der Höhepunkt dieses Stückes ist »die Rettung der Seele« zu Ende der dritten Strophe (KA S. 66, T. 209–212). Nach einer zweimaligen, im *pianissimo* gehaltenen und klanglich gesättigten *a capella*-Variante des vorherigen Schlachtrufes öffnet sich nun im vibrierenden *crescendo* des E-Dur-Klanges in der Terzlage die Himmelstür. Weill setzt wieder übersteigerte Chromatik als verfremdenden Kitsch ein (in Form von chromatischen Durchgängen [T. 13–15] und Abwärtsschritten [T. 41–49]).

Die zweite Strophe verzichtet auf die Einleitungstakte und wählt einen punktierten Rhythmus. Die dritte Strophe fällt durch reine Gitarrenbegleitung auf, die sich von der Instrumentation der vorangegangenen Strophen deutlich absetzt. Zur Gitarre treten dann Trompete und Saxophon (T. 179). Der Refrain (T. 209) des Engelchores wird klangfarblich wieder nur noch durch Gitarrenakkorde (durch Quart- und Quint-Klänge ohne Terz) charakterisiert. Die letzten Takte (T. 217–225) geben in den Bläsern den Rhythmus auf, nur die Klavierbegleitung, verstärkt durch die

Trommel, vibriert noch crescendierend nach. Die Dynamik wirkt hier aggressiv: *p* < *ff*. Besonders merkwürdig ist der abschließende Beckenschlag. Weill schließt die Serie seiner überaus ironisch gemeinten Heilsarmeelieder also mit einem Knalleffekt ab. Dieser Abschluß entlarvt durch seine unerwartet schroffe und tonal von den vorangegangenen Abschnitten abgehobene Wende nicht nur die unerträglich-sentimentale Gefühlsheuchelei dieser, sondern auch der früheren Nummern und damit auch die der Heilsarmee im Rahmen der Handlung. Die Ähnlichkeit mit dem Ende von Nummer 1 *(Bilbao-Song)*, in dem kitschige Sentimentalität durch einen Becken- und Trommelschlag überdreht wurde, besteht in der Überbetonung des Beckenschlages, nur mit dem Unterschied, daß hier, verbunden mit dem dynamischen Kontrast *piano* zu *fortissimo,* die Wirkung sprengend und endgültig ist.

Nr. 9 – Vivace

Diese Nummer kam bereits bei der allgemeinen Besprechung des Songs und der Einzelanalyse der Oper *Mahagonny* zur Sprache. Hier ist lediglich auf die verfehlte Verwendung der Nummer im dramatischen Zusammenhang hinzuweisen.

Nr. 10 – Sehr ruhig (Blues)

Der *Surabaya-Johnny-Song* besteht aus drei Abschnitten, deren mittlerer (8 Takte), charakteristischerweise im 3/4-Takt gehalten und abgesetzt, einen Sechzehntakter von einem Refrain (ebenfalls sechzehn Takte) trennt. Bezeichnend ist, daß in beiden Teilen von der Mitte ab der Anstieg der Stimme erfolgt (der erste: T. 11 nach einem 8-Takter, der 2. T. 35, der 3. mit dem Anstieg zu c″). Im ganzen gesehen hat die Nummer sentimentalen, sogar aggressiven Charakter. Die Bezeichnung »Blues« ist trotz des häufigen Gebrauchs von *blue notes* (T. 7, 11, 13, 16–30, 35, 38, 49) nur dem Charakter nach gerechtfertigt, das typische Blues-Schema trifft hier nicht zu.
Sentimental-aggressiv ist die Nummer aus folgendem Grund: Dem schmachtend anhimmelnden Anstieg der Gesangslinie bei den mehrmals wiederholten Titelworten »Surabaya-Johnny« – schon der Titel allein wirkt sentimental (T. 34, 75, 155) – und bei zuckersüßer Hawaigitarrenbegleitung steht die Sprechgesangsbeschimpfung – »Nimm doch die Pfeife aus dem Maul, du Hund« (T. 26ff., 64ff., 105ff.) – mit monotoner Tonwiederholung (e″) und Saxophon- und Posaunenbegleitung kontrastierend gegenüber.

Nr. 11 – Foxtrott-Tempo

Die Taktverhältnisse sind äußerst regelmäßig: (2 Takte Vorreiter)
8 + 8 – 8 + 8 + 8.
Der Bindestrich (im KA Doppelstrich T. 18) weist deutlich auf die Zweiteilung hin, besonders für die Tonalität. Der erste Teil (T. 3–18) ist dominantisch. Der üblich rundläufige Beginn ordnet die Zweiertakte der ersten Achttaktgruppe im Sinne der Ruhe (R) – Spannung (Sp) als R–Sp–Sp–R schon in den Haupttönen der Melodie: Gis–g–g–gis. Darauf folgt ein Aus- und Zurückholen des Melodiebogens, allerdings mit einer für Weill typischen Abweichung. Statt nach E-Dur geht Weill hier nach f-moll (T. 34, also ein zu hoher Schlußton). Er korrigiert dann im folgenden, refrainartigen Einsatz (T. 19) diese verfremdete Dominante (T. 19–42). Der refrainartige Teil gliedert sich besonders klar:

$$(2 + 2 + 4) + (4 + 4) + (2 + 2 + 4)$$

An Details kann man den schwächeren *sixte ajoutée* Schluß *(blue note)* mit dem durch rhythmische Unterteilung stärker herbeigeführten Ganzschluß am Ende (T. 42) in den übergeordneten Rahmenabschnitten und in der durch Austerzung gesteigerten Wiederholung des Viertakters im Mittelabschnitt beobachten. Über dieser verfremdeten Dominante im Baß laufen durchgehende sequenzierende Bildungen. Auffallend ist der Wechsel von Melodiean- und -abstieg:

I	1–10	Aufstieg	Vordersatz
	10–18	Abstieg	Nachsatz
II	18–25	Abstieg	Vordersatz
	26–34	Aufstieg	Nachsatz

Der chromatische Abstieg von gis (T. 9) zu g (T. 11) zu fis (T. 13) zu gis (T. 13ff.) zu f (T. 17ff.), der scheinbar wieder eine sentimentale Grundstimmung erzeugen soll, fällt auf.
Auch das angegebene Foxtrott-Tempo wird in diesem dramatischen Zusammenhang verfremdet. Immerhin weiß Bill, daß er sterben muß. Das entscheidene Charakteristikum des Foxtrotts, nämlich der leicht synkopierte Grundrhythmus, fällt hier weg.

♫ ♫♫♫

Der Foxtrott wird also zweifach verfremdet. Einmal durch den textlich-dramatischen Zusammenhang, zum anderen durch bewußte Rhythmusverdrehung.

Nr. 12 – Vivace

In der *Ballade von der Höllenlilli* ist vor allem der zweite Teil des Refrains – »Ein Rad für morgen« (T. 35ff.) – in metrischer Hinsicht interessant. Nachdem jede Silbe des unregelmäßigen Vierzeilers leiernd deklamiert wurde, erweist sich die 2. Zeile mit 11 Silben als um genau den eingeschalteten Dreivierteltakt (S. 96, T. 38), die 3. Zeile mit den 10 Silben als um genau den eingeschalteten Zweivierteltakt (T. 41) zu lang. Die textlichen Unregelmäßigkeiten wirken sich also auf die musikalische Struktur aus. In motivischer Hinsicht bezieht sich die aufsteigende Dreinotengruppe (T. 36) substantiell auf den Anfangsabschnitt (T. 1ff.). Dieser Anfangsabschnitt läuft plausibel ab: Die 4 + 4 Takte (im Sinne von I u. II mit bezeichnendem Rollentausch der Bässe) erscheinen somit instrumental, dann zweimal mit dem Text (nun mit dem Rollentausch der Zeilen) und schließlich mit der Mischfunktion von H^7 und F^7 begleitet und um die zwei Doppelpunkttakte (»kurz und schlicht«, T. 25/26) erweitert. Nach dem Doppelstrich werden die 4 × 12 Takte harmonisch von einer chromatischen Fortschreitung bestimmt. Die letzten Takte fassen, stellvertretend für die vorangegangenen drei Strophen und Refrains, die textlich-gedanklichen Ebenen auch musikalisch noch einmal zusammen. Die Saxophone betonen kontrastierend zur vorangehenden Gesangslinie, während die Trompete mit der Posaune bereits die Dominante einleitet (T. 120–125). Diese Septime wirkt, verstärkt durch das Ritardando, besonders grell. Die Tonwiederholung des Sprechgesanges (cis″) weist noch auf den doppeldominantischen Charakter hin. Erst der Beckenschlag bringt den Abschluß. Der Kontrast zwischen dem vorangehenden punktierten Rhythmus (T. 118)

♪ ♪ ♪ ♪ ♪ ♪

und dem Legato-Rhythmus (T. 120–122) der instrumentalen Begleitung, der die Auflösung übertrieben lange hinauszögert, unter dem *a capella*-Sprechgesang wirkt besonders kraß und grotesk im Zusammenhang mit dem Text: »Und mit morgen könnt ihr mich ...« (T. 124). Die eigentliche Kadenz bietet wiederum einen Knalleffekt (wie Nr. 1 u. 8 Ende): Dem *a tempo* des Sprechgesangs auf cis″ folgt quasi als Tonika (T. 125) der Beckenschlag im *piano* [4].

6. Der Jasager

A. Brechts Konzept des Lehrstücks

1. Entstehungsgeschichte. – Die Entstehungsgeschichte dieser Schuloper ist nicht in allen Einzelheiten erforscht, aber in den wichtigsten Details bekannt. Bei dem Stück *Der Jasager* handelt es sich um die Bearbeitung eines japanischen No-Stückes mit dem Titel *Taniko* [1]. Im Winter 1929/30 entwickelten Brecht, Elisabeth Hauptmann und Kurt Weill den Text der japanischen Vorlage weiter, wobei die Initiative von Weill ausging [2]. Zur Uraufführung gelangte das Werk am 23. Juni 1930 im »Zentralinstitut für Erziehung und Unterricht« von Berlin durch Mitglieder des Jugendchores und der Instrumentalgruppe der staatlichen Akademie für Kirchen- und Schulmusik [3].

Brecht war nicht anwesend. Die Reaktionen der Kritiker, vor allem die positiven, in denen das von Brecht in die japanische Vorlage eingefügte Einverständnis-Motiv als Aufforderung zur Gefolgschaftstreue mißverstanden wurde, beunruhigten ihn jedoch [4]. Um sich selbst einen Eindruck von der Wirkung der Schuloper auf Jugendliche zu verschaffen, bat er Lehrer und Schüler der Karl-Marx-Schule Neukölln um eine Einstudierung. Die aus dieser zweiten Realisation des Werkes gewonnenen Erfahrungen veranlassen Brecht dazu, dem *Jasager* ein zweites, eine Alternative dazu anbietendes Stück zuzuordnen, das er *Der Neinsager* nennt [5]. Im Zusammenhang damit erhält auch der *Jasager* eine neue Form. »Die zwei kleinen Stücke sollten womöglich nicht eines ohne das andere aufgeführt werden«, wird dazu festgelegt [6]. Obwohl nur die erste Fassung von Weill vertont wurde und nicht auch der das problematische Einverständnis-Motiv relativierende *Neinsager,* muß man bei der Analyse des Schulopern-*Jasagers* die von Brecht nach Abschluß der Komposition ins Spiel gebrachten Modifikationen in gewissem Umfang berücksichtigen [7]. Vergleichbares gilt für die Brechtsche Lehrstück-Theorie im ganzen, die auch auf die Schuloper Weills anzuwenden ist.

2. Brechts Lehrstück-Theorie und Der Jasager. – Weill nennt seine von Brecht und Hauptmann getextete Schuloper *Lehrstück vom Ja-Sager* [8]. Damit wird die enge, fast unauflösbare Beziehung beider Stück-Typen im Verständnis aller drei Autoren deutlich angesprochen. Interessant ist jedoch, daß vor allem Brecht es war, der im weiteren Verlauf oft den Begriff »Schuloper« für das zur Diskussion stehende Stück gebrauchte. Noch 1954 stellte er sich den nicht vertonten *Neinsager* gesungen vor und be-

zeichnete den *Jasager* (2. Fassung) und den *Neinsager* als Schulopern[9].
Eine schriftlich fixierte Begründung für diese Divergenz ist bisher offensichtlich nirgends zu finden gewesen, so daß man sich mit Steinweg auf die
Vermutungen beschränken muß, es habe eine Absprache zwischen
Brecht und Weill stattgefunden, den Ausdruck »Lehrstück« für den *Jasager* nicht mehr zu verwenden, »um den Eindruck zu vermeiden, es solle
dazu dienen, die Schüler zu einem unreflektierten ›Jasagen‹ im Sinne ›un-
bedingten Gehorsams‹ zu erziehen. [. . .] Vielleicht sollte auch durch den
Terminus *Schuloper* deutlich gemacht werden, daß die Initiative von *Weill*
ausgegangen war [. . .] und daß dieser beabsichtigte, eine neue *Urform* der
Oper herzustellen, um damit auf die Entwicklung dieser Gattung Einfluß
zu nehmen . . .« Wenn Brecht jedoch die Begriffe »Lehrstück« und
»Schuloper« im Zusammenhang erwähnt, dann ist der erste »dabei eindeutig der Oberbegriff, während« der »zweite einschränkend den besonderen gesellschaftlichen Ort bezeichnet, für den dieses Lehrstück bestimmt ist [10]«.

Der Jasager ist als einer der ersten Lehrstück-Versuche Brechts zu werten. Seine Entstehung steht in engem zeitlichen Zusammenhang mit dem
Radio-Hörspiel *Der Flug der Lindberghs* und *Das Badener Lehrstück
vom Einverständnis,* beide im Juli 1929 unter Brechts Regie im Rahmen
der »Baden-Badener Musikfestwochen« uraufgeführt[11], aber auch zu
Die Maßnahme, einem am 13. Dezember 1930 uraufgeführten Lehrstück[12], dessen Struktur und Thematik von Brecht unmittelbar aus dem
Jasager entwickelt wurden, wobei das Problem der »Opferung« des einzelnen zugunsten des Gruppeninteresses in schärferer politischer Pointie-
rung zur Diskussion gestellt wird. Zur gleichen Zeit arbeitete Brecht auch
noch an *Die Ausnahme und die Regel* – eine Praxis, die dadurch möglich
wurde, daß er abwechselnd mit ortsfesten Teams operierte[13]. Diese viel-
schichtigen Initiativen, vor allem aber der Erfolg des *Jasagers* (Schuloper), ermutigten auch andere Autoren dazu, Lehrstücke oder Stücke mit
lehrhaftem Charakter (was nicht dasselbe ist) zu schreiben und zu verto-
nen[14], und es setzte überdies eine verwässernde Theorie-Diskussion ein,
die es schließlich ermöglichte, »den Begriff Lehrstück auf alle möglichen
Stücke anzuwenden, die eine ›Lehre‹ zu enthalten schienen oder in denen
einzelne Form-Elemente der Lehrstücke imitiert wurden[15].« So kam es
dazu, daß schließlich die Ansichten darüber, welche Stücke Brechts als
Lehrstücke zu bezeichnen seien, auseinandergingen, bis es endlich nach
1945 allgemein üblich wurde, »die Lehrstücke als Produkt einer vulgär-
marxistischen Übergangsphase im Denken und Schaffen Brechts zu sehen, auf die um 1938 die Periode der ›reifen‹ Stücke gefolgt sei. Aus dieser
Annahme einer besonderen Lehrstück-Phase ergibt sich dann folgerich-

tig, daß mehr oder weniger sämtliche zwischen den *epischen* Opern und *Leben des Galilei* geschriebenen Stücke (mit Ausnahme von *Die Gewehre der Frau Carrar* und *Furcht und Elend des Dritten Reiches*) als Lehrstücke bezeichnet und gewertet wurden [16].« Demgegenüber differenziert Steinweg genauer, indem er die Kennzeichen des Brechtschen Lehrstückes aus dessen theoretischen Äußerungen dazu entwickelt und die durchgängige Relevanz dieser Kennzeichen für Brechts gesamtes Schaffen gegen die Annahme eines nur phasengebundenen Interesses an der Form des Lehrstücks verteidigt. Mehr als das »epische Theater« bereite das »Lehrstück« den Boden für das von Brecht gewollte »Theater der Zukunft«, das er nicht aus dem Auge verloren habe [17].

3. Die Fabel des Jasagers *(1. Fassung; Schuloper).* – Die Fabel des *Jasagers* weicht in einigen Details von der japanischen Vorlage ab. Der Lehrer, der eine Schule in der Stadt hat, besucht einen Schüler, dessen Vater gestorben ist, um ihm, dem Schüler, und seiner Mutter Lebewohl zu sagen, bevor er sich auf eine Reise in die Berge begibt. Der Schüler (Knabe) ist längere Zeit nicht in der Schule gewesen, weil er seine kranke Mutter pflegen mußte. Der Lehrer erklärt ihm Ziel und Zweck der Reise. Er will sich in die Stadt jenseits der Berge begeben, weil dort die großen Lehrer (Ärzte) wohnen. Auf diese nicht ungefährliche Reise will er den Knaben zunächst nicht mitnehmen. Als sich der Lehrer schon verabschiedet hat, folgt ihm der Knabe und äußert den Wunsch, doch mit ihm gehen zu dürfen. Die Vorhaltung, bei der kranken Mutter bleiben zu müssen, entkräftet der Knabe mit dem Vorschlag, »von den großen Ärzten in der Stadt jenseits der Berge Medizin zu holen und Unterweisung«. Der Lehrer kehrt zur Mutter zurück, die an der Tür horchend die Worte ihres Sohnes mitangehört hat. Alle Versuche, ihn von seinem Vorhaben abzubringen, scheitern, und schließlich willigt die Mutter ein und läßt ihren Sohn die gefährliche Reise mitmachen.

Der zweite Teil schildert diese Reise. Der Knabe ist den Anstrengungen nicht gewachsen. Sein körperlicher Zustand müßte ihn eigentlich zur Umkehr zwingen, zumal der Expedition die Überwindung eines schmalen Grats bevorsteht, den man nur durch den Zugriff mit beiden Händen überwinden kann, wie die drei Studenten erklären. Aber nach einem »großen Brauch« sollen die, die nicht weiter können, in das Tal hinabgeschleudert werden. Die drei Studenten machen den Lehrer darauf aufmerksam, daß dies mit dem Knaben zu geschehen habe. Der Lehrer wiederum erinnert daran, daß jemand, der krank wurde, zunächst darüber befragt werden müsse, ob er auch damit einverstanden sei, ins Tal hinabgeschleudert zu werden. Er macht nun den Knaben mit den Vorschriften des großen Brauches vertraut: Frage nach dem Einverständnis des Erkrankten und dessen zustimmende Antwort, seinetwegen nicht umzukehren. Nach dieser Einweisung stellt er nun tatsächlich die Frage, und der Knabe antwortet dem Brauch gemäß:»Ihr sollt nicht umkehren.« Die drei Studenten tragen nun den Knaben bis zum Rand des Abgrundes. Er gibt ihnen seinen Krug und bittet sie, darin Medizin für seine Mutter mit zurückzubringen. Abschließend berichtet der Chor, daß die Studenten wehklagend, mit geschlossenen Augen, den Knaben ins Tal hinabgestürzt haben,»keiner schuldiger als sein Nachbar ...«

4. *Die Problematik des* Jasagers – Der im vorausgegangenen Abschnitt zuletzt zitierte Satz aus dem Schlußkommentar des Chores führt direkt in die Problematik des Stückes hinein; denn es erweist sich als schwierig, die Schuld der drei Studenten objektiv festzustellen. Daß sie schuldig am Tod des Knaben sind, scheint festzustehen. Sicher scheint aber auch, daß sie alle drei im gleichen Sinne schuldig sind und – wenn Schuld meßbar wäre – im gleichen Maße. Trotzdem enthält die komparative Formel »keiner schuldiger als ...« auch eine unterschwellig ent-schuldigende oder zumindest schuldmindernde Komponente. Sie resultiert aus der Vorschrift des großen Brauches, wonach ein Kranker ins Tal hinabgestürzt werden muß, wenn er sich gemäß dem Brauch damit einverstanden erklärt hat. Dieses Einverständnis aber, das im Eingangschor angesprochen wird:
>»Wichtig zu lernen vor allem ist Einverständnis
>Viele sagen ja, und doch ist da kein Einverständnis
>Viele werden nicht gefragt, und viele
>Sind einverstanden mit Falschem. Darum:
>Wichtig zu lernen vor allem ist Einverständnis.«

Dieses Einverständnis also provozierte bei der Uraufführung der Schuloper Beifall aus der verkehrten, nämlich der reaktionären Ecke und löste zum Teil heftige Kritik der anderen Seite aus, die ja schließlich auch die der Autoren war. Am deutlichsten wurde Frank Warschauer in der *Weltbühne* (1930, Nr. 8, S. 70 und 71) [18]. Er schrieb unter anderem: »In dieser Tendenzfabel wird als zentrale Lebensweisheit gelehrt: handle nicht vernünftig und menschlich; sondern tu vor allem eins, mein Kind, gehorche! Gehorche der Konvention, ohne sie überhaupt zu prüfen, mag sie auch noch so irrsinnig sein! Wenn sie es bestimmt, dann fordere nicht Hilfe, sondern laß dich schleunigst in den Abgrund werfen. Denke nicht, das sei eine ethisch verbrämte Gemeinheit! Man sieht: diese Jasager erinnern frappant an die Jasager während des Krieges. Von dem Gesichtspunkt solcher Ethik wird vielleicht auch jener Zappi von der Nobileexpedition noch nachträglich gerechtfertigt, der seinen zusammenbrechenden

Kameraden nicht nur im Stich ließ, sondern ihn wahrscheinlich auch auffraß. Ich weiß freilich nicht, ob der junge Berliner Musikkritiker, der von einem ›Symbol neuer Disziplin‹ sprach, sich die Konsequenzen dieser Lehre klarmachte. Den Kadavergehorsam hat man schon früher verherrlicht: neu ist höchstens hierbei die offene Apotheose der Treulosigkeit, der menschlichen Gemeinheit.«

Solche und ähnliche Kommentare, aber sicher mehr noch die Ergebnisse der Schülerdiskussionen über den *Jasager* haben wohl Brecht zur Revision der ersten Fassung und zu deren Ergänzung durch den *Neinsager* veranlaßt [19]. Der zentrale Begriff des »großen Brauches«, der zu solchen Mißverständnissen Anlaß gegeben hatte, ist aus der zweiten Fassung fast ganz eliminiert, und im *Neinsager* wird, wie es Szondi formuliert, die »Suspension des Mythischen, die Prüfung aller Bräuche auf ihre Vernunft« vorgeschlagen, indem der Knabe einen neuen »Brauch« einführen will, nämlich den, in jeder neuen Lage neu nachzudenken. Jetzt wird nicht mehr das Allgemeinwohl, sondern die Veränderbarkeit der Verhaltensnormen im Sinne einer beiden Interessenbereichen gerecht werdenden neuen Lösung in den Mittelpunkt der Diskussion gerückt. »Selten sind im Text eines Marxisten das ungebrochene Pathos und die Zuversicht der Aufklärung so lebendig geworden wie hier. Brecht an diese Herkunft des Marxismus erinnert zu haben, ist das Verdienst jenes anonymen Karl Marx-Schülers, der [in der Diskussion] fand, daß ›das mit dem Brauch nicht richtig‹ sei«, bemerkt Szondi dazu [20].

Die Meinungen über den *Jasager* gingen nicht zuletzt deswegen so stark auseinander, weil die Diskussion über das Stück sehr schnell tagespolitische Dimensionen annahm. Auch Äußerungen Weills lassen das erkennen. Sie zeigen jedoch auch, daß er sich offenbar der Reichweite bestimmter Perspektiven nicht ganz bewußt war. In einem aktuellen Zwiegespräch zwischen ihm und Hans Fischer über die Schuloper bestätigte er ausdrücklich, daß die Schüler aus dem Stück lernen könnten, daß eine Gemeinschaft vom einzelnen verlangen könne, die Konsequenzen zu ziehen. Fischer sprach in diesem Zusammenhang von »Gefolgschaft«, und Weill ging sofort darauf ein und ergänzte, »durch dieses Motiv wirke das Stück in einem höheren Sinne politisch, selbstverständlich nicht parteipolitisch [21]«. Im gleichen Jahr (1930) formuliert Weill diesen Gedanken noch einmal:

»Das alte japanische Stück, das wir (Brecht und ich) als Textunterlage der ersten Schuloper auswählten, schien uns zwar seiner ganzen Grundhaltung nach sofort für den Gebrauch in Schulen geeignet, aber den Vorgängen fehlte noch jene Begründung, die erst eine pädagogische Verwertung berechtigt erscheinen läßt. Wir fügten daher den Begriff ›Einverständnis‹

hinzu und änderten das Stück danach um: der Knabe wird jetzt nicht mehr (wie im alten Stück) willenlos ins Tal hinabgeworfen, sondern er wird vorher gefragt, und er beweist durch die Erklärung seines Einverständnisses, daß er gelernt hat, für eine Gemeinschaft oder für eine Idee, der er sich angeschlossen hat, alle Konsequenzen auf sich zu nehmen[22].«

Solche ideologischen Äußerungen mußten natürlich wie Leerformeln wirken, die mit politischem Inhalt unterschiedlichster Provenienz gefüllt werden konnten. Sie standen aber auch im Widerspruch zu Brechts Absicht, die religiösen irrationalen Elemente der japanischen Vorlage zu säkularisieren. »Brechts Schule liegt nicht im Tempel, sondern in der Stadt; die Reise wird nicht als Pilgerfahrt, sondern als Forschungsreise unternommen; der Knabe schließt sich den anderen an, nicht um für seine Mutter zu beten, sondern um für sie Medizin zu holen[23].« Allerdings ragt der »große Brauch« auch *nach* dieser »Verweltlichung« der Handlung wie ein irrationales Relikt in die soziale Wirklichkeit des Stückes hinein[24]. Das kann man negativ, aber ebenso auch positiv werten. Negativ dann, wenn man den *Jasager* (1. Fassung) als Stück betrachtet, das nur kommentar- und widerspruchslos eine Lehre weitergeben soll, positiv dann, wenn man gerade in der Fremdartigkeit des in eine weitgehend von der Ratio beherrschte Welt hineinragenden Brauches die Aufforderung sieht, über diesen Sachverhalt nachzudenken, ihn zu ändern. So macht das Stück einen gesellschaftlichen Zustand deutlich und zugleich in seiner Fragwürdigkeit bewußt.

Wenn es die Autoren bei der Ausarbeitung ihres Textes zunächst an einer kritischen Analyse oder Wertung des »großen Brauches« fehlen ließen oder diese Kritik im dialektischen Wechselspiel der Gruppe der Ausübenden, also den Schülern, zugedacht hatten, so darf man auch nicht übersehen, daß sie unter dem, worauf dieser Brauch beruhte, also jenem »Einverständnis«, wohl weniger einen normierenden Zwang zum Gehorsam des einzelnen gegenüber der Gruppe als eine bewußte, dem gesellschaftlichen Gesamtinteresse dienende Solidarität verstanden. Darüber hinaus deutet der etwas orakelhafte Vorspruch des Stückes – »Wichtig zu lernen vor allem ist Einverständnis . . .« – immerhin verschiedene mögliche Einstellungen zum »Einverständnis« an: man kann sich unüberlegt, ohne Konsequenz oder mit Falschem einverstanden erklären, das Einverständnis kann sogar ungefragt vorausgesetzt und verlangt werden. Damit ist die Möglichkeit, daß der Knabe hier (im *Jasager,* 1. Fassung) mit etwas Falschem einverstanden sein könnte, theoretisch keineswegs ausgeschlossen. Allerdings müssen die Darsteller und natürlich auch die Zuschauer die Antwort selbst finden, und darin liegt der grundlegende Unterschied zwischen Brecht-Weills *Jasager* und dem Doppelstück *Jasager – Neinsa-*

ger. Während hier eine – gemessen an Brechts Vorstellungen vom Lehrstück – geschlossene Einheit vorliegt, die Frage und Antwort enthält und
die daraus zu ziehenden Konsequenzen andeutet, handelt es sich bei der
Schuloper um eine dialektisch offene Form, die die Antworten bewußt
den Darstellern bzw. Zuschauern zuweist. Eberhard Preussner hat auf
diesen Sachverhalt aufmerksam gemacht, und zwar mit dem Blick auf die
spezifische Eigenart von Kindern, die ihre Phantasie an stärker pointierten Sachverhalten erproben möchten:
»Bedenken hat man dem Text entgegengebracht, gerade in pädagogi-
scher Hinsicht. Auch hier warne ich vor dem Standpunkt des Erwachsenen, jenes durch Erlebnis, Milieu, Beruf, Politik verbildeten und unfreien
Standpunktes, und halte für wichtig nur die Frage: wird die Seele des Kindes durch den Text etwa beleidigt? Das ist nun durchaus nicht der Fall.
Kindern ist diese Geschichte von der Aufopferung und diese Lehre von
der Wichtigkeit des Einverständnisses vertraut, ja ich möchte fast sagen,
als eigene Geschichte bekannt. Mißverständnisse bringt erst der nach-
rechnende und überlegende Verstand des Erwachsenen hinein. Was man
Brecht vorgeworfen hat, daß er nicht alles genau motiviere, etwas hart die
Dinge gegeneinanderstelle, ohne Gründe und Gegengründe aufzuzählen,
das ist ja der pädagogische Vorzug des Textes. Kinder pflegen noch etwas
mehr Phantasie zu haben als Erwachsene; sie lieben es noch, selbst nachzudenken. Diese Möglichkeit bietet ihnen Brecht[25].«
Es geht also darum, die Schüler die möglichen Antworten auf die in der
Schuloper gestellten Fragen selbst finden zu lassen. Wenn Diskussion und
Auseinandersetzung im Zusammenhang mit der Aufführung der Varianten gewährleistet bleiben, ist der pädagogische Wert des Stückes durchaus
zu bejahen. Mit anderen Worten: Nur eine Realisierung als »Lehrstück«,
wie wir es mit Brecht oben definiert haben, kann die Intentionen des *Jasagers* angemessen hervortreten lassen. Beläßt man ihn an dem für seine
Aufführung vorgesehenen gesellschaftlichen Ort, so stellen sich die letztlich aus der Perspektive eines konventionellen Theaterverständnisses mit
dem Gegenüber von Publikum und Bühne erklärbaren Mißverständnisse
überhaupt nicht. Zugleich wird Theater von Schülern als etwas Durch-
schaubares, Machbares und Aktivierendes erfahren und damit der Boden
für eine kritische Einstellung zum öffentlich-konventionellen Theater bereitet. Die »konkrete Utopie«, die hinter der Thematik des *Jasagers* erkennbar wird, ist die Möglichkeit, gesellschaftliche Mißstände im Interesse des einzelnen *und* der Gesamtgesellschaft zu ändern.

B. Archaik und Trivialität – Weills musikalische Propaganda

Die Urfassung des *Jasagers* ist das problematischste und zugleich miß-glückteste Werk aus der Phase der Zusammenarbeit von Brecht und Weill. Die späteren Bearbeitungen Brechts wurden von Weill leider nicht der notwendigen kompositorischen Korrektur oder, was noch weit wün-schenswerter gewesen wäre, einer Neubearbeitung unterzogen. Äußerst bedenklich ist die vorliegende Urfassung nicht nur in musikalischer, son-dern auch in textlicher Hinsicht, und zwar aufgrund der Fragwürdigkeit des Inhalts, die schon hier summarisch skizziert werden soll, um dann bei den späteren Analysen der kompositorischen Details von Anfang an mit-berücksichtigt zu werden.

Der Inhalt des Stückes ist in seiner vorliegenden (Urfassungs-)Gestalt keinesfalls für Schüler (Untertitel in der Partitur) geeignet, weil die Aus-sagen des Chores einerseits nicht hinreichen, den Schüler-Zuschauer in klarer und eindeutiger Weise über die Ereignisse der Handlung aufzuklä-ren, und der Chor andererseits im Rahmen des Stücks allzu widersprüch-liche Funktionen hat, um dem ersten Einwand überhaupt begegnen zu können.

Einerseits wird der Chor als Propagandist von ideologischen Inhalten be-nutzt:

KA S. 3–4, T. 21–25

(Nr. 1 wird am Anfang und am Ende des II. Aktes wiederholt). Diese pro-pagandistischen Abschnitte nun an völlig anderen Stellen der Handlung einfach wörtlich zu übernehmen, gibt Anlaß zu manchem Mißverständnis bei der Deutung des Inhalts. Vor allem aber werden die propagierten Ziele nicht verwirklicht.

Andererseits faßt der Chor die Ereignisse zumeist nur kommentarlos zu-sammen, anstatt sie, in wichtigen Handlungsmomenten einschreitend, kritisch zu kommentieren (Nr. 6, Nr. 7, Nr. 10).

Und schließlich tritt der Chor als Mitschuldiger bei der Ermordung des Knaben in der Handlung sogar aktiv in Erscheinung (Nr. 9) – ein Aspekt, der seine beiden anderen Funktionen besonders zwiespältig erscheinen läßt.

Mit dieser dreifachen Funktion nimmt Brecht (und Weill) dem Chor die

284

Möglichkeit, das Geschehen mit einem distanzierten, kritischen Kommentar zu begleiten, was eigentlich seine Aufgabe gewesen wäre. Diese Versäumnisse des Chors werden auch nicht durch die Aussagen der Darsteller korrigiert. Eine eindeutige, unmißverständliche Charakterisierung der drei entscheidenden Personen – Chor (als Protagonist) – Lehrer – Knabe – findet nicht statt. Eine kritische, dialektische Auseinandersetzung der Beteiligten mit dem Faktum des unmenschlichen Brauches und seiner möglichen Auslegung tritt nicht deutlich in den Vordergrund. Die musikalische Struktur der ersten Nummer und ihrer Wiederholungen steht in keinem klaren Zusammenhang zu der der übrigen. Sie wirkt in ihrer Aufgesetztheit trennend statt integrierend und kommentierend. Außerdem bleibt notwendige Modifizierung der musikalischen Substanz bei der Wiederholung der Nr. 1 (am Ende und am Anfang des II. Aktes), wie sie sich aus der dramatisch veränderten Situation zu ergeben hätte, gänzlich aus.

Die textlichen Wiederholungen bleiben (wenn auch sprachlich, aber nicht inhaltlich verändert) für die musikalische Struktur ungenützt, und Weill vergibt damit die Chance, textlichen Wiederholungen, die hier auf die Betonung bestimmter Inhalte hinarbeiten, auch eine musikalisch einprägsame wiederholende Betonung folgen zu lassen, die dem Verständnis sehr zugute käme.

Vor allem aber verschleiert die übermäßig häufige Verwendung allzu abstrakter, überdies lediglich innernummerlicher Klangsymbole, die keine logisch-musikalischen Zusammenhänge schaffen und damit nicht dramaturgisch motiviert, sondern meist nur vordergründig und falsch-ästhetisierend eingesetzt werden, die ohnehin recht fragwürdige Substanz des Textes noch zusätzlich. Die musikalischen Mittel (vor allem der Instrumentation und der Gesangsliniengestaltung) werden zu selten differenzierend voneinander abgesetzt.

Weills Aversion gegen die Oper (vgl. den Untertitel *Schuloper*) schlägt sich darüber hinaus in manchen opernhaften Anklängen nieder, die aber, als ironische Anspielungen für das Zielpublikum, dem gegebenen Inhalt inäquat bleiben.

Diese kritischen Überlegungen sollten bei den folgenden Einzelanalysen unbedingt beachtet werden.

Nr. 1

Der musikalischen Form nach ergibt sich für diese Nummer eine klare Dreigliedrigkeit: A – Vorspiel (T. 1–20); B – Chorsatz (T. 21–56); C – Nachspiel (T. 57–68).

Wichtig für die Vermittlung des propagandistischen Textes wird der Chor, der in Kanonform geschrieben ist. Die Form des Kanons ermöglicht es Weill, den Text – nicht nur durch die Wiederholung des ersten Teils des Kanons (ab T. 43), sondern auch durch die im Gesamtverlauf eingesetzten musikalischen Mittel – sehr einprägsam zu betonen. Entscheidend ist die Akzentuierung des einleitenden Satzes: »Wichtig zu lernen vor allem ist Einverständnis.« Weill wendet hier die folgenden speziellen musikalischen Mittel an:

a) den bewußten Einsatz von Stimmpaaren (Sopran und Tenor stehen Alt und Baß gegenüber); führen Sopran und Tenor bis zur Wiederholung (T. 43) den Durchlauf des Kanon an, so übernehmen mit dem Einsatz der Wiederholung Alt und Baß die Führung;

b) bei dieser Wiederholung wird nicht der gesamte Kanon vorgetragen, sondern nur der entscheidende einleitende Satz;

c) in der Wiederholung betont Weill die Aussage durch die Änderung der Dynamik (nun *ff* statt *f*, T. 21);

d) beim zweiten Einsatz des Kanons läßt Weill die Klarinette, das Saxophon und das Harmonium die Gesangslinie der später einsetzenden Stimmen (Alt und Baß) *marcato* begleiten (T. 24–28), während er die Gesangslinien der weiteren, ihm nicht so gravierend erscheinenden Aussagen zwar von denselben Instrumenten, aber diesmal nicht *marcato* mitspielen läßt;

e) der relativ regelmäßige Viertelnotenverlauf des Rhythmus der Gesangsstimmen und der sie begleitenden Instrumente (mit Ausnahme der *basso ostinato*-artigen Begleitfigur), wird während des gesamten Chorsatzes nur einmal unterbrochen (T. 41, 42), nämlich zu Beginn des zweiten Durchlaufs des Kanons, bei den punktierten Halben auf gleicher Tonhöhe f': dem zweitaktigen »Da-rum«. Diese rhythmische Veränderung bewirkt zweierlei: die Belebung der Spannung für den wiederholten, entscheidenden Satz, da die punktierten Halben, verstärkt durch die einleitende Viertelpause, den Doppelpunkt (des Textes) verdeutlichen, und die Verkürzung des Abstandes der Kanoneinsätze von drei auf einen Takt, die die Betonung des textlichen Inhalts noch zusätzlich akzentuiert.

Interessanterweise verwendet Weill an dieser Stelle für die nachkommenden Stimmen das *marcato* (auch in den Begleitstimmen: Klarinette und Saxophon), um einerseits die anschließende Führung der Stimmen zu betonen und andererseits dem gewichtigen, punktierten Halbe-Rhythmus des »Da-rum« ein rhythmisches Gegengewicht zu geben.

Besonders auffallend ist die geradezu starre, durchlaufende Achtelfigur des *ostinato*-artigen Basses, die dem Chorsatz unterlegt wird.

Rhythmisch gesehen wird diese Gegenstimme schon im Vorspiel antizipiert (T. 5, 7, 11, 17, 18 und besonders beim Übergang zum Chorsatz, T. 20). Trotz der Gegensätzlichkeit des Chorsatzes und der *basso ostinato*-artigen Figur dient der Rhythmus dieses *basso* als Klammer und Grundlage für die gegensätzlichen Stimmen und bereichert die Klangfarbe des Chorsatzes, der ohne ihn weit weniger abwechslungsreich wäre. Das instrumentale Nachspiel greift tonal (e-moll-Charakter, der sich in den letzten Takten verflüchtigt, da die Terz fehlt) und inhaltlich auf das Vorspiel zurück (T. 1–3 entspricht z. B. T. 53–55). Beide Aspekte sind nötig, um der wichtigsten Aussage den hier angemessenen einführenden und abschließenden Rahmen zu geben.

Nr. 2

Mit dieser Nummer setzt die eigentliche Handlung (Nr. 2 bis Nr. 10) des Stückes ein, die nur durch die am Anfang und am Ende des II. Aktes wiederholte einleitende propagandistische Nummer (Nr. 1) unterbrochen wird – eine Wiederholung, die an sich dem epischen Prinzip nahekäme, das aber durch dramaturgisch unmotivierten, ja falschen Einsatz dann doch nicht verwirklicht wird.
Der musikalischen Form nach ist diese Nummer (e-tonal) ebenfalls dreiteilig: A (T. 1–32) – B (T. 33–49) – A (die Reprise T. 50–62).
Besonders auffällig ist die sehr häufige Verwendung des Themas

im Teil A und seiner Reprise (fünfzehnmal). Das in der rechten Hand des Klaviers erstmals vorgetragene Thema wird bei späteren Wiederholungen vor allem von der Klarinette begleitet. Die Instrumentation hat jedoch keine dramaturgische Funktion. Auffallend ist die Wiederholung der Gesangsstimmenlinie des Lehrers, die im A-Teil mit sechzehn Takten und in der Reprise von A (T. 50) wenig variiert zum instrumentalen Thema hinzutritt. Bei der entscheidenden Aussage »auf eine Reise in die Berge«, die in den späteren Nummern genauer definiert wird, setzt das thematische Motiv zwar aus. Das läßt scheinbar auf eine bewußte Behandlung des Themas schließen, die aber später nicht zum Prinzip erhoben wird. Einer recht bewußten rhythmischen Betonung wichtiger Worte am Ende einer Aussage, meist in Halbe-Noten (z. B. »Lehrer«, »Schüler«, »Tod« etc.), steht eine besonders ausdruckslose Linie mit klein gehaltenem Ambitus und im Orchester ein dramaturgisch durchaus nicht notwendig erscheinendes Thema gegenüber (das etwa durch seine Wiederkehr bedeutsam würde)[1]. Der stereotype Begleitrhythmus der Viertelfiguren läuft mit Ausnahme der Pausen, in denen im A-Teil das Thema beginnt (T. 8, 16) oder eine Frage gestellt wird (T. 30, 32), undifferenziert bis zum letzten Takt durch. Der völligen Interesselosigkeit des Lehrers, der sich erst nach Tagen um den Knaben kümmert und erst durch ihn von der schweren Krankheit der Mutter erfährt (der Lehrer redet nur über sich), steht – musikalisch gesehen kaum differenziert – die große Sorge des Knaben gegenüber. Weder die Dreiteiligkeit noch die Themenwiederholung werden genützt, um Interesselosigkeit und Sorge zu kontrastieren.

Nr. 3

Auffallend ist hier die Kontrastierung zweier voneinander unabhängiger musikalischer Ebenen: des Parlandos der Singstimme und der rhythmisch äußerst stereotypen, monotonen, klopfenden dreistimmigen Begleitung (1., 2., 3. Violine), die mit ihren häufig nur stufenweise wechselnden Akkorden für die eigentliche Klangfarbe der Nummer sorgt. Herausfallend ist lediglich der Schluß. Die opernhaft anmutende Coda bringt nach jeder Verabschiedung (T. 41, 43, 45) ein musikalisches Thema, das das Opernhaft-Statuarische betont.

KA S. 12, T. 40–41

Die ironisierende Behandlung eines derart opernhaften Lebewohls erinnert an den Schluß des Quintetts der Nr. 5 im I. Akt von Mozarts *Zauberflöte*. Die Einfügung dieser musikalischen Anspielung in den hier gegebenen dramatischen Ablauf trägt keineswegs zur Klärung der Gesamtsituation bei. Außerdem ist es zweifelhaft, ob der Schüler-Zuschauer diese hier fragwürdige Anspielung überhaupt nachvollziehen kann.

Das schwerwiegende Wort »Ärzte« geht völlig im Parlando-Rhythmus unter, während die »Lehrer« wieder überbetont werden (halbe Note, T. 22). Diese Betonung der »Lehrer« wäre richtig, wenn auch die »Ärzte« von Weill rhythmisch entsprechend akzentuiert würden. Der an sich originelle Schluß sollte in dieser Form des inhaltlichen Zusammenhangs weggelassen werden, denn man fragt sich, was das parodierte Opernzitat mit dem ernsten Inhalt des Stückes – der Krankheit der Frau – nun wirklich zu tun hat.

Nr. 4

Hier tritt wieder die Verwendung eines Hauptthemas, das zum ersten Mal in der Gesangsstimme des Knaben, unterstützt von Klarinette, Flöte, Saxophon, und der rechten Hand des Klaviers anklingt, besonders in Erscheinung.

P S. 21, T. 1–2

Das Thema erscheint erst im Takt 37 wieder, in derselben Instrumentierung. Der Zusammenhang ist dramaturgisch diesmal motiviert, da der Wunsch des Knaben bei Wiedereintritt des Themas inhaltlich konkretisiert wird: er will zu den großen Ärzten jenseits der Berge. Auffallend ist der elftaktige Orgelpunkt a (T. 1–11) der Pauke, des Cellos und des Kontrabasses und das siebentaktige Zwischenspiel, das in der Klarinette, der rechten Hand der Klaviere und in der 1. und 2. Violine anklingt. Dieses Zwischenspiel wirkt wie ein Kommentar, ein Bekenntnis, und gemahnt an opernhaftes Pathos, das aber in diesem Zusammenhang outriert erscheint. Das Spiel mit den Terzen (T. 13 und wiederholt T. 30) erinnert an *Turandot*-Klänge oder an *Butterfly* (I. Akt) und sorgt damit, der in Japan spielenden Handlung entsprechend, für fernöstliches Klangkolorit. Die Notwendigkeit solcher opernhaften Momente erscheint in diesem dramatischen Zusammenhang aber wiederum fragwürdig.

Nr. 5

Der Form nach gliedert sich diese Nummer in drei Teile: I (T. 1–73), II (das Terzett T. 74–94) und III (die Coda T. 95–115).
Charakteristisch für den Teil I ist die große Selbständigkeit der Singstimme, die dem monotonen Rhythmus der Violinen gegenübersteht und sich völlig frei vom Orchester entwickelt. Emotionale Äußerungen finden hier zum ersten Mal ihren klaren musikalischen Ausdruck. So wird die Klage der Mutter (T. 55) sehr einprägsam durch eine deutliche sechzehntaktige Periode (T. 36–51) mit anschließendem sechstaktigem Abgesang (T. 52–57) gestaltet. Die Wiederholung dieser Klage wird mit denselben

musikalischen Mitteln (also der achttaktigen Reprise T. 58–65) verdeutlicht. Nun wird Weill musikalisch unmißverständlich. Mit dem Takt 65
setzt ein dreimal wiederholtes, von der Flöte begleitetes Thema ein,

P S. 38, T. 65–67

und zwar zu den Worten:»Alles ist, wie du sagst. Aber trotzdem kann
mich nichts von meinem Vorhaben abbringen.« Der sehr ähnliche
Rhythmus dieser Takte betont noch den melodischen Zusammenhang des
Themas. (Nur die letzte Aussage wird durch eine punktierte Halbe aus
sprachlichen Gründen variiert.)

Dem starken, unerschütterlichen Willen des Knaben, seiner Mutter zu
helfen, verleiht Weill den entsprechenden Ausdruck, indem er diese entscheidende Aussage durch die Streicher, ebenfalls *piano* wiederholen läßt
(P T. 71). Auch das kommende Terzett wird vom Wunsch des Knaben bestimmt. Er führt das Terzett an. Die Reihenfolge der Einsätze, die durch
entsprechende (stark reduzierte) Streicher betont werden, ist nicht zufällig. Der selbstsüchtige Lehrer setzt nicht nur als letzter ein, er hat überdies
noch das doppelte Metrum und damit die größere Periodisierung. Das
entscheidende Wort»Medizin« gestaltet Weill sehr eindrucksvoll durch
ein Melisma (T. 80).

Damit erreicht er musikalisch die Erweiterung von sechs auf acht Takte.
Nach diesen metrisch deutlich abgesetzten zehn Takten des Lehrers wird
nun dessen Gesangslinie bei der Wiederholung (T. 86), bei der das entscheidende Melisma wegfällt, mit dem Metrum der anderen Stimmen
koordiniert. Leider wird die damit erreichte Abhebung der Charaktere so
wieder aufgehoben. Das ausbleibende Melisma wird aber durch die
rhythmisch und instrumental anders gestaltete Wiederholung der entscheidenden anderen Satzhälfte mit dem Beginn der Coda – Takt 95: »für
die Krankheit seiner Mutter Medizin zu holen und Unterweisung« – betont. An die Stelle der Einzelinstrumente, die nur der jeweiligen Gesangslinie mit ihrem Einsatz folgen, tritt jetzt die akkordische, in Klavieren und
Pauken angereicherte Begleitung, die bei den ursprünglich für das Terzett
typischen Instrumenten abweichend synkopiert wird und die der neuen
rhythmischen Monotonie weicht. Die in der Gesangslinie der Stimmen
unwesentliche Variation bei der Wiederholung des Terzetts mündet in
eine Kadenz V–I nach d. Diese sehr häufige Wiederholung entspricht,

nicht nur hier am Ende, der dramaturgischen Notwendigkeit. Trotz dieser erwähnten Differenzierungen bildet das Moment des kollektiven Einverständnisses auch musikalisch die allgemeine Basis für die Gestaltung. Der imitatorische Einsatz der Stimmen, die den jeweils gleichen Text singen, erinnert an die harmonische Führung, die im Chor der Nr. 1 auftrat, und deutet damit einen Bezug zur Wichtigkeit des »Einverständnisses« an.

Nr. 6

Die musikalische Form, die wieder Dreiteiligkeit aufweist, deutet auf musikalische Gegensätze hin: A (orchestrale Einleitung – a capella-Gesang [T. 1–15]) – B (Mittelteil mit abschließendem a capella [T. 16–31]) – A′ (T. 32–40). Die einleitenden Leerklänge wirken insbesondere durch wiederholte rhythmische Akzentuierung,

KA S. 24, T. 1–3

durch eine später wiederholte Melodik (die Baßlinie der ersten vier Takte erscheint in T. 8–11 und vor allem in T. 36–40 wieder) und durch eine pathetische, großangelegte Instrumentation. Diese drei Momente – Akzentuierung, Melodik und Instrumentation – bestimmen auch den Gestus des Chores innerhalb der Handlung. Die einleitenden markanten Takte antizipieren das Ende der Nummer, die verzweifelte Aussage der Mutter. Der Bezug der einleitenden und abschließenden Takte bildet somit einen musikalischen Rahmen, der sich für die Dramaturgie nützlich erweist. Den viertaktigen instrumentalen Leerklängen des Orchesters (T. 1–4 und T. 8–11) tritt die viertaktige, zusammenfassende Choraussage im a capella entgegen. Der Mittelteil wird tonal durch die tonale Parallele (des A-Teils) mit dem A-Teil verknüpft (h zu d), setzt sich aber durch eine äußerst schwerfällige Rhythmik in der Begleitung und durch die betonte circulatio der Melodik der Gesangsstimmen bewußt von den A-Teilen ab. Der abschließende a capella-Teil (T. 29–31) wirkt wie der Evangelistenbericht eines Oratoriums, was die Aussage der Mutter noch unterstreicht. A′ verwendet nicht wieder den Wechsel von orchestralen Leerklängen und a capella-Gesang, nimmt aber die vier einleitenden Takte zunächst um eine kleine Terz tiefer (statt d nun h), dann in der ursprünglichen Tonhöhe (d) auf (was an das tonale Parallelverhältnis von Teil A und B erinnert).

Die Stimmführung der Mutter (T. 32–40) ist aus der der Flöte (T. 1ff.) entwickelt. Das »Aber« (T. 36, 37) der Mutter wird deklamatorisch antizipiert.

Der Mittelteil mit seiner *circulatio* und schwerer Rhythmik weist deutlich auf die Nummer hin, die nun folgt (Nr. 1). Nur an dieser Stelle wird das Wort »Einverständnis« außerhalb der propagandistischen Nummer 1 wiederholt (T. 17, 18). Die Interpretation, besonders seitens des Lehrers, der zusammen mit der kranken Mutter singt, ist äußerst fragwürdig, denn spätestens hier müßte er den Vorschlag machen, die Medizin zu holen. Das »Einverständnis« entspricht hier schon antizipierend dem Tod des Kindes, da aus den vorausgehenden Worten eindeutig hervorgeht, daß eine solche Reise für das Kind sehr gefährlich ist. Der Lehrer hält den Knaben nicht ab, die Reise zu unternehmen, um sich und seine eigenen Interessen nicht stören zu lassen, und wird so bereits zum eigentlichen Mörder des Kindes. Da »Einverständnis« hier also mit dem von vornherein zu erwartenden Tod des Kindes gleichgesetzt werden muß, ist die Wiederholung der Nr. 1 nach dieser Nummer (Nr. 6) nicht nur fragwürdig, sondern als inhuman entschieden abzulehnen. Hier wird der Gedanke des Lehrstücks *ad absurdum* geführt.

Nr. 7

Die ersten beiden Takte bieten die musikalische Substanz der Nummer. Das hier anklingende Thema wird von den Holzbläsern und der 1. und 2. Violine vorgetragen;

KA S. 26, T. 1–2

einerseits umrahmt es die folgenschweren Choraussagen und kontrastiert andererseits deutlich mit ihnen, und zwar dadurch, daß es mit der Wiederholung am Ende der Nummer (dreimal) besonders dominant wird, was durch die Bereicherung der Instrumentation noch betont wird (ab T. 23 treten Klaviere hinzu). Besonders auffallend ist die letzte Aussage des Chores (T. 19–23) bei völligem Schweigen des Orchesters (mit Ausnahme des Harmoniums). Orchestrales Schweigen und wiederholtes Thema wirken hier geheimnisvoll nichts- und allessagend, symbolhaft. Der Chor erzählt nur, anstatt zu kommentieren. Die fehlende kommentierende Choraussage und die funktionslose Klangsymbolik wirken hier – zieht man die pädagogische Seite in Betracht – besonders verhängnisvoll.

Nr. 8

Die Dreiteiligkeit A (T. 1–30) – B (T. 31–50) – A' (T. 51–114) ist einerseits mit der Selbständigkeit der Gesangslinie, andererseits mit einer Durchführung des Mittelteils im folgenden A'-Teil verbunden.
Rhythmische Einfachheit und spärliche Instrumentation kennzeichnen im Teil A die Aussagen der Studenten (T. 1–15). Die bedrückenden Bekenntnisse des Knaben setzen sich rhythmisch

KA S. 28, T. 1–3

und durch reichere Instrumentation von den Aussagen des Lehrers und der Studenten ab.
Der Mittelteil B ist dramaturgisch motiviert. Wieder ist die Lehrer/Studenten-Ebene von der des Knaben abgehoben; sie wird nur durch das verhängnisvolle Eingreifen des Chors (T. 39–42) unterbrochen. Nach diesen vier – musikalisch gesehen nur eingeschobenen – Takten schließt auch schon wieder die Reprise des Mittelteils an die deutlich charakterisierte Ebene der Studenten an.
Nach den Fragen der Studenten setzt die Reprise von A ein (A' T. 51ff.), die Weill die Möglichkeit einer rhythmischen Differenzierung der Aussage gibt (Anschluß an den Viertelrhythmus). Die wiederholte Frage der Studenten (T. 64–68) bringt eine Durchführung des Mittelteils B, die Weill aus dramatischen Gründen braucht, um auf den Zusammenhang der Fragen (T. 46–50 zu T. 65–68) auch musikalisch hinzuweisen. Die Frage der Studenten findet aber keine Antwort, der Lehrer schweigt. Das Orchester illustriert, statt zu kommentieren (T. 68–74). Dennoch wird die Dominante des letzten Taktes dieser orchestralen Illustration der Situation (T. 74) von dem sich nun deutlich absetzenden Chor der Studenten übernommen, die erst imitatorisch, dann den Inhalt betonend drei-

stimmig singen (T. 88–103). Diese Satzweise erinnert einmal mehr an den Einleitungschor und seine Struktur (Nr. 1 und damit auch an das Terzett Nr. 5).

Zwei Pausen werden zu musikalischen Schicksalsmomenten. Die erste (T. 104) leitet die verhängnisvolle, direkte Frage der Studenten ein – und auf der Stelle verändern sich Rhythmik, Melodik, Instrumentation und Harmonik (Rückungen)[2].

Die zweite Pause wird zur todbringenden Bestätigung: der Knabe muß sich wegen totaler körperlicher Erschöpfung setzen (T. 114). Die entscheidenden Pausen haben die zusätzliche Funktion, die schicksalhafte Frage – »Bist du krank?« – nach Art des Noema (der ältesten rhetorischen Form) von der Umgebung abzuheben. Auffallend ist die Reduktion der gesamten musikalischen Entwicklung auf bloße Leerklänge über dem Orgelpunkt cis und auf die monotone Wiederholung eines Terzmotivs in den Singstimmen. Der Konflikt zwischen den Studenten und dem Knaben, der sich im Verlauf der Nummer mehr und mehr zuspitzt, findet seinen Höhepunkt in einer die Realistik steigernden spröden Kargheit der musikalischen Gestaltung und entspricht damit dem epischen Prinzip, das noch von außen durch die Einwürfe des großen Chors gestützt wird (»Ja, tuet das«).

Nr. 9

Der musikalischen Großform nach besteht diese Nummer aus drei Teilen: A (T. 1–32), B (T. 33–62) und C (T. 63–100). Ungewöhnlich ist die schnelle Tempoangabe, die auch zum entscheidenden Impetus der Nummer wird (Viertel = 166).

Der zweitaktigen Instrumentaleinleitung von A (Streicher und Pauke) wird die Aussage der Studenten in der Klavierbegleitung entgegengesetzt. Dieser viertaktige Wechsel vollzieht sich viermal (T. 1–4, 5–8, 17–18, 19–20). All diesen Takten gemeinsam ist der Grundrhythmus,

♪♪♪♪ ♪♪♪♪

der das Drängen der Studenten auf den Vollzug des Brauches widerspiegelt und in den dramatisch entscheidenden Momenten immer gegenwärtig bleibt – z. B. bei »müde« (T. 9) oder bei »sieht so seltsam aus« (T. 13) etc. –, wobei Weill noch andere klangliche (Holzbläser) und rhythmische (synkopierte Halbe, T. 13) Akzente setzt und mit der *Staccato-* oder *Legato-*Variation (T. 17, 18) diesen Grundrhythmus noch unterstreicht. Nur der melodiöse Verlauf der Achtelfiguren – der Anstieg (T. 20 und 27–28) mit der dynamischen Steigerung (T. 17 zu 25) – wird dem überdominanten Rhythmus wirksam entgegengesetzt. Der grausame Inhalt läuft Gefahr, rhythmisch einfach überspielt zu werden (T. 23, 24). Erst die Frage des Lehrers »Ihr wollt dieses Kind ins Tal hinabwerfen?« (T. 28–32) und sein Solo im *fortissimo* erzwingen eine Differenzierung. In B übt einerseits der allgegenwärtige Rhythmus von A, andererseits die harte Forderung der Studenten, die in ihrer Absolutheit der Aufforderung des Chores – »Ja, tue das« (Nr. 7) – nahekommt, bestimmende Wirkung aus. Tatsächlich kündigt das musikalische Geschehen in der Aussage der Studenten die des Chores an (T. 33–36 zu T. 59–62) und schließt damit diesen Teil ab. Leider wirkt hier der durchlaufende Rhythmus wieder handlungsverschleiernd, weil er in den entscheidenden dramatischen Momenten nicht differenziert eingesetzt wird.

Eine neue rhythmische Variation bestimmt den musikalischen Grundcharakter von Teil C (T. 63 ff.).

Sie überdeckt ebenfalls die wesentlichen Aussagen des großen Chores, die ein Gegengewicht zu ihnen darstellen müßten.

Nr. 10

Klangsymbolik und Rhythmuswechsel bestimmen diese Nummer. Die im *recitativo secco* vorgetragenen Aussagen des Lehrers werden von einem zuerst im Klavier erklingenden Todessymbol eingerahmt.

P S. 83, T. 1–3

Den *piano*-Aussagen des Knaben – »Ich verstehe« (mit der Todesterz) und sein »Ja« (T. 39–40 und 59) – folgen sehr kontrastreich große, überladene Schicksalsakkorde im *fortissimo* des Orchesters (Klavier, Streicher und Holzbläser, T. 42–44 und 52–54). Die Zustimmung zum Brauch (T. 64) wird rhythmisch-akkordisch verstärkt. Mit der Wiederholung dieser Zustimmung vollzieht sich ein permanenter rhythmischer Wechsel, der dramaturgisch motiviert erscheint. Bei der Bestätigung des Brauches durch die Studenten setzt ein marschartiger Satz ein, dessen gleichmäßige Viertelbewegung symbolisch das Schreiten und damit das »Einverständnis« mit einer rituellen Handlung verdeutlicht. Diese Symbolik des Schreitens läßt sich etwa auch in Wagners *Parsifal* in der Gralsszene, im

Priestermarsch der *Zauberflöte* und in den Priesterszenen der Verdi-Opern (z. B. *Nabucco, Aida*) nachweisen.

Auf diesen marschartigen Abschnitt antwortet das Orchester in den Holzbläsern und Streichern mit einem pathetischen Thema, das durch Akkorde der Klaviere und des Harmoniums akzentuiert wird (T. 76–79 und T. 88–92 in der Wiederholung).

KA S. 40, T. 87–90

Die letzte Aussage der Studenten (T. 80–87) wird durch eine lyrische Gegenmelodie in der 2. Violine hervorgehoben, die offensichtlich das Vorhandensein von fürsorglichen Gefühlen bei diesen grausamen Richtern bezeugen soll, was hier besonders abwegig ist.

Die letzte Erkenntnis des Knaben (T. 92) wird besonders spärlich instrumentiert. Sein letzter Wille dokumentiert sich im Rhythmuswechsel. An die Stelle des bis hierher dominanten Marschrhythmus tritt nun

und zwar im *pizzicato,* das eine gewisse Aktion darstellen soll, nämlich die Beschaffung der Medizin durch die Studenten. Nach der letzten Aussage des Knaben (T. 109) tragen die Bläser noch einmal die Melodie des entscheidenden Satzes der Studenten vor, nämlich das »Er hat ja gesagt«,

P S. 94, T. 109–111

und dies in dem typischen Rhythmus. Bevor der Knabe sein »Ja« (ohne jegliche orchestrale Begleitung) als Einverständnis gibt, greift Weill wieder auf das Todesmotiv zurück (T. 57–63, erste Takthälfte). Der mit der Aussage »Er hat ja gesagt« verbundene Rhythmus wird dann bestimmend für die Choraussage (T. 109–126). Der Tod des Knaben (T. 127) bringt einen erneuten rhythmischen Wechsel (T. 127–134).

Die letzte Aussage wird wieder von dem »Er-hat-ja-gesagt«-Rhythmus bestimmt (T. 135 ff.),

der seine melodische Bestätigung in der Flöte und 1. Violine findet, wie sie in diesem Zusammenhang besonders überzeugend erscheint. Trotz der gelungenen Rhythmik und Klangsymbolik gegen Ende des *Jasagers* darf jedoch nicht übersehen werden, wie verfehlt nach diesen Vorgängen die Wiederholung der Nr. 1, also des propagandistischen Teils, ist. Das Einverständnis wurde mit Gewalt erwirkt und führte zum Tode des Kindes, und dies noch musikalisch zu propagieren, ist äußerste Unmenschlichkeit. Die Dimension der Verfremdung, die hier vor allem in Anspielungen auf Operntraditionen, in bestimmten rhetorischen Figuren und Instrumentenklängen (das Klavier) zum Ausdruck kommt, wirkt in diesem Zusammenhang völlig fehl am Platze.
Die Schuloper *Der Jasager* sollte in jedem Falle von den Schulbühnen verschwinden.

Kapitel VI

Zusammenfassende Gedanken zu Kurt Weill

Die theoretisch-praktische Auseinandersetzung Weills mit der Oper oder – wie er sich ausdrückte – mit dem musikalischen Theater wird nur in einem konkret-gesellschaftlich definierten Rahmen sinnvoll und verständlich. Für ihn waren musikalisches Theater und Politik untrennbar miteinander verbunden. So setzte Weill sich, aus Gründen, die in eben dieser untrennbaren Verbindung wurzeln, demonstrativ von den Lehrinhalten seines ersten Lehrers Engelbert Humperdinck ab, indem er sich (nach seiner Zeit in der Opernschmiere) für Ferruccio Busoni entschied, den Schrecken bürgerlich-konservativer Musikkreise, zu dessen exklusivem Schülerkreis auch die Sozialisten Vladimir Vogel und Leo Kestenberg gehörten.

Weill wählte für seine Bühnenkompositionen nie Textvorlagen von typischen routinierten Opernlibrettisten, sondern von führenden zeitgenössischen Dichtern wie z. B. Kaiser, Brecht, Becher usw. Die Tendenzen, denen diese meist linksorientierten Schriftsteller Ausdruck gaben, waren gesellschaftskritisch und antikapitalistisch.

Vor allem aber machte Weill in seiner dramaturgisch genau motivierten eigenen Kompositionsarbeit gesellschaftliche Widersprüche dingfest, und zwar mittels seiner eigenwilligen Technik der Transformation des traditionellen musikalischen Materials. Seine theoretischen Schriften sind Zeugnis dieser permanenten Konfrontation mit der politischen Realität seiner Zeit.

All diese Hinweise aber werden erst durch einen letzten und entscheidenden verständlich: Weill mußte als Jude in der zunehmend vom Faschismus unterwanderten Weimarer Republik leben. Das Goebbelssche Schlagwort »Kulturbolschewismus« wurde für ihn immer mehr zur existentiellen Bedrohung. »Kulturbolschewismus« wurde im faschistischen *Lexikon der Juden in der Musik* am Beispiel Weills wie folgt präzisiert: »Weill, Kurt (Curt) Julian, Dessau 2.3.1900 Komp. KM – früher Berlin. Der Name dieses Komponisten ist untrennbar mit der schlimmsten Zersetzung unserer Kunst verbunden. In Weills Bühnenwerken zeigt sich ganz unverblümt und hemmungslos die jüdisch-anarchistische Tendenz …«

Nach einer abstoßenden, ihrem analytischen »Dekor« zum Trotz völlig verdummenden, tendenziös faschistischen Darstellung der Werke Weills liest man dort mit Bezug auf die kompositorische Bedeutung Weills: »Da sich jedoch hier [gemeint ist die Oper *Mahagonny*] der musikalische Leerlauf Weills allzu deutlich zeigte und der Proteststurm aller künstlerisch gesund empfindenden Menschen gegen diese Verhöhnung der primitivsten Begriffe von Anstand auf der Bühne immer stärker wurde, wandte sich Weill von der klassenkämpferischen Verherrlichung des Untermenschentums und der Gosse zum [...] Lehrstück und zur Funkkantate [...], die trotz aller jüdisch-marxistischen Grundhaltung offiziell gebilligt und propagiert wurden ...«   Berlin, 1941[1]

Diese skizzierten Hinweise sollte man endlich zur Kenntnis nehmen, wenn man heute die Werke Weills im musikalischen Theater spielt. Wenn man glaubt, die damit verbundene Problematik in nostalgischem, operettenseligem, die Abendkasse füllendem Kitsch ertränken zu können, ist es besser, auf ihre Aufführung zu verzichten. Die verantwortlichen Leiter der musikalischen Theater sollten sich bei der Realisation dieser Werke darüber klar sein, daß die hier angesprochenen Probleme keineswegs nur die der Weimarer Republik sind und man sich ihrer – will man jener verlogenen Operettenseligkeit aus dem Weg gehen – auch nicht durch verschleiernden Historizismus entledigen kann.

Weill litt sehr unter der historisch bedingten Kluft zwischen Gesellschaft und Oper. Seine ästhetischen Kriterien reflektierten stets die gesellschaftlichen Prozesse, die diese Kluft verschleierten und weiter verschleiern. Er stellte das musikalische Theater als einen Teil der gesellschaftlichen Produktion in der Welt der Arbeit dar. Seine Werke durchleuchteten die Strukturen der ökonomischen und politischen Machtverhältnisse seiner Zeit und ihrer Zusammenhänge. Er verstand seine Arbeit als Versuch, auf der Ebene des musikalischen Theaters das Bewußtsein seines Publikums zu überprüfen, indem er es mit den bestehenden gesellschaftlichen Widersprüchen konfrontierte. Damit wollte er dem wachen Teil des Publikums die immer stärker werdende Notwendigkeit einer gesellschaftlichen Veränderung vor Augen führen und den borniertenen, unbelehrbaren Teil zumindest nachhaltig aufstören. Wenn heute im Zuschauerraum die Parteien nicht mehr aufeinanderstoßen wie bei den Uraufführungen und späteren Aufführungen in der Weimarer Republik, dann liegt das an der verlogenen Interpretation, die die noch immer gegebenen gesellschaftlichen Widersprüche leugnet, die in diesen Stücken dingfest gemacht werden. Das genaue Gegenteil einer solchen gesinnungslosen Aufführung seiner Werke aber wollte Weill, und das von ihm so oft beschriebene Modell des Zeittheaters verstand er als »Spiegel großer politischer Stoffe, wie Krieg, Kapitalismus, Inflation, Revolution[2].« Stoffe also, die auch in unserer

Zeit noch genügend Sprengkraft haben. So gesehen hat Weill recht, wenn er alle Opern, die auf großen politischen Stoffen (auch vergangener Perioden) basieren, Zeittheater nennt.

Manche dieser Überlegungen zu Weill wären für ein zeitgemäßes musikalisches Theater von heute auf der Bühne zu verwirklichen, und zwar nicht nur in bezug auf die Realisation Weillscher Werke.

Nachwort

Da die vorliegende Arbeit sich bewußt auf die Arbeiten Weills beschränkt, die in der Phase der Zusammenarbeit mit Bertolt Brecht entstanden sind – also auf einen Zeitraum von nur sechs Jahren, nämlich 1927 bis 1933 –, soll hier mit einigen wenigen Hinweisen der verbreiteten Vorstellung entgegengearbeitet werden, daß Weill sich nach der Trennung von Brecht einem skrupellosen Broadway-Kommerzialismus verschrieben habe.

Zunächst einige Anmerkungen zum weiteren Lebensweg Weills.

Mit der Machtergreifung Hitlers am 30. Januar 1933 war für den jüdischen Komponisten ein weiterer Verbleib im Nazideutschland nicht mehr länger möglich. Die Repressionen durch das faschistische Regime wurden immer gewalttätiger und offener. So provozierte die SA bereits am 21. 2. 33 einen Theaterskandal anläßlich der zweiten Aufführung des *Silbersees* [1] in Magdeburg (*Ein Wintermärchen* in drei Akten nach einem Libretto von Georg Kaiser), dem am 3. 3. 1933 die Absetzung der Aufführung dieses Stückes für das Arbeiterbildungsinstitut in Leipzig folgte. Weill mußte seine Konsequenzen ziehen. Am 21. 3. 33 verließ er Deutschland. Die erste Etappe seiner Emigration bildete Paris, wo im April und Mai desselben Jahres *Die sieben Todsünden,* die im Juli dann ihre Uraufführung im »Théâtre des Champs Elyseés« hatten, entstanden. Damit brach zwar die Zusammenarbeit zwischen Brecht und Weill ab, nicht aber der persönliche Kontakt [2]. Beide planten einige Jahre später (1943) in ihrer amerikanischen Emigration ein weiteres gemeinsames Stück. In seinem Arbeitsjournal berichtet Brecht darüber:

»... Aufricht brachte uns zusammen. Weill will das Sezuanstück produzieren, und wir planen einen Schweyk [3].«

Doch es blieb bei den Plänen.

Dieser tatsächlich letzten Zusammenarbeit mit Brecht folgten bei Weill die Kompositionen *Marie Galante* (Text von Jaques Duval, 1934), *A Kingdom for a Cow* (Text von Desmond Carter und Reginald Arkell nach Paul Vambery, 1935) und *Der Weg der Verheißung* von 1935 (ein »Biblisches Drama in vier Teilen«, Text von Franz Werfel, das dann unter dem Titel *Eternal Road* in der Bearbeitung von Ludwig Lewisohn 1937 in New York unter der Regie von Max Reinhardt uraufgeführt wurde). Im September 1935 mußte Weill die zweite Etappe seiner Emigration in Angriff nehmen. Er ging nach New York, wo folgende Bühnenwerke entstanden:

Johnny Johnson (*Musical Play* von Paul Green, 1936), *Knickerbocker Holiday* (mit Maxwell Anderson, 1938), *Railroads on Parade* (*Musical Pageant*, Text von Edward Hungerford, 1939), *Lady in the Dark* (*Musical Play* von Moss Hart, Text der Gesangsnummern von Ira Gershwin, 1941), *One Touch of Venus* (*Musical Comedy* von S. J. Perelman und Ogden Nash 1943), *The Firebrand of Florence* (eine Operette in zwei Akten mit dem Text von E. J. Mayer und Ira Gershwin, 1945), *Down in the Valley* (eine Volksoper in einem Akt mit dem Text von Arnold Sundgaard, 1945), *Street Scene* (eine *Broadway Opera* in zwei Akten, Buch von Elmer Rice, Gesangstexte von Langston Hughes, 1974), *Love Life* (ein *Vaudeville* von Alan Jay Lerner, 1947) und *Lost in the Stars* (*Musical tragedy* von Maxwell Anderson) 1949. Ein *Musical* nach Mark Twain – *Huckleberry Finn* – in der Bearbeitung von Maxwell Anderson wurde im Dezember 1949 begonnen, kam aber durch Weills Tod am 30. 4. 1950 nicht mehr zur Vollendung.

Die Beurteilung dieser elf erfolgreichen amerikanischen Bühnenwerke Weills war und ist kontrovers und bedarf noch sorgfältiger Analyse. Die gängige Meinung, Kurt Weill habe in Amerika nach rein kommerziellen Gesichtspunkten komponiert, ist äußerst fragwürdig.

Diese Meinung teilt unter anderem auch der Brecht-Biograph Klaus Völker, wenn er schreibt:

»Obwohl sich sehr bald abzeichnete, daß Weill eine wesentlich unverbindlichere Unterhaltungssache erwartete, gab Brecht den *Schweyk*-Plan nicht auf [...] Der Komponist aber zögerte, betrachtete das Kriegsthema als zu heikel und glaubte nicht an die Möglichkeit, aus dem Schauspiel ein Kassenstück machen zu können. Weills Vorstellungen von einem Zugstück konnte Brecht aber nicht erfüllen, allzu große Kompromisse wollte er einfach nicht machen. Zum Librettisten eines Broadway-Musicals taugte er nicht: ›Es sind da politische Fragen involviert in diesem Stück, ich muß mitzureden haben[4].‹«

Offensichtlich ist Völker der Inhalt des ersten amerikanischen Stückes von Weill und Paul Green entgangen – *Johnny Johnson* – , das bereits 1936 entstand und, nach Hans Curjels Meinung, ein strikt antimilitaristisches Stück ist.

Die Wahl seiner Librettisten (z. B. Paul Green, Maxwell Anderson, Elmer Rice usw.) und die inhaltliche Tendenz der bearbeiteten Texte lassen wohl eher das Gegenteil vermuten. Verwiesen sei unter anderem weiter auf Weills letztes, in Zusammenarbeit mit Maxwell Anderson entstandenes Stück *Lost in the Stars,* in dem die Rassismusfrage anhand des Negerproblems in den Vereinigten Staaten von Amerika behandelt wird.

Der amerikanische Komponist Marc Blitzstein schrieb 1936 eine Kritik zu Weills erstem amerikanischen Bühnenwerk *Johnny Johnson*: »…Früher beklagte ich mich über Weills Banalität, ja seine Abgeschmacktheit. Heute sehe ich, daß Weills Plattheit in einem Stück merkwürdigerweise nicht schlecht, sondern gut ist. Weill bemüht sich ganz bewußt darum, um die vertraute Wendung, um die leicht nachlässigen Harmonien. Er klebt sklavisch an dem, was das Ohr durch Dekaden der Gewöhnung zu erwarten gelernt hat. Er hält viel vom Altmodischen. Er fühlt, glaube ich, daß bestimmte Wege, expressiv zu sein, unsterblich sind; und er glaubt, meine ich, einen brachliegenden Boden aufsprengen, fruchtbar machen, ja sogar reformieren zu können, der im Gedächtnis anderer Komponisten verdorrt ist. Wenn man beim Hören das erste Zurückschrecken überwinden kann […], dann findet man die Musik frischer und zusagender als alle die gerissen wetteifernden, um gesellschaftlichen Aufstieg bemühten Broadway-Songs. Weills scheinbare ›Kitschigkeit‹ ist in gewisser Weise sehr intelligent und witzig. […] Es ist Musik der leisen Stimme, aber sie enthält eine Botschaft. Samtene Propaganda – Gift, wie er sagt. Gefahr lauert da, aber nicht immer. […] Dieser beinahe elementare, zwanglose Einsatz von Musik, der so nachlässig zu sein scheint und in Wirklichkeit sehr feinfühlig ist, verspricht für das Theater etwas Neues [5].«

Diesen Hinweisen sollte bei einer Beurteilung der amerikanischen Bühnenwerke Weills nachgegangen werden.

Anmerkungen

Vorwort des Autors (S. 13 ff.)

1 So der Leiter des Brecht-Instituts in Berlin, DDR, Dr. E. Irmer, in einem Antwortschreiben auf eine Anfrage des Autors.

2 Trotz zweijähriger intensiver, vergeblicher Bemühungen und einer Forschungsreise nach London zum Nachlaßverwalter.

3 Vgl. Kapitel IV und V.

4 Diese Behauptung wurde durch ein Gespräch des Autors mit David Drew im Juli 1974 in London bestätigt.

5 Susan Harden führt in ihrer Dissertation *The music for the stage collaborations of Weill and Brecht,* die später besprochen wird, auf den Seiten 13–16 u. a. Cäcilie Tolksdorfs *John Gays* ›Beggar's Opera‹ *und Bert Brechts* ›Dreigroschenoper‹ (Dissertation Bonn, 1934), und Günter Hartungs »Zur epischen Oper Brechts und Weills« (*Wissenschaftliche Zeitschrift der Martin-Luther-Universität Halle-Wittenberg,* 1959) und Hellmut Kotschenreuthers Weill-Biographie *Kurt Weill,* Berlin-Halensee/Wunsiedel 1962, an (Susan Harden, University of North Carolina at Chapel Hill, Ph. D., 1972). Der Autor hat zu den Ausführungen Susan Hardens lediglich anzumerken, daß ihre Auswahl inhaltlich in keiner Weise Weills Schaffen gerecht wird und zu oberflächlich ist, um eine ausführliche Würdigung zu verdienen.

6 Frankfurt a. M. 1975, herausgegeben von David Drew. Ein Teil dieser Aufsätze wurde dem Autor erst mit Erscheinen dieses Sammelbandes zugänglich.

7 Siehe dazu Kapitel II und IV.

Kapitel I (S. 19 ff.)

Politik und Kunst in der Weimarer Republik

1 Walter Laqueur. *Weimar: A Cultural History 1918–1933.* London 1974; dt. *Weimar. Die Kultur der Republik.* Frankfurt/Berlin 1976, S. 36.

2 W. Laqueur, a. a. O., S. 38.

3 W. Laqueur, a. a. O., S. 17.

4 Golo Mann. *Deutsche Geschichte 1919–1945.* Frankfurt/M. 1961 (fibü Nr. 6196), S. 75.

5 Johannes Hartmann. *Das Geschichtsbuch von den Anfängen bis zur Gegenwart.* Frankfurt/M. 1955, S. 254.

6 Ernst Bloch. »Der Intellektuelle und die Politik.« Aus: *Vom Hasard zur Katastrophe. Politische Aufsätze aus den Jahren 1934–1939.* Frankfurt/M. 1972, S. 340.

7 Ernst Bloch. »Zerstörte Sprache – zerstörte Kultur.« Aus: *Vom Hasard zur Katastrophe. Politische Aufsätze aus den Jahren 1934–1939.* Frankfurt/M. 1972, S. 417.

8 Golo Mann. *Deutsche Geschichte des 19. und 20. Jahrhunderts.* Frankfurt/M. 1958, S. 689.

9 Siegfried Melchinger. *Geschichte des politischen Theaters,* Bd. 2; Frankfurt/M. 1974, S. 186.

10 Die Dolchstoßlegende stützte sich auf die These, daß Deutschland »im Feld unbesiegt« war und nur wegen der von revolutionären Kräften angezettelten innenpolitischen Unruhen den Kampf aufgeben mußte.

11 Melchinger, a. a. O., S. 186.

12 Am 30. 1. 1933 wurde Adolf Hitler Reichskanzler.

13 Kaspar Hauser (Kurt Tucholsky). *Dantons Tod.* In: *Die Weltbühne,* Heft 10 (1920), S. 311.

14 Vgl. Melchinger, a. a. O., S. 186.

15 Vgl. Melchinger, a. a. O., S. 186.

16 Vgl. Melchinger, a. a. O., S. 186.

17 Walter Gropius, zitiert nach Walter Panofsky. *Protest in der Oper.* München 1966, S. 54.

18 Jean Cocteau. Manifest »Le Coq et L'Arlequin« 1918, zitiert nach Walter Panofsky. *Protest in der Oper,* a. a. O., S. 93.

19 A. M. Rabenalt, zitiert nach W. Panofsky. *Protest in der Oper,* a. a. O., S. 124.

20 A. M. Rabenalt, zitiert nach W. Panofsky. *Protest in der Oper,* a. a. O., S. 147.

21 Vgl. Walter Panofsky. *Protest in der Oper,* a. a. O., S. 183.

22 Vgl. Melchinger, a. a. O., S. 187.

23 Zitiert nach H. H. Stuckenschmidt. *Musik des 20. Jahrhunderts.* München 1969, S. 109–111.

24 Stuckenschmidt, a. a. O., S. 133.

25 Arnold Schönberg. *Briefe.* Mainz 1958, S. 248. Zitiert nach Albrecht Dümling. »Eisler und Schönberg«. In: *Hanns Eisler,* Berlin 1975.

26 Carl Dahlhaus in *Musik und Bildung,* Heft 2 (1969).

27 Tibor Kneif. »Widerspiegelung«. In: *Musiksoziologie.* Musik-Taschen-Bücher, Theoretica Bd. 9, Köln 1971, ²1975, S. 87.

28 Theodor W. Adorno. »Zur gesellschaftlichen Lage der Musik«. In: *Gesammelte Schriften,* Bd. 14, Frankfurt 1973, S. 105; Hanns Eisler. *Musik und Politik, Schriften 1924–1948.* Leipzig 1973, S. 157.

29 Hanns Eisler, ebenda.

30 Ernst Bloch. »Die Kunst zu erben«. Aus: *Vom Hasard zur Katastrophe,* a. a. O., S. 331.

31 Hanns Eisler. »Relative Stabilisierung der Musik.« In: *Musik und Politik,* a. a. O., S. 80. Erschienen in der *Roten Fahne* (Berlin), 11. Jg., Nr. 154, Juli 1928.

Kapitel II

Der Werdegang von Brecht und Weill vor der Zusammenarbeit (S. 37 ff.)

1. Der Werdegang Bertolt Brechts bis zur Zusammenarbeit mit Kurt Weill (S. 39)

1 Klaus Völker. *Brecht-Chronik. Daten zu Leben und Werk.* München 1971, S. 42, 43. Drew. *Über Kurt Weill.* Frankfurt/M. 1975, S. 162 f.

2 *GW II*, S. 126–129. Es handelt sich um den von Ihering im *Berliner Börsen-Courier* veröffentlichten Briefwechsel zwischen dem Soziologen Sternberg und Brecht. Vgl. auch Völker, S. 43.

3 Völker, S. 36; Drew, S. 162.

4 Marianne Kesting. *Bertolt Brecht.* Reinbek 1959, ¹²1968, S. 41.

5 Werner Hecht.»Der Weg zum epischen Theater.« In: *Sieben Studien über Brecht.* Frankfurt/M. 1972, S. 30.

6 Eine ausführliche Darstellung von Brechts Lebenslauf oder auch nur seines gesamten Werkes bis 1927 würde den Rahmen der Arbeit sprengen. – Die erste Kritik Brechts erschien am 21. Oktober 1919 (Völker, S. 19).

7 Hecht, a. a. O., S. 25.

8 Völker, a. a. O., S. 11.

9 Ebenda.

10 Ernst Schumacher. *Die dramatischen Versuche Bertolt Brechts 1918–1933.* Berlin 1955, S. 27.

11 Schumacher, ebd., S. 29 und 33; Völker, S. 35; John Willett. *Das Theater Bertolt Brechts.* Hamburg 1964, S. 12.

12 Willett, a. a. O., S. 12.

13 Völker, a. a. O., S. 16.

14 Völker, a. a. O., S. 30 und 32. Schumacher, a. a. O., S. 44, setzt noch den 23. September als Tag der Uraufführung an, Willett den 30. 9.

15 Vgl. dazu Schumacher, a. a. O., S. 56; Peter Christian Giese. *Das »Gesellschaftlich-Komische«. Zur Komik und Komödie am Beispiel der Stücke und Bearbeitungen Brechts.* Stuttgart 1974, S. 68.

16 Schumacher, a. a. O., S. 54 und 55.

17 Schumacher, a. a. O., S. 56.

18 Schumacher, a. a. O., S. 60. Auch an *Trommeln in der Nacht* wurden erhebliche Veränderungen vorgenommen, vor allem am 3. und 4. Akt (Willett, a. a. O., S. 13).

19 B. Brecht. *Im Dickicht* ... Erstfassung Frankfurt/M. (es) 1968, S. 132/33.

20 Willett, a. a. O., S. 15 (Anmerkung zu allen Ausgaben des Stückes).

21 Völker, a. a. O., S. 32 und 36.

22 Kesting, a. a. O., S. 28.

23 Ebenda.

24 Völker, a. a. O., S. 36.

25 Völker, a. a. O., S. 37 und 38.

26 Völker, a. a. O., S. 42.

27 Kesting, a. a. O., S. 31.

28 Kesting, a. a. O., S. 35.

29 Kesting, a. a. O., S. 66. Uraufführungen: *Die Maßnahme* am 10. Dezember 1930, *Die Mutter* am 12. Januar/17. Januar 1932. *Die heilige Johanna der Schlachthöfe* erlebte die deutsche Uraufführung erst 1959. Am 11. April 1932 wird eine Funkfassung gesendet (Völker, a. a. O., S. 50, 53, 54).

30 Hans Mayer. »Bertolt Brecht und die Tradition.« In: *Brecht in der Geschichte. Drei Versuche.* Frankfurt/M. 1971, S. 49, 53 f.

31 Kesting, a. a. O., S. 19.

32 Vgl. dazu den Abschnitt »Die *Mahagonnygesänge* als Bestandteil der *Hauspostille*«.

33 Völker, a. a. O., S. 43.

34 Hans Mayer, a. a. O., S. 53.

35 Völker, a. a. O., S. 42.

36 Kesting, a. a. O., S. 13.

37 Völker, a. a. O., S. 41.

38 Hans Mayer, a. a. O., S. 210.

39 Vgl. Kap IV.

2. Weills Lehrjahre (S. 44)

1 Der Einfluß des Vaters, der Kantor der Synagoge in Dessau war, läßt sich nicht nachweisen.

2 Zitiert nach Wolfram Humperdinck. *Engelbert Humperdinck. Das Leben meines Vaters.* Frankfurt 1965, S. 205, 206.

3 Richard Wagner. »Oper und Drama.« In: *Sämtliche Schriften und Dichtungen*, Band 3, Leipzig 1911, S. 231.

4 Das Melodram erscheint in bewußt verzerrter Form in der *Dreigroschenoper* wieder und kann als später persönlicher Affront gegen den ersten Lehrer gesehen werden.

5 Literatur von dritten über Humperdinck als Lehrer konnte nicht beigebracht werden.

6 Ernst Hardt (1876–1947): deutscher Schriftsteller; 1919–24 Generalintendant des Dt. Nationaltheaters in Weimar.

7 Die Kompositionsskizzen waren nicht zugänglich.

8 Wieweit die starre religiöse Haltung des Vaters die spätere revolutionäre Position des Sohnes mitbedingt hat, läßt sich nur vermuten.

9 In: *Über Kurt Weill*, herausgeg. von David Drew, Frankfurt/M. 1975, S. 11.

10 Hans Pfitzner. »Futuristengefahr. Bei Gelegenheit von Busonis Ästhetik.« In: *Die Süddeutschen Monatshefte,* München 1917.

11 Jürgen Kindermann. »Zur Kontroverse Busoni – Pfitzner.« In: *Festschrift für Walter Wiora.* Kassel 1967, S. 477.

12 F. B. Busoni. *Entwurf einer neuen Ästhetik der Tonkunst.* Zitiert nach J. Kindermann, a. a. O., S. 472.

13 Ebenda.

14 Busoni. »Entwurf eines Vorwortes zur Partitur des *Doktor Faust,* enthaltend einige Betrachtungen über die Möglichkeiten der Oper.« Zitiert nach J. Kindermann, a. a. O., S. 474.

15 Hans Heinz Stuckenschmidt. *Ferruccio Busoni.* Zürich und Freiburg i. Br. 1967; ders. *Musik des 20. Jahrhunderts.* München 1969.

16 Zitiert nach H. H. Stuckenschmidt. *Ferruccio Busoni.* Zürich und Freiburg i. Br. 1967, S. 76.

17 Zitiert nach H. H. Stuckenschmidt, a. a. O., S. 77.

18 Busoni war ursprünglich Sozialist, wurde aber mit zunehmendem Alter Monarchist (vgl. H. H. Stuckenschmidt, a. a. O., S. 168).

19 Verbunden mit der entschiedenen Ablehnung von Wagners Prinzip des »Durchkomponierens« ist die Wiedereinführung einer strengen Einteilung in Nummern.

20 »... indem sie von einer Skala zur anderen und plötzlich wieder zurück drehen.« Aus: John C. G. Waterhouse. »Weills Debt to Busoni.« In: *The Musical Times,* 105, 1964, S. 897.

21 Kurt Weill. *Ausgewählte Schriften.* Frankfurt/M. 1975, S. 31, 32.

22 Kurt Weill, a. a. O., S. 31, 32.

23 Aus: »Busonis Faust und die Erneuerung der Opernform«, a. a. O., S. 34.

24 Siehe Kapitel IV und V.

25 Johannes Becher (1891–1958): dt. Dichter (Expressionist) und aktiver Kommunist. Becher schrieb sein Werk drei Jahre später völlig um und nahm ihm die religiöse Färbung.

26 *Der Protagonist,* vollendet 1925.

27 In: *Über Kurt Weill,* a. a. O., S. 28.

28 Es können in diesem Rahmen nur die bedeutendsten Werke angeführt werden. Als Quelle wird die Zeittafel David Drews (abgedruckt in *Über K. W.,* a. a. O., S. 162) verwendet.

29 Ivan Goll, manchmal auch Yvan bzw. Iwan Goll geschrieben.

30 Heinrich Strobel, a. a. O., S. 30f.

31 Heinrich Strobel, a. a. O., S. 31.

32 Heinrich Strobel, a. a. O., S. 32.

33 Heinrich Strobel, a. a. O., S. 29.

34 Herbert Fleischer: »Kurt Weill – Versuch einer einheitlichen Stilbetrachtung«. Zitiert nach *Über Kurt Weill,* a. a. O., S. 103.

35 Heinrich Strobel, a. a. O., S. 32f.

36 Wilhelm Steffens. *Georg Kaiser.* Frankfurt/M. 1969.

37 Vgl. Georg Kaiser. Gesamtausgabe Band 6, Frankfurt/M. 1970, S., 853.

38 Vgl. Wilhelm Steffens, a. a. O., S. 26.

39 Vgl. Wilhelm Steffens, a. a. O., S. 19.

40 Vgl. die Zeittafel von David Drew, a. a. O., S. 162ff.

41 Maurice de Abravanel. »Der Protagonist.« Zitiert nach *Über Kurt Weill,* a. a. O., S. 17.

42 Zitiert nach *Über Kurt Weill,* a. a. O., S. 19.

43 Ivan Goll, a. a. O., S. 20, 21.

Kapitel III

Theoretische Überlegungen zum musikalischen Zeittheater von Brecht und Weill (S. 59 ff.)

1. *Vom Wagnerschen »Gesamt-Kunstwerk« zum Brechtschen »Kollektiv selbständiger Künste«* (S. 61)

1 Rasche Information bietet Anna Amalie Abert. *Richard Strauss. Die Opern.* München 1972, S. 12 f.

2 *dtv-Handbuch der Oper,* Band 1, von Rudolf Kloiber, München ⁸1973, S. 39 f., S. 44; E. Hilmar. Wozzeck v. Alban Berg, Entstehung – erste Erfolge, Repressionen, Wien 1975, S. 494 ff.

3 *Handbuch der Oper,* S. 42 ff.

4 *Handbuch der Oper,* S. 256; John Willett. *Das Theater Bertolt Brechts,* a. a. O., S. 117 f.

5 Willett, a. a. O., S. 119.

6 Willett, a. a. O., S. 120.

7 Ebenda.

8 Gesamtausgabe im Auftrag von Franz und Alice Strauss, herausgegeben von Willi Schuh, Wien 1925, ern. Zürich 1952, 1964 und 1970. Vgl. A. Abert. *Strauss,* a. a. O., S. 12.

9 Willett, a. a. O., S. 120.

10 A. Abert. *Strauss,* a. a. O., S. 12.

11 Willett, a. a. O., S. 112.

12 Kurt Weill. »Busonis Faust und die Erneuerung der Opernform« (1926), zuletzt abgedruckt in: Kurt Weill. *Ausgewählte Schriften.* Frankfurt/M. 1975, S. 31 f.

13 Weill, ebenda.

14 Weill. »Bekenntnis zur Oper« (1925), zuletzt abgedruckt in dem unter Anm. 12 genannten Sammelband, S. 29–31.

15 Zuletzt abgedruckt in dem unter Anm. 12 gen. Sammelband, S. 36.

16 Ebenda.

17 Ebenda, und »Bekenntnis zur Oper«, vgl. Anm. 14, S. 29.

18 »Anmerkungen zur Oper *Aufstieg und Fall der Stadt Mahagonny*«. In: Bertolt Brecht. *Schriften zum Theater,* Bd. 2, S. 118.

19 Bertolt Brecht. *Schriften zum Theater,* Bd. 2, S. 101.

20 Werner Hecht. »Der Weg zum epischen Theater.« In: *Sieben Studien über Brecht.* Frankfurt/M. 1972, S. 29.

21 Vgl. Hecht, a. a. O., S. 31.

22 Hecht, a. a. O., S. 30 f.

23 Brecht wie 18, S. 115.

24 Man vgl. dazu auch Brechts Kapitel »Warum zwei Verhaftungen des Macheath und nicht eine« aus den »Anmerkungen zur *Dreigroschenoper*«, wo er den umständlich anmutenden, aber nach seiner Dramaturgie zu rechtfertigenden Aufbau der *Dreigroschenoper* verteidigt.

25 Brecht, wie 18, S. 116–117.
26 Brecht, wie 18, S. 118–119. In einem späteren Beitrag »Über die Verwendung von Musik für ein episches Theater« (1935) setzte Brecht die Akzente ähnlich wie in den »Anmerkungen zur Oper *Aufstieg und Fall der Stadt Mahagonny*«, doch wird hier Brechts grundsätzliches Mißtrauen gegenüber der absoluten Musik noch deutlicher. Andererseits findet man die aus der *Mahagonny*-Ära entwickelte Theorie modifiziert im Hinblick auf das Wecken von Emotionen, die jetzt als absolut erscheinen, jedoch nicht aus der Quelle des Unterbewußtseins kommen oder mit rauschhaftem Empfinden zu tun haben dürften. Hier sind jedoch schon Erfahrungen aus der Zeit *nach* der Zusammenarbeit mit Weill eingeflossen (der Aufsatz ist abgedruckt in: B. B. *Schriften zum Theater,* Bd. 3, S. 267–280).
27 Abgedruckt in: Kurt Weill, *Ausgewählte Schriften,* a. a. O., S. 40–45.
28 Der von Brecht ca. 1938 geschriebene Beitrag »Über gestische Musik« (B. B. *Schriften zum Theater,* Bd. 3, S. 281–285) ähnelt in vielem dem Beitrag Weills zu diesem Thema. Doch formuliert Brecht jetzt den Auftrag des Musikers viel politischer: »Wichtig hingegen ist, daß dieses Prinzip des auf den Gestus Achtens ihm ermöglichen kann, musizierend seine politische Haltung einzunehmen. Dazu ist nötig, daß er einen gesellschaftlichen Gestus gestaltet.«
29 Wie Anm. 27, S. 41.
30 Ebenda.
31 Ebenda, S. 43, S. 45.
32 Ebenda, S. 57.
33 Ebenda.
34 Ebenda, S. 57–60.
35 Bertolt Brecht. »Anmerkungen zur Oper *Aufstieg und Fall der Stadt Mahagonny*«, wie 18, S. 125.
36 Hecht, a. a. O., S. 48.
37 Hecht, a. a. O., S. 49.
38 Hecht, a. a. O., S. 50.
39 In: *Schriften zum Theater,* Bd. 2, S. 146–206, entstanden 1932–1936, Zitat S. 146.
40 Hecht, a. a. O., S. 50 und 51.
41 Hecht, a. a. O., S. 52.
42 Hecht, ebenda.
43 Reiner Steinweg. *Das Lehrstück. Brechts Theorie einer politisch-ästhetischen Erziehung.* Stuttgart 1972, S. 82–86.
44 Steinweg, a. a. O., S. 87 f.
45 Steinweg, a. a. O., ebenda.
46 Steinweg, a. a. O., S. 119 f.
47 Steinweg, a. a. O., S. 108 f.
48 Steinweg, a. a. O., S., 174 f.
49 Steinweg, a. a. O., S. 179.
50 Steinweg, a. a. O., S. 181–183.
51 Steinweg, a. a. O., S. 210.

52 Steinweg, a. a. O., S. 203f. Man vgl. auch das *Jasager*-Kapitel dieser Untersuchung.
53 Weill. *Ausgewählte Schriften*, S. 61–63.
54 Weill, ebenda, S. 62.
55 »Aktuelles Zwiegespräch über die Schuloper.« In: Weill. *Ausgewählte Schriften*, S. 63–70, besonders S. 66f.
56 Man vgl. auch eine Bemerkung Brechts, die Marianne Kesting (*Bertolt Brecht*, S. 32) zitiert: »Es ist eine Ehre, den Vorbildern zu gleichen. Ich freue mich, daß in den Varietés die Tanzmädchen immer mehr gleichförmig aufgemacht werden. Es ist angenehm, daß es viele sind und daß man sie auswechseln kann.«
57 Bernward Thole. *Die »Gesänge« in den Stücken Bertolt Brechts*. Göppingen 1973, S. 217.
58 Thole, a. a. O., S. 218.

2. *Weill oder Wagner: Selbständige Nummer oder »unendliche Melodie«?* (S. 73)
1 Darius Milhaud. *Noten ohne Musik*. München 1962, S. 25.
2 Darius Milhaud, a. a. O., S. 27.
3 Darius Milhaud, a. a. O., S. 27.
4 Darius Milhaud, a. a. O., S. 90.
5 Zitiert nach Wolf Rosenberg. »Richard Wagner und die Politik.« In: *Gehört Gelesen*, Nr. 11, November 1972, S. 1283.
6 Zitiert nach H. H. Stuckenschmidt. *Ferruccio Busoni*, a. a. O., S. 125.
7 Kurt Weill. *Ausgewählte Schriften*. Frankfurt/M. 1975, S. 45.
8 Kurt Weill, a. a. O., S. 37.
9 Kurt Weill, a. a. O., S. 40.
10 In: »Aktuelles Theater«, a. a. O., S. 47.
11 Ebenda.
12 In: »Zeitoper«, a. a. O., S. 39.
13 In: »Über den gestischen Charakter der Musik«, a. a. O., S. 41.
14 Kurt Weill, *Ausgewählte Schriften*, a. a. O., S. 53.
15 Kurt Weill, a. a. O., S. 57.
16 Kurt Weill, a. a. O., S. 56.
17 Kurt Weill, a. a. O., S. 40.
18 In: »Über die *Dreigroschenoper*«, a. a. O., S. 55.
19 Kurt Weill, a. a. O., S. 31/32.
20 In: »Über die *Dreigroschenoper*«, a. a. O., S. 55.
21 In: »Vorwort zum Regiebuch der Oper *Mahagonny*«, a. a. O., S. 57/58.
22 In: »Vorwort zum Regiebuch der Oper *Mahagonny*«, a. a. O., S. 57, 59.
23 Zu diesen Mitteln zählen Affektenlehre, Dacapo-Arien und geschlossene Nummern.
24 Vgl. Kapitel V.
25 In: »Über den gestischen Charakter der Musik«, a. a. O., S. 40, 41, 42.
26 Die Grundlagen einer gestischen Musik werden in Kapitel IV erläutert.
27 Vgl. Kapitel IV und V.

Kapitel IV

Die sprachliche und musikalische Großstruktur der sechs Bühnenwerke (S. 83 ff.)

1. Die thematischen Schwerpunkte der musiktheatralischen Werke von Brecht und Weill (S. 85)

1 Rainer Pohl. *Strukturelemente und Entwicklung von Pathosformen in der Dramensprache Bertolt Brechts.* Bonn 1969, S. 55.

2 Pohl, ebenda.

3 Pohl, a. a. O., S. 55–61.

4 Zu den anderen Stilgruppen führt Pohl Beispiele aus Brecht-Stücken an, die nicht in die Zeit der Zusammenarbeit Brechts mit Weill gehören.

5 Vgl. Hans Mayer. »Bertolt Brecht und die Tradition.« In: *Brecht in der Geschichte.* Frankfurt/M. 1971, S. 61.

6 19. Bild in *Aufstieg und Fall der Stadt Mahagonny.*

7 Vgl. H. Mayer. »Bertolt Brecht und die Tradition«, a. a. O., S. 63.

8 I. Akt, 1. Szene der *Dreigroschenoper.* Eine analoge Konkurrenzsituation soll in *Happy End* hergestellt werden, doch gelingt das nicht ganz.

9 Z. B. in Nr. 2 »Faulheit«. Schon die Verwendung des im dogmatischen Sinne schwerwiegenden Begriffes der »Todsünde« für den Titel dieses »Balletts« stellt eine Verfremdung im zur Diskussion stehenden Sinne dar.

10 Vgl. H. Mayer. »Bertolt Brecht und die Tradition«, a. a. O., S. 64, wo Mayer sich Grimms Formulierung anschließt.

11 Mayer, ebenda, S. 66.

12 Mayer, ebenda, S. 62 f.

13 Systematische *Kapital*-Studien treibt Brecht seit Ende 1926, aber es gelingt ihm nicht sofort, das Gelernte voll in seine Theaterarbeit umzusetzen.

14 Marianne Kesting. *Bertolt Brecht,* a. a. O., S. 41 f.

15 Man vgl. dazu den entsprechenden Abschnitt im Kapitel über die *Dreigroschenoper.*

16 Kesting, a. a. O., S. 45.

17 Kesting, a. a. O., S. 43.

18 Zu dieser Problematik vgl. man Hans Mayer. *Brecht in der Geschichte,* S. 210 ff.

19 Marx/Engels. *Die heilige Familie;* zitiert nach H. Mayer, a. a. O., S. 211.

20 Klaus Kändler. *Drama und Klassenkampf.* Berlin und Weimar 1974, S. 353. Hinzufügung in [ ] vom Verfasser.

21 Bertolt Brecht. »Über experimentelles Theater«; zitiert nach K. Kändler, a. a. O., ebenda.

22 K. Kändler, a. a. O., S. 352.

2. Zeit der Brüchigkeit (S. 89)

1 Kurt Weill. »Kommunisten-Attentat.« In: *Ausgewählte Schriften.* Frankfurt/M. 1975. S. 107.

2 Vgl. Kapitel I.

3 So erscheint nur im ersten Werk, dem Songspiel *Mahagonny,* in den rein instrumentalen Nummern Atonalität, während Weill in den anderen Werken darauf verzichtet.

4 Kurt Weill. »Über die *Dreigroschenoper.*« In: *Ausgewählte Schriften.* Frankfurt/M. 1975, S. 53 ff.

5 Ernst Schumacher. *Die dramatischen Versuche Bertolt Brechts* 1918–1933. Berlin 1955, S. 125 ff.

3. Der Begriff der Verfremdung (S. 92)

1 Ernst Bloch, in: *Das Ärgernis Brecht.* Basel und Stuttgart 1961, S. 45 ff.

2 *Marxistisch-leninistisches Wörterbuch der Philosophie,* herausgeg. von Georg Klaus und Manfred Buhr, Reinbek bei Hamburg 1972, S. 298.

3 Kurt Weill. »Über den gestischen Charakter der Musik.« In: *Ausgewählte Schriften.* Frankfurt/M. 1975, S. 73.

4. Kurt Weill als Verfremder musikalischer Traditionen (S. 93)

1 John Willett. *Das Theater Bertolt Brechts.* Reinbek b. Hamburg 1964, S. 120.

2 Ebenda, S. 120 ff.

3 Edgar Marsch. *Brecht-Kommentar zum lyrischen Werk.* München 1974, S. 144 ff.

4 Klaus Schuhmann. »Der Lyriker Bertolt Brecht.« In: *Neue Beiträge zur Literaturwissenschaft,* Band 20, 1964, S. 123 ff.

5 Kurt Weill. »Über die *Dreigroschenoper*«; a. a. O., S. 53 ff.

6 Kurt Weill, in *Melos 37,* 1970, S. 524.

7 Im Zusammenhang mit dem kommunistischen Regisseur Erwin Piscator, für den Weill die Musik zu *Konjunktur* schrieb.

8 Besonders deutlich wird dies bei den a-Nummern des Songspiels. Dieses Problem wird in Kapitel V behandelt.

9 S. Kapitel V.

10 Nur in der Oper *Mahagonny,* besonders Nr. 20.

11 Ebenda.

5. Grundsätzliche Überlegungen (S. 96)

1 Kurt Weill. »Vorwort zum Regiebuch der Oper *Mahagonny.*« In: *Ausgewählte Schriften.* Frankfurt/M. 1975, S. 57–60.

2 Besonders im *Jasager,* teilweise in den *Sieben Todsünden.*

3 Hans Heinrich Eggebrecht. »Zur Methode der musikalischen Analyse.« In: *Doflein-Festschrift,* Kassel 1970, S. 75.

4 A. a. O., S. 69 und 76.

5 Eggebrecht, a. a. O., S. 76.

6 Th. W. Adorno. *Einleitung in die Musiksoziologie.* Frankfurt/M. 1973, S. 253.

7 A. a. O., S. 70.

8 Mit Ausnahme der rhythmischen Komponente.

6. Allgemeine musikalische Formen bei Weill (S. 97)

1 S. Kapitel III.
2 Im Songspiel *Mahagonny.*
3 In der *Dreigroschenoper,* in der Oper *Mahagonny* und in der Schuloper *Jasager.*
4 In *Happy End.*
5 In den *Sieben Todsünden.*
6 Musikalische Einlagen: *Dreigroschenoper* und *Happy End.* Der Rest ist durchkomponiert.
7 Kurt Weill. *Ausgewählte Schriften.* Frankfurt/M. 1975, S. 57 ff.
8 Ebenda, S. 53.
9 *Bertolt Brechts Dreigroschenbuch,* Band 1; Frankfurt/M. 1974, S. 86.
10 Dorothy Lane. *Happy End.* Berlin 1958, S. 59.
11 Diese Tradition der Nummernoper wurde auch auf die Operette angewandt und erreichte somit auch die Unterhaltungsmusik.
12 Z. B. im *Jasager.*
13 Z. B. in den *Sieben Todsünden.*
14 In allen Werken.
15 Vor allem Songspiel *Mahagonny* Nr. 2.
16 Die innernummerliche Wiederholung spielt bei allen Stücken, die außernummerliche besonders in der Oper *Mahagonny,* dem *Jasager, Happy End* und den *Sieben Todsünden* eine entscheidende Rolle. Vgl. Kapitel V.
17 In den verbleibenden Werken.
18 Siehe Punkt (c) dieses Kapitels.
19 Außer *Jasager* und Songspiel *Mahagonny.*
20 Außer *Jasager* und *Sieben Todsünden.*
21 Nur Songspiel *Mahagonny* und *Happy End.*
22 Nur *Sieben Todsünden* und Oper *Mahagonny.*
23 Nur Songspiel und Oper *Mahagonny.*
24 Nur Oper *Mahagonny* und *Dreigroschenoper* Nr. 6.
25 Besonders im *Jasager* und in der Oper *Mahagonny.*
26 Außer (a), die auf die Sprechstücke mit Musik beschränkt bleibt.
27 Einmalige Übernahmen, die sich nicht verallgemeinern lassen oder – falls sie doch öfter erscheinen – in einem jeweils anderen dramatischen Zusammenhang auftreten, werden in Kapitel V berücksichtigt.

7. Übernahmen aus der Tradition der Kunstmusik (S. 101)

1 In der Oper *Mahagonny* Nr. 5 und 9, in der *Dreigroschenoper* Nr. 21.
2 In der Oper *Mahagonny* Nr. 1.
3 In der *Dreigroschenoper* und der Oper *Mahagonny.*
4 Songspiel *Mahagonny* Nr. 5a.
5 In der *Dreigroschenoper,* den *Sieben Todsünden,* der Oper *Mahagonny*; vgl. ausführlichst Kapitel V.
6 In der *Dreigroschenoper* Nr. 1 und in der Oper *Mahagonny* Nr. 10.
7 Siehe Einzelbesprechungen zu *Jasager, Happy End* und den *Sieben Todsünden.*

8 *Dreigroschenoper* Nr. 1.

9 In den *Sieben Todsünden,* siehe Kapitel V.

10 In der Oper *Mahagonny* Nr. 9, Einzelbesprechung Kapitel V.

11 So werden in den *Sieben Todsünden* Nr. 1 die Takte 9 ff. in dem Zwischenspiel ab Takt 48 ff. durchgeführt.

8. Übernahmen aus der Tradition der Unterhaltungsmusik (S. 105)

1 Songspiel *Mahagonny* Nr. 1, 2, 3, 4, 5; *Dreigroschenoper* Nr. 2, 4, 6, 7, 9, 12, 13, 14, 15, 17, 18; *Happy End* Nr. 1, 4, 8, 9, 10, 12.

2 Siehe Weills Überlegungen zu Anfang dieses Kapitels.

3 Bertolt Brecht. *Gesammelte Werke,* Band 15. Frankfurt/M. 1967, S. 472 ff.

4 Kurt Weill. *Ausgewählte Schriften.* Frankfurt/M. 1975, S. 40 ff.

5 Bertolt Brecht. *GW* 15. Frankfurt/M. 1967, S. 472 f.

6 Wie Anm. 4.

7 Bertolt Brecht, a. a. O., S. 485.

8 Bertolt Brecht, »Frank Wedekind.« In: *Augsburger Neueste Nachrichten,* Nr. 60, 12. März 1918.

9 *B. Brechts Dreigroschenbuch.* Frankfurt/M. 1974, S. 97/98.

10 Siehe dazu: Walter Rösler. »Zeitkritik in der Musik des Kabaretts (1901–1933).« In: *Beiträge zur Musikwissenschaft der DDR,* 7. Jahrgang, 1965, Heft 1, S. 3–29.

11 Ebenda, S. 17.

12 Ebenda, S. 16.

13 Ebenda, S. 16 und 17.

14 Maximilian Harden. »Tingeltangel.« In: *Die Zukunft,* 1901, S. 398.

15 W. Rösler, a. a. O., S. 3.

16 Kurt Weill. *Ausgewählte Schriften.* Frankfurt/M. 1975, S. 54.

17 Siehe dazu: Werner Mezger. *Schlager.* Tübingen 1975, S. 114–126.

18 Ebenda, S. 119.

19 Ebenda, S. 125.

20 H. Chr. Worbs. Artikel »Der Schlager.« In: *MGG* S. 55.

21 Pseudonym für Fritz Löhner.

22 Siehe Mezger, a. a. O., S. 117.

23 Ebenda., S. 123.

24 Vgl. Th. W. Adorno. *Einleitung in die Musiksoziologie.* Frankfurt/M. 1968, S. 35.

25 Werner Mezger, a. a. O., S. 283–330.

26 *Dreigroschenoper* Nr. 6, *Happy End* Nr. 7 und 8.

27 Oper *Mahagonny* Nr. 20, Songspiel *Mahagonny* Nr. 5.

28 *Dreigroschenoper* Nr. 12, *Happy End* Nr. 4.

29 *Dreigroschenoper* Nr. 7, *Happy End* Nr. 11.

30 *Dreigroschenoper* Nr. 2, *Happy End* Nr. 10, Oper *Mahagonny* Nr. 16.

31 *Dreigroschenoper* Nr. 8.

32 *Dreigroschenoper* Nr. 13.

33 *Happy End* Nr. 9.

9. Zur Instrumentation (S. 121)

1 Auf die Einteilung in Haupt- und Bühnenorchester, die nicht im konventionellen Sinne stattfindet, da sich zwei gleichwertige Orchester gegenüberstehen (Oper *Mahagonny*), wird in Kapitel V eingegangen.

2 Die Auswahl speziell *dieser* Instrumente erfolgt unter dem zentralen Aspekt dieser Arbeit: der Verfremdung.

3 Der Jazz wird in diesem Kapitel noch gesondert behandelt.

4 Z. B. in der *Dreigroschenoper* Nr. 3.

5 Siehe dazu auch Susan Harden. *The music for the stage collaborations of Brecht and Weill.* Michigan 1975, S. 86 ff.

6 Partitur S. 120 a.

7 P S. 1–5.

8 P S. 94 T. 109–112.

9 P S. 126 ff.

10 Klavierauszug Oper *Mahagonny* Nr. 9, S. 89.

11 *Jasager* Nr. 10, P S. 83.

12 Wird in Kapitel V genau ausgeführt.

13 P S. 1–8.

14 P S. 88, 89.

15 P S. 312.

16 Susan Harden, a. a. O., S. 132/33.
Ebenda: »Weill benutzt das Saxophon eher in musikalischer ... als dramatischer Funktion.«

17 KA S. 57.

18 Besonders in der *Dreigroschenoper*, s. Einzelbesprechung.

19 Siehe Kapitel V.

20 P S. 198.

21 P S. 489.

22 P S. 515.

23 Bei *Happy End* liegt nur der Klavierauszug vor.

24 P S. 86 ff.

25 P S. 120.

26 P S. 209.

27 Siehe Kapitel V.

10. Der Rhythmus bei Weill (S. 128)

1 Kurt Weill. *Ausgewählte Schriften.* Frankfurt/M. 1975, S. 43.

2 Ernst Lert. *Mozart auf dem Theater.* Berlin 1918, S. 371.

3 Siehe ebenda, S. 380/81.

4 Siehe Riemann, Musiklexikon, Personenteil L–Z, Mainz 1961, S. 59 bis 60.

5 Kurt Weill, a. a. O., S. 42.

6 Kurt Weill, a. a. O., S. 40 ff.

7 Also z. B. mit Monteverdi.

8 Siehe Kurt Weill. *Ausgewählte Schriften;* »Über die *Dreigroschenoper*«,

Frankfurt/M. 175, S. 55: »Dieses Zurückgehen auf eine primitive Opernform ...«

9 Kurt Weill, a. a. O., S. 40 ff.
10 Z. B. im *Jasager* und den *Sieben Todsünden.*
11 In den *Sieben Todsünden* Nr. 7, Klavierauszug S. 72 ff.
12 P S. 190 in den Holzbläsern und der 1. und 2. Violine.
13 Riemann, Musiklexikon, Sachteil, Mainz 1967, S. 546/47.
14 Siehe KA S. 12 ff.
15 Ebenda.
16 Ebenda.
17 Bertolt Brecht. *Hauspostille.* Frankfurt/M. o. J. (Bibl. Suhrkamp), S. 161 f.
18 Kurt Weill. Songspiel *Mahagonny.* KA S. 16.
19 Siehe Kapitel V.
20 Vgl. Text KA S. 11
21 Die Holzbläser begleiten die Gesangsmelodie.
22 Der nur selten eine Terz überschreitet.
23 Bertolt Brecht, *GW* 15, Frankfurt/M. 1967, S. 485.
24 Vgl. Riemann, Sachteil, Mainz 1967, S. 576.
25 Vgl. E. Bücken. *Der heroische Stil in der Oper.* Leipzig 1924.
26 KA. Vorspann S. 7.
27 Vgl. Ravels Ballett *La valse triste* von 1929.
28 Vgl. Riemann, Sachteil, S. 1060–1062.
29 Vgl. Riemann, Sachteil, S. 119.
30 Vgl. Riemann, Sachteil, S. 299.
31 Vgl. Riemann, Sachteil, S. 871.
32 Vgl. ebenda.
33 Vgl. Riemann, Sachteil, S. 935.
34 Der Furiant wird namentlich nicht angeführt.
35 Vgl. Riemann, Sachteil, S. 312.
36 Die Bezeichnung kommt explizit nicht vor.
37 Vgl. Riemann, S. 236.
38 Vgl. Riemann, S. 114.
39 Vgl. Riemann, Sachteil, S. 425 (Einflüsse auf Strawinsky, Gershwin, Milhaud,
   Křenek, Hindemith).
40 Riemann, a. a. O., S. 425.
41 »Über reimlose Lyrik.« In: *Versuche 12,* S. 147.
42 Kurt Weill. »Notiz zum Jazz.« In: *Ausgewählte Schriften.* Frankfurt/M. 1975,
   S. 197.
43 Ebenda.
44 Joachim E. Berendt. *Von Rag bis Rock.* Frankfurt/M. 1974, S. 170.
45 Stellvertretend für die drei unter h) genannten Beispiele.
46 Siehe unter h).
47 Vgl. Riemann, Sachteil, S. 114.
48 Ebenda.
49 Die Fachliteratur schweigt sich merkwürdigerweise über eventuelle Einflüsse

des Jazz und der Unterhaltungsmusik und deren wechselseitige Beeinflussung aus. Selbst die Jazz-Bibliographie von Gregor von Mecklenburg, des bedeutendsten Jazz-Forschers in Europa, gibt keine nützlichen Hinweise.

11. Tonalität und Harmonik (S. 143)

1 Es existieren im *MGG* zwei Artikel über Atonalität, der eine von Ernst Laaff, der andere von Albert Wellek.

2 Ein Beispiel für Atonalität wird später abschließend genauer ausgeführt.

3 Ian Kemp. »Weills Harmonik.« In: *Über Kurt Weill.* Frankfurt/M. 1975, S. 155–161.

4 Vgl. Mezger a. a. O.

5 John C. G. Waterhouse, »Weill's Debt to Busoni.« In: *MT* 105, 1964, S. 897–899: ». . . wobei ein Akkord oder harmonischer Komplex sich in den nächsten durch chromatisches Schreiten eines Halbtones durch einen oder mehrere Töne hin auflöst . . .«

Kapitel V

Sprachlicher Gestus und musikalische Verfremdungstechnik in den sechs Einzelwerken (S. 155 ff.)

1. Das Songspiel *Mahagonny* (S. 157 ff.)

A. Die sprachliche Gestalt des Brechtschen Textes (S. 157)

1 *Bertolt Brechts Hauspostille. Mit Anleitungen, Gesangsnoten und einem Anhang.* Berlin: Propyläen-Verlag 1927. Weitere Ausgaben vgl. Edgar Marsch. *Brecht-Kommentar zum lyrischen Werk.* München 1974, S. 114 ff.

2 Bert Brecht – Kurt Weill. Songspiel *Mahagonny. Das kleine Mahagonny.* Urfassung 1927. Wiederhergestellt und herausgegeben von David Drew. Klavierauszug. Universal Edition Nr. 12 889, S. 6.

3 Ebenda.

4 Klaus Völker. *Brecht-Chronik. Daten zu Leben und Werk.* München 1971, S. 68.

5 Dazu neben Marsch, a. a. O., S. 114 f., Klaus Schuhmann. *Der Lyriker Bertolt Brecht 1913–1933.* Berlin 1964 (*Neue Beiträge zur Literaturwissenschaft,* Band 20, S. 123 f.); Peter Paul Schwarz. *Brechts frühe Lyrik 1914–1922.* Bonn 1971 (*Abhandlungen zur Kunst-, Musik- und Literaturwissenschaft,* Band 111, S. 75 f.).

6 Vgl. dazu auch Schwarz, a. a. O., S. 2 f.

7 Vgl. Marsch, a. a. O., S. 114.

8 Schwarz, a. a. O., S. 75, der sich darin Schuhmann anschließt und ihn zitiert.

9 Marianne Kesting, *Bertolt Brecht in Selbstzeugnissen und Bilddokumenten.* (rowohlts monographien 37), Reinbek 1959, S. 49.

10 Schwarz, a. a. O., S. 77; Schuhmann, a. a. O., S. 127.

11 Schuhmann, ebenda.

12 Walter Benjamin. *Versuche über Brecht.* edition suhrkamp 172; herausgegeben und mit einem Nachwort versehen von Rolf Tiedemann. Frankfurt/M. 1966, ³1971, S. 50–56. Editorische Hinweise S. 156.

13 Schwarz, a. a. O., S. 79.

14 Vgl. Schwarz, a. a. O., S. 80. Er folgt dabei den Ausführungen und Definitionen B. Allemanns. Für Schwarz spräche zwar die Goethe-Parodie *Liturgie vom Hauch,* die Brecht 1924 schrieb, doch ist die parodistische Intention in kaum einem zweiten *Hauspostillen-*Text so deutlich wie in diesem.

15 Vgl. Schwarz, a. a. O., S. 78, der Schuhmann zitiert und ihm in diesem Punkt zustimmt.

16 Allerdings lassen Schuhmann und Schwarz die *Mahagonnygesänge* ihrer relativ späten Entstehungszeit wegen weitgehend beiseite, obwohl Schuhmann selbst darauf hinweist, daß die *Mahagonnygesänge* partiell mit den *Bittgängen* korrespondieren (vgl. Anm. 14), also wohl doch *nicht gänzlich* vom Konzept Brechts von 1922 abweichen. Daß sie zu einer neuen Entwicklungsphase seiner Produktion überleiten, steht indes außer Frage.

17 Schuhmann, a. a. O., S. 126.

18 Schuhmann, ebenda, S. 124.

19 Zur *Taschenpostille,* einem 1926 erschienenen Privatdruck von 25 zweispaltig gedruckten Exemplaren, vgl. Marsch, a. a. O., S. 114.

20 Schuhmann, a. a. O., S. 129. Brecht wandte sich damit entschieden gegen die Lyrik des Impressionismus und Expressionismus, der er seine »neu-sachlichen« Texte und ihre bewußte Schlichtheit entgegenstellte. Auch die Absicht, den Leser aus der bloßen dumpfen Rezeption heraus zur Aktion zu führen, deutet sich schon an.

21 Vgl. KA (Anm. 2), S. 6.

22 KA S. 6.

23 KA S. 10.

24 M. Kesting, a. a. O., S. 49, verweist auch auf die Brecht-Novelle *Der Kinnhaken.*

25 Schuhmann, a. a. O., S. 136f. Die Parallele zum Aufblühen des Profifußballes in der BRD nach dem Zweiten Weltkrieg drängt sich unwillkürlich auf.

26 KA S. 7. Eigenartig, daß Marsch, a. a. O., nur von einer Übernahme der *Mahagonnygesänge* in die Oper spricht. Das Songspiel scheint ihm unbekannt zu sein. (Vgl. Marsch, S. 137.)

27 Textabweichungen der verschiedenen Editionen werden in Klammer gesetzt.

28 KA S. 8.

29 KA S. 10.

30 *Trommeln in der Nacht.* Vorwort: *Glosse für die Bühne.*

31 *Trommeln in der Nacht,* V. Akt.

32 Peter Christian Giese. *Das »Gesellschaftlich-Komische«. Zur Komik und Komödie am Beispiel der Stücke und Bearbeitungen Brechts.* Stuttgart 1974, S. 67.

33 KA S. 4.

33a A. Bronnen. *Tage mit Bertolt Brecht.* München 1960, S. 112.

34 Vgl. Marsch, a. a. O., S. 154 f.

35 Marsch, ebenda, S. 156.

36 Marsch, ebenda.

37 Vgl. KA S. 10. Auf das angesprochene Problem ist bei der Behandlung der *Mahagonny*-Oper nochmals zurückzukommen.

38 Zitat KA S. 7.

39 Marsch, Brecht-Kommentar, S. 137.

40 Vgl. Marsch, a. a. O., S. 136, 137.

41 Marsch, a. a. O., S. 138, 139, vgl. dort auch S. 155, wo es u. a. heißt:»Das gigantische Thema einer Zerstörung der babylonischen Großstadt, die sich menschenmörderisch gebärdet, fasziniert Brecht.«

42 Benjamin, vgl. Anm. 12, S. 55, 56.

43 Marsch, a. a. O., S. 138.

44 Marsch, ebenda, S. 95, 96, 138 mit weiterführenden Angaben.

B. Zur Verfremdungstechnik im Songspiel Mahagonny (S. 166)

 1 KA S. 7.

 2 KA S. 10 im Vergleich zu S. 7.

 3 Ebenda S. 7.

 4 Ebenda S. 7.

 5 Ebenda S. 7.

 6 Bertolt Brecht. *Gesammelte Werke,* Band 17, S. 1009.

 7 Z. B. Nr. 1 Anfang.

 8 Nr. 1 und 6.

 9 Das ganze Songspiel hindurch.

10 A. a. O., Band 17, S. 1009.

11 Nr. 1 und 6.

12 KA S. 1, Nr. 1, Takt 1.

13 KA S. 82, Nr. 6, T. 25.

14 Nach T. 33.

15 S. 84, T. 41.

16 KA Nr. 1, T. 23, S. 2.

17 KA Nr. 1, T. 15.

18 KA Nr. 6, S. 84, T. 33.

19 KA S. 10, A 47.

20 Besonders in der Nr. 1 u. 2.

21 KA Nr. 6, S. 84, T. 33, 35, 37.

22 Unwillkürlich ist man an die prinzipiell ähnliche Schlußgestaltung in Alban Bergs Oper *Wozzeck* (1925) erinnert, einer Oper, die auch in Hoffnungslosigkeit endet.

23 KA S. 7. Übersicht I., Teil 1.

24 Dies wird erst in der Oper *Mahagonny* verwirklicht.

25 KA S. 7, Regieanweisung A 1.

26 Siehe KA Vorspann, S. 7, I. 2.

27 KA S. 10 unten.
28 Siehe Kapitel IV unter Rhythmus.
29 KA S. 13 unten.
30 Kurt Weill. *Ausgewählte Schriften.* Frankfurt/M. S. 43.
31 KA. Vorspann S. 7, II.
32 Vgl. KA Vorspann S. 7.
33 Vgl. KA Vorspann S. 9.
   Das Bedrohliche einer derartigen Situation findet auch im Schnarchchor des
   Wozzeck von Alban Berg (II. Akt) seinen musikalischen Niederschlag.
34 Die melodiöse Floskel des »Where shall we go« stellt nichts anderes als eine
   durch mehrere Jahrhunderte gebräuchliche musikalische Frageformel (melodischer Anstieg zum Schluß, sinkende Melodie und melodischer Anstieg) dar,
   wie sie bereits in der mittelalterlichen Gregorianik durch den Einsatz von Lek-
   tionenzeichen gefordert werden konnte (vgl. P. Wagner. *Einführung in die gregorianischen Melodien.* Leipzig 1911, Band 2, S. 82ff., Bd. 3, S. 80ff.).
35 Vgl. KA. Vorspann S. 9 unter Text 5.
36 Die Verbindung des Männerchores mit dem Klavier betont wieder das männerbündische Element.
37 KA Vorspann S. 9, Projektion 14.
38 Ebenda Text 6.
39 KA Vorspann S. 10.
40 KA Vorspann S. 10, Aktion 42.
41 Ebenda A 43, Nr. 6, Text 10.
42 Ebenda A 44, Nr. 6, Text 15.
43 Ebenda A 45, Nr. 6, Text 20.

2. *Aufstieg und Fall der Stadt Mahagonny (Das große Mahagonny)* (S. 182 ff.)

A. *Vom Songspiel zur Oper* (S. 182)

1 Bertolt Brecht. *Gesammelte Werke. Stücke* Band 2, S. 499–564.
2 Völker, *Brecht-Chronik,* S. 49; Drew, *Über Kurt Weill,* S. 163.
3 Kesting, *Brecht,* S. 53 f.; Premierenrezensionen von Alfred Polgar u. a. abgedruckt bei Drew, a. a. O., S. 69–72.
4 Man vgl. dazu die Erörterungen von Drew, a. a. O., S. XVII.
5 Die Anmerkungen erschienen zuerst 1930 im 2. Heft der *Versuche* (Bertolt
   Brecht, *Schriften zum Theater,* Bd. 2, Frankfurt/M. 1963, S. 297. Abdruck der
   »Anmerkungen« dort, S. 109–126). Als Mitarbeiter wird Peter Suhrkamp genannt.
6 Ebenda S. 118.
7 Ebenda S. 126.
8 Kurt Weill. »Über den gestischen Charakter der Musik.« Zuerst in: *Die Musik,*
   1929, S. 419 f.
9 Kurt Weill. »Anmerkungen zu meiner Oper *Mahagonny.*« Zuerst in: *Die
   Musik,* 1930, S. 440 f.

10 Ebenda.

11 Latzkos Aufsatz wieder abgedruckt bei David Drew, a. a. O., S. 54–58, Zitat S. 58.

12 Drew, a. a. O., S. XVII.

13 Ebenda.

14 In seinem Aufsatz »Mahagonny«; mit Quellenangaben abgedruckt bei Drew, a. a. O., S. 58–66, Zitat S. 60.

15 Vgl. Ernst Schumacher. *Die dramatischen Versuche Bertolt Brechts 1918–1933.* Berlin 1955, S. 281.

16 Vgl. Brecht, »Anmerkungen« a. a. O., S. 120 f.

17 Schumacher, a. a. O., S. 262–289.

18 Schumacher, a. a. O., S. 289.

19 Vgl. dazu Adorno, a. a. O., S. 63. Interessant ist, daß Adorno, ebenda S. 64, auch darauf hinweist, daß auf die *Dreigroschenoper* bezüglich ihres Unterhaltungscharakters ein klärendes Licht falle, wenn jetzt, in *Mahagonny,* erst so richtig deutlich werde, »wie wenig es in den faßlichen Melodien um arriviertes Amusement [. . .] geht«.

20 Vgl. Schumacher, a. a. O., S. 281 f.

21 Schumacher, a. a. O., S. 264.

22 Schumacher, a. a. O., S. 274.

23 Ebenda, S. 273–274.

24 Adorno, a. a. O., S. 59.

25 Kesting, a. a. O., S. 49.

26 Peter Christian Giese. *Das »Gesellschaftlich-Komische«. Zur Komik und Komödie am Beispiel der Stücke und Bearbeitungen Brechts.* Stuttgart 1974, S. 44.

27 Giese, ebenda.

28 Adorno, a. a. O., S. 61 (Paul heißt hier Jim).

29 Adorno, a. a. O., S. 62.

30 Schumacher, a. a. O., S. 267.

31 Schumacher, ebenda.

32 Adorno, a. a. O., S. 62.

33 Adorno, a. a. O., S. 59.

34 Adorno, ebenda, S. 60.

35 Adorno, ebenda, S. 63.

36 Die Bemerkung Schumachers, daß der pessimistische, ja fatalistische Zug des Finales in »striktestem« Gegensatz zur Auffassung des Marxismus stehe (S. 278), ist zu doktrinär und verlangt dem Stück etwas ab, was es nicht geben kann.

37 Vgl. Schumacher, a. a. O., S. 274.

38 Vgl. Adorno, a. a. O., S. 63.

39 Adorno, a. a. O., S. 59.

40 Adorno, ebenda.

41 Wie es Eberhard Preußner schon nach der Uraufführung der Oper *Mahagonny* treffend formulierte (Zit. Schumacher, S. 275).

B. Dimensionen der Verfremdung in der Oper Mahagonny (S. 191)

1 Über eine eventuelle Beteiligung Brechts, die die musikalische Gestaltung betreffen könnte, kann derzeit nichts gesagt werden, da der Kurt-Weill-Nachlaß nicht zugänglich ist. Der genaue Anteil an der Umarbeitung läßt sich daher im Moment nicht nachweisen.

2 Vgl. Riemann, Sachteil, S. 52.

3 Bereits in der musikalischen Praxis des 17. Jahrhunderts zählte die Fuge zu den musikalischen Figuren, die Bildlichkeit annehmen konnten.

4 Vgl. Gudrun Busch.»Die Unwetterszene in der romantischen Oper.« In: *Die Couleur locale in der Oper des 19. Jahrhunderts (Studien zur Musikgeschichte des 19. Jahrhunderts,* hgg. von E. H. Becker); im Druck.

5 Vgl. Kapitel V: Einzelbesprechung zu Songspiel *Mahagonny* Nr. 1 und 2; Anmerkungen zu Romantik und Mond.

6 Vgl. Adolf Martell,»Des Seemanns Los«, Köln ca. 1905, und »Die Seemannskiste«, herausgegeben von Reiny Roland, Hamburg 1951, S. 26.

7 Vgl. Adolf Martell,»Des Seemanns Los«, a. a. O., S. 26, 27.

8 KA S. 317.

3. *Die sieben Todsünden der Kleinbürger* (S. 212 ff.)

A. *Kabarett und Rollenspiel – Brechts Ballettvorlage* (S. 212)

1 Völker, *Brecht-Chronik,* a. a. O., S. 56. Grimm, *Bertolt Brecht,* a. a. O., S. 41 hält auch Berlin als Entstehungsort für möglich. Daß Brecht sich im Juli 1933 noch in Paris aufgehalten hat, wie Grimm, ebenda S. 28, meint, stimmt mit den Angaben Völkers, a. a. O., nicht überein, wonach er am 20. oder 21. Juni nach Thurö reiste. Erst seit etwa dem 10. September ist er wieder in Paris (Völker, S. 57).

2 Vgl. auch Drew, *Über Kurt Weill,* a. a. O., S. 118.

3 Völker, a. a. O., S. 56.

4 Zitiert nach Drew, *Über Kurt Weill,* a. a. O., S. 118.

5 Drew, a. a. O., S. 118, 119; Eintrag vom 11. 10. 33.

6 Von einer Kurzoper spricht auch Mehring; vgl. Drew, a. a. O., S. 117.

7 Klavierauszug *Die Sieben Todsünden,* Edition Schott 5078. Gewisse Abweichungen von dieser am Klavierauszug orientierten Fabel ergeben sich, wenn man die in den *Gesammelten Werken* Brechts, Band 7, Stücke 7, Frankfurt/M. 1967, S. 2857–2871, abgedruckte Fassung vergleicht. Darauf wird weiter unten kurz eingegangen.

8 Vgl. Anm. 7.

9 Brecht, *GW 7, Stücke,* Bd. 7, S. 2859.

10 Brecht, *GW 7, Stücke,* Bd. 7, S. 2858.

11 Peter Christian Giese. *Das »Gesellschaftlich-Komische«. Zur Komik und Komödie am Beispiel der Stücke und Bearbeitungen Brechts.* Stuttgart 1974, S. 70.

12 Giese, ebenda.

13 Giese, a. a. O., S. 96.

14 Giese, a. a. O., S. 91.

15 In Klammern gesetzte Wörter finden sich nicht im Klavierauszug, sondern sind Änderungen der *GW*-Ausgabe, die auch die Rollenbezeichnungen »Anna I und II« nicht kennt, sondern den jeweiligen Anna-Text unter der Kennzeichnung »Lied der Schwester« bringt.

16 Giese, a. a. O., S. 92.

17 Ebenda.

18 Vgl. Anm. 15 (Kursivierung von mir, G. W.).

19 Giese, S. 96.

20 Wie schon gesagt, enthält die *GW*-Fassung diese Stoßgebete nicht.

21 Im Klavierauszug heißt es »... vor geschlossenem Tor«.

22 Brecht, *GW 7, Stücke*, Bd. 7, S. 2869.

B. »Argot« und »Rhetorik« – Weills Kompositionstechnik (S. 217)

1 Siehe Kapitel 4 und deren ausführliche Besprechung.

2 Siehe die spätere Besprechung.

3 Siehe die spätere Besprechung.

4. Die Dreigroschenoper (S. 230 ff.)

A. »Gemeiner Zerfall« – Brecht und seine Vorlage (S. 230)

1 Völker, Brecht-Chronik, S. 45.

2 Lotte Lenya-Weill. »Das waren Zeiten!« In: *Bertolt Brechts Dreigroschenbuch. Texte Materialien Dokumente*. Frankfurt/M. 1960, S. 222.

3 Ebenda, S. 223.

4 Ebenda, auch Völker, a. a. O., S. 45.

5 Lotte Lenya-Weill, a. a. O.

6 Völker, a. a. O., S. 45 f.

7 *Dreigroschenbuch*, S. 224.

8 *Dreigroschenbuch*, S. 225.

9 *Dreigroschenbuch*, S. 202–204.

10 *Dreigroschenbuch*, S. 204/205.

11 Völker, a. a. O., S. 49.

12 Völker, a. a. O., S. 49 f.

13 Völker, a. a. O., S. 50 f.

14 Schumacher. *Die dramatischen Versuche Bertolt Brechts,* a. a. O., S. 223.

15 Werner Hecht. »Die *Dreigroschenoper* und ihr Urbild.« In: *Sieben Studien über Brecht*. Frankfurt/M. 1972, S. 76.

16 Die Frage der in der *Dreigroschenoper* verwendeten Villon-Texte bleibt dabei einmal außer Betracht, da sie in keinem Zusammenhang zu Gays Werk stehen.

17 Hecht, a. a. O., S. 83 f.

18 Hecht, a. a. O., S. 84.

19 Hecht, a. a. O., S. 96.

20 Hecht, a. a. O., S. 83.

21 Hecht, a. a. O., S. 84 f.

22 Vgl. dazu Schumacher, a. a. O., S. 238.

23 Hecht, a. a. O., S. 88.

24 Man vgl. auch dazu den Abschnitt über die Oper *Mahagonny,* wo über die wei-terentwickelte Methode der Verwendung parabolischer Elemente berichtet wird.

25 Hecht, a. a. O., S. 97.

26 Hecht, a. a. O., S. 76 ff.

27 Hecht, a. a. O., S. 78.

28 Hecht, a. a. O., S. 78.

29 Hecht, a. a. O., S. 79.

30 Hecht, a. a. O., S. 80.

31 Hecht, a. a. O., S. 81.

32 Hecht, a. a. O., S. 89.

33 Hecht, a. a. O., S. 92.

34 Hecht, a. a. O., S. 96.

35 Hecht, a. a. O., S. 90.

36 Hecht, a. a. O., S. 93.

37 Bertolt Brecht. »Anmerkungen zur *Dreigroschenoper.*« In: *Schriften zum Theater,* Bd. 2, S. 101 (1931).

38 Dieses Verfahren findet sich dann in *Happy End* in beinahe unerträglicher Steigerung wieder.

39 Brecht, a. a. O. (vgl. Anm. 37), S. 100.

40 W. Hecht. »Der Weg zum epischen Theater.« In: *Sieben Studien über Brecht,* S. 38.

41 Hecht, a. a. O., S. 37 f.

42 Hecht, a. a. O., S. 39.

43 Vgl. Hecht, a. a. O., S. 32 f.

44 Brecht, a. a. O., S. 105.

45 Ernst Bloch. »Das Lied der Seeräuber-Jenny in der *Dreigroschenoper*« (1929); abgedruckt u. a. im *Dreigroschenbuch* a. a. O., S. 195 f.

46 Bloch, a. a. O., S. 197.

47 Ebenda.

48 Ebenda.

49 Hecht, »Die *Dreigroschenoper* und ihr Urbild«, a. a. O., S. 89.

50 Hecht, a. a. O., S. 89 f.

51 Vgl. dazu Peter Christian Giese. *Das* »*Gesellschaftlich-Komische*«. *Zu Komik und Komödie am Beispiel der Stücke und Bearbeitungen Brechts.* Stuttgart, 1974, S. 20; außerdem Brecht, »Anmerkungen zur *Dreigroschenoper*«, a. a. O., S. 99.

52 Giese, a. a. O., S. 55. Giese warnt aber zu Recht davor, Komik und Verfrem-dung bei Brecht miteinander zu identifizieren. Dadurch werde der Blick auf den Inhalt des Komischen verstellt.

53 G. E. Lessing. *Hamburgische Dramaturgie.* In *Werke,* herausg. von Kurt Wölffel, Band 2, Frankfurt/M. 1967, S. 502.

54 Giese, a. a. O., S. 75 f.

55 Giese, a. a. O., S. 76.

56 Giese, a. a. O., S. 77.

57 Giese, a. a. O., S. 92f.

58 Brecht, a. a. O., S. 99.

59 Giese, a. a. O., S. 93.

60 Giese, a. a. O., S. 59.

61 Auch der Auftritt von Hochwürden Kimball in der Hochzeitsszene zeigt die stark reduzierte Rolle des Kirchlichen in der von der *Dreigroschenoper* geschilderten Gesellschaft.

62 Bloch, a. a. O., S. 197.

63 Brecht, »Über *Die Dreigroschenoper*«, a. a. O., S. 108.

64 Bernward Thole. *Die »Gesänge« in den Stücken Bertolt Brechts. Zur Geschichte und Ästhetik des Liedes im Drama.* Göppingen 1973, S. 48.

65 Hecht, a. a. O., S. 94f.

66 Hecht, »Der Weg zum epischen Theater«, a. a. O., S. 50.

67 Hecht, a. a. O., S. 45.

68 Hecht, a. a. O., S. 45.

69 Hecht, a. a. O., S. 50.

70 Giese, a. a. O., S. 87f.

B. »Ausgehöhlte Einfachheit« – Zur musikalischen Verfremdung in der
Dreigroschenoper (S. 242)

1 Kurt Weill. *Ausgewählte Schriften* Frankfurt/M. 1975, S. 55.

2 KA S. 5.

3 Vgl. Riemann, Sachteil, S. 308.

4 Kurt Weill. *Ausgewählte Schriften.* Frankfurt/M. 1975, S. 54–55.

5 KA S. 10.

6 Vgl. Kapitel IV: Tanzrhythmen.

7 Siehe Riemann, Sachteil, S. 557.

8 Ab hier weichen die Klavierauszug-Versionen aufgrund der Umstellung der Nummern voneinander ab.

9 Vgl. Riemann, Sachteil, S. 935.

10 Diese Art des »épatez le bourgeois« findet ihre Parallele u. a. in Peter Handkes *Publikumsbeschimpfung.*

5. Happy End (S. 258ff.)

A. Brechts Nachlese zur Dreigroschenoper (S. 258)

1 Völker, Brecht-Chronik, a. a. O., S. 48.

2 Schumacher, Die dramatischen Versuche, a. a. O., S. 262.

3 Ebenda.

4 Ebenda.

5 Ebenda.

6 Text S. 59.

B. Zur Verfremdung in Happy End (S. 266)

1 Ein großes Hindernis für die Analyse ergab sich aus dem Fehlen einer Partitur. Daher mußte der Klavierauszug als Grundlage der Untersuchungen gewählt werden.

2 Das Ballhaus erinnert an feudale Gepflogenheiten. Die Parallele zum Menuett in der *Dreigroschenoper* (Nr. 1) wird deutlich.

3 Vgl. Riemann, Sachteil, S. 935.

4 Da das Becken keine bestimmte Tonhöhe hat, kann also von einem musikalischen, tonalen Abschluß nicht die Rede sein.

6. *Der Jasager* (S. 277ff.)

A. *Brechts Konzept des Lehrstücks* (S. 277)

1 Für Drucke und Lesarten der japanischen Vorlage und aller Fassungen des *Jasagers* und des *Neinsagers* vgl. Bertolt Brecht. *Der Jasager und Der Neinsager. Vorarbeiten, Fassungen, Materialien.* Herausgegeben und mit einem Nachwort versehen von Peter Szondi (edition suhrkamp 171). Frankfurt/M. 1966. Zum No-Stück allgemein vgl. man die Angaben und Zitate von Äußerungen Elisabeth Hauptmanns bei Reiner Steinweg. *Das Lehrstück. Brechts Theorie einer politisch-ästhetischen Erziehung.* Stuttgart 1972, S. 65–67.

2 Vgl. Steinweg, a. a. O., S. 28, 29 und 85.

3 Vgl. Szondi, a. a. O., S. 70; außerdem den kurzen Bericht von Günther Martens, eines der Mitwirkenden an der Uraufführung in *Über Kurt Weill;* herausgegeben mit einem Vorwort von David Drew. Suhrkamp Taschenbuch 237. Frankfurt/M. 1975, S. 68f.

4 Eine Auswahl von Kritiken und Aufsätzen zur ersten Fassung bringt Szondi, a. a. O., S. 80–82.

5 Vgl. die Angaben unter Anm. 1.

6 Vorbemerkung Brechts zum 4. Heft der *Versuche;* Zitat nach Szondi, a. a. O., S. 30.

7 Vgl. auch Steinweg, a. a. O., S. 35.

8 Vgl. Steinweg, a. a. O., S. 28.

9 Vgl. Steinweg, a. a. O., S. 85.

10 Vgl. Steinweg, a. a. O., S. 85f.

11 Völker, *Brecht-Chronik,* S. 48.

12 Völker, a. a. O., S. 50, gibt noch den 10. 12. 30 als Uraufführungsdatum an. Steinweg, *Lehrstück,* S. 31, korrigiert auf den 13. 12. 30.

13 So Elisabeth Hauptmann in der Rückerinnerung; vgl. Steinweg, a. a. O., S. 67.

14 Steinweg, a. a. O., S. 76/77, nennt etwa *Das Wasser* von Alfred Döblin (Musik Ernst Toch), *Der neue Hiob* von Robert Seitz (Musik Hermann Reuter), *Lehrstück vom Krieg* und *Lehrstück vom Beruf* von Erich Meißner (Musik von Hermann Heiß). Auch Paul Dessau komponierte, von der Aufführung des *Jasagers* beeindruckt, einige Lehrstücke für Kinder. Damals wagte er es jedoch nicht, »den berühmten Brecht um [...] geeignete Texte zu bitten.«

15 Steinweg, a. a. O., S. 78.

16 Steinweg, a. a. O., S. 79.

17 Steinweg, a. a. O., S. 210. Allerdings haben episches Theater und Lehrstück gleichermaßen ihre Existenzberechtigung, die sich allein schon aus ihren Wechselbeziehungen ergibt; vgl. Steinweg, ebenda.

18 Abgedruckt bei Szondi, a. a. O., S. 71 ff., Zitat S. 72 f.

19 Die Diskussionsprotokolle sind auszugsweise bei Szondi, a. a. O., S. 59–63, abgedruckt.

20 Szondi, a. a. O., S. 109.

21 Steinweg, a. a. O., S. 28 f.

22 Abgedruckt bei Steinweg, a. a. O., S. 29.

23 Szondi, a. a. O., S. 106.

24 Szondi, a. a. O., S. 107 f.

25 Abgedruckt bei David Drew, *Über Kurt Weill,* S. 66 f., Zitat S. 67.

B. Archaik und Trivialität – Weills musikalische Propaganda (S. 284)

1 Dieses Thema erinnert an die Nr. 4 des Songspiels: »Where shall we go«, das ebenfalls motivartig wiederholt wird; dennoch herrscht keine inhaltliche Analogie (Nr. 4 des Songspiels hatte semantische Bedeutung, während hier keine vorliegt).

2 Die Bedeutung der Pause als Todessymbol ist in der Musikgeschichte seit der Barockzeit (Heinrich Schütz) geläufig.
Vgl. K. H. Wörner. »Die Darstellung von Tod und Ewigkeit in der Musik.« In: *Die Musik in der Geistesgeschichte.* Bonn 1970, S. 201 ff.

Kapitel VI

Zusammenfassende Gedanken zu Kurt Weill (S. 299)

1 Zitiert in *Über Kurt Weill.* Frankfurt/M. 1975, S. 114–116.

2 »Aktuelles Theater.« In: *Melos,* 37, 1970, S. 524–527.

Nachwort (S. 303)

1 Kurt Weill. *Ausgewählte Schriften.* Frankfurt/M. 1975, S. 230; Georg Kaiser. *Werke,* Band 6. Frankfurt/M. 1972 S. 854; die Angaben der Herausgeber David Drew (Weill) und Walther Huder (Kaiser) weichen voneinander ab. Huder legt den von der SA provozierten Theaterskandal auf den 18. Februar, anläßlich der Uraufführung in Leipzig, fest.

2 David Drew, ebenda S. 231, spricht von »freundschaftlicher Korrespondenz«. Äußerungen Brechts wie: »Weill hat Broadwayerfolg« (1943) oder »Weill

antwortete ihm (Adorno) mit einem bösen Brief voll mit Angriffen auf mich und einem Lobgesang auf den Broadway etc.« werden nicht erwähnt, die eigene Äußerung von Drew nicht bewiesen.

3 B. Brecht. *Arbeitsjournal.* Frankfurt/M. 1973, S. 370.
4 Klaus Völker. *Bertolt Brecht. Eine Biographie.* München 1976, S. 336.
5 *Über Kurt Weill.* Frankfurt/M. 1975, S. 128 ff.

Bibliographie

I. Primärliteratur

Brecht, Bertolt. *Gesammelte Werke* in 20 Bänden, hrsg. v. Elisabeth Hauptmann, Frankfurt/M. 1967.

Eisler, Hanns. *Musik und Politik. Schriften 1924–1948.* Leipzig 1973.

Schönberg, Arnold. *Briefe.* Mainz 1958.

Strauss, Richard. *Sämtliche Werke,* hrsg. v. Willi Schuh, Zürich 1952.

Wagner, Richard. *Gesammelte Schriften und Dichtungen.* 10 Bde., Leipzig 1871–1883; 5. Aufl. 12 Bde., 1911.

Weill, Kurt. *Ausgewählte Schriften.* Frankfurt/M. 1975.

II. Sekundärliteratur

Abert, Anna Amalie. *Richard Strauss. Die Opern.* München 1972.

Adorno, Theodor W. *Einleitung in die Musiksoziologie.* Frankfurt 1968.

– *Gesammelte Schriften,* Bd. 14, Frankfurt/M. 1973.

Benjamin, Walter. *Versuche über Brecht,* hrsg. v. Rolf Tiedemann, Frankfurt/M. 1966.

Bloch, Ernst. *Das Ärgernis Brecht.* Basel und Stuttgart 1961.

– *Politische Schriften aus den Jahren 1934–1939.* Frankfurt/M. 1972.

Bronnen, Arnolt. *Tage mit Bertolt Brecht.* München 1960.

Bücken, Ernst. *Der heroische Stil in der Oper.* Leipzig 1924.

Buhr, Manfred / Klaus, Georg (Hrsg.). *Marxistisch-leninistisches Wörterbuch der Philosophie.* Reinbek bei Hamburg 1972.

Drew, David (Hrsg.). *Über Kurt Weill.* Frankfurt/M. 1975.

Dümling, Albrecht. *Hanns Eisler.* Berlin 1975.

Eggebrecht, Hans Heinrich. *Zur Methode der musikalischen Analyse.* Kassel 1975.

Giese, Peter Christian. *Das »Gesellschaftlich-Komische«. Zur Komik und Komödie am Beispiel der Stücke und Bearbeitungen Brechts.* Stuttgart 1974.

Harden, Susan. *The music for the stage collaborations of Weill and Brecht.* Diss. University of North Carolina at Chapel Hill 1972.

Hartmann, Johannes. *Das Geschichtsbuch von den Anfängen bis zur Gegenwart.* Frankfurt/M. 1955.

Hartung, Günter. »Zur epischen Oper Brechts und Weills.« In: *Wissenschaftliche Zeitschrift der Martin-Luther-Universität Halle-Wittenberg* 1959.

Hecht, Werner. *Der Weg zum epischen Theater.* Berlin 1962.

Humperdinck, Wolfram. *Engelbert Humperdinck. Das Leben meines Vaters.* Frankfurt/M. 1965.

Kändler, Klaus. *Drama und Klassenkampf.* Berlin und Weimar 1974.

Kesting, Marianne. *Bertolt Brecht in Selbstzeugnissen und Bilddokumenten.* Reinbek bei Hamburg 1959.

– *Das epische Theater.* Stuttgart 1972.

Kindermann, Jürgen. »Zur Kontroverse Busoni – Pfitzner.« In: *Festschrift für Walter Viora.* Kassel 1967.

Kloiber, Rudolf. *Handbuch der Oper.* München 1973.

Kneif, Tibor. *Über Musik und Politik. Neun Beiträge;* hrsg. v. Rudolf Stephan, Mainz 1971.

Kotschenreuther, Helmut. *Kurt Weill.* Berlin-Halensee/Wunsiedel 1962.

Lert, Ernst. *Mozart auf dem Theater.* Berlin 1921.

Mann, Golo. *Deutsche Geschichte des 19. und 20. Jahrhunderts.* Frankfurt/M. 1958.

Marsch, Edgar. *Brecht-Kommentar zum lyrischen Werk.* München 1974.

Martell, Adolf. *Des Seemanns Los.* Köln circa 1905; ern. Hamburg 1951.

Mayer, Hans. *Brecht in der Geschichte.* Frankfurt/M. 1971.

Melchinger, Siegfried. *Geschichte des politischen Theaters.* Frankfurt/M. 1974.

Mezger, Werner. *Schlager.* Tübingen 1975.

Milhaud, Darius. *Noten ohne Musik.* München 1962.

Panofsky, Walter. *Protest in der Oper. Das provokative Musiktheater der zwanziger Jahre.* München 1960.

Pohl, Rainer. *Strukturelemente und Entwicklung von Pathosformen in der Dramensprache Bertolt Brechts.* Bonn 1969.

Rösler, Walter. »Zeitkritik in der Musik des Kabaretts (1901–1933).« In: *Beiträge zur Musikwissenschaft der DDR,* 7, Heft 1.

Rosenberg, Wolf. »Richard Wagner und die Politik.« In: *gehört gelesen,* Nov. 1972, Heft 11.

Schuhmann, Klaus. *Der Lyriker Bertolt Brecht 1913–1933.* Berlin 1964.

Schumacher, Ernst. *Die dramatischen Versuche Brechts 1918–1933.* Berlin 1955.

Schwarz, Peter Paul. *Brechts frühe Lyrik 1914–1922.* Bonn 1971.

Steffens, Wilhelm. *Georg Kaiser.* Frankfurt/M. 1969.

Steinweg, Rainer. *Das Lehrstück. Brechts Theorie einer politisch-ästhetischen Erziehung.* Stuttgart 1972.

Stuckenschmidt, Hans Heinz. *Ferruccio Busoni.* Zürich und Freiburg i. Br. 1967.

– *Musik des 20. Jahrhunderts.* München 1969.

Thole, Bernward. *Die »Gesänge« in den Stücken Bertolt Brechts.* Göppingen 1973.

Tolkdorf, Cäcilie. *John Gays »Beggar's Opera« und Bert Brechts »Dreigroschenoper«.* Diss. Bonn 1934.

Völker, Klaus. *Brecht-Chronik.* München 1971.

Wagner, Peter J. *Einführung in die gregorianischen Melodien.* Leipzig 1911.

Waterhouse, John C. G. »Weill's Debt to Busoni.« In: *The Musical Times,* 105, 1964.

Willett, John. *Das Theater Bertolt Brechts.* Hamburg 1964.

Namenregister

Alle mit einem * versehenen Eintragungen verweisen auf den Bildteil. Von einer Aufnahme der Stichworte Brecht und Weill wurde aus naheliegenden Gründen abgesehen.

A

Abravanel, Maurice de 56
Adorno, Theodor W. * 34, 97, 189f.
Aeschliman, Roland 17
Ammer, K. L. (Pseudonym für Klammer, Klaus) 231, 239
Anderson, Maxwell 304f.
Apollinaire, Guillaumé 56
Arkell, Reginald 304
Aufricht, Ernst J. 230

B

Bach, Johann Sebastian 47, 75
Balanchine, Georges 212
Barlach, Ernst 28
Becher, Johannes R. 52, 54, 301
Beda (Ps. für Fritz Löhner) 108
Beethoven, Ludwig van 47f., 74, 76
Benjamin, Walter 25, 165
Berg, Alban 61
Berlioz, Hector 48
Bing, Albert 44
Blitzstein, Marc 305
Bloch, Ernst 17, 26, 87, 92, 236, 239
Boritsch, Wladimir 53
Brammer, Julius 108
Brecher, Gustav 182
Breton, André 56

Bronnen, Arnolt 162
Brügmann, Walther 32
Buchner, Georg 40
Busoni, Ferdinando 75
Busoni, Ferruccio 13, 45ff., 48ff., 51f., 54f., 63, 75, 77, 104, 301
Busoni, Gerda 48

C

Carter, Desmond 304
Cäsar 256
Casucci, Leonello 108
Claudel, Paul 29, 32
Cocteau, Jean 29f.
Corsilius, Victor 108
Curjel, Hans 305

D

Dahlhaus, Carl 33
Diebold, Bernhard 55, 74
Drew, David 13, 166
Dulberg, Ewald 31
Duval, Jacques 304

E

Ebert, Friedrich 21
Eggebrecht, Hans Heinrich 96
Eisler, Hanns 34f., 42, 89f.

Krasselt, Rudolf 44
Krätke, Grita *
Křenek, Ernst 32, 61, 121

L

Lange, Hartmut *
Laqueur, Walter 22
Lasker-Schüler, Else 28
Latzko, Ernst 183
Lenin, Vladimir I. 21
Lenya, Lotte * 11, 157, 212, 230
Lerner, Alan J. 304
Lert, Ernst 128
Lessing, Ephraim 237
Lewisohn, Ludwig 304
Liebknecht, Karl 23
Lingen, Theo 259
Liszt, Franz 48, 50, 75
Lorre, Peter 259
Lortzing, B. 31
Losch, Tilly 212
Lukács, Georg 34
Luther, Martin 158
Luxemburg, Rosa 23

M

Mackeben, Theo 230
Mahler, Gustav 29
Maier, Ernst 35
Mann, Golo 23, 27
Marlowe, Christopher 41
Martell, Adolf 206ff., 209f.
Martin, Karlheinz 31
Marx, Karl 43, 277, 281
Mauff, Rolf *
Mayer, Ernst J. 304
Mayer, Hans 17
Mayer-Remy, Wilhelm 75

Mehlich, Ernst 157
Mehring, Walter 212
Mendelssohn, Arnold 48
Meyerhold, Wsewolod 30
Milhaud, Darius 32, 61, 73f., 93
Monteverdi, Claudio 77
Mordo, Renato 31
Mozart, Wolfgang Amadeus 63f.,
    75f., 93, 104, 128, 250
Müller, Traugott 28
Mussolini, Benito 21

N

Nash, Ogden 304
Neher, Carola 259
Neher, Caspar * 28, 157, 182, 212,
    259
Niedecken-Gebhard, Hanns 30
Nietzsche, Friedrich 74
Nobile, Umberto 280

O

O'Neill, Eugene 29

P

Pabst, Georg Wilhelm 231
Perelman, Samuel J. 304
Pfitzner, Hans 45ff., 48
Pflannzer, Hans 108
Piscator, Erwin 28f., 31, 88
Pepusch, Johann Christoph 230

R

Rabenalt, Arthur 31
Rankl, Karl 35

338

EDITION KINDLERS LITERATUR LEXIKON

Brecht in der Kritik

Rezensionen aller Brecht-Uraufführungen sowie ausgewählter deutsch- und fremdsprachiger Premieren.

Eine Dokumentation von Monika Wyss.
Mit einführenden und verbindenden Texten von Helmut Kindler.
Paperback 556 Seiten mit 12 seitigem Bildteil.

Dieser Band enthält Kritiken aller Brecht-Uraufführungen aus der Epoche vor 1933, aus Brechts fünfzehnjährigem Exil, aus den ihm danach in Ost-Berlin noch verbliebenen Lebensjahren und aus dem anschließenden Zeitraum bis in unsere Gegenwart – Uraufführungen der Stücke, die Brecht geschrieben oder bearbeitet hat; Uraufführungen der Opern, zu denen er die Libretti verfaßt hat; Uraufführungen eines Balletts und einer Groteskpantomime. Den Uraufführungskritiken schließen sich oft auch Rezensionen anderer deutschsprachiger, aber auch fremdsprachiger Inszenierungen an, so daß man erfährt, wie ein Stück Jahre oder Jahrzehnte nach der Uraufführung aufgenommen worden ist. Registriert wird aber auch das kritische Echo auf zwei Hörspiele und drei Filme – zwei Hörspiele, weil sie Theateraufführungen vorausgingen, und drei Filme, weil ihnen die Bezeichnung Brecht-Filme zukommt. Zu den Rezensenten, die in dieser Sammlung zu Wort kommen, gehören nicht nur berühmte Kritiker, sondern auch Schriftsteller, die man nicht ohne weiteres unter Theaterkritikern vermutet: Theodor W. Adorno, Max Frisch, Hermann Kesten, Elisabeth Langgässer, Thomas Mann, Walter Mehring, Roda-Roda und Anna Seghers.

Abbildungsverzeichnis

S. 1 – Weill (links), Brecht (rechts) und Lenya/Weill (unten): Ullstein Bilderdienst. – S. 2/3 – *Dreigroschenoper* (Strehler): Luigi Ciminaghi (Studio Fotografico del Piccolo Teatro di Milano). – S. 4 – Prospekt-Entwürfe Nehers: Archiv der Komischen Oper, Berlin (DDR). – S. 5 – *Mahagonny* (Oper und Songspiel): Archiv der Komischen Oper, Berlin (DDR). – S. 6 – *Oper Mahagonny*: Arvid Lagenpusch, Berlin (DDR). – S. 7 – *Die sieben Todsünden*: Willy Saeger, Berlin (DDR). – S. 8 – *Der Jasager*: Harry Croner, Berlin.